U0456374

世图心理

博客：http://blog.sina.com.cn/bjwpcpsy
微博：http://weibo.com/wpcpsy

The New Psychology
of LOVE

爱情心理学
·新编本·

Robert J. Sternberg
Karin Sternberg

[美] 罗伯特·J.斯腾伯格 [美] 凯琳·斯腾伯格————————编著

倪爱萍————————译

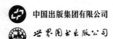

中国出版集团有限公司

世界图书出版公司
北京 广州 上海 西安

图书在版编目（CIP）数据

爱情心理学：新编本 / (美) 罗伯特·J. 斯腾伯格，(美) 凯琳·斯腾伯格编著；倪爱萍译 . — 北京：世界图书出版有限公司北京分公司，2024.3
ISBN 978-7-5232-1113-7

Ⅰ.①爱… Ⅱ.①罗… ②凯… ③倪… Ⅲ.①恋爱心理学—通俗读物 Ⅳ.①C913.1-49

中国国家版本馆CIP数据核字（2024）第023962号

书　　名	爱情心理学：新编本 AIQING XINLIXUE
编　　著	［美］罗伯特·J. 斯腾伯格　　［美］凯琳·斯腾伯格
译　　者	倪爱萍
责任编辑	詹燕徽
装帧设计	人马艺术设计
出版发行	世界图书出版有限公司北京分公司
地　　址	北京市东城区朝内大街137号
邮　　编	100010
电　　话	010-64038355（发行）　64033507（总编室）
网　　址	http://www.wpcbj.com.cn
邮　　箱	wpcbjst@vip.163.com
销　　售	新华书店
印　　刷	三河市国英印务有限公司
开　　本	880mm×1230mm　1/16
印　　张	22.5
字　　数	344千字
版　　次	2024年3月第1版
印　　次	2024年3月第1次印刷
版权登记	01-2007-2813
国际书号	ISBN 978-7-5232-1113-7
定　　价	68.00元

前言

　　在今天，对爱情的科学分析已经成为心理科学领域的重要组成部分。这个研究领域的主要代表作之一是本书的早期版本，该书于2010年由世界图书出版有限公司北京分公司翻译出版，书名为《爱情心理学（最新版）》。

　　前一版《爱情心理学》出版至今已有十余年了，在这段时间里，爱情领域的心理学理论和研究蓬勃发展，发生了翻天覆地的变化——为这本《爱情心理学：新编本》撰稿的作者中有一半以上是新人，这一事实就说明了这一点。本书的一些撰稿人在前一版著作出版时，还在上学，而前一版著作中的一些撰稿人已经因为种种原因，不再活跃在研究领域中。我们注意到这个领域的变化和扩展是多么具有爆发性，因此这本《爱情心理学：新编本》应运而生了。我们邀请了我们认为在爱情研究领域中最有影响力的一批研究人员为本书贡献智慧。

　　爱情研究领域的变化发生在很多方面。第一，人们过去很容易将一篇关于爱情的论文定性为某种学科方法：临床的、社会的、人格的、生物学的，等等；而如今，这已经很难做到了——许多研究者都在同时使用多种方法，这也使方法的边界变得模糊了。第二，早期的许多理论，不管是不是精神分析学派的，都直接受到弗洛伊德及其弟子的影响；今天，这种情况已经很少见。第三，当代研究比过去更科学，更严谨。因此，现在所说的定义、范畴、领域等都与过去的大不相同。

这本书的目的是让任何对爱情感兴趣的人都能阅读并有所收获。几乎每个人都对爱情有些兴趣，如果你正在读这篇前言，那么这本书就是为你而写的！

我们希望你喜欢这本书。我们相信它代表了目前爱情领域中最好的一部分科学研究工作。本书将向你展示许多不同的观点——你可以选择自己喜欢的观点，甚或发展出自己的观点。

CONTENTS 目录

第一部分
爱情的心理机制

第二部分

探索爱情的真谛

第一部分

爱情的心理机制

爱情，自我的扩张

亚瑟·阿伦（Arthur Aron）

珍妮弗·M. 汤姆林森（Jennifer M. Tomlinson）

什么是爱情？

爱情的自我扩张理论模型（Aron & Aron，1986；Aron Lewandowski，Mashek，& Aron，2013）诞生于20世纪80年代。它整合了两类知识，第一类是关于人类基本动机的社会心理理论，以及当时对吸引力和恋爱关系的少量研究；第二类是经典爱情理论，如西方哲学代表人物柏拉图所强调的从"独爱"（只爱某个人）到"普爱"（爱所有人）的终极成长目标，以及东方哲学所探讨的亲密关系如何走向"普爱"——对丈夫的爱不是为了丈夫，而是为了自我，为了本质上至高无上的自我（同样适用于对妻子的爱、对儿女的爱，甚至是对财富的爱）。

虽然爱情的自我扩张理论被广泛应用于各种爱情类型中并扩展至其他领域，如群际关系和个人动机等，但我们主要关注的还是"浪漫之爱"（romantic love）。本文的焦点在于浪漫之爱中的激情和亲密关系。

我们首先会介绍自我扩张理论模型的核心原理，并详细介绍早期吸引、热恋的神经基础以及爱情毕生轨迹的含义。其次，我们将介绍如何维持和促进亲密关系，解析亲密关系中产生的诸多问题。最后，我们将举例说明自我扩张理论与其他主流爱情心理学理论之间的关系，并探讨未来的研究方向。事实上，自我扩张理论与其他理论并不互斥，而是相得益彰——在某些情况下，自我扩张理论有助于深化、扩展其他理论；而在另一些情况下，其他理论有助于深化、扩展自我扩张理论；当然，有时两种情况同时存在。

自我扩张理论模型

自我扩张理论的两个核心原理

1. 动机原理

人们试图通过自我效能感的扩张来提升达成目标的能力。自我扩张的需求被一些学者描述为探索、求知、自我完善、拓宽视野等人类基本动机。快速的自我扩张尤为有益。White（1959）的研究对"动机准则"有很大影响，他认为对扩张自我效能感和能力的追求类似于对基本生理需求（如解饥）的追求。Deci和Ryan（1987）的内在动机理论、Bowlby（1969）的安全基地概念，以及Fredrickson（2001）的扩展–建立理论都涉及相关的动机准则。［详见Aron，Aron和Norman（2004）的讨论。］

2. 自我包含他人原理

人们寻求自我扩张的方式之一是亲密关系，因为在一段亲密关系中，个体可以去体验伴侣的资源、观点以及身份，甚至可以在某种程度上把这些当作自己的。

基于自我扩张理论模型的核心原理，我们可以把爱情界定为"关于想与某个人进入或维持一段亲密关系的一系列行为、认知和情感"（Aron & Aron，

1991，P. 26）。也就是说，爱情是一种将爱慕之人纳入自我以实现自我扩张的欲望。

支持"动机原理"的研究示例

Aron，Paris和Aron（1995）以两个大班级的本科生为被试，展开了一项历时10周的研究。该研究要求学生每过2周进行一次自我概念量表测试，并且会让这些学生报告在过去2周中是否坠入爱河。研究结果显示，那些在完成自我概念量表前2周内坠入爱河的学生在回答"今天你是谁？"（一种字面意义上的自我扩张）这个问题时，表现出了更高的自尊和自我效能感以及更多的个性特点。

关于自我扩张动机对亲密关系的影响，最直接的证据或许来自另一项研究的结果——在自我扩张量表（Self-Expansion Questionnaire，Lewandowski & Aron，2002）中，亲密关系与自我扩张测试得分更高的人所拥有亲密关系的质量也更高。这个测试中的典型问题包括"你的伴侣在多大程度上帮你扩展了对自己的认识呢？"、"你的伴侣在多大程度上帮你提升了处理事务的能力呢？"以及"你的伴侣帮你提升自己的可能性有多大？"。

支持"自我包含他人原理"的研究示例

"自我包含他人原理"近年来一直是学界关注的重点。这个原理基于这样一个观点：在一段亲密关系中，你对自己的心理构建（你对自己的主观认知）与你伴侣心中关于你的形象有所重叠。"我–非我–我"反应时测试能够非常直接地呈现这一观点。在这个测试中，你先要在问卷中对自己和伴侣的各种特征进行评价；然后，你需要在电脑前观看屏幕上呈现的每个特征，同时通过按"yes"键或"no"键来判断自己是否具备该特征。研究结果显示，你与伴侣的关系越亲密，你在看到两人存在差异的特征时，做判断的速度就越慢。还有一些研究表明，我们可以通过亲密程度来预测区分关于自我和关于伴侣的记忆的难度——一个人越能自发地与伴侣分享资源，他在听到自己和伴侣名字时脑部被激活区域的重叠部分就越多。实际上，迄今为止，用来评估关系双方重叠程度的自我包含他人量表（Aron，Aron，& Smollan，1992；见图1.1）已被应用在数百项研究中。

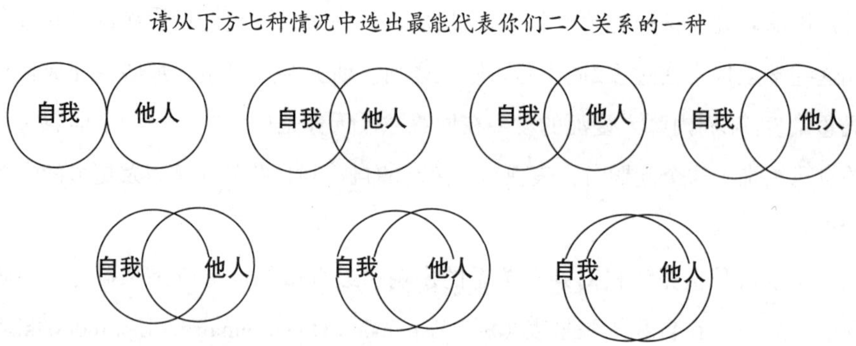
请从下方七种情况中选出最能代表你们二人关系的一种
自我
他人
自我
他人
自我
他人
自我
他人
自我
他人
自我
他人
自我
他人

图1.1 自我包含他人量表

不同类型、不同阶段爱情的影响

吸引与恋爱

你可能会爱上谁呢？许多关于初识阶段产生吸引力的研究表明，“相互喜欢（感到对方喜欢你）”“（对方具有）理想的特征”“（认为你们具有）相似性”都是非常重要的因素（Zhou，Chelberg，& Aron，2016）。因为被喜欢的感觉很好，与认同自己世界观的人在一起的感觉也很棒（Byrne，1971）。关于“相互喜欢”和“相似性”的研究发现，“能够感知到别人对自己的好感"是建立亲密关系的关键因素。此外，自我扩张理论对提升人际吸引力也有一定启发，因为它在一定程度上提出了某种规则——"相互喜欢"和"相似性"在任何关系中都发挥着重要作用。

"理想的特征"具有吸引力的根源在于，当你与拥有这些特征的人建立亲密关系时，这些特征会令你的自我得到扩张。实际上，除了关于"早期吸引"的研究外，一些关于人们恋爱经验的研究指出，建立亲密关系最常见的原因之一是爱慕之人表明了好感（Riela, Rodriguez, Aron, Xu, & Acevedo, 2010）。

一项研究表明，在确认相互喜欢之后（并很有可能会建立亲密关系），个体可能会被对方身上与自己相反的特征所吸引。研究者招募了两组被试，对他们进行了兴趣测试。一周之后，研究者让这些被试与一个陌生人相处，告诉其中一组被试"对方喜欢他们"，而不给另一组被试提供这些信息。因此，第一组被试更有可能产生"彼此会建立亲密关系"的想法。这个研究所基于的假设是：在发展亲密关系的前提下，不同的兴趣为自我扩张提供了更大的可能性。正如研究者所预测的，在没有收到建立亲密关系可能性信息的那组被试中，有更多人报告喜欢与自己兴趣相似的人，这遵循了关系早期的"相似性"吸引力法则；而在"可能建立亲密关系"条件下，更多的被试则报告喜欢与自己不相似的人（Aron, Steele, Kashdan, & Perez, 2006）。

热恋

如果你是一个坠入爱河的人，那么对于你来说，热恋意味着什么？

脑成像技术为这一问题提供了探索途径。我们认为，通过一段亲密关系来自我扩张（尤其是获得迅速扩张的机会）是一种强有力的动机。在热恋中，通过与伴侣的亲密关系来自我扩张（于是"我"就包含了"他／她"）的意愿尤为强烈。脑成像技术能够清晰地呈现出一个人在恋爱中自我扩张动机的强烈程度。

在过去的几十年中，多项采用功能磁共振成像（functional magnetic resonance imaging，fMRI）进行的研究表明，与看到陌生面孔相比，热恋中的人在看到恋爱对象的面孔（甚至只是看到其名字闪过）时，脑部的核心奖赏系统表现得更活跃。这些发现也得到了跨文化研究的验证（Acevedo，2015）。很多项研究发现，被激活的核心脑区对应的是多巴胺奖赏系统，该脑区对可卡因的刺激也会做出反应。"恋爱是基于反馈加工过程的"这一发现与许多爱情理论基本相符，但它尤为支持自我扩张理论——更多地从动机角度而非情感角度来看待恋爱，认为与恋爱紧密相关的动机是自我扩张而非生存。

这种神经范式在一项针对自认为仍对婚姻保有激情的已婚多年人士的研究中已经得到验证（Acevedo，Aron，Fisher，& Brown，2011）。该研究对自我扩张理论模型中的核心变量进行了精准的测量，并且发现：（1）多巴胺奖赏系统的激活程度与自我包含他人的程度密切相关；（2）被试亲密关系与自我扩张测试的得分越高，多巴胺奖赏系统被激活的程度就越高。其他相关的fMRI研究结果进一步证实了这种奖赏系统在恋爱中的重要性。例如，有研究发现，当热恋中的个体看到伴侣的图像时（对比看到普通熟人的图像），大脑对疼痛的反应会明显减弱（Younger et al.，2010）。另一项以恋爱中的吸烟者为被试的研究发现，当被试看到伴侣的图像时，他们的大脑对香烟的反应比看到铅笔图像时显著减弱了（Xu，Wang，et al.，2012）。

持续的爱和亲密度

1. 爱是将对方包含在自我中

在一段恋爱关系中，伴侣二人的身份通常会交织在一起，变得更加复杂：有时候一方能够了解另一方的想法；有时候一方的话只说了一半，另一方就知道后半句是什么；有时候双方甚至都记不清某句话到底是自己说的还是对方说的。

前面提到的"我–非我–我"反应时测试结果表明，当伴侣中的一方不具备某一特征时，另一方需要用更长的时间来判定自己是否具备该特征；自我的心理表征包含了伴侣的特征。大量研究表明，"自我-他人"重叠的表现形式有很多种。研究者让被试针对自己、一个非亲近他人和一个亲近的人完成一份评价问卷，问卷中提供了几组相反的性格特征（例如"活泼-严肃"），被试可以从"具有一个特征""两个特征皆有""两个特征都不具备"这三个选项中做出选择。研究结果显示，与评定非亲近他人相比，在评定自己时有更多人选择了"两个特征皆有"（Aron，Aron，Tudor，& Nelson，1991）。这是因为人们不太可能对自己做性格归因（认为自己具有单极化性格特征）（Sande，Goethals，& Radloff，1988）。而被试对亲近的人的评定结果与对自己的评定结果基本一致，即更多地选择了"两个特征皆有"。这意味着人们看待亲近的人与看待自己的模式是相似的。人们会在某种程度上自发地呈现出将亲近的人和自己混同的"自我-他人倾向"（Aron，Aron，Tudor，& Nelson，1991）。处于亲密关系中的个体会表现出认知依赖，这意味着相较于"我"和"我的"，他们更倾向于使用"我们""我们的"（Agnew，Van Lange，Rusbult，& Langston，1998）。此外，人们对亲近的人意图的推断能力明显优于对非亲近他人意图的推断能力，这种推断能力源于大脑中与熟悉性相关区域的激活程度（Cacioppo，Juan，& Monteleone，2017）。

亲密关系的核心在于：伴侣相互深度依赖，能感知到彼此的回应，或者能感知到对方对自己的理解、认同和关爱（Reis，Clark，& Holmes，2004）。一项研究表明，你在多大程度上愿意将伴侣包含在自我中，主要取决于伴侣将你包含在其自我中的程度（Tomlinson & Aron，2013）。

2. 爱情能否天长地久

随着时间推移，无论是对于恋爱关系还是其他关系，人们的满意度通常都会逐渐下降（Karney & Bradbury，1997；O'Leary，Acevedo，Aron，Huddy，& Mashek，2012；Tucker & Aron，1993）。自我扩张理论模型认为，当个体开始将伴侣包含在自我中时，创建亲密关系和快速自我扩张能够令其充满激情；然而个体的自我一旦过多地包含了伴侣，其自我扩张的速度就会减缓。一项针对

大量有代表性的样本展开的研究表明，随着时间的推移，个体感知到的激情之
爱（热恋）与在亲密关系中的自我扩张密切相关（Sheets，2014）。自我扩张
的益处可能在于提升积极情感（Graham & Harf，2015；Strong & Aron，2006）
并减轻无聊感（Tsapelas，Aron，& Orbuch，2009）。从某种意义上来说，激
情之爱是自私的，因为它聚焦于个体的自我扩张以及自我感知；但它也是无私
的，因为将伴侣包含在自我中就意味着将其自我扩张视作自己的。因而，人
们理所应当地会去鼓励伴侣进行自我扩张，从而与之共同经历快速的自我扩
张——这一推论尚未被直接验证。

尽管激情之爱（以及各种满足感和爱）通常都会随着时间推移而消减，
但"激情之爱必将消退"的观点尚未得到证实。能够确定的是，许多"老夫
老妻"仍对亲密关系持有较高的满意度。一项针对新婚夫妇开展的为期4年的
纵向调查研究表明，随着时间的推移，约有10%的人保持或提升了婚姻满意度
（Karney & Bradbury，1997）。更令人讶异的是，在美国开展的一项具有代表
性的调查中，约有40%的婚龄达10年或超过10年的人报告自己强烈地爱着伴侣
（O'Leary et al.，2012）。一组访谈数据（Acevedo & Aron，2005）表明，在报
告自己强烈地爱着伴侣的人中，有一部分人是真的有这样的体验，而非自欺
欺人或只是想树立良好形象。一项研究（Acevedo et al.，2011）对那些声称强
烈爱着彼此的、平均婚龄达21.4年的伴侣进行了fMRI数据采集，发现他们的脑
激活图像与处于热恋早期的伴侣相似。该研究甚至发现，与热恋及奖赏相关
脑区的激活程度和长期配偶对亲密关系的满意度呈正相关。此外，有证据表
明亲密关系初期的脑部激活情况能够预测40个月之后的亲密关系稳定性与质量
（Xu，Brown，et al.，2012）。

如何保持激情、提升爱情品质？

共享的自我扩张活动

当伴侣不能再从亲密关系早期发展中充分实现自我扩张时，他们还可以通过一起参与自我扩张活动在某种程度上获得自我扩张的感觉。这种共享的自我扩张活动能够让伴侣的关系更紧密。共享的自我扩张活动对亲密关系的满意度有着积极作用（Aron, Norman, Aron, McKenna, & Heyman, 2000）。一项研究（Reissman, Aron, & Bergen, 1993）安排夫妇随机参与一个为期10周的令人兴奋的或令人愉悦但不兴奋的活动。其中，令人兴奋的活动主要有参加音乐会、玩游戏、听讲座、滑雪、攀岩和跳舞等。相比于那些参与令人愉悦活动的夫妇，参与令人兴奋活动的夫妇在10周之后关系满意度的提升更显著。此后的五项研究进一步验证了令人兴奋活动对亲密关系满意度的影响显著大于单调活动的影响。在其中三项实验中，"令人兴奋活动"条件组的夫妇需要一起参加具有新颖性、挑战性和唤醒性的障碍课程任务（Aron et al., 2000）。在另一项临床实验中，研究者让夫妇自己选择一项令人兴奋的活动，并连续4周，每周花90分钟进行这项活动（Coulter & Malouff, 2013）。与前面的研究一致，研究者给出"具有冒险性的""带来激情的""性感的""令人兴奋的""有趣的""好玩的""浪漫的""自发性的"等提示信息，然后夫妇们自主选择了活动。在测试结束4个月后，"令人兴奋活动"条件组（相比于参加单调活动的控制组）的夫妇，在亲密关系的兴奋度、好感度和满意度上都有显著提升。

自我扩张理论认为，相比于单调的或仅仅是令人愉悦的活动，令人兴奋的活动应该更有益。然而，人们尚不明确令人兴奋的活动究竟应该是怎样的。各研究一直认为大部分令人兴奋的活动都具有新颖性、挑战性、趣味性和唤醒性（不一定是性感的，也可以仅仅是一般的身体唤醒）。这些早期的研究并未明确最基本的令人兴奋的元素有哪些，以及它们是否会因亲密关系阶段及类型的不同而发生变化。为了弄清这个问题，研究者开展了一系列实验，比较了在长期的友谊和婚姻中身体唤醒及自我扩张效应的异同（Tomlinson，Hughes，Lewandowski，Aron，& Geyer，待出版）。其中四个实验表明，不论对友人组合还是夫妇组合而言，自我扩张都是双人关系的核心，而身体唤醒不是。如果未来能有更多研究继续验证这种结论，那么我们可以推断：在一段持久的亲密关系中，自我扩张元素（如兴趣与乐趣）比身体唤醒元素更重要。也就是说，一起做有趣的事比一起做日常的活动（如健身）对爱情的积极影响更大。

除了证实共同参与令人兴奋活动的益处外，该领域的研究还表明令人兴奋活动益处背后的机制可归结为提升积极情感（Coulter & Malouff，2013；Graham & Harf，2015；Strong & Aron，2006）以及降低无趣感（Aron et al.，2000；Tsapelas et al.，2009）。日记研究表明，在夫妇参与令人兴奋的活动时，可能是活动带来的高流动感和卷入度提升了积极情感，降低了无趣感（Graham，2008）。想要达成高卷入度，很重要的一点是，在该活动中夫妇双方的技能水平要和任务难度相匹配。如果一项任务很难完成（超出了夫妇的技能水平），那么夫妇就无法从中收获益处（Graham & Harf，2015）。

在已有研究中，很多夫妇选择的共享活动是"与另一对夫妇进行的双人约会"。近期，有些研究考察了两对夫妇一起完成的共享自我扩张任务的效应（Slatcher，2010；Welker et al.，2014）。在这些研究中，夫妇之间双向的、不断升级的自我暴露为自我扩张提供了渠道。夫妇们进行的是一项45分钟的提升亲密度任务。[该任务是由Arthur Aron等人（1997）设计的，通常由两个陌生人搭档来完成，被称为"快速交朋友"。它因"亲密关系36问"而广为人知。]任务中包含了一系列问题——属于逐渐升级的自我暴露，并且要求每个人都回答全部问题，然后再进行下一步。整个任务持续约45分钟。和做了类似时长交谈任务的夫妇相比，做了提升亲密度任务的夫妇对通过任务认识的夫妇更感到亲近；更为重要的是，夫妇彼此间的亲密感也得到了提升（Slatcher，2010）。此外，完成提升亲密度任务的夫妇比完成交谈任务的夫妇体验到的积极情感（Slatcher，2010）和爱情（Welker et al.，2014）明显增多了。这些结果表明，与另一对夫妇共享深度沟通活动对于结婚多年的夫妇来说可能是一种维持、巩固亲密关系的方法。

单独的自我扩张活动

尽管与伴侣参与共享活动的益处显而易见，但是夫妇们在很大一部分时间里是分开的，因为他们有各自的兴趣爱好、工作、朋友等。越来越多的研究发现，个体的单独活动为其自我扩张提供了一个完美途径（Mattingly & Lewandowski，2013）。纵观各类实验，那些参加新颖的、令人兴奋的、有趣味的活动的个体（相比于参加一般活动的个体）在更大程度上获得了自我扩张，也付出了更多的努力（Mattingly & Lewandowski，2013）。单独的自我扩张活动之所以有益处是因为它们能够扩展自我概念的规模并提高接触动机（Mattingly & Lewandowski，2014；Mattingly，McIntyre，& Lewandowski，2012）；即使在工作场合中，这一结论同样适用（McIntyre，Mattingly，Lewandowski，& Simpson，2014）。通过参与单独的自我扩张活动——不管是休闲活动还是令人满意的工作——人们可以扩展自我概念，将新颖的身份、观点和资源带回亲密关系中。

支持伴侣的自我扩张

因为参与自我扩张活动可能有利于亲密关系的建设，所以伴侣之间应当鼓励彼此去寻觅那些可能产生自我扩张的活动。事实上，在一段长期的亲密关系中，那些获得伴侣鼓励（相较于那些只获得伴侣被动同意）去寻觅自我扩张机会的个体明显会体验到亲密关系满意度的提升（Fivecoat，Tomlinson，Aron，& Caprariello，2015）。此外，那些感知到伴侣对其奋斗目标的支持的人对完成目标的能力有更强烈的体验，这会随着时间推移而促进自我成长，提升成就感和自尊（Tomlinson, Feeney, & Van Vleet, 2016）。

退休老人的自我扩张

许多关于自我扩张的研究一直以大学生或相对年轻的夫妇为被试。然而，也有很多研究探讨了老年人的自我扩张（Harris, Kemmelmeier, & Weiss, 2009）。研究表明，"退休"可被视为探寻和促进成长的活动——当夫妇忙于追求事业目标时，他们几乎没有时间去参与探寻和促进成长的活动。在近期的一项纵向研究中，研究者请退休人员回答"今天你是谁？"。这个问题在关于恋爱的研究中（Aron et al., 1995）也被用来向大学生提问。有趣的是，研究发现，在向退休过渡的阶段，人们自我概念的规模和多样性普遍降低了；但是6个月后，得到伴侣对自我扩张的支持的人，其自我概念规模有了明显提升（Tomlinson, Yosaitis, Challener, Brown, & Feeney, 2015）。此外，伴侣对自我扩张的支持与个体对亲密关系的满意度、对退休生活的满意度、自我效能感、成就感以及健康状况密切相关（Tomlinson & Feeney, 2016）。

爱情中的常见问题

尽管爱情，特别是含有大量自我暴露的自我扩张类爱情，能够给我们带来很多益处和欢乐（Mattingly, Lewandowski, & McIntyre, 2014），但是向所爱之人敞开心扉也存在一定的风险。

过度理想化

一旦坠入爱河，伴侣们往往倾向于"戴着粉红色的眼镜"看待彼此，即"理想化"。总的来说，这在一段关系中是好事（Murray et al., 2011）。伴侣所树立的关于你的理想化自我甚至能够帮助你自我扩张（Rusbult, Finkel, & Kumashiro, 2009）。然而，近来有研究发现，感知理想化与满意度之间的关系曲线呈"U"形，也就是说，感知理想化程度太低或太高都是有害的（Tomlinson, Aron, Carmichael, Reis, & Holmes, 2014）。感知过于理想化可能是有问题的，因为它会让人产生不合理的或难以企及的期待，并引发对探索的恐惧。此外，当感受到自己被伴侣过高期待时，被过度理想化的一方可能会对亲密行为，甚至对共处产生抵触情绪。对于热恋中的情侣而言，过度理想化似乎是一个普遍现象，而对于已婚伴侣而言，它可能意味着性格和能力上的问题。

不忠

不忠（"出轨"）是恋爱关系中的一个主要问题（Tsapelas, Fisher, & Aron, 2011）。如我们所见，自我扩张对亲密关系质量有重要的影响，如果对关系中的自我扩张不满意，个体可能会寻找其他伴侣来满足自我扩张的需求。事实上，有几项关于大学生约会（大多数是长达几个月的排他性关系）的研究已发现，我们可以根据当前亲密关系中自我扩张的满意度预测个体对潜在恋爱对象感兴趣的程度。有研究指出，将伴侣包含在自我中的程度，尤其是将发展亲密关系视作自我扩张或提供自我扩张机会的程度，与人们卷入不忠行为的可能性间存在强相关关系（Lewandowski, Ackerman, 2006）。还有研究者围绕这个问题做了两个实验，发现了类似的结果。在实验一中，被试通过电脑与一位他们认为有吸引力的模拟伴侣互动，后者表现出了有助于被试进行自我扩张的特征。那些之前报告自己对当前亲密关系中自我扩张不满的被试更喜欢模拟伴侣以及整个互动。在实验二中，研究者告诉被试可以选择与一名目前单身的异性进行"了解你"的活动，然后给被试一张名单——上面列有12位非常有吸引力的潜在恋爱对象，并告诉他们可以从中随意挑选。结果显示，那些报告自己在当前亲密关系中自我扩张程度较低的被试选择了更多潜在恋爱对象（Vander Drift, Lewandowski, & Agnew, 2011）。"亲密关系-自我改变"二维理论模型证实，在关系中处于身份杂糅或自我约束状态的人（该关系增加了消极自我的内容，或消除了积极自我的内容）更难在情感和性方面保持忠诚（Mattingly et al., 2014）。

另一项研究从不同的视角出发，让被试在亲密关系中感到有或没有充分的自我扩张。然后，研究者向被试呈现几张有吸引力异性（潜在恋爱对象）的图片，图片里的人可能具有被试当前伴侣所不具备的自我扩张特征，也可能不具有这些特征。结果显示，那些自认为有极大自我扩张需求的被试对那些具有自己伴侣缺乏的自我扩张特征的人记忆更深刻（Tsapelas, 2012）。研究者在另一项fMRI实验中让被试先观看一段视频，视频内容可能是（1）伴侣陈述与被试一起完成自我扩张的经历，（2）伴侣陈述与被试共同完成某项中性活动的经历，（3）伴侣陈述与被试相恋的经历；然后让他们观看有吸引力异性的图片。结果表明，被试在观看"共享自我扩张经历"视频后比在其他条件下被有吸引力异性图片所唤醒的大脑神经活动显著减少（Tsapelas et al., 待出版）。总之，目前已有多项研究证明，一段亲密关系中（甚至是个人生活经历中）的自我扩张有助于降低欺骗行为发生的概率。

单恋

"过度理想化"和"不忠"都是爱情中的难题。还有一个难题是，你爱的人从一开始就不爱你，即单恋。单恋非常普遍。在一个以大学生为被试的大样本研究中（Baumeister & Wotman, 1991），有93%的大学生表示在过去5年中至少经历过一次强烈的或中等强度的单恋。在另一项对大学生展开的研究中，报告自己有过单恋经历的人占82%（Aron, Aron, & Allen, 1998）。有研究者发现，甚至在儿童群体中，单恋的现象也是普遍存在的（Hatfield, Schmitz, Cornelius, & Rapson, 1988）。

单恋是导致抑郁甚至自杀的原因之一。尽管如此，还是有人会渴望单恋。那么，"单恋"到底是怎么回事呢？

对单恋的研究主要围绕特定的动机展开，因为单恋还不具备实际亲密关系中自我扩张的常规来源。从自我扩张理论模型来看，"欲望"可能是单恋的主要动机。从这个意义上来讲，如果与一个人的关系看起来能够让你获得极大的自我扩张，那么即便开始这段关系的概率很低，你也可能会被那个人所吸引。（这类似于买彩票——极低的中奖概率，极高的中奖金额。）如果你误认为一段关系是可能发生的而为对方着迷，却在一段时间后发现自己搞错了，那么你可能会根据概率来进行取舍。但在单恋背景下，还有一个更重要的因素在发挥作用，那就是自我扩张理论模型中的"对爱情的渴望"。个体渴望将自我扩张与恋人角色关联起来，渴望体验自我扩张与恋爱的紧密联系（这也是一种根深蒂固的意识）——但是不一定需要一段真实的亲密关系。为了检验不同因素的动机策略，研究者对733名经历过单恋的大学生进行了测试。与预测一致的是，"欲望""概率""对爱情的渴望"这三个因素都能独立地显著促进单恋的产生。总体而言，三者中"欲望"的效应最强；但对于一部分人来说，"概率"或"对爱情的渴望"的效应最强（Aron, Aron, & Allen, 1998）。

拒绝

如果你开始了一段恋爱关系，却在一段时间后被拒绝了，那么你会怎样？

研究者采用fMRI标准程序对失恋者展开了实验研究，他们选取的被试是那些刚被拒绝但仍深爱着伴侣的人。这些被试报告自己非常沮丧、伤心、愤怒，等等（事实上，在实验中，当看到拒绝者——伴侣的照片时，某些被试哭了起来）。脑部扫描结果显示，当被试看到他们的拒绝者（与看到中立者相比）时，他们脑中与焦虑、痛苦和试图控制愤怒相关的区域明显被激活了；然而，他们脑中与热恋相关的多巴胺奖赏区也明显被激活了。显然，他们是很沮丧的，但他们仍然有着与伴侣联结的强烈感受。这或许是因为自我扩张机会太大以至于无法放手。（好消息是，被拒绝后，时间过得越久，上述激活的程度越低。因此，时间似乎确实有助于伤口愈合。）（Fisher，Brown，Aron，Strong，& Mashek，2010）

分手

无论是你被对方拒绝了，还是你拒绝了对方，或是因为其他情况，一段亲密关系的结束必将威胁到你的自我扩张。个体的自我是通过将伴侣包含在其中而成长的，而分手会导致"自我约束"（Lewandowski，Aron，Bassis & Kunak，2006）。亲密关系的结束所导致的自我扩张丧失对自我概念尤其有害，甚至会使其瓦解。很多人在分手后一直情绪低落，而让自己感觉好点儿的方法之一就是写下内心的感受。研究表明，写下分手的积极意义——例如有时间与朋友出去玩或追求自己的爱好——能够带来很好的效果（Lewandowski，2009）。一项以大学生为样本的研究发现，如果亲密关系所带来的自我扩张很少，被试分手后的成长实际上是由于他们重新发现了自我，而且这些被试在分手后表现为损失更小、积极情绪更多（Lewandowski & Bizzoco，2007）。

爱的不同类型

爱不仅指浪漫的爱情（尽管这是本文的重点）。自我扩张理论模型可帮助我们理解各种各样的爱。不论我们爱的是自己的伴侣还是其他人，或是别的什么，我们至少在一定程度上会包含这些对象或尝试将这些对象包含在我们的自我中。毫无疑问，父母将子女包含在自我中，孩子也将父母包含在自我中——包含的程度可帮助我们预测关系的质量（Birditt，Fingerman，Lefkowitz，& Dush，2008）。

有研究表明，一些人甚至会将自然包含在自我中（Schultz，2001）。此外，有研究表明那些将所有人都包含在自我中的人通常会关心所有人（Leary，Tipsord，& Tate，2008）。进一步来看，基督教的信仰与将"上帝"包含在自我中紧密相关（Hodges，Sharp，Gibson，& Tipsord，2013）。自我扩张理论模型已被应用于产品和品牌喜爱度的研究中（Riemann & Aron，2009）。已有研究表明，将品牌包含在自我中的程度与品牌喜爱度和忠诚度等紧密相关。

关于这一领域的研究开展的时间并不长，但前景可观。在这些研究中，两个备受关注的主题是"对其他群体的同情之爱"（特别是如何消除对少数群体的歧视）和"友谊之爱"。

同情之爱

同情之爱是一种"以他人利益为中心"的爱（Underwood，2009），也就是关注他人感受并希望在其需要时给予帮助。根据自我扩张理论模型，如果你与某人关系亲密，那么你在某种程度上会将此人包含在你的自我中，并且希望他（她）好，就像你希望自己好一样。事实上，有研究表明，我们会自发地与那些被我们包含在自我中的人分享资源（Aron et al.，1991a）。一些更详尽的关于"与富有同情之爱直接相关的自我扩张"的应用研究一直聚焦于将群体包含在自我中的过程（Brody，Wright，Aron，& McLaughlin-Volpe，2008）。有充足证据表明，你会将自己所属的群体（如大学、种族、性别群体等）包含在自我中。在同情之爱方面，当你将一个"其他群体"——尤其是一个受到歧视的群体——包含在自我中时，情况就变得更有意思了。

出现这种情况主要可能是因为你有一个属于"其他群体"的朋友。假设你是欧洲裔美国人，你有一位好朋友Jose，他是墨西哥裔美国人。根据自我扩张理论模型，作为你的密友，Jose在某种程度上就是你自己。如果有人侮辱了墨西哥裔美国人（甚至歧视某些墨西哥裔美国人个体），那么你很可能会感觉受到侮辱。有研究者通过对135项研究进行的元分析验证了这一基本观点，即亲密友谊会使个体对"其他群体"产生更积极的感情（Davies et al.，2011）。尤为有趣的是，同情之爱的这种效应不仅减少了偏见或负面情感，而且提升了正面情感，例如对其他群体的关心、尊重，甚至钦佩。调查研究和随机实验都证实了这个效应。例如，许多研究者都做过这样的实验——给被试随机分配一名（使用前面提到的"快速交朋友"或"亲密关系36问"任务）来自其自己群体中的成员或其他群体中的成员，之后再对他们进行一些测试，如等待与其他群体成员见面时的激素水平测试（Page-Gould，Mendoza-Denton，Alegre，& Siy，2010）。研究结果非常清晰：接近某个其他群体的成员会极大地提升你对该群体的好感。另一个实验是以美国一所种族多元化大学中的大部分一年级新生作为样本展开的：学期初，在课堂上让新生随机配对完成"快速交朋友"任务。研究结果表明，与其他种族成员进行配对任务的学生比那些与本种族成员进行配对任务的学生明显对其他种族产生了更积极的感情（Davies，Aron，Wright，& McLaughlin-Volpe，2007）。

基于自我扩张理论模型，同情之爱的基本效应能引发一个有趣的现象，即"延伸接触"——仅仅是知道本群体中的某个成员有一个在其他群体中的朋友，就会引起个体对那个群体的积极情感。举例来说，假设你是一位基督教徒，你几乎每天都可以在餐厅看到Mary（你知道她也是一位基督教徒，因为你在教堂见过她）与一位穆斯林一起吃饭，并且两人显然有深厚的友谊（Zhou，Page-Gould，Aron，Moyer，& Hewstone，2018），那么整体而言，你对穆斯林的感觉会变得更好。在这个例子中，一个重要的心理机制在发挥作用，使我们间接地将其他群体的成员包含在自我中（如果我发现本群体的成员将其他群体的成员包含在他的自我中，那么我也会将其他群体的成员包含在自我中）。

友谊之爱

一项研究证实，人们对那些能够提供高水平自我扩张的（不论是与其他群体的成员还是与自己群体的成员的）友谊有更高的满意度（Lewandowski et al.，待出版）。该研究显示，具有积极交友动机的人总是在寻找有助于自我扩张的友谊。接触与自己截然不同的人可能会让人胆怯，但是当我们结识那些来自不同背景或其他群体的人时，自我扩张的机会更大。正如我们在前面"吸引与恋爱"中所讨论的，Aron等人（2006）发现，如果告诉被试他们将会与一个陌生异性相处，那么他们会对那些拥有不同兴趣爱好的人更感兴趣。这意味着跨越差异建立友谊的可能性，也表明通过控制关系稳定性因素，人们更有可能找到一段最有自我扩张机会的关系。此外，群体间的友谊除了能够创造出我们所看到的积极群体间态度之外（Davies et al.，2011），还对个体的自我扩张有重要的意义。

爱情心理学的其他理论

自我扩张理论与其他理论（如本书中的其他理论）有什么关系呢？在这一部分，我们将举例说明这种理论与其他重要理论的共生关系。

相互依存理论

这是最具开创性和最有影响力的理论之一。该理论有理有据地提出了一个核心准则（Le & Agnew，2003），即在关系中高满意度、低质量替代者以及高投资的组合能够在很大程度上预测对浪漫关系的承诺。自我扩张理论提供了一些明确的可预测关系稳定性的因素：更高的满意度（对亲密关系中自我扩张的良好感受），对替代者的更少兴趣（关系中的自我扩张越多，替代者的吸引力就越小——尤其是那些不能提供任何新的自我扩张机会的替代者），更多的投资（如果结束了亲密关系，就无法再将伴侣包含在自我中）。

依恋理论

这个理论也有极大的影响力。该理论提出的"依恋风格"与个体差异高度相关，并在很大程度上取决于我们与父母的早期亲密关系。我们当中有些人属于"安全型"依恋（在亲密关系中感到舒适）；有些人属于"回避型"依恋（不会对亲密关系抱有美好期待）；还有一些人属于"焦虑型"依恋（确实想拥有一段亲密关系，但不期待他人会喜欢自己）。这种分类能够很好地体现依恋理论与自我扩张理论之间的关系，并且有助于解释单恋主要动机的个体差异。具体而言，安全型依恋的人最有可能因为被误导认为一段亲密关系成功的可能性很高而坠入爱河；回避型依恋的人最有可能因为对恋爱经历（实际没有过）的渴望而开始一段关系；焦虑型依恋的人最有可能因为对对方的渴望而开始一段关系（Aron et al.，1998）。

公共交换理论

这是一个非常有价值的理论模型，它表明在亲密关系中，伴侣双方不计较彼此的得失，只关注彼此的需求。自我扩张理论认为公共关怀源自将他人包含在自我中（Medvene，Teal，& Slavich，2000）。

进化理论

这个理论为我们的行为原因提供了基本解释。对于人类的繁衍及物种延续来说，浪漫的爱情显然具有重大意义。自我扩张理论与进化理论的主要联系在于，前者认为除了生存之外人类还有一个基本的核心动机，即自我扩张（在进化心理学文献中常被称为"探索"）。这种动机能够帮助伴侣建立和维持一种配偶关系——双方至少能通过共同养育婴儿来维持这段关系。

爱情故事理论

关于爱情的故事是对"坠入爱河"的记载和历史证据（Lamy，2016）。自我扩张理论认为，爱情故事的作用很大，因为它们能够清楚地表明爱是自我扩张的源头（Sternberg，Hojjat，& Barnes，2001）。

爱情三角理论

这个理论指出了爱情的三个关键元素："激情""亲密""承诺"（Sternberg，1986；Aron & Westbay，1996）。自我扩张理论模型表明，这些关键元素都源自个体迅速实现自我扩张的动机。自我扩张的产生是通过将他人包含在自我中（激情的来源）、分享经验和将他人深深包含在自我中（亲密的来源），以及上述相互依存理论中的对失去现有的自我扩张和所包含他人的恐惧（承诺的来源）。

结论

在这篇文章中，我们介绍了自我扩张理论模型以及它是如何描绘、解释爱的本质的。正如你所看到的，有大量研究支持这个理论的基本准则，因为它们适用于浪漫的爱情——从吸引到分手——甚至是其他类型的爱。爱在我们大部分人的生活中举足轻重，正因如此，我们会将对爱的理解作为研究和探讨的核心。正如本文描述的那样，自我扩张理论模型已被证明有助于理解爱情。但我们的研究只是个开始，还有更多的研究工作有待展开。在我们提及的诸多领域中，现有的关于自我扩张的研究并不多，未来的研究有望扩展这一理论的疆域。有待研究的方向主要包括：（1）社会阶层和文化在塑造完美爱情体验中的作用；（2）我们从被吸引、坠入爱河到建立亲密关系的方式；（3）爱在家庭中如何运作；（4）爱在儿童群体中是如何开始的（例如，你儿时爱上过某个人吗？那是怎么回事呢？）；（5）特定类型的爱（如长期关系中的同情之爱）在关键情境中如何运作。

可以确信的是，通过思考自我扩张的基本动机，我们能对爱和亲密关系有更深刻的理解——在亲密关系中将伴侣包含在自我中就是最好的实践。

参考文献

Acevedo, B. P. (2015). Neural correlates of human attachment: Evidence from fMRI studies of adult pair-bonding. In V. Zayas & C. Hazan (Eds.), *Bases of adult attachment: Linking brain, mind, and behavior* (pp. 185–194). New York: Springer.

Acevedo, B., & Aron, A. (2005, June). Intense romantic love in long-term relationships. Paper presented at the Positive Psychology Summer Institute, Philadelphia, PA.

Acevedo, B. P., Aron, A., Fisher, H. E., & Brown, L. L. (2011). Neural correlates of long-term intense romantic love. *Social Cognitive and Affective Neuroscience*, 7, 145–159.

Agnew, C. R., Van Lange, P. A. M., Rusbult, C. E., & Langston, C. A. (1998). Cognitive interdependence: Commitment and the mental representation of close relationships. *Journal of Personality and Social Psychology*, 74, 939–954.

Aron, A., & Aron, E. (1986). *Love and the expansion of self: Understanding attraction and satisfaction.* New York: Hemisphere.

(1991). *Love and sexuality.* In K. McKinney & S. Sprecher (Eds.), *Sexuality in close relationships* (pp. 25–48). Hillsdale, NJ: Lawrence Erlbaum.

Aron, A., Aron, E. N., & Allen, J. (1998). Motivations for unreciprocated love. *Personality and Social Psychology Bulletin*, 24, 787–796.

Aron, A., Aron, E. N., & Norman, C. (2004). Self-expansion model of motivation and cognition in close relationships and beyond. In M. B. Brewer, M.

Hewstone, M. B. Brewer, & M. Hewstone (Eds.), *Self and social identity* (pp. 99–123). Malden: Blackwell.

Aron, A., Aron, E. N., & Smollan, D. (1992). Inclusion of the other in the Self Scale and the structure of interpersonal closeness. *Journal of Personality and Social Psychology, 63*, 596–612.

Aron, A., Aron, E. N., Tudor, M., & Nelson, G. (1991). Close relationships as including other in the self. *Journal of Personality and Social Psychology, 60*, 241–253.

Aron, A., Lewandowski, G. W., Jr., Mashek, D., & Aron, E. N. (2013). The self-expansion model of motivation and cognition in close relationships. In J. A. Simpson & L. Campbell (Eds.), *The Oxford handbook of close relationships* (pp. 90–115). New York: Oxford University Press.

Aron, A., Melinat, E., Aron, E. N., & Vallone, R. (1997). The experimental generation of interpersonal closeness: A procedure and some preliminary findings. *Personality and Social Psychology Bulletin, 23*(4), 363–377.

Aron, A., Norman, C. C., Aron, E. N., McKenna, C., & Heyman, R. E. (2000). Couples' shared participation in novel and arousing activities and experienced relationship quality. *Journal of Personality and Social Psychology, 78*(2), 273–284.

Aron, A., Paris, M., & Aron, E. N. (1995). Falling in love: Prospective studies of self-concept change. *Journal of Personality and Social Psychology, 69*, 1102–1112.

Aron, A., Steele, J. L., Kashdan, T. B., & Perez, M. (2006). When similars do not attract: Tests of a prediction from the self-expansion model. *Personal Relationships, 13*(4), 387–396.

Aron, A., & Westbay, L. (1996). Dimensions of the prototype of love. *Journal of Personality and Social Psychology, 70*, 535–551.

Baumeister, R. F., & Wotman, S. R. (1991). *Breaking hearts: The two sides of unrequited love.* New York: Guilford Press.

Birditt, K. S., Fingerman, K. L., Lefkowitz, E. S., & Dush, C. M. K. (2008). Parents perceived as peers: Filial maturity in adulthood. *Journal of Adult Development, 15*(1), 1–12.

Bowlby, J. (1969). *Attachment and loss,* Vol. 1: *Attachment.* New York: Basic Books.

Brody, S., Wright, S. C., Aron, A., & McLaughlin-Volpe, T. (2008). Compassionate love for individuals in other social groups. In B. Fehr, S. Sprecher, L. G. Underwood, B. Fehr, S. Sprecher, & L. G. Underwood (Eds.), *The science of compassionate love: Theory, research, and applications* (pp. 283–308). Malden, MA: Wiley-Blackwell.

Byrne, D. (1971). *The attraction paradigm.* New York: Academic Press.

Cacioppo, S., Juan, E., & Monteleone, G. (2017). Predicting intentions of a familiar significant other beyond the mirror neuron system. *Frontiers in Behavioral Neuroscience, 11*, 1–12.

Coulter, K., & Malouff, J. M. (2013). Effects of an intervention designed to enhance romantic relationship excitement: A randomized-control trial. *Couple and Family Psychology: Research and Practice, 2*, 34–44.

Davies, K. M., Aron, A., Wright, S., McLaughlin-Volpe, T. (2007). The Stony Brook Fast Friends project: Some initial results. Poster presented at the Society for Personality and Social Psychology Annual Meeting, Memphis, TN.

Davies, K., Tropp, L. R., Aron, A., Pettigrew, T. F., & Wright, S. C. (2011). Cross-group friendships and intergroup attitudes: A meta-analytic review. *Personality and Social Psychology Review*, *15*(4), 332–351.

Deci, E. L., & Ryan, R. (1987). The support of autonomy and the control of behavior. *Journal of Personality and Social Psychology*, *53*, 1024–1037.

Fisher, H. E., Brown, L. L., Aron, A., Strong, G., & Mashek, D. (2010). Reward, addiction, and emotion regulation systems associated with rejection in love. *Journal of Neurophysiology*, *104*, 51–60.

Fivecoat, H. C., Tomlinson, J. M., Aron, A., & Caprariello, P. A. (2015). Partner responsiveness to one's own self-expansion opportunities: Effects on relationship satisfaction. *Journal of Social and Personal Relationships*, *32*(3), 368–385.

Fredrickson, B. L. (2001). The role of positive emotions in positive psychology: The broaden-and-build theory of positive emotions. *American Psychologist*, *56*(3), 218–226.

Graham, J. M. (2008). Self-expansion and flow in couples' momentary experiences: An experience sampling study. *Journal of Personality and Social Psychology*, *95*(3), 679–694.

Graham, J. M., & Harf, M. R. (2015). Self-expansion and flow: The roles of challenge, skill, affect, and activation. *Personal Relationships*, *22*(1), 45–64.

Harris, S. G., Kemmelmeier, M., & Weiss, L. J. (2009). Do older adults (still) self-expand? Initial findings across six domains with adults aged 50+. Society of Personality and Social Psychology Annual Meeting, Tampa, FL.

Hatfield, E., Schmitz, E., Cornelius, J., & Rapson, R. L. (1988). Passionate love: How early does it begin? *Journal of Psychology & Human Sexuality*, *1*(1), 35–51.

Hodges, S. D., Sharp, C. A., Gibson, N. J., & Tipsord, J. M. (2013). Nearer my God to thee: Self–God overlap and believers' relationships with God. *Self and Identity*, *12*(3), 337–356.

Karney, B. R., & Bradbury, T. N. (1997). Neuroticism, marital interaction, and the trajectory of marital satisfaction. *Journal of Personality and Social Psychology*, *72*, 1075–1092.

Lamy, L. (2016). Beyond emotion: Love as an encounter of myth and drive. *Emotion Review*, *8*(2), 97–107.

Le, B., & Agnew, C. R. (2003). Commitment and its theorized determinants: A meta-analysis of the investment model. *Personal Relationships*, *10*(1), 37–57.

Leary, M. R., Tipsord, J. M., & Tate, E. B. (2008). All-inclusive identity: Incorporating the social and natural worlds into one's sense of self. In H. A. Wayment & J. J. Bauer (Eds.), *Transcending self-interest: Psychological explorations of the quiet ego* (pp. 137–147). Washington, DC: American Psychological Association.

Lewandowski, G. J. (2009). Promoting positive emotions following relationship dissolution through writing. *The Journal of Positive Psychology*, *4*(1), 21–31.

Lewandowski, G. W., Jr., & Ackerman, R. A. (2006). Something's missing: Need fulfillment and self-expansion as predictors of susceptibility to infidelity. *The Journal of Social Psychology*, *146*(4), 389–403.

Lewandowski, G. W., Jr., & Aron, A. (2002). Self-expansion scale: Construction and validation. Paper presented at the Society of Personality and Social Psychology Annual Meeting, Savannah, GA.

Lewandowski, G. W., Aron, A., Bassis, S., & Kunak, J. (2006). Losing a self-expanding relationship: Implications for the self-concept. *Personal Relationships*, *13*, 317–331.

Lewandowski, G. J., & Bizzoco, N. M. (2007). Addition through subtraction: Growth following the dissolution of a low quality relationship. *The Journal of Positive Psychology*, *2*(1), 40–54.

Mattingly, B. A., & Lewandowski, G. W., Jr. (2013). The power of one: Benefits of individual self-expansion. *The Journal of Positive Psychology*, *8*, 12–22.

Mattingly, B. A., & Lewandowski, G. J. (2014). Expanding the self brick by brick: Nonrelational self-expansion and self-concept size. *Social Psychological and Personality Science*, *5*(4), 484–490.

Mattingly, B. A., Lewandowski, G. W., Jr., & McIntyre, K. P. (2014). "You make me a better/worse person": A two-dimensional model of relationship self-change. *Personal Relationships*, *21*, 176–190.

Mattingly, B. A., McIntyre, K. P., & Lewandowski, G. W., Jr. (2012). Approach motivation and the expansion of self in close relationships. *Personal Relationships*, *19*, 113–127.

McIntyre, K. P., Mattingly, B. A., Lewandowski, G. J., & Simpson, A. (2014). Workplace self- expansion: Implications for job satisfaction, commitment, self-concept clarity, and self-esteem among the employed and unemployed. *Basic and Applied Social Psychology*, *36*(1), 59–69.

Medvene, L. J., Teal, C. R., & Slavich, S. (2000). Including the other in self: Implications for judgments of equity and satisfaction in close relationships. *Journal of Social and Clinical Psychology*, *19*(3), 396–419.

Murray, S. L., Griffin, D. W., Derrick, J. L., Harris, B., Aloni, M., & Leder, S. (2011). Tempting fate or inviting happiness? Unrealistic idealization prevents the decline of marital satisfaction. *Psychological Science*, *22*(5), 619–626.

O'Leary, K. D., Acevedo, B. P., Aron, A., Huddy, L., & Mashek, D. (2012). Is long-term love more than a rare phenomenon? If so, what are its correlates? *Social Psychological and Personality Science*, *3*, 241–249.

Page-Gould, E., Mendoza-Denton, R., Alegre, J. M., & Siy, J. O. (2010). Understanding the impact of cross-group friendship on interactions with novel outgroup members. *Journal of Personality and Social Psychology*, *98*, 775–793.

Reimann, M., & Aron, A. (2009). Self-expansion motivation and inclusion of close brands in the self: Towards a theory of brand relationships. In J. Priester, D. MacInnis, & C. W. Park (Eds.), *Handbook of brand relationships* (pp. 65–81). Armonk, NY: M. E. Sharpe.

Reis, H. T., Clark, M. S., & Holmes, J. G. (2004). Perceived partner responsiveness as an organizing construct in the study of intimacy and closeness. In D. J. Mashek & A. Aron (Eds.), *Handbook of closeness and intimacy* (pp. 415–428). Mahwah, NJ: Lawrence Erlbaum.

Reissman, C., Aron, A., & Bergen, M. R. (1993). Shared activities and marital satisfaction: Causal direction and self-expansion versus boredom. *Journal of Social and Personal Relationships*, *10*(2), 243–254.

Riela, S., Rodriguez, G., Aron, A., Xu, X., & Acevedo, B. P. (2010). Experiences of falling in love: Investigating culture, ethnicity, gender, and speed. *Journal of Social and Personal Relationships*, *27*, 473–493.

Rusbult, C. E., Finkel, E. J., & Kumashiro, M. (2009). The Michelangelo phenomenon. *Current Directions in Psychological Science, 18*(6), 305–309.

Sande, G. N., Goethals, G. R., & Radloff, C. E. (1988). Perceiving one's own traits and others': The multifaceted self. *Journal of Personality and Social Psychology, 54*, 13–20.

Schultz, P. W. (2001). Assessing the structure of environmental concern: Concern for self, other people, and the biosphere. *Journal of Environmental Psychology, 21*, 1–13.

Sheets, V. L. (2014). Passion for life: Self-expansion and passionate love across the life span. *Journal of Social and Personal Relationships, 31*(7), 958–974.

Slatcher, R. B. (2010). When Harry and Sally met Dick and Jane: Experimentally creating closeness between couples. *Personal Relationships, 17*, 279–297.

Sternberg, R. J. (1986). A triangular theory of love. *Psychological Review, 93*, 119–135.

Sternberg, R. J., Hojjat, M., & Barnes, M. L. (2001). Empirical tests of aspects of a theory of love as a story. *European Journal of Personality, 15*, 199–218.

Strong, G., & Aron, A. (2006). The effect of shared participation in novel and challenging activities on experienced relationship quality: Is it mediated by high positive affect? In K. D. Vohs & E. J. Finkel (Eds.), *Self and relationships: Connecting intrapersonal and interpersonal processes* (pp. 342–359). New York: Guilford Press.

Tomlinson, J. M., & Aron, A. (2013). The path to closeness: A mediational model for overcoming the risks of increasing closeness. *Journal of Social and Personal Relationships, 30*, 805–812.

Tomlinson, J. M., Aron, A., Carmichael, C. L., Reis, H. T., & Holmes, J. G. (2014). The costs of being put on a pedestal: The effects of feeling over-idealized in married and dating relationships. *Journal of Social and Personal Relationships, 31*(3), 384–409.

Tomlinson, J. M., & Feeney, B. C. (2016). Helping each other grow: Benefits of partner support for self-expansion in retirement. Poster presented at The Society for Personality and Social Psychology Annual Meeting, San Diego, CA.

Tomlinson, J. M., Feeney, B. C., & Van Vleet, M. (2016). A longitudinal investigation of relational catalyst support of goal strivings. *The Journal of Positive Psychology, 11*(3), 246–257.

Tomlinson, J. M., Hughes, E. K., Lewandowski, G. W., Jr., Aron, A. & Geyer, R. (in press). Do shared self-expanding activities have to be physically arousing? *Journal of Social and Personal Relationships.*

Tomlinson, J. M., Yosaitis, A. J., Challener, S. A., Brown, R. R., & Feeney, B. C. (2015). Partners as a source of positive self-concept change during the transition to retirement. Paper presented at the International Association for Relationships Research Mini Conference, New Brunswick, NJ.

Tsapelas, I. (2012). Self-expansion as a predictor of attention to alternative romantic partners. *Dissertation Abstracts International, 72*, 7748.

Tsapelas I., Aron, A., & Orbuch, T. (2009). Marital boredom now predicts less satisfaction 9 years later. *Psychological Science, 20*, 543–545.

Tsapelas, I., Fisher, H. E., & Aron, A. (2011). Infidelity: When, where, why. In W. R. Cupach, B. H. Spitzberg, W. R. Cupach, & B. H. Spitzberg (Eds.), *The dark side of close relationships II* (pp. 175–195). New York: Routledge.

Tucker, P., & Aron, A. (1993). Passionate love and marital satisfaction at key transition points in the family life cycle. *Journal of Social and Clinical Psychology*, *12*, 135–147.

Underwood, L. G. (2009). Compassionate love: A framework for research. In B. Fehr, S. Sprecher, & L. G. Underwood (Eds.), *The science of compassionate love: Theory, research, and applications* (pp. 3–25). Malden, MA: Wiley-Blackwell.

VanderDrift, L. E., Lewandowski, G. J., & Agnew, C. R. (2011). Reduced self-expansion in current romance and interest in relationship alternatives. *Journal of Social and Personal Relationships*, *28*(3), 356–373.

Welker, K. M., Baker, L., Padilla, A., Holmes, H., Aron, A., & Slatcher, R. B. (2014). Effects of self-disclosure and responsiveness between couples on passionate love within couples. *Personal Relationships*, *21*(4), 692–708.

White, R. W. (1959). Motivation reconsidered: The concept of confidence. *Psychological Review*, *66*, 297–333.

Xu, X., Brown, L., Aron, A., Cao, G., Feng, T., Acevedo, B., & Weng, X. (2012). Regional brain activity during early-stage intense romantic love predicted relationship outcomes after 40 months: An fMRI assessment. *Neuroscience Letters*, *526*, 33–38.

Xu, X., Wang, J., Lei, W., Aron, A., Westmaas, L., & Weng, X. (2012). Intense passionate love attenuates cigarette cue-reactivity in nicotine-deprived smokers: An fMRI study. *PLoS ONE*, *7*(7), e42235.

Younger, J., Aron, A., Parke, S., Chatterjee, N., & Mackey, S., (2010). Viewing pictures of a romantic partner reduces experimental pain: Involvement of neural reward systems. *PLoS ONE*, *5*(10), 1–7.

Zhou, S., Chelberg, M. B., & Aron, A. (2015). Interpersonal attraction, psychology of. In J. D. Wright (editor-in-chief), *International encyclopedia of the social and behavioral sciences* (2nd ed., Vol 12. pp. 626–630). Oxford: Elsevier.

Zhou, S., Page-Gould, E., Aron, A., Moyer, A., & Hewstone, M. (2018). The extended contact hypothesis: A meta-analysis on 20 years of research. *Personality and Social Psychology Review*. doi: 10.1177/1088868318762647.

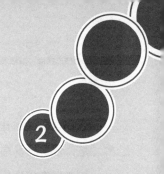

包含、存在与爱情

克里斯蒂娜·S.奥纳（Krystyna S. Aune）

R. 克利·奥纳（R. Kelly Aune）

我们在浏览那些旨在帮忙处理亲密关系问题的网站时会发现，它们几乎都在强调这样一个观点："别期待婚后的他（她）会改变。"这句话似乎已成为深入人心的真理。但事实果真如此吗？是否有证据（除了间或听说的关于一些朋友难得的轶事）能够表明在伴侣关系初期我们所看到的就是我们将获得的且会一直不变呢？

我们将在下文中论证"别期待婚后的他（她）会改变"这句老话有多离谱。我们并不是说一个人能够或应该在一段关系中试图影响伴侣的核心人格或价值体系，而只是想强调一个前提，即"联结"是动词而非名词。同样，"personing"（个体化）是动词而不是名词。人在一生中并不是一成不变的。因此，我们认为，理想的伴侣关系不是简单地接纳伴侣并期待同等的回报——在理想的关系中，人们确实会随着时间的推移而改变。这种改变在很大程度上是由于与伴侣的互动。伴侣之间的相互拥抱、珍视，以及为改变庆祝，都能够滋养亲密关系。

我们将向大家证明：仅仅是与伴侣的简单沟通就能在最基本的层面上改变我们。基于研究，我们认为，对改变的认可和欢迎程度会作为个体所了解的爱情的一个方面被体验到。从普遍意义上来说，个体对伴侣的爱反映了其对于自已在这段关系中已成为并将继续成为的样子的满足感和幸福感。我们的观点是，爱是对幸福感的反映，而这种幸福感来自探寻"我们是什么样的人及我们与伴侣将成为什么样的人"的过程。

个人背景

我们自己的爱情故事始于30多年前在学院的相遇——Krystyna是即将入学的一年级博士生，而Kelly是致力于毕业答辩的四年级博士生——我们的相爱并不是水到渠成的，也并非我们俩所寻觅或期待的。尽管如此，它还是因为一种难以忽视的强大吸引力和不断增强的联结而发生了。确定恋爱关系后才过了几个月，Kelly去夏威夷大学马诺阿分校开启了他的助教工作，Krystyna则继续在亚利桑那大学攻读博士学位。我们经历了一段时间的异地恋，20世纪80年代后期的通信技术和学术会议让我们得以维持联系。经历了3年的分离后，我们以配偶兼同事的身份开启了关系的下一个阶段。如今30多年过去了，我们仍在生活和事业的方方面面中交织在一起。我们关于人类沟通研究的领域是互补的，因此也为关于爱的方式的描述提供了更全面的信息——Krystyna研究情绪和关系，Kelly则研究信息加工——我们对爱情的理解反映了"Krystyna对关系沟通和关系动态的兴趣"和"Kelly对发展关系中的合作和提升沟通效率的兴趣"的融合。接下来，我们将讨论"爱情源自促进认知和神经状态发展的沟通过程"这个观点。我们梳理了传播学、社会心理学和神经科学的相关文献，并进一步提出了关于爱情最基本结构的不同观点。

基本理论

在过去的几十年里，正如本书内容所表明的，理论家们提出了关于爱的不同观点。我们对理解爱情和亲密关系方法的研究跨越几个不同的学科，这或许使我们的观点与其他观点略有不同。我们的研究领域包括进化心理学、社会心理学和神经科学（Fletcher Simpson，Campbell，& Overall，2013）。我们构建观点的基础性理论源自爱的社会生物学（进化理论）研究和社会心理学研究。

Jankowiak和Fischer（1992）研究爱所使用的方法比较宽泛，他们强调浪漫之爱的普遍性，并支持进化理论爱情观。Buss（1988）认为，爱是为了延续物种而产生的自然行为。爱不仅是一种情感状态，还包括一系列爱情行为，如吸引并留住伴侣、生育，以及养育后代。Fisher等人将性欲、吸引力和依恋描绘成人类的情感-动机系统，这些系统已进化到能够影响人们的性行为、择偶，以及养育后代（Fisher，Aron，& Brown，2006；Fisher，Aron，Mashek，Li，& Brown，2002）。

社会心理学视角能最为直接地勾勒出我们的爱情观，其中的主要理论包括自我扩张理论（Aron & Aron，1996；Aron，Aron，Tudor，Nelson，& Miller，1991；Aron，Paris，& Aron，1995；Graham & Harf，2014）和相互依存理论（Kelley & Thibaut，1978；Rusbult & Van Lange，2003）等。这些理论都支持"亲密关系会改变个体"这样的观点。Aron及其同事认为，人们从根本上是追求自我扩张、拓展自身经验和角色的。有助于实现这一目标的一个重要手段就是与特定的人保持密切的关系。恋爱是通过与另一个人进行新的有趣体验来促进自我扩张的理想机会（Aron，Norman，Aron，McKenna，& Heyman，2000）。一对亲密的伴侣会将彼此包含在自我中并相互融合。在"充分沟通"和"共享经验"的重要意义被提出之前，Slotter和Gardner（2009）就已发现预期自我与他人的整合有助于提升浪漫之爱中的亲密度。这或许能够反映出自我扩张需求的重要性。

Mattingly，Lewandowski和McIntyre（2014）通过开发关于亲密关系自我变化的二维理论模型详细阐述了亲密关系如何改变我们。该理论的两个维度分别是方向（内容是增加了还是减少了）和效价（内容是积极的还是消极的）。研究结果表明，自我扩张和自我精减（减少消极内容）与浪漫的爱情紧密相关。恋人可能难以看清各自在哪儿停下、从哪儿开始。Mattingly等人认为，处于一段关系中的人可能会以积极的方式扩展自我意识，也可能会以消极的方式约束自我意识。作为与伴侣互动的一种功能，我们开始学习新技能、培养新兴趣。由此，我们的世界得到了扩展。与此相反，那些发生在亲密关系之前且与之无关的活动及兴趣爱好可能会萎缩甚至消失。

相互依存理论是构建爱情观的基础性社会心理学理论。该理论的基本假设可以追溯至Kelley和Thibaut（1978，1959）的研究，即人际互动是亲密关系的核心。相互依存必然会导致相互影响。互动引发的内在加工最终导致自我、他人以及整个关系的转变。相互依存体现在认知、情感和行为结果上，对伴侣和关系而言是独特的（Agnew & Etcheverry，2006）。换句话说，我们的想法、感受和行为会受到与我们相互依存的亲密伴侣的影响。这种在认知、情感和行为方面提升相互依存性的过程与将伴侣包含在自我中紧密相关。

亲密关系中的相互依存性让伴侣们的信息加工变得更有趣了。Wegner及其同事（1991）提出了"交互记忆"，并将其描绘为伴侣间发展出一个集合性、相互依存性记忆和信息储存系统的过程——我们的伴侣可被视为我们记忆的外部硬盘。这种安排使处于亲密关系中的人可以比自己一个人时获得更广泛、深入的信息。与相互依存相关的系统主要是自我–伴侣归因和认知重构（Agnew，Van Lange，Rusbult，& Langston，1998）。

Agnew等（1998）指出，自我扩张和相互依存理论具有相似性。具体而言，这两种理论都关注伴侣们的（1）相互依存关系的发展，（2）日常互动的回报，（3）互动所带来的人类需求的满足。自我扩张理论着眼于关系所满足的扩张需求，相互依存理论表明不同的需求在亲密关系中都能够得到满足。

Agnew等人认为承诺会带来认知重组，包括将亲密伴侣包含在自我中。这与我们关于爱的看法是一致的。我们将在后面详细介绍这一点。

伴侣的重要性

尽管其他二元关系也肯定会影响我们的自我，但亲密关系中的伴侣具有影响我们的"特权"（Agnew & Etcheverry，2006，p. 275）。"改变亲密的伴侣"不仅是亲密关系带来的结果，而且在一定程度上是伴侣的责任。Rusbult，Kumashiro，Kubacka和Finkel（2009）指出，我们所爱之人塑造着我们。"米开朗琪罗现象"是指对伴侣进行雕塑以使其成为或至少接近自己理想的样子（Drigotas，Rusbult，Wieselquist，& Whitton，1999；Rusbult，Finkel，& Kumashiro，2009）。这种"人际雕塑"理念的基础是"行为确认"理念——伴侣对自我的预期导致了确认这些预期的行为。重点是，当伴侣们在具体的互动活动中彼此适应时，这些适应会随着时间推移不断累积，使伴侣们能够确认感知与行为，从而不断趋向理想自我并最终实现个人和关系的幸福。

我们为何能够升级为一个更好的、新版本的自我？Kumashiro，Rusbult，Wolf和Estrada（2006）指出，根据弗洛伊德的动机理论和马斯洛的自我实现理论，自我成长是人类的基本目标。他们认为，米开朗琪罗现象促进关系和谐发展的原因有很多。具体来说，感知确认反映了共情理解，这种理解"应该增强了爱的感受"（p. 322）。与此相关，他们认为行为确认会带来更多的协调、一致，也会带来更多的自我调节、安全感、伴侣价值以及关系价值。简言之，随着时间的推移，伴侣对彼此的适应最初起始于互动的具体时刻，最后到达稳定的模式和情感（Kumashiro et al.，2006）。Rusbult，Kumashiro，Kubacka和Finkel（2009）提出了一个有趣的假设：经过肯定的、积极的、向理想自我靠拢的扩展性互动，伴侣彼此会变得更相像。Zajonc，Adelmann，Murphy和Niedenthal（1987）发现，夫妻在结婚25年后比刚结婚时有更高的相似度。研究者将这解释为"血管情绪效应"——随着时间的推移，共情引起的面部肌肉模仿真的会让伴侣的面部特征逐渐趋同。

我们已经概述了源于进化理论的爱情观。该观点指出，结成伴侣关系的基础是基本驱力。我们结合自我扩张的社会心理学理论和相互依存理论，探讨了个体作为伴侣关系的一部分是如何被影响和塑造的。接下来，我们将把焦点转向二元关系中的沟通，尤其是沟通的神经学研究方法，以此阐明"我们的关系以最基本的方式影响和塑造我们"这个观点。

谈话是伴侣关系的基础

任何关系的核心基础都是行为，尤其是沟通、互动。关系中最基本的行为就是沟通——自我扩张和相互依存理论都认为关系的核心部分是沟通、互动。早期关于沟通和互动的学术研究通常聚焦于高度深思熟虑的行为——比如公开演讲、游行呼吁以及暴力冲突。经过不断发展，研究焦点有了很大变化，理论研究者逐渐认识到最平常的行为在关系中的重要性。Duck及其同事的对话研究（1990a，1990b，1995）表明，日常对话具有工具性功能（比如提升亲密度）和指示功能（揭示人们之间的亲密度）；此外，它"实际上体现并定义了关系"（Duck，Rutt，Hurst，& Strejc，1991，p. 21）。Duck（1995）提出，对行为链的解释（即从表达方式中获取意义）是至关重要的。一个需要明确的重点是，这里所说的"谈话"不是指伴侣之间目的性很强的关于他们关系的谈话，而是日常的交流——这样的互动每天都有很多。研究者认为，日常的谈话以及对谈话的建设性解释构成了相互关联的动态加工过程。Goldsmith和Baxter（1996）对于Duck提出的"人际关系是由谈话构成的"这个观点进行了发展，他们确定了一个由29个话语事件构成的范畴，并将其划分成6类：八卦类、规划类、玩笑类、叙旧类、闲聊类和回顾日常类。与Duck的"日常谈话是关系的基础"观点一致，Goldsmith和Baxter发现，在日常记录中深度话语事件并不常见，而且在不同类型的关系中，6类话语事件都比较突出。在情侣之间，出现最多的是非正式谈话（包括短期回顾、晨聊、开玩笑、讲八卦、卧谈等），其次是积极谈话和不太正式的目标导向谈话。研究数据证明，即便是在恋爱关系中，出现最多的也是那些动态关联过程中具有意义的普通瞬间，而深度的互动和对话并不多见。日常对话显然会对人际关系产生很大影响——提升其持续性和紧密性。但是这种沟通行为对人际关系是否有别的作用呢？为了回答该问题，我们将关注点转向了人际关系和人类沟通的研究领域（Fletcher et al.，2013）。

神经生物学与爱

从神经学研究中我们看到了更多关于恋爱中大脑的数据。来自神经影像学研究的数据与爱的自我扩张理论模型一致。De Boer，Van Buel和Ter Horst（2012）回顾了爱和依恋的神经生物学机制的相关研究数据。整体而言，一些研究认为人脑中存在促进吸引伴侣和发展、维持长期伴侣关系的神经回路。有证据表明，大脑中与心智化和心智理论（涉及评估他人动机状态、感受和意图）相关的区域被激活了。

Acevedo，Aron，Fisher和Brown（2012）利用功能磁共振成像（functional magnetic resonance imaging，fMRI）考察了与长期浪漫之爱中相关的神经因素，结果发现，当被试想起伴侣时，与奖赏相关的脑区会被激活；此外，奖赏活动与自我包含他人量表的得分相关。由此可以得出一个假设，即神经学数据与自我扩张理论模型相吻合。

Ortigue及其同事探究了爱的神经基础（Ortigue & Bianchi-Demicheli，2008；Ortigue，Bianchi-Demicheli，Hamilton，& Grafton，2007）。Ortigue等人（2007）发现，当爱人的名字在屏幕上快速闪过时（前意识呈现），与朋友的名字快速闪过时相比，被试的那些（在以往研究中发现的）与爱相关的脑区被明显激活了。Ortigue和Bianchi-Demicheli（2008）阐述了一个支持自我扩张框架的"爱的镜像神经元系统"假说。他们声称，相比于单身的人，恋爱中的人不仅会在与自我相关的脑区呈现出更多的激活，还会在认知决策任务中——识别出对个人来说有意义或无意义的刺激——有更出色的表现。他们借助自我扩张理论发现，爱人的名字会激活与自我相关的脑区，这会让被试更快地识别出对其个人有意义的刺激。他们还发现，恋爱中的情侣在理解和预测伴侣意图时的反应速度更快，这与爱的镜像神经元系统假说一致。

神经生物学与沟通

上述神经学研究的主要局限在于，它探究的是恋爱关系中情侣们的神经学数据，而且只对个体进行了数据收集。这些数据无疑是具有启发性的，但是它们真实呈现二元关系的能力有限。

研究沟通行为的学者们经常通过"观察参与沟通过程的个体，以及考察沟通者们如何创造和理解信息"来研究沟通中的信息加工过程。目前，大多数理论——无论是在认知层面还是在神经层面——都把二元关系当作理解沟通过程的基本分析单位。Pickering和Garrod（2004）提出了方法学演变的一个重要动机。他们认为，神经学研究的实验设计与数据分析方法从本质上来说更单———通过研究信息源来了解信息产生的加工过程，通过研究信息接收者来了解信息理解的加工过程。

此外，对话的视角让我们能够聚焦于更具合作性和协同性的沟通过程的本质。通过关注二元关系及对话过程，我们可以看到两个人如何通过声音和肢体动作达到相互理解的状态。从这个角度来看，"了解"（understand）并不等同于"理解"（comprehension）——"了解"可以说是大脑处理信息的结果；而"理解"已被概念化为源自成功沟通互动的、由两个心智转变为一个的状态，以及认知和神经偶联的形式（Gasiorek & Aune, 2017; Hasson, Ghazanfar, Galantucci, Garrod, & Keysers, 2012）。Gasiorek和Aune（2017）将这种偶联描绘为"两个大脑的一种动态操作性校准和两种认知的聚合"（p. 2）。我们认为"理解"是一种同构模因状态。Stolk, Verhagen和Toni（2016）将"理解"描绘为"在概念上达成一致"——当双方都意识到他们已实现这种状态时，便达成了理解。Perez, Carreiras和Duñabeitia（2017）更具体地将脑对脑的神经偶联称作一种大脑间耦合或同步的过程，它是"理解"的象征，而非简单地来自对共同信号（语言）的加工。

Hasson及其同事（2012）对认知神经科学中的信息加工状态也持有类似的观点。他们指出，研究神经行为的一种主要方法是将人与环境分开，然后观察个体对刺激的神经反应。他们认为，关注个体限制了我们在二元情境中观察两个大脑如何互相作用。关注个体通常意味着忽略了认知能力在一定程度上是人际环境的产物这个事实（Hasson et al., 2012; Silbert, Honey, Simony, Poeppel, & Hasson, 2014; Stephens, Silbert, & Hasson, 2010）。

为了改善这种情况，Stephens等人（2010）要求接受fMRI测试的朗读者在未经练习的情况下录制一段15分钟的话语叙述，然后将录音播放给接受fMRI测试的听者。结果显示，总体而言，听者大脑活动反映了朗读者的大脑活动；此外，耦合的程度与朗读者和听者间的理解程度呈正相关。重要的是耦合的时间是不固定的。通过这种测量耦合的方式，研究者们了解到朗读者和听者之间的耦合是如何被稍稍延迟的。当达成理解时，听者大脑的活动反映了朗读者的大脑活动。然而，听者大脑有时也会呈现出预期耦合。也就是说，听者的大脑活动能够提前反映出朗读者的大脑活动。此外，听者的预期耦合也与理解呈正相关。Silbert, Honey, Simony, Poeppel和Hasson（2014）已证明，随着朗读者和听者之间达成理解，耦合是广泛的、双向的，它涉及语言和非语言领域中与信息产生和理解相关的加工功能。

从沟通和关系的角度来看，Hasson及其同事的研究成果不可小觑。他们实时地展示了达成理解过程中神经偶联的形式和范围。我们下面将进一步讨论"理解"如何令亲密关系更为迷人。

神经研究对配对关系的启示

那些长期保持频繁沟通的伴侣可能在很大一部分时间中都处于神经偶联状态。与我们通常能理解的那些人进行的沟通行为很可能在本质上就是令人愉悦的。Morelli，Torre和Eisenberger（2014）已证明，当被试感到被理解时，他们脑中那些与奖赏、社会联结和心智化相关的区域表现出了更多的激活。相反，当被试感觉没被理解时，他们脑中那些与消极情绪、社会创伤以及被冷落感相关的区域表现出了更多的激活。研究者还发现，被理解的感觉和被试所报告的与应答者的人际关系亲密程度相关。

既往神经偶联史也会让伴侣在沟通时体验到更高的概念流畅性（Fazendeiro，Chenier，& Winkielman，2007）。更高的概念流畅性能够提升沟通效率，使双方能以更少的认知成本达成理解。这也可能会增加积极的关系结果，而这种结果能够进一步促进频繁有效的沟通互动。

从学习研究（Takeuchi et al.，2010；Zatorre，Fields，& Johansen-Berg，2012）、游戏和互联网研究（Kuss & Griffiths，2012）中我们可以看到，大脑具有可塑性——在刺激条件反复出现的情况下，大脑结构会随着时间的推移而发生变化。因此，我们有理由认为那些在长期关系中为达成理解而用大量时间影响彼此神经激活模式的伴侣很可能也对彼此的神经结构产生了影响。也就是说，那些频繁进行有效沟通的伴侣可能真的会在神经层面上相互创造结构化的、操作性的共同点。伴侣之间的相互依赖可能在某种程度上取决于他们自己。

结论

我们在这里提出的论点是，在最普遍的层面上，爱可被看作对自己通过与伴侣的持续互动而成为以及正在成为的人所感受到的持久的满足感，甚至是幸福感。已有研究从宏观到微观提出的各种理论共同绘成了一幅连贯的织锦，一致地阐述了关于"爱"的观点。进化理论告诉我们，人类因内部驱力结成配对关系；社会心理学研究表明，成功的浪漫关系是通过共生成长来维持的——我们都希望成为更好的人，并且想帮伴侣成为更好的人。对沟通的研究表明，伴侣间的共生舞蹈是由两人每天进行的诸多日常活动与对话组成的。最后，神经生物学告诉我们，当这些沟通活动成功时，即当理解达成时，伴侣们的大脑会在结构化和操作性上发生耦合。伴侣之间的互动越多，他们可能越容易达到这种状态。我们可以预测，重复性的神经偶联过程会引起大脑更持久的结构变化。此外，我们可能会发现这种状态是有益的甚至是令人愉悦的。我们会努力更彻底、更频繁地达到这种状态。我们认为这就是爱。

本文所描绘的沟通的动态系统不局限于配对关系。我们每天与家人、朋友展开的沟通互动不计其数；我们每天都会在工作中与人对话。如果这些对话能帮助我们有效达成理解，那么它们很有可能会引起神经偶联。可以简单地说，配对关系能够让沟通的动态系统最大化地得到体现。对个人而言，配对关系尤为重要——其中包含更频繁的沟通互动。因此，配对关系，或者说亲密关系，是大多数关于爱的研究的核心。

但我们不将"这种动态系统不局限于配对关系"的事实看作我们关于爱的

描述的缺陷，而认为这是一个特别的属性。相同的加工过程有助于解释我们对家庭、朋友、同事以及社区的爱。我们所说的"爱"不局限于亲密关系——亲密关系中的"爱"只是一个缩影。在其他社会情境中，我们努力帮助彼此达成目标、满足需求；我们相互影响，享受并拥抱这些互动和神经偶联的结果。在某种程度上，我们可以说爱的某些方面体现了我们与那些人以及我们所在社区的关系。

如果我们没有对别人接二连三的沟通做出反馈，如果我们不想变成关系中的一部分，那么我们可能就偏离了这段关系。我们大部分人都具有社交网络和职业生活，因此不缺乏互动。在这些互动中，有些人很可能为我们带来了无法从已有亲密关系中获得的自我扩张——我们不一定需要直接开启一段新的亲密关系或让已有的关系破裂，但也不排除这种可能。这很容易让我们在那些能让我们对自己及正在成为的自己感觉良好的人或关系上付出越来越多的时间，从而间接导致其他关系的衰退甚至瓦解。关键在于，如果我们在亲密关系中的日常沟通无法为我们提供神经偶联及其带来的成长回报，那么我们可能会被那些能提供这些奖赏的关系所吸引。

我们在对"爱"进行概念化的过程中有两个重要的发现。首先，正如我们所描述的，"爱"不是情侣们的专属品。尽管"爱"在亲密关系中的表现的确突出，它能让伴侣双方都有非凡的体验，但是神奇的它也可以出现在与陌生人的短暂互动中。从本质上来说，与他人的每个互动都是在最基本层面上与他人真正融合、协调的机会。

其次，与爱的概念化有关的结论是，人们因为与他人的关系而变成了另一个人。自我扩张在很大程度上是指认知改变、成长——这些变化必然导致行为的变化。神经学研究表明，我们与他人的沟通互动也会导致神经系统的变化。在关系中经历这种变化时，我们能够发现这个加工过程是有益的还是有害的，继而也会相应地保持或终止这段关系。可以肯定地说，人们在亲密关系中——特别是在关系的早期阶段——的体验非常强烈，这足以证明亲密关系本身的现象学标签。这种强烈的体验就是我们平时所说的"爱"之所指。我们认为这个过程总是如此：沟通互动—神经偶联—重塑—继续或终止。

在本文开头，我们指出，如果要让一段关系茁壮成长，情侣双方不仅应该期待改变，还应该希望从改变中得到回报。我们以自己的关系为例：我们以配偶的身份一起工作了30多年，在共处的时候，我们经常想象，如果我们不曾在学院相识，我们的生活会有怎样的不同——当然，我们生活的方方面面都可能会有所不同，比如研究方向、职业发展轨迹、居住地，还有家庭组成。

早在我们把这篇文章拼凑起来之前，我们就已讨论过该如何通过彼此的联结来改变自己或对方。从更表层的特征（如艺术品位、气质、情感反应）到基本的价值观——作为一个个体，我们的所有东西都有可能改变。如前所述，我们坚信我们的关系之所以能够蓬勃发展，就是因为我们珍视彼此的改变，珍视我们通过亲密关系而成为的自己。我们也很清楚，我们是如何塑造彼此而引起这些变化的。我们以前认为这些变化以及产生这些变化的过程发生在认知层面，而没怎么考虑过这些变化在神经学上是如何表现的。但现在，我们一起度过了30多年的家庭-职业生活——共同抚养孩子、做研究、写论文以及探索我们的职业道路，我们认为有必要去了解fMRI所呈现的脑部情况，尤其是在考察关系中的沟通、神经偶联时。大脑是否易于表现出结构化和操作性的同步改变呢？我们敢说，答案一定是"是的"。

参考文献

Acevedo, B., Aron, A., Fisher, H. E., & Brown, L. L. (2012). Neural correlates of long-term intense love. *SCAN*, *7*, 145–159. doi: 10.1093/scan/nsq092.

Agnew, C. R., & Etcheverry, P. E. (2006). Cognitive interdependence: Considering self-in-relationship. In E. Finkel & K. Vohs (Eds.), *Self and relationships: Connecting intrapersonal and interpersonal processes* (pp. 274–293). New York: Guilford Press.

Agnew, C. R., Van Lange, P. A. M., Rusbult, C. E., & Langston, C. A. (1998). Cognitive interdependence: Commitment and the mental representation of close relationships. *Journal of Personality and Social Psychology*, *74*, 939–954. doi: 10.1037/0022-3514.74.4.939.

Aron, E. N., & Aron, A. (1996). Love and expansion of the self: The state of the model. *Personal Relationships*, *3*, 45–58. doi: 10.1111/j.1475-6811.1996. tb00103.x.

Aron, A, Aron, E. N., Tudor, M., Nelson, G., & Miller, N. (1991). Close relationships as including other in the self. *Journal of Personality and Social Psychology*, *60*(2), 241–253. doi: 10.1037/0022-3514.60.2.241.

Aron, A., Norman, C. C., Aron, E. N., McKenna, C., & Heyman, R. E. (2000). Couples' shared participation in novel and arousing activities and experienced relationship quality. *Journal of Personality and Social Psychology*, *78*(2), 273–284. doi: 10.1037/0022-3514.78.2.273.

Aron, A., Paris, M., & Aron, E. N. (1995). Falling in love: Prospective studies of self-concept change. *Journal of Personality and Social Psychology*, *69*, 1102–1112. doi: 10.1037/0022-3514.69.6.1102.

Buss, D. M. (1988). Love acts: The evolutionary biology of love. In R. J. Sternberg & M. L. Barnes (Eds.), *The psychology of love* (pp. 100–118). New Haven, CT: Yale University Press.

De Boer, A., Van Buel, E. M., & Ter Horst, G. J. (2012). Love is more than just a kiss: Neurobiological perspective on love and affection. *Neuroscience*, *201*, 114–124. doi: 10.1016/j.neuroscience.2011.11.017.

Drigotas, S. M., Rusbult, C. E., Wieselquist, J., & Whitton, S. W. (1999). Close partner as sculptor of the ideal self: Behavioral affirmation and the Michelangelo phenomenon. *Journal of Personality and Social Psychology*, *77*(2), 293–323. doi: 10.1037/0022-3514.77.2.293.

Duck, S. (1990a). Where do all the kisses go? Rapport, positivity, and relational-level analyses of interpersonal enmeshment. *Psychological Inquiry*, *1*, 308–309. doi: 10.1207/s15327965pli0104_7.

(1990b). Relationships as unfinished business: Out of the frying pan and into the 1990s. *Journal of Social and Personal Relationships*, *7*, 5–28. doi: 10.1177/0265407590071001.

(1995). Talking relationships into being. *Journal of Social and Personal Relationships*, *12*, 535–552. doi: 10.1177/0265407595124006.

Duck, S., Rutt, D. J., Hurst, M. H., & Strejc, H. (1991). Some evident truths about conversations in everyday relationships: All communications are not created equal. *Human Communication Research, 18,* 228–267. doi: 10.1111/j.1468–2958.1991.tb00545.x.

Fazendeiro, T., Chenier, T., & Winkielman, P. (2007). How dynamics of thinking create affective and cognitive feelings: Psychology of neuroscience of the connection between fluency, liking, and memory. In E. Harmon-Jones & P. Winkielman (Eds.), *Social neuroscience: Integrating biological and psychological explanations of social behavior* (pp. 271–289). New York: Guilford Press.

Fisher, H. E., Aron, A., & Brown, L. L. (2006). Romantic love: A mammalian brain system for Mate choice. *Philosophical Transactions of the Royal B Society, 361,* 2173–2186. doi: 10.1098/rstb.2006.1938.

Fisher, H. E., Aron, A., Mashek, D., Li, H., & Brown, L. L. (2002). Defining the brain systems of lust, romantic attraction, and attachment. *Archives of Sexual Behavior, 31,* 413–419. doi: 10.1023/A:1019888024255.

Fletcher, G., Simpson, J. A., Campbell, L., & Overall, N. C. (2013). *The science of intimate relationships.* Chichester, UK: Wiley-Blackwell.

Gasiorek, J., & Aune, R. K. (2017). Text features related to message comprehension. In *Oxford research encyclopedia of communication.* Retrieved from http://communication.oxfordre.com/view/10.1093/acrefore/9780190228613.001.0001/acrefore-9780190228613-e-303.

Goldsmith, D. J., & Baxter, L. A. (1996). Constituting relationships in talk: A taxonomy of speech events in social and personal relationships. *Human Communication Research, 23,* 87–114. doi: 10.1111/j.1468–2958.1996.tb00388.x.

Graham, J. M., & Harf, M. R. (2014). Self-expansion and flow: The roles of challenge, skill, affect, and activation. *Personal Relationships, 22,* 45–64. doi: 10.1111/pere.12062.

Hasson, U., Ghazanfar, A. A., Galantucci, B., Garrod, S., & Keysers, C. (2012). Brain-to-brain coupling: A mechanism for creating and sharing a social world. *Trends in Cognitive Science, 16*(2), 114–121. doi: 10.1016/j.tics.2011.12.007.

Jankowiak, W. R., & Fischer, E. F. (1992). A cross-cultural perspective on romantic love. *Ethnology, 31,* 149. doi: 10.2307/3773618.

Kelley, H. H., & Thibaut, J. W. (1978). *Interpersonal relations.* New York: Wiley.

Kumashiro, M., Rusbult, C. E., Wolf, S. T., & Estrada, M. J. (2006). The Michelangelo phenomenon: Partner affirmation and self-movement toward one's ideal. In E. Finkel & K. Vohs (Eds.), *Self and relationships: Connecting intrapersonal and interpersonal processes* (pp. 317–341). New York: Guilford Press.

Kuss, D. J., & Griffiths, M. D. (2012). Internet and gaming addiction: A systematic literature review of neuroimaging studies. *Brain Sciences, 2,* 347–374. doi: 10.3390/brainsci2030347.

Mattingly, B. A., Lewandowski, G. W., & McIntyre, K. P. (2014). "You make me a better/worse person": A two-dimensional model of relationship self-change. *Personal Relationships, 21,* 176–190. doi: 10.1111/pere.12025.

Morelli, S. A., Torre, J. B., & Eisenberger, N. I. (2014). The neural bases of feeling understood and not understood. *Social Cognitive and Affective Neuroscience, 9,* 1890–1896. doi: 10.1093/scan/nst191.

Ortigue, S., & Bianchi-Demicheli, F. (2008). Why is your spouse so predictable? Connecting mirror neuron system and self-expansion model of love. *Medical Hypotheses, 71*, 941–944. doi: 10.1016/j.mehy.2008.07.016.

Ortigue, S., Bianchi-Demicheli, F., Hamilton, A. F. de C., & Grafton, S. T. (2007). The neural basis of love as a subliminal prime: An event-related functional magnetic resonance imaging study. *Journal of Cognitive Neuroscience, 19*, 1218–1230. doi: 10.1162/jocn.2007.19.7.1218.

Perez, A., Carreiras, M., & Duñabeitia, J. A. (2017). Brain-to-brain entrainment: EEG interbrain synchronization while speaking and listening. *Scientific Reports, 7*, 1–11. doi: 10.1038/s41598-017-04464-4.

Pickering, M., & Garrod, S. (2004). Toward a mechanistic psychology of dialogue. *Behavioral and Brain Sciences, 27*(2), 169–190. doi: 10.1017/S0140525X04000056.

Rusbult, C. E., Finkel, E. J., & Kumashiro, M. (2009). The Michelangelo phenomenon. *Current Directions in Psychological Science, 18*, 305–309. doi: 10.1111/j.1467-8721.2009.01657.x.

Rusbult, C. E., Kumashiro, M., Kubacka, K. E., & Finkel, E. J. (2009). "The part of me that you bring out": Ideal similarity and the Michelangelo phenomenon. *Journal of Personality and Social Psychology, 96*, 61–82. doi: 10.1037/a0014016.

Rusbult, C. E., & Van Lange, P. A. M. (2003). Interdependence, interaction, and relationships. *Annual Review of Psychology, 54*, 351–375. doi: 10.1146/annurev.psych.54.101601.145059.

Silbert, L. J., Honey, C. J., Simony, E., Poeppel, D., & Hasson, U. (2014). Coupled neural systems underlie the production and comprehension of naturalistic narrative speech. *Proceedings of the National Academy of Sciences, 111*, E4687–E4696. doi: 10.1073/pnas.1323812111.

Slotter, E. B., & Gardner, W. L. (2009). Where do you end and I begin? Evidence for anticipatory, motivated self-other integration between relationship partners. *Journal of Personality and Social Psychology, 96*, 1137–1151. doi: 10.1037/a0013882.

Stephens, G. J., Silbert, L. J., & Hasson, U. (2010). Speaker-listener neural coupling underlies successful communication. *PNAS, 107*, 14425–14430. doi: 10.1073/pnas.1008662107.

Stolk, A., Verhagen, L., & Toni, I. (2016). Conceptual alignment: How brains achieve mutual understanding. *Trends in Cognitive Sciences, 20*, 180–191. doi: 10.1016/j.tics.2015.11.007.

Takeuchi, H., Sekiguchi, A., Taki, Y., Yokoyama, S., Yomogida, Y., Komuro, N., Yamanouchi, T., Suzuki, S., & Kawashima, R. (2010). Training of working memory impacts structural connectivity. *The Journal of Neuroscience, 30*, 3297–3303. doi: 10.1523/jneurosci.4611-09.2010.

Thibaut, J. W., & Kelley, H. H. (1959). *The social psychology of groups.* New York: Wiley.

Wegner, D., Erber, R., & Raymond, P. (1991). Transactive memory in close relationships. *Journal of Personality and Social Psychology, 61*, 923–929. doi: 10.1037/0022-3514.61.6.923.

Zajonc, R., Adelmann, B., Murphy, P., & Niedenthal, K. (1987). Convergence in the physical appearance of spouses. *Motivation and Emotion, 11*(4), 335–346. doi: 10.1007/BF00992848.

Zatorre, R. J., Fields, R. D., & Johansen-Berg, H. (2012). Plasticity in gray and white: Neuroimaging changes in brain structure during learning. *Nature Neuroscience, 15*, 528–536. doi: 10.1038/nn.3045.

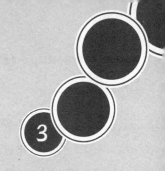

爱情的进化理论

戴维·M. 巴斯（David M. Buss）

俗话说"爱情是盲目的"。一些学者认为"爱情是一项近代发明，只有几百年的历史"。另一些学者认为"爱情是西方的文化产物"。本文将会指出这些观点的偏颇。从进化学的角度来看，爱情是一种适应，或者更准确地说，是一系列复杂的适应，它旨在解决生存和繁殖问题。对于人类而言，它是一套精雕细琢的心理装置，在特定的情境中发挥着关键作用。这些作用足以让人相信另一句更接近真理的谚语："爱情是一件非常美好的事情。"

爱情的适应作用

那些独来独往的生物，比如豪猪，几乎不需要爱情——它们平时独自居住，只有交配时才短暂地结对，然后很快就会分道扬镳。相反，人类是"社会性动物"（Aronson，2003），有着群体生活。他人是我们生存、发展、繁衍所依赖的"载体"。有些"载体"重要到让我们愿意为之付出情感，并给予其一切精神资源、物质资源；特别是那些对我们的繁衍至关重要的载体——我们甘愿为其苗壮成长而付出一切。

作为进化过程中的驱动器，自然选择有利于提升适应性。"适应"作为一个现代概念，从广义上来讲是指对反复出现的生存和繁殖问题的解剖学、生理学或心理学解决方案（Hamilton，1964）。适应进化对环境结构的跨时间统计重现有着严格要求。统计规律可以是多种多样的——表皮磨蚀和皮肤损伤之间的联系、伴侣价值观的差异与出轨率之间的相关性、长时间的注视与性兴趣之间的相关性、对称性特征与环境噪声缺失之间的相关性。

当这些统计规律一代又一代地重现时，当它们提供有助于成功繁殖的信息时，"选择"可以利用这些统计规律来创造旨在检测"选择"和基于"选择"的适应。"产生愈伤组织"这种适应可以解决那些由于表皮反复暴露于磨蚀而造成的损伤；对妒忌的适应可以预警伴侣不忠风险的增加（Buss，2000）；求爱之初的适应可被视为对性兴趣信号做出的反应（Greer & Buss，2004）。吸引力的标准可以围绕那些与身体健康相关的线索而形成（Symons，1979；Sugiyama，2005）。

上面提到的适应都是解决反复出现的生存或繁殖问题的方法。产生愈伤组织的机制解决了生存问题，保护身体免受物理环境的损害；求爱之初的子程序、妒忌以及审美的标准解决了交配的相关问题，这种适应有助于繁衍后代。

我们称之为"爱情"的复杂心理状态，包括情感状态、信息处理系统以及爱情的外显行为。这是不是一种为解决繁殖问题而进化的适应呢（Buss，1988a）？本文探讨了关于爱情适应性功能的几个假设。根据早期的进化理论，爱情在进化中形成了多种功能（Buss，1988a，2006）：

· 呈现与繁殖相关的资源

· 提供性接触

· 表明性忠诚

· 提供心理和情感资源

· 通过保护配偶促进关系的排他性

·展示承诺——爱情是一种承诺装置

·促进导致成功繁殖的行动

·提供亲代投资的信号

本文提出了关于爱情的其他适应性功能的假设并加以验证，进而对爱情的进化理论进行了扩充。尽管还没有确凿证据能够证实这些假设，但是实证研究数据提供了充分的支持。可以说，如果我们不能理解爱情可能具有的（解决适应性问题的）功能，就不能完全理解爱情心理学（Fletcher et al.，2015）。从理论上讲，爱情的进化理论对相互依存的概念做出了补充。

健康相互依存与爱情的进化

合作关系进化方面的理论进展集中在健康相互依存的概念上，聚焦于"两个或两个以上生物体对成功复制彼此基因所产生的积极或消极影响的程度"（Aktipis et al.，待出版）。基因亲缘关系为健康相互依存提供了最鲜明的例子。个体的健康在很大程度上取决于临近基因繁殖的成功——该观点导致了进化生物学领域的"包容性健康革命"（Hamilton，1964）。健康相互依存概念更普遍地适用于非亲属间的协作关系，包括二元友谊和联盟团体。而爱情关系往往会达到健康相互依存的顶峰。

爱情为健康相互依存的发展提供了三个有利条件，一是共同养育后代——父母在促进孩子的福祉方面拥有平等的遗传贡献；二是一夫一妻制——这种关系有效地减少了出轨或背叛婚姻关系的机会；三是没有近亲遗传（Alexander，1987）。如果偏离上述条件，就会减少甚至损害健康相互依存。举例来说，夫妇每多生一个孩子，离婚的可能性就会降低一些，因为这意味着更高水平的承诺；而无子女夫妇离婚的可能性更高（Buss，2016）。又如，出轨和不孕不育是全世界范围内导致离婚的主要原因（Betzig，1989），这表明承诺、爱情和健康相互依存关系的破裂。据我所知，近亲关系可能会引发潜在冲突，这主要是因为伴侣中的一方会优先将汇集的资源输送给他们的直系亲属。但这种影响尚未得到实证研究的检验。

简言之，健康相互依存和促进或损坏它的条件都是爱情的关键预测因素。当然，我们不会直接对健康相互依存进行追踪，就像我们不会追踪健康一样。促进或阻碍健康相互依存的条件具有选择功能，能够在一定程度上引起促进爱情或击碎爱情的心理适应。

重要的是，这一假设并不意味着健康相互依存的选择压力能够有效引起心理适应。例如，在发现伴侣出轨时，男性对性妒忌的适应会被完全激活——尽管他的伴侣已经采取避孕措施并且她的不忠不会影响他的父亲身份（也不会影响他与伴侣的健康相互依存水平）。可以预期，促进或阻碍健康相互依存的条件对爱情的进化理论意义深远。

我们现在转向介绍爱情进化理论的其他实证研究。下面先来探讨爱情是否具有跨文化的普遍性。

爱情的普遍性

这里要提出进化理论的一个直截了当的假设：关于爱情的心理回路应该是普遍存在的，不局限于西方文化。正如一个人的妒忌回路可能一辈子都不会被激活一样，一个人（即使在伴侣没有过欺骗或不忠的情况下）也可能毕生都没有激活过爱情的回路。尽管如此，大多数人都应该有爱情的回路，而世界上各种文化中的大部分人都应该能够体验到爱情。这是经过验证得出的，而不是凭空从关于爱情的非进化理论推论得出的。

关于爱情的普遍性及其顽固地拒绝消失的证据，我们可以在试图消除它的社会中找到（Jankowiak，1995）。在19世纪，奥奈达人认为爱情只是伪装的性欲，人们不应当鼓励这种欺骗行为。Shakers夫妇认为浪漫之爱是不光彩的，会对更大团体的目标构成威胁，因此它应该被驱除。此外，当时的一些宗教信徒也认为浪漫之爱具有破坏性，并且试图阻止它。尽管如此，个体之间的爱情一直没有断绝，有时是在本群体中长辈严厉的管束下暗中进行的。正如《罗密欧与朱丽叶》故事所宣称的那样，爱情能够被压制行为所激发。除了相爱，恋人们别无选择——他们可以暂时平息自己的情绪或压抑自己的表达，但他们无法消除这种感情。

"包办婚姻"和"一夫多妻制"为我们提供了案例：什么样的制度能够破坏爱情呢？爱情在一个男子与其第一个妻子的配对系统中是否占有一席之地呢？在一夫多妻制文化中，即便男子的长辈为他选定了第一个妻子，他通常也会因爱情再娶一位妻子——事实上，某些地区的女性宣称她们更愿意做第二个或第三个妻子，而不是第一个。她们觉得这样更有可能因为爱情而结婚，也因此预期她们将被丈夫更好地对待，并将体验到更多情感上的亲密（Jankowiak，1995，p. 11）。

爱情普遍性的另一个证据来自一项询问男性和女性是否正在恋爱的简单研究。Sprecher及其同事对1 667位来自不同文化的男女进行了访谈。在这些被访者中，有73%的俄罗斯女性和61%的俄罗斯男性承认自己目前正在恋爱中；日本被访者中承认自己正在恋爱中的分别有63%的女性和41%的男性；美国人的报告结果与之相近，有63%的女性和53%的男性承认自己正在恋爱中（Sprecher, Aron, Hatfield, Cortese, Potapova, & Levitskaya, 1994）。另一项跨文化的民族志研究表明，绝大多数人都明确地提到了恋爱的经历——爱情宣言、情歌、单恋的痛苦表达，等等（Jankowiak & Fisher, 1992）。

在迄今为止关于"伴侣偏好"的最大规模的一项研究中，研究者从6个大洲和其他地区的5个岛屿，共计37种文化中找到了10 047名参与者。研究结果证明"互相吸引和爱情"在每种文化中都处于或接近最高位置（Buss, 1989; Buss et al., 1990）。如果爱情的体验和表达仅局限于某些文化，那么爱情的进化理论将无法成立。现有证据表明，爱情确实是一种普遍的体验，没有一种文化缺乏爱情的经验。然而，爱情的普遍性并不意味着男性和女性在爱情适应上的心理设计是相同的。

爱情心理设计的性别差异

在探讨人类配对行为的文献中，约有6个可重复性高的研究发现，在选择长期伴侣时，男性比女性更看重外表（Buss，1989，2016）。这并不是因为男性肤浅地或不假思索地以貌取人，而是因为外表提供了大量关于女性健康和活力的信息——这代表了她的生育能力（在不采取避孕措施的情况下，性行为导致成功受孕的能力）和生殖价值（未来的生殖潜力）。那些体现女性吸引力的标准外表特征几乎都与生育密切相关——干净光滑的皮肤、有光泽的浓密的长发、没有脓包或疮口、相对较小的腰围、相对较大的胸部，以及较小的腰臀比（这方面的实证研究概述见Sugiyama，2005）。

而女性在选择长期伴侣时所看重的关键品质大多不容易通过外表来判断，例如上进心、勤奋、社会地位及前途——这些特征与资源获取相关（Buss，1989，2016；Buss & Schmitt，1993）。这些与女性选择短期伴侣的标准形成鲜明对比，后者主要包括优良基因的信号——在一定程度上可以通过外表对它们进行评估（Gangestad & Thornhill，1997；Sugiyama，2005）。然而，爱情并不是一种与随意的性行为伴生的情感。它主要存在于拥有长期配偶关系的情境中。

爱情是一种与长期配偶关系相关的情感。因为男性选择长期伴侣的关键因素是生殖价值，而外表为女性的生殖价值提供了大量线索，所以我们可以预测，男性比女性更容易"一见钟情"。事实上，已有研究发现，男性的确比女性更容易一见钟情（Brantley，Knox，& Zusman，2002；Kanin，Davidson，& Scheck，1970）。这支持了爱情心理设计中的性别差异假设。另一些实证研究则聚焦在承诺上。

平均而言，与男性相比，短期配偶关系对女性来说往往意味着较大的代价和较少的获益（Buss & Schmitt，1993）。在短期配偶关系中，女性向来要承担怀孕的风险，而导致她怀孕的那个男人往往并不是个理想的伴侣——可能基因不好或是不愿留下来照顾她和孩子。尽管在某些情况下女性也能受益于短期配偶关系（Buss，Goetz，Duntley，Asao，& Conroy-Beam，2017；Greiling & Buss，2000），但是纵观历史，女性的随意性行为并没有像男性那样直接在成功生育上转化为线性增长，因为男性只要发生一次性行为就可能在几乎不担负照顾责任的情况下繁衍后代，而女性则必须怀胎十月才能生育。正因如此，男性对随意的性行为有更强的动机和诉求。

你是否同意"没有爱情的性行为很好"？如果你是男性，那么你很可能赞同这种说法；如果你是女性，那么你大概率不会赞同。事实上，正如元分析（Olivia & Hyde，1993）和跨文化研究（Buss，2016；Schmitt，2005）所揭示的，"没有爱情的随意性行为"在性研究领域中是性别差异最大的主题之一。

这些研究发现支持了一个在爱情心理设计中关于性别差异的重要假设。对于女性而言，爱情和性是紧密相关的；而对于男性而言，没有爱情的性行为更容易。这就为我们带来了另一个以爱情的进化理论为基础的假设——爱情是提升承诺概率的一种心理装置。

爱情是一种承诺装置

如果爱情是人类的一种普遍情感，那么为何它在人类进化之初就被植入了人类大脑呢？解开这一谜团的关键在于人类与他们的灵长类祖先之间的三种独特差异：长期配偶关系的进化、女性排卵期的隐秘性，以及男性对子女的照顾。黑猩猩是我们最亲近的灵长类亲戚，它们主要在雌性发情期交配。雌性黑猩猩鲜红肿胀的生殖器及其气味让雄性黑猩猩陷入性狂热。除了在发情期，雄性黑猩猩对雌性基本上漠不关心。人类的排卵期在某种程度上是隐秘或神秘的。尽管女性在排卵期可能会有细微的生理变化——皮肤轻微发光或性欲以难以察觉的方式增长——但是并没有确凿的证据表明男性真的能够探测出女性何时排卵。

与排卵期变得隐秘同时发生的进化还有：男性和女性发生性行为的时间不仅仅是在排卵期前后——他们会在数年或数十年的时间里保持长期配偶关系；男性也要承担照顾后代的责任——原始社会的男子通过狩猎获得的肉不仅用于养活妻子，还得用来养孩子。

这需要我们退一步来了解这些不寻常的进化：女性开始与特定的一名男性进行所有生育行为，而不是在排卵期与彼时族群的雄性首领进行生育行为。男性开始保护自己的伴侣远离那些可能会引诱她的男性。那些在许多物种中作为交配的特殊诱因而流向雌性的过量资源现在转而被传输至妻儿身上。事实上，原始社会男性有了获取更多资源的动机——主要通过狩猎的方式。简言之，长期配偶关系是指在一段漫长的时间里将与生育相关的资源分配给唯一的配偶。

基础经济学告诉我们，那些拥有珍贵资源的人不会无缘无故地把资源送给别人。事实上，进化会无情地否定那些在长期配偶关系中浪费有繁殖价值的资源而不要求任何回报的人。长期配偶关系的进化需要在人类心理结构中安装一套用来确保合理的生殖回报的"装置"，从而使一个人能将其所有资源分给唯一的配偶。这就需要有一些方法帮助他（她）在所有潜在伴侣中确定一个特定的伴侣——无论艰难困苦，无论健康与否，这个人会一直守候。这对承诺问题的解决方法提出了要求。

我自己对爱情进化理论的初步概述（Buss，1988a）与进化经济学家Robert Frank的观点一致——我们称之为爱的情感在一定程度上是对承诺问题的进化解决方案（Frank，1988）。如果一个伴侣出于理性的原因选择你，他（她）同样可能会出于理性的原因离开你——在所有"理性的"标准上找到一个更受欢迎一点儿的人。这就产生了一个承诺问题：你如何确定一个人会坚定地选择你？如果你的伴侣被一种无法控制的爱情蒙蔽双眼——这是一种发自内心且别无选择的爱，是一种排他性的爱——那么当你生病（不健康）、贫困（不富裕）时，承诺也不会动摇。爱情凌驾于理性之上，是一种确保"在出现更受欢迎的人时，你不会离开"的情感。简言之，爱情可能是承诺问题的一种解决方法，它为伴侣维持长期关系的意愿和决心提供了一个信号。

几乎可以肯定的是，上面提到的因果关系反过来也能成立——当成功解决承诺问题时，爱情大概就是我们所经历的心理回报。这可以说是一种精神鸦片，标志着择偶、性行为、专注和忠诚等适应性问题取得了胜利（Fisher，2004）。科学的解释是，进化已经在人脑中安装了奖赏机制，让我们能够进行成功的繁殖活动。但它存在一个缺点——药物有时会逐渐失效（Fisher，2004）。

爱情既是承诺问题的一个解决方法，又是承诺问题被成功解决后的一种令人陶醉的奖赏。我自己的研究首次揭示了惊人的错综复杂的爱情关系（Buss，1988a）。我先询问了数百名女性，让她们描述那些表明一个人正处在恋爱中的信号。然后，针对115种爱情的行为让每个被试做了诊断分析，看她们在多大程度上受到爱情的束缚。

承诺的信号最具诊断性，但其形式有很多种。伴侣中的一方可以长期向另一方提供诸如食物、住所和人身保护等资源；伴侣之间也可以通过保持性忠诚和放纵性欲来提供性资源，将生育资源交付于对方，促成受孕、怀孕和分娩，继而为其共同的孩子提供养育资源。

这些信号中有许多是带有自我牺牲性质的：为了更多地满足伴侣的需求而将自己的兴趣放到一边，甚至不惜损害自己的利益，以及放弃大量空闲来陪伴伴侣。其他信号涉及那些在更浅一点儿的关系中可能不常见的性开放和性信任，例如在性行为中尝试不同的姿势。

情感承诺贯穿于爱情的行为中，包括有兴趣地倾听、当爱人需要陪伴时放弃有趣的活动、对爱人的问题表现出极大关心。有些人描述了当他们处于绝望状态时，伴侣如何在情感上渐行渐远；有些人描述了在他们处于至暗时刻、需要帮助时，伴侣如何为他们提供希望，将他们拉出深渊。

这些研究结果支持了另一组被认为与爱情相关的设计特征——爱情承诺的特定形式。Buss（1988a）和Frank（1988）最先提出了"爱情是承诺装置"的证据。随后，这个观点得到了越来越多实证研究的支持（Fletcher et al., 2015）。

爱情花园里的蛇

不幸的是，进化故事的结局并不总是美好的。爱情的花园里还有蛇——情感天堂里的祸害。一个主要的麻烦是人类配对过程中的双重策略。对爱情的渴望一旦存在，它就可以被利用和操纵。例如，为了在短期内获得性行为，男性会欺骗女性，让她相信他深爱她（Haselton, Buss, Oubaid, & Angleitner, 2005）。数百年前，Ovid曾指出："爱情是……男性为赢得女性芳心、进入其闺房而使用的一种口是心非的手段。"相应地，女性通过"在同意性行为之前要求较长的追求过程、试图探测欺骗以及发展解码非语言信号的超能力"来进化出"抵制"（Buss, 2016）。这种欺骗与抵制欺骗的进化竞赛持续进行，没有尽头。

妒忌：有效但危险的爱情守护者

爱情中的妒忌是一个悖论。一项研究发现：46%的社区样本表明妒忌是真爱的必然结果（Mullen & Martin, 1994）。St. Augustine宣称"不妒忌的人就不会恋爱"（引自Claypool & Sheets, 1996）。莎士比亚笔下那饱受折磨的奥赛罗"宠爱却怀疑，妒忌而爱意浓烈"。无论是女性还是男性通常都会把伴侣的妒忌理解为爱的信号，认为伴侣没有妒忌就没有爱情。

Mathes（1986）让一些未婚的恋人完成妒忌测试。7年后，他再次联系曾经的参与者，询问他们当前的恋爱关系状况。结果发现，大约有25%的参与者已结为夫妻，而75%的参与者已分手。结为夫妻的参与者7年前的妒忌测试平均分为168，而分手的参与者得分显著更低——不超过142。解释这些结果时我们必须谨慎——这是一个小样本研究。尽管如此，该研究也指出了妒忌可能与爱情的可持续性有密不可分的联系。

另一项研究的结果与此相反。研究者以651名积极约会的大学生为样本进行调研，结果显示，有超过33%的人报告说妒忌在他们当前关系中是一个大问题（Riggs, 1993）。这个问题具体涉及"从丧失自尊到辱骂，从激烈争吵到跟踪恐吓"。

矛盾的是，妒忌源于深刻持久的爱情，却能破坏最和谐的关系。O. J. Simpson的声明也反映出这一悖论："假设我认罪（杀害前妻），即使我真的这么做了，那也一定是因为我太爱她了，不是吗？"（Newsweek, December 28, 1998, p. 116）。妒忌的情绪，旨在保护一段亲密关系，使其不受侵入者的干扰，却"把可能是爱情庇护所的家变成了不和谐的、充满仇恨的地狱"（Ellis, 1950, Vol. 2, ch. 11）。妒忌是恋爱的最常见相关因素之一（Mathes, 1991）。它的发展不仅是为了使爱情免受失去的威胁，更是为了保护爱情不受竞争者的威胁。试想下面哪种情况会让你更妒忌：

· 因命运注定而失去——你深爱的伴侣在车祸中丧生。

· 因伴侣命运而失去——你深爱的伴侣获得晋升而迁至另一个遥远的城市。你知道再也见不到他（她）了。

· 因受到拒绝而失去——你深爱的伴侣跟你解释说他（她）不爱你了并结束了你们的关系。你知道再也见不到他（她）了。

·因竞争者而失去——你深爱的伴侣爱上了另一个人并结束了你们的关系。你知道再也见不到他（她）了。

（Mathes，1991，pp. 93-94）

Mathes（1991）在一项实验中针对上面4种情况向男性与女性提问："如果这种情况发生在你身上，你会感到妒忌吗？"并让他们根据妒忌的水平打分，"因命运注定而失去"项的得分是7；"因伴侣命运而失去"项的得分是13；"因受到拒绝而失去"项的得分是16；"因竞争者而失去"项激发了最高的妒忌——得分是22。作为一种进化设计，妒忌不仅仅是为了避免失去爱情。进化是一个天然的竞争过程，妒忌的进化是为了防止遭受"失去爱情"和"对手获得爱情"的"双重打击"。

在我的研究中，我发现妒忌的迹象被解释为爱情的行为（Buss，1988b）。例如，一个男子不期而至，想看看伴侣正在干什么，这种妒忌的警惕模式起到在沟通爱情的同时保持排他性的作用。如果一个女子在想念她的伴侣，想知道他是否与别人在一起，甚至因此而失眠了，这就表明她爱得深且有着强烈的妒忌心理。当一个男子告诉其朋友他疯狂爱上了一个女子时，他表达了两个目的：传递爱的信息，以及告诉潜在的竞争者"别插手"。

流行于20世纪60年代及70年代初的"开放式婚姻"大部分以失败告终，这彻底宣告了"让恋人消除妒忌"实验的失败。几乎没有婚姻可以承受第三者的闯入。妒忌的一个积极方面是保护内心的圣所，使它不受潜在入侵者的侵犯。根据Ayala Pines的观点，"保护爱情是妒忌的主要功能：妒忌旨在保护浪漫关系。它不是无意义的非理性逃避，而是一个有用的信号。人们可以学会正确解读……妒忌让人们审视自己的关系……它教导情侣别把他们的关系视为理所当然……确保他们持续珍惜彼此……表明情侣们珍视彼此的爱情关系"（Pines，1998，pp. 205-206）。

近来，个体与多个伴侣公开进行自愿恋爱和性行为的一夫多妻制或非一夫一妻制关系受到的关注剧增，这可能对上述观点构成了挑战（Moors，

2017），但该领域仍需实证研究的验证。有证据表明，一夫多妻制关系经常（但并非总是如此）是由那些寻求性多样性的男性开始的，有时女性也会随波逐流——以此作为一种物质策略（Buss，2016）。甚至，妒忌在得到双方许可的非一夫一妻制关系中也是普遍存在的问题。

现代社会里没有避风港。记者Judith Viorst（1998，p. 24）这样说道："不幸的是，大千世界里女性提供的诱惑持续不断——秘书、牙医助手、女服务员、女高管……与丈夫一同旅行的妻子甚至因更广泛的潜在诱惑而恼火——航空公司的空姐、旧金山的裸舞者、明尼阿波利斯的旧情人、底特律的新模特。"

讽刺的是，爱情的可持续性可能取决于永远存在的竞争者及个体被其激发的妒忌。Viorst（1998，p. 24）发现："当我感到成熟、安全时，我也承认一个无法吸引其他女性的男人、一个缺乏足够活力来欣赏其他女性的男人、一个不能引发我妒忌感的男人永远不会是我喜欢的类型。"

致命的爱情

另一个问题是爱情会出现也会消失。失恋如坠入爱河一样会令人们疯狂。我们无法预测谁会失恋，但近来有研究提供了一些重要线索。坠入爱河时，性欲的实现变得愈发重要，而对性欲的违背预示着冲突和分手；当一个因善良和勤劳而被选择的男人变得残忍或懒惰时，他可能就会被抛弃；一个因年轻貌美而被选择的女人可能会在她的伴侣遇到新的更优秀外表的诱惑时被抛弃；一个最初体贴的伴侣可能会变得盛气凌人并因此被嫌恶；多次性行为后的不孕可能会促使伴侣寻求别的更有孕育能力的人并与之建立亲密关系（Betzig，1989）。

严苛的配对标准是对长久爱情的致命打击。最初在整体渴望度上相似的一对夫妇可能会随着时间的推移呈现出越来越大的差异。试想一对刚结婚不久的夫妇。如果女性的事业一飞冲天，而男性却被解雇，那么他们的市场价值就变得不同了，而这将给双方带来压力。当女演员Meg Ryan的演艺成就远超过丈夫Dennis Quaid时，她立即与新星Russell Crowe爆出了绯闻。地位的突然提高带来了新的配对机会——以前高不可攀的人现在变得唾手可得。在配对进化的丛林中，我们可能会敬佩一位站在她失败者丈夫身边的女人，但是我们祖先中鲜有这样的人。现代人类是那些当好处足以覆盖分手成本时就会"进行交易"的人的后代（Buss，2000）。

失恋有很多阴暗面，法国作家Celestine说："爱情的愉悦只持续一瞬间；爱情的悲伤却贯穿一生。"失恋带来的崩溃对女性而言可能危害健康甚至生命，对男女双方都可能造成心理创伤。失恋所致的心碎是一个人经历过的最大的压力事件之一，它在心理上的痛苦只低于那些诸如孩子死亡之类的恐怖事件。被深爱的女性拒绝的男性在情感上——有时也在身体上——遭受折磨。有些男性可能用持续不断打电话、突然造访以及暴露恐吓等方式来跟踪和纠缠前女友。被跟踪纠缠的受害者们会经历心理恐惧、工作被迫中断以及新关系受到干扰。我们在近期的研究中发现，被随意抛弃的男性产生杀人幻想的数量惊人（Buss，2005）。不幸的是，这些幻想有时会演变成现实。

仅仅是失去爱情就可以促使一个男性去杀人。下面的例子——来自对得克萨斯州休斯敦市一年内发生的所有凶杀案的系统汇编——描绘了爱情的毁灭性力量。

第191号案件始于一次家庭争吵。一名37岁的白人女子和她42岁的丈夫在喝酒时发生了争吵。这名女子先跑到隔壁她姐姐的公寓，却发现只有11岁的侄子在家。离开姐姐家后，她向邻居求助。当她穿过马路时，她的丈夫拦住她并更为激烈地与她争吵。丈夫离开时她大声呼救。邻居们在人行道上发现了她——躺在血泊里。丈夫告诉警方，整件事的起因是他妻子不爱他了……这导致他掏出小刀刺向妻子胸口（Lundsgaarde，1977）。

简言之，无论对抛弃者还是被抛弃者而言，失恋都是一种创伤。进化为我们配备了血清素奖赏机制——当我们成功配对时，它会让我们充满愉悦感；与此同时，它为我们配备了相反的大脑回路——当我们经历配对失败时，它会带给我们灼热的心理痛苦。许多失恋都会招致灾难性的后果，造成关键时刻的应激问题。

1976—1984年，美国每年平均有4 507名女性被谋杀（Campbell，1992）。大约1/3的受害者是非洲裔美国女性，大约2/3的受害者是欧洲裔美国女性。她们大部分是被深爱她们的男性所杀害的。一项对俄亥俄州代顿市谋杀案中女性受害者的研究显示，她们中的19%被丈夫谋杀，8%被男友谋杀，17%被前夫谋杀，8%被前男友谋杀，这个比例与其他研究中的近似。在代顿市被丈夫、男友或前夫、前男友谋杀的女性比例高达52%。与此形成鲜明对比的是，在同一年中，男性受害者中死于妻子、女友或前妻、前女友手中的人只占3%。

代顿市的情况并非个例。在一项关于1976—1998年美国境内凶杀案的大规模研究中，我们发现，超过30%的女性受害者是被其丈夫或情人谋杀的，而只有4%的男性受害者是被其妻子或情人谋杀的（Greenfield et al.，1998）。世界各地都有类似的数据统计结果——包括澳大利亚土著和印度蒙达人的谋杀案（Easteal，1993；Saran，1974）。

"温暖暧昧的爱情会导致邪恶血腥的死亡"，这听起来似乎很怪异。毕竟，爱情是浪漫的源泉；爱情产生激情，也带来新生命。而杀戮恰恰相反——造成破坏、损坏以及消亡。这鲜明的对比如何能以矛盾情绪的形式在人脑中一团混乱地融合呢？试看下面的例子。

她说自从她4月份回来后，和另一个男性偷情了约10回。我对她说："你是如何看待爱情和婚姻的呢？你怎么能一直与别的男性偷情呢？"我真的很生气，于是我去厨房拿了把刀，然后走回房间问她："你刚才跟我说的都是认真的吗？"她回答说是的。我们在床上打起来，我用刀子捅了她。她的祖父走过来想拿走我手里的刀。我对他说："走开，去给我报警吧。"我不知道自己为什么会杀死深爱的女人。（一名31岁的男子向警方坦白，他与26岁的妻子分居6个月后，在与她见面时将她杀死。）

然而，"杀死配偶"带来了一个更重大的难题：这种荒谬的行为模式是如何进化而来的呢？杀死配偶会摧毁关键的生育资源。选择进化应该倾向于保护而非摧毁重要的生育资源。杀死配偶似乎与利己主义的生育及生存原则背道而驰。

解决该谜团仍需深入研究配对市场逻辑的基本细节（Buss，2005）。在大多数情况下，杀死一个不忠的配偶通常对凶手也有伤害。对于丈夫而言，一个不忠的妻子仍然是宝贵的生育资源。如果她继续作为他的性伴侣，那么杀死她将损害他自己的健康，所以这是一个徒劳的报复。Margo Wilson和Martin Daly（1998）准确地观察到，"被谋杀妇女的替代成本很高"。如果被杀害的女性已为丈夫生育子女，那么杀死她会极大地损害其子女生存和成长的机会。"戴绿帽"的男人如果杀了妻子就可能有被报复的风险——她的兄弟或父亲可能有复仇的动机。鉴于这些原因，对"戴绿帽"的问题来说，杀死配偶通常是一种极其低效的解决方式。

但是有时成本–利润方程中的元素会重新排列。伴侣的不忠对一个男性来说也许意味着永远失去与该伴侣的性行为，而不仅是暂时地失去。她可能也不会和他再生育子女，而且杀死她不会影响他现有子女的生存。她的父亲或兄弟可能也不住在附近——这在异族通婚的传统社会中很常见，即女性结婚时会离开自己的亲属族群，住到夫家的亲属族群中。男性的社会声誉可能会因为他妻子的不忠而严重受损，也就是说，除非他采取紧急有效的阻止行动，否则他的社会地位将会直线下降。而地位下降会导致该男子作为配偶的价值下降，也会削弱其吸引其他潜在配偶的能力。此外，男性所失去的性行为可能会成为竞争者的性收获，即宝贵的生育资源流向了竞争者。

试想一下配对情境之外的争论逻辑。如果你刚杀了一只猎物来养活你自己和饥饿的家人，而一只食腐动物在你吃掉猎物之前就偷走了它，那么你将蒙受损失。而如果是你的竞争者偷走了猎物，那么这个损失就会导致进化适应的加剧，因为选择是基于生育相对成功的原则进行的。你的损失变成了你当前竞争者的收益，他的子女得以生存并苗壮成长，你的子女却可能被饿死。

这种逻辑也适用于亲密关系。如果你的失败让当前竞争者获得性伴侣，那么"戴绿帽"的适应成本就变得复杂了。这一理论导致了违反直觉的预测：女性越年轻、越健康、越有魅力，男性"戴绿帽"的损失就越大，其竞争者的获益就越大。这产生了一个令人不安的理论预测——女性越吸引人、越健康、越有生育能力，其配偶在发现她不忠时杀害她的动机就越强。

不寻常的是，在被谋杀的那些美国女性中，约有一半人是在极为相似的情况下被深爱她们的——丈夫、男友、前夫或前男友杀害的。"永久地失去爱情"有时会激活男性体内进化出的杀人回路。

对即有爱情理论的扩充

关于爱情的心理学理论及实证研究已得出了重要的见解和发现。例如Berscheid和Hatfield（1978）对激情之爱和相伴之爱的区分；Sternberg（1986）的爱情三角理论：爱情的关键要素有激情、亲密和承诺；Fehr（1988，2015）的爱情原型分析：关心和亲密是爱情的核心因素，激情是重要的非核心因素；以及Aron和Aron（1986）爱的自我扩张理论模型。此外，研究者们在确定爱情的神经生物学基础方面也取得了重要进展（Aron et al., 2005；Cacioppo, Bianchi-Demicheli, Frum, Pfaus, & Lewis, 2012）。

爱情的进化理论观点与这些理论和发现不仅不矛盾，而且互为重要的补充。进化理论的重要意义在于，它提出了一个问题：在进化过程中，对爱情的适应是否存在选择压力，如果存在，那这些适应的功能是什么？在医学研究中，发现心脏、肝脏和肺是如何工作的十分重要，而在心理学研究中，发现这些器官的适应性功能同样重要（如向大脑和肌肉泵血、分解毒素等）。类似地，如果存在爱情的心理适应，那么关键就是确定它们的适应性功能——明确适应在进化过程中促进健康或成功生育的具体方式。

以进化理论为基础的爱情理论强调激情和性驱动——其作用在于促进性行为进而促成受孕（Buss，1988a；Fisher，1998）；依恋对养育后代的功能来说至关重要（Shaver，Hazan，& Bradshaw，1988）；承诺对我们物种进化所需的长期养育后代的功能来说至关重要。爱情是一种承诺装置，它的功能是将生育的相关资源优先给伴侣（Buss，1988a；Frank，1988；Fletcher，Simpson，Campbell，& Overall，2015）。

Buss的爱情理论扩展了上述发现，具体说明了与生育相关的资源是什么（不仅是性，还有排他的性接触、性忠诚的信号、减少与其他潜在配偶的接触）以及维持配偶关系的适应对保护爱情关系免受不忠行为破坏的重要意义。当前进化理论补充提出了健康相互依存的概念及其促进条件——浪漫之爱是健康相互依存的峰值之一（另一峰值是父母对子女的爱）。健康相互依存的概念与Aron和Aron（1986）提出的爱情的自我扩张理论很好地吻合，并且赋予后者进化学的功能基础。进化理论引入了可能会诱发爱情心理成分的选择压力以及关于这些心理成分适应性功能的合理假设。所以说进化的观点为现有的爱情心理学理论提供了重要的补充。

结论

这里提出的爱情进化理论包含了非进化理论所缺乏的一个关键因素——它在解决特定适应性问题方面的功能假设。这些适应性问题在人类寻求"成功配对"的过程中反复出现，涉及关于爱情心理设计的可检测的、可能是可伪造的假设，其中包括设计特征的关键性别差异。尽管完整的理论仍需更广泛的实证研究加以证明，但现有的证据足以支持爱情进化理论的几个关键假设。

第一，有证据表明，爱情的体验是普遍的，因为在各种文化中都有相关证据表明有人体验过爱情。第二，有证据支持这样的假设，即爱情主要产生于长期配对关系中。第三，有证据表明爱情是一种承诺工具（Buss，1988a；Frank，1988）。具体而言，Buss（1988a）发现爱情标志着以下承诺：（1）展示与生育相关的资源；（2）提供性行为；（3）性忠诚；（4）通过守护配偶促进关系的排他性；（5）促进历史上导致成功生育结果的行为；（6）提供亲代投资的信号。

尽管爱情包含这些普遍的心理回路和适应性功能，但是男性和女性在爱情心理设计特征上有所不同。男性比女性更能感受到"一见钟情"——支持"相比于女性，外貌及身材吸引力对男性爱情回路的激活更有作用"的设计特征。相比于男性，女性更不赞同"在没有爱情的情况下发生性行为"，这支持了一个假设：相比于男性，女性脑中爱情和性的联系更紧密。鉴于男性的短期交配策略，他们更容易将性和爱情分离开来，更容易与不相恋的陌生人发生性关系。尽管在这方面，有些女性和男性相似，但是大体而言，女性认为如果缺乏爱情就很难进行性行为。

当前的进化理论精准预测了妒忌与爱情的联系。当伴侣爱上另一个人时，女性比男性更容易产生强烈的妒忌，然而男性比女性更容易对"出轨"产生强烈的妒忌。尽管有一些说法与此相反，但是妒忌设计中的性别差异在不同方法中都非常明显（Buss，2018a；Edlund & Sagarin，2017；Sagarin et al.，2012；Pietrzak，Laird，Stevens，& Thompson，2002）。

当一个人结束一段爱情时，尤其是当一名女性永远离开深爱她的男性时，她很可能要面对暴力、跟踪、谋杀等危险。男性的爱情心理包含一些设计特征，这些特征促使他们留住心爱的女人，并采取极端的方式阻止竞争者占有她。不忠和背叛会让竞争者获得本属于你的生育资源，也会损害健康的相互依存。

参考文献

Aktipis, A. et al. (in press). How should we study fitness interdependence? Opportunities and challenges of investigating cooperation and conflict across systems. *Nature: Human Behavior.*

Alexander, R. D. (1987). *The biology of moral systems.* Hawthorne, NY: Aldine DeGruyter.

Aron, A., & Aron, E. N. (1986). *Love and the expansion of self: Understanding attraction and satisfaction.* New York: Hemisphere.

Aron, A., Fisher, H., Mashek, D., Strong, G., Li, H., & Brown, L. (2005). Neural systems in intense romantic attraction: An fMRI study. *Journal of Neurophysiology, 94,* 327–337.

Aronson, E. (2003). *The social animal* (9th ed.). New York: Worth.

Berscheid, E., & Hatfield [Walster], E. H. (1978). *Interpersonal attraction* (2nd ed.). Reading, MA: Addison-Wesley.

Betzig, L. (1989). Causes of conjugal dissolution. *Current Anthropology, 30,* 654–676.

Brantley, A., Knox, D., & Zusman, M. E. (2002). When and why gender differences in saying "I Love You" among college students. *College Student Journal, 36,* 614–615.

Buss, D. M. (1988a). *Love acts: The evolutionary biology of love.* In R. Sternberg & M. Barnes (Eds.), *The psychology of love* (pp. 100–118). New Haven, CT: Yale University Press.

(1988b). From vigilance to violence: Tactics of mate retention. *Ethology and Sociobiology, 9,* 291–317.

(1989). Sex differences in human mate preferences: Evolutionary hypotheses testing in 37 cultures. *Behavioral and Brain Sciences, 12,* 1–49.

(2000). *The dangerous passion: Why jealousy is as necessary as love and sex.* New York: Free Press.

(2005). *The murderer next door: Why the mind is designed to kill.* New York: The Penguin Press.

(2006). The evolution of love. In R. J. Sternberg & K. Weis (Eds.), *The new psychology of love* (pp. 65–86). New Haven, CT: Yale University Press.

(2016). *The evolution of desire: Strategies of human mating* (rev. and updated ed.). New York: Basic Books.

(2018). Sexual and emotional infidelity: Evolved gender differences in jealousy prove robust and replicable. *Perspectives in Psychological Science, 13,* 155–160.

Buss, D. M., Abbott, M., Angleitner, A., Asherian, A., Biaggio, A., et al. (1990). International preferences in selecting mates: A study of 37 cultures. *Journal of Cross-Cultural Psychology, 21,* 5–47.

Buss, D. M., Goetz, C., Duntley, J. D., Asao, K., & Conroy-Beam, D. (2017). The mate switching hypothesis. *Personality and Individual Differences, 104*, 143–149.

Buss, D. M., & Schmitt, D. P. (1993). Sexual strategies theory: An evolutionary perspective on human mating. *Psychological Review, 100*, 204–232.

Cacioppo, S., Bianchi-Demicheli, F., Frum, C., Pfaus, J., & Lewis, J. W. (2012). The common neural bases between sexual desire and love: A multilevel kernel density fMRI analysis. *Journal of Sexual Medicine, 9*, 1048–1054.

Campbell, J. C. (1992). "If I can't have you, no one can": Power and control in homicide of female partners. In J. Radford & D. E. H. Russell (Eds.), *Femicide: The politics of woman killing* (pp. 99–113). New York: Twayne.

Claypool, H., & Sheets, V. (1996). Jealousy: Adaptive or destructive? Paper presented to the Human Behavior and Evolution Society, Evanston, IL, June, 1996.

Easteal, P. W. (1993). *Killing the beloved: Homicide between adult sexual intimates.* Canberra, ACT: Australian Institute of Criminology.

Edlund, J. E., & Sagarin, B. J. (2017). Chapter Five – Sex differences in jealousy: A 25-year retrospective. *Advances in Experimental Social Psychology, 55*, 259–302.

Ellis, H. (1950). *Studies in the psychology of sex*, Vol. 2, ch. 11. London: Heinemann.

Fehr, B. (1988). Prototype analysis of the concepts of love and commitment. *Journal of Personality and Social Psychology, 55*, 557–579.

(2015). Love: Conceptualization and experience. In M. Mikulincer, P. R. Shaver, J. A. Simpson, & J. F. Dovidio (Eds.), *APA handbook of personality and social psychology*, Vol. 3: *Interpersonal relations* (pp. 495–522). Washington, DC: American Psychological Association. Retrieved from http://dx.doi.org/10.1037/14344-018.

Fisher, H. E. (1998). Lust, attraction, and attachment in mammalian reproduction. *Human Nature, 9*(1), 23–52.

Fisher, H. (2004). *Why we love: The nature and chemistry of romantic love.* New York: Henry Holt.

Fletcher, G. J., Simpson, J. A., Campbell, L., & Overall, N. C. (2015). Pair-bonding, romantic love, and evolution: The curious case of homo sapiens. *Perspectives on Psychological Science, 10*(1), 20–36.

Frank, R. (1988). *Passions within reason.* New York: Norton.

Gangestad, S. W., & Thornhill, R. (1997). The evolutionary psychology of extrapair sex: The role of fluctuating asymmetry. *Evolution and Human Behavior, 18*, 69–88.

Greenfeld, L. A., Rand, M. R., Craven, D., Klaus, P. A., Perkins, C. A., Ringel, C., Warchol, G., Maston, C., & Fox, J. A. (1998). *Violence by intimates.* Washington, DC: US Department of Justice, NCJ-167237.

Greer, A., & Buss, D. M. (1994). Tactics for promoting sexual encounters. *The Journal of Sex Research, 5*, 185–201.

Greiling, H., & Buss, D. M. (2000). Women's sexual strategies: The hidden dimension of extra-pair mating. *Personality and Individual Differences, 28*, 929–963.

Hamilton, W. D. (1964). The genetical evolution of social behavior. I and II. *Journal of Theoretical Biology, 7*, 1–52.

Haselton, M., Buss, D. M., Oubaid, V., & Angleitner, A. (2005). Sex, lies, and strategic interference: The psychology of deception between the sexes. *Personality and Social Psychology Bulletin, 31*, 3–23.

Jankowiak, W., & Fisher, E. (1992). Romantic love: A cross-cultural perspective. *Ethnology, 31*(2), 149–155.

Jankowwiak, W. (Ed.) (1995). *Romantic passion: A universal experience?* New York: Columbia University Press.

Kanin, E. J., Davidson, K. D., & Scheck, S. R. (1970). A research note on male-female differentials in the experience of heterosexual love. *The Journal of Sex Research, 6*, 64–72.

Lundsgaarde, H. P. (1977). *Murder in space city: A cultural analysis of Houston homicide patterns* (pp. 60–61). New York: Oxford University Press.

Madigan, N. (2003, February 13). Trial in killing of orthodontist goes to jury. *New York Times*, p. A25.

Mathes, E. W. (1986). Jealousy and romantic love: A longitudinal study. *Psychological Reports, 58*, 885–886.

(1991). *Jealousy: The psychological data.* New York: University Press of America.

Moors, A. C. (2017). Has the American public's interest in information related to relationships beyond "the couple" increased over time? *The Journal of Sex Research, 54*(6), 677–684.

Mullen, P. E., & Martin, J. (1994). Jealousy: A community study. *British Journal of Psychiatry, 164*, 35–43.

Muller, W. (1917). *Yap, band 2, halbband 1* (HRAF Trans.). Hamburg: Friederischesen.

Oliver, M. B., & Hyde, J. S. (1993). Gender differences in sexuality: A meta-analysis. *Psychological Bulletin, 114*(1), 29–51.

Pietrzak, R., Laird, J. D., Stevens, D. A., & Thompson, N. S. (2002). Sex differences in human jealousy: A coordinate study of forced-choice, continuous rating-scale, and physiological responses on the same subjects. *Evolution and Human Behavior, 23*, 83–94.

Pines, A. M. (1998). *Romantic jealousy: Causes, symptoms, cures.* New York: Routledge.

Riggs, D. S. (1993). Relationship problems and dating aggression: A potential treatment target. *Journal of Interpersonal Violence, 8*, 18–35.

Sagarin, B. J., Martin, A. L., Coutinho, S. A., Edlund, J. E., Patel, L., Skowronski, J. J., & Zengel, B. (2012). Sex differences in jealousy: A meta-analytic examination. *Evolution and Human Behavior, 33*(6), 595–614.

Saran, A. B. (1974). *Murder and suicide among the Munda and the Oraon.* Delhi: National Publishing House.

Schmitt, D. P. (2005). Sociosexuality from Argentina to Zimbabwe: A 48-nation study of sex, culture, and strategies of human mating. *Behavioral and Brain Sciences.*

Shaver, P. R., Hazan, C., & Bradshaw, D. (1988). The integration of three behavioral systems. In R. Sternberg & M. Barnes (Eds.), *The psychology of love* (pp. 68–99). New Haven, CT: Yale University Press.

Sprecher, S., Aron, A., Hatfield, E., Cortese, A., Potapova, E., & Levitskaya, A. (1994). Love: American style, Russian style, and Japanese style. *Personal Relationships, 1,* 349–369.

Sternberg, R. J. (1986). A triangular theory of love. *Psychological Review, 93*(2), 119–135.

Sugiyama, L. (2005). Physical attractiveness in adaptationist perspective. In D. M. Buss (Ed.), *The handbook of evolutionary psychology* (pp. 1–68). New York: Wiley.

Symons, D. (1979). *The evolution of human sexuality.* New York: Oxford University Press.

Viorst, J. (1998). Confessions of a jealous wife. In G. Clanton & L. G. Smith (Eds.), *Jealousy* (3rd ed., pp. 17–24). New York: University Press of America.

Wilson, M., & Daly, M. (1992). Till death do us part. In J. Radford & D. E. H. Russell (Eds.), *Femicide: The politics of woman killing* (pp. 83–98). New York: Twayne.

(1998). Lethal and nonlethal violence against wives and the evolutionary psychology of male sexual proprietariness. In R. E. Dobash & R. P. Dobash (Eds.), *Violence against women: International and cross-disciplinary perspectives* (pp. 199–230). Thousand Oaks, CA: Sage.

21世纪爱情神经影像学

斯蒂芬妮·卡乔波（Stephanie Cacioppo）

　　如果你在驾驶时因为受到爱情的影响而违章，你并不会被指控酒后驾驶。但是这种情况在未来有可能会改变。啮齿类动物神经影像学研究表明，爱情所引起的大脑活动特征与酒精或可卡因等药物相似，它们都能够使受折磨的人产生强迫倾向，从而干扰正常的责任承担。如果这是真的，那么是不是任何因"爱情驾驶"而被捕的人都需要完成某种治疗——包括断瘾、药物治疗、心理康复以及长期随访——才能再次驾驶呢？还是说啮齿类动物大脑中的爱情模型可能没有完全捕捉到人类爱情的真正本质呢？如果人类的爱情真的只是一种成瘾症，没有任何可取之处，那么人们为何总是孜孜不倦地寻求天长地久的爱情而不是短暂的恋爱关系？为什么人们在经历自我怀疑时总想要改变他们的伴侣呢？一个人的自我意识与社会关系有什么关系呢？这些问题促使我从十多年前开始探索人类大脑中的爱情网络。

　　对人类大脑中爱情神经基础的研究屡见不鲜。在公元前250年的一份病例报告中，希腊内科医生和解剖学家Erasistratos将患者Antiochus确诊为相思病，这是首例客观的爱情神经病学病例报告。19世纪中叶，颅相学家Franz Joseph Gall首次提出头颅形状与颅内大脑功能的关系理论，并发现了与爱情及其亚型——如夫妻之爱、父母之爱以及友谊——相关的脑区。

自19世纪以来，研究方法有了进一步的发展，这使研究者们能够更好地理解爱情的大脑特征，也使他们明确了爱的神经生物学基础是整个脑网络（而不是一个脑区）。在过去几十年里，神经影像学的发展和完善推动了爱情的神经生物学研究。以神经成像技术为例，功能磁共振成像（functional magnetic resonance imaging，fMRI）从1T提升到3T或7T，表层脑电图（electroencephalogram，EEG）从32电极增加到64电极，再到128电极、256电极（S. Cacioppo & Cacioppo，2017）；计算能力和分析工具以及统计方法都有显著改善，如多核密度分析、多体素模式分析、大脑连通性的网络建模、图论分析等（Bullmore & Sporns，2009；S. Cacioppo，Frum，et al.，2013；Wager et al.，2013；Wager，Lindquist，Nichols，Kober，& Van Snellenberg，2009）。在传统生理测量技术［如面部肌电图、心阻抗和心电图、眼动追踪、皮肤电活动（J. T. Cacioppo，Tassinary，& Berntson，2017）］的基础上，现代神经成像技术［如正电子发射断层扫描、fMRI、EEG和事件相关电位（event-related potentials，ERPs）、脑磁图、经颅磁刺激］为更好地了解大脑功能的复杂性提供了前所未有的机会。这些功能表现在许多不同的组织层面上——从对计算网络和信息处理的操作到社会环境中的行为。随着这些方法和技术的迅猛发展，爱情神经影像学也表现出了综合性、跨学科、跨领域的特点。与此同时，病变研究、比较研究以及动物模型研究开始更多地关注社会结构的生物学基础。

21世纪遗传学和分子生物学的发展对爱情神经影像学的研究也很重要。例如，越来越多的研究表明，社会环境可以调节基因表达，进而影响神经系统和内分泌功能。人类大部分社会行为源于其与其他社会物种共享的神经生物学和心理学机制——基于此，社会神经科学也正在开发新的方法和模型来弥合动物与人类研究之间的差距，以便于理解社会行为的神经、激素和遗传基础（J. T. Cacioppo，Cacioppo，& Cole，2013）。这种跨社会物种（以及社会物种内跨文化）的研究在该领域变得越来越普遍。然而由于篇幅有限，本文将重点放在社会神经学家研究人类爱情脑网络时最常用的神经成像技术——fMRI。

　　上面提到的方法为我们了解人类清醒状态时的爱情脑网络提供了前所未有的可能性。然而，爱情神经影像学研究的重大挑战在于确定心理状态和过程是如何映射到脑部活动中的，以及这种活动如何受社会因素和社会行为的调节。百亿脑细胞在可扩展的网络中共同工作从而形成我们的思想、意识和行为。关于爱情脑网络的科学研究是21世纪最复杂、最令人兴奋的前沿课题之一。

用扫描仪测量爱情

　　fMRI测量的是对各种刺激产生脑内血流氧合（血流动力学反应）的变化。一些研究者用fMRI测量了与伴侣相关的刺激所引起的爱情变化。理论上，这些刺激可以是视觉、听觉、触觉以及嗅觉方面的。然而，到目前为止，用于爱情神经影像研究的关于所爱对象（如恋人、朋友、孩子和宠物）的刺激主要是视觉方面的（如面孔或名字、照片或视频片段）。对身心健康的被试的研究都表明，当爱被唤醒时——而不是其他本能冲动（诸如性欲）被唤醒时，一组特定脑区会被激活（S. Cacioppo，Bianchi-Demicheli，Hatfield，& Rapson，2012；S. Cacioppo，2017；S. Cacioppo，Bianchi-Demicheli，Frum，Pfaus，& Lewis，2012；S. Cacioppo & Hatfield，2013）。

　　爱情的fMRI研究所提供的丰富数据表明了当给被试呈现对他而言很重要的人物的相关刺激时，他的哪些神经网络会被选择性激活或共同激活。因为fMRI是非侵入式的，所以它对于研究社会行为背后组成过程的开发、测试和完善起着重要作用。然而，大脑并非只在分子、细胞、细胞核、脑区、回路或神经系统的水平上运作。因此，在设计或解释fMRI数据之前，我们很有必要了解一下fMRI这种相关性测量方法。对人类和非人类动物的其他实验研究——包括经颅磁刺激、药物干预等——在很大程度上帮助我们进一步阐明在特定任务中特定神经结构、电路或过程之间的因果关系。任何一种神经成像方法都只能在非常有限的空间和时间范围内提供大脑活动的部分视图。尽管它们各有其局限性，但是它们结合起来则可以呈现出爱情神经影像的更完整的画面，并促进我们对社会行为形成过程背后神经机制的理解（S. Cacioppo & Cacioppo，2017）。

爱情脑网络

Andreas Bartels和Semir Zeki（2000）是最早使用fMRI方法尝试定位激情之爱相关脑区的两位神经学家。他们通过网络招募到来自11个国家、多个不同民族的70名青年男女，要求他们写下自己的情绪感受并且完成爱情量表（E. Hatfield & Rapson，1996；E. Hatfield & Sprecher，1986）。通过初测，他们筛选出17名21～37岁的男性和女性（6男，11女）作为被试，并获取他们的fMRI数据（Bartels & Zeki，2000）。Bartels和Zeki给每位被试呈现一张他们所爱之人的照片——这张照片与被试三位普通朋友的照片交替呈现。然后，他们对比了被试在观看所爱之人照片时与观看朋友照片时的fMRI数据，也就是被试在两种情况下脑部活动增强（或减弱）区域的图像。这些图像首次揭示了当一个人经历爱情时有哪些脑区会被激活。Bartels和Zeki（2000，2004）的研究引发了fMRI研究热潮。自2000年以来，越来越多关于爱情的fMRI研究在社会神经科学领域展开。

小样本个体神经影像学研究通常具有较低的统计信度，这就意味着检测到真实效应的可能性更小，检测到虚假效应的可能性更大。为此，我们用了元分析方法来研究爱情的脑网络。这个方法使我们能够识别出那些在统计学上超过随机水平的被爱情激活并对相关刺激做出反应的脑区。我们的研究结果强化并扩展了先前的实证研究结果和定性述评。整体而言，我们的研究表明，在

"爱"的范畴（包含母爱、友爱、浪漫之爱等）中，"爱情"的存在相对独立，并在情绪脑网络中激活了特定的区域。有趣的是，这些爱情脑网络脑区涉及兴奋性和抑制性神经通路及其相关神经递质（如多巴胺、血清素）和激素受体（如催产素、加压素）之间的相互作用。兴奋性神经通路中的信息能够激活催产素系统（能够促进交配、信任和依恋）和多巴胺系统（能够引起注意、动机和愉悦感）等。此外，血清素出现在多个脑区（如前额叶皮层）。

爱情脑网络可分为四个功能系统：自主与欲望、动机与奖赏、情绪、认知。我们认为，基于这四个功能系统，大脑接收到与爱情相关的刺激后，先对从视网膜传来的所有图像进行感觉评估，然后（或同时）将这些刺激解释为"可能与爱情相关"，最后（或同时）由认知系统产生一个评估过程，将刺激归类为"值得爱的"，继而增加对这些刺激的关注。动机系统由特定脑区支撑，如脑岛和纹状体。它是保持性反应的基础。情绪系统包括的特定结构有脑岛和体感皮层（即参与爱之体验的享乐品质的脑区）。自主神经系统包括扣带回前部——与自主神经反应（如循环和呼吸）相关的脑区。

令人讶异的是，这些脑区不仅位于大脑的边缘系统或情绪区域，也位于联合的（更具认知功能的）脑区（如角回、颞顶叶连接处），这些区域调节更复杂的、联合的认知功能，如自我扩张、身体表征、自我表征、隐喻、注意、记忆以及抽象表征（Ortigue, Bianchi-Demicheli, Hamilton, & Grafton, 2007）。爱情的相关脑区与本能、类多巴胺的奖赏体验以及渴望和更高阶的认知功能密切相关。这个事实表明爱情不仅是一种公认的"成瘾"情绪，也是一种认识（Bianchi-Demicheli, Grafton, & Ortigue, 2006；Ortigue, Bianchi-Demicheli, Patel, Frum, & Lewis, 2010）。调节自我表征的脑区被激活与爱情自我扩张的认知和社会心理模型相符（Aron & Aron, 1996），这表明当个体（有意识地或自动地）发现一个新的自我扩张的机会时，就有可能爱上另一个人（Aron & Aron, 1996；Aron, Paris, & Aron, 1995），并将其纳入自己的认知范围，以表示自己拥有其特征、品质（Aron & Aron, 1996；Aron, Aron, Tudor, & Nelson, 1991）。研究者发现，恋爱中的个体通过"增加那些有助于实现任何潜在目标的资源、观点"来提升潜在的自我效能感（Aron & Aron，1996；Aron et al.，1991）。爱情的自我扩张理论模型也符合爱情的一个普遍且关键的进化目的，即通过确保个体之间形成牢固的关系来维持和拥护一个物种（Beauregard，Courtemanche，Paquette，& St-Pierre，2009；Fisher，Aron，& Brown，2005）。社会神经科学使用脑成像技术强调了爱情在人脑中的空间维度，这可以帮助我们更好地理解将爱情调节为获得资源以实现自我扩张目标的脑机制（Aron & Aron，1996； Aron et al.，1991）。

有趣的是，尚未有研究表明在这种自我扩张机制下脑区（如角回）的激活与被试的恋爱时间之间存在相关性。这种相关性的缺失揭示了一种可能性，即角回等脑区在爱情中的功能并不直接"依赖于时间"。这与之前的一些研究一致——某些特定脑区的反应会随着恋爱关系的变化而变化，但其中并不包含角回（Aron et al.，2005；Acevedo，Aron，Fisher，& Brown，2012）。Aron及其同事（2005）发现，大脑右侧脑岛、右侧扣带回、右侧后扣带回及后扣带回皮质的活动与恋爱关系的持续时间相关。

爱情的神经基础与不同类型的生物动力

与其他类型的爱——如相伴之爱（主要包括平静、舒适、融合的体验以及安全感；Hatfiled & Rapson，1996）、无条件之爱（如母爱、父爱）——相似的是，激情之爱激活了联合皮层区域（S. Cacioppo et al.，2012）；它们的区别主要表现在皮层下水平（如母爱对中脑水管周围灰质的激活强于激情之爱）而不是在皮层水平。这意味着不同类型的爱之间存在着比认知差异更为基本的差异。

关于激情之爱的fMRI研究表明，性欲和激情之爱都会激活那些与快感、奖赏和动机相关的皮层下区域以及涉及自我表征和社会认知的皮层区域（S.

Cacioppo et al.，2012；Cacioppo，2017）。皮层下情绪相关脑区和那些调节更复杂认知功能（如身体意象、联想和自我表征）的高阶皮层区域的共同激活强化了自上而下的人际关系神经功能模型，以及过去的经验对未来情绪感受和行为的潜在影响。

有趣的是，爱情和性欲之间也存在着神经功能差异，这些差异主要发生在脑岛和大脑皮层下的部分。

与性欲相比，激情之爱在腹侧纹状体、下丘脑、杏仁核、体感皮层和下顶叶引起的激活较弱。这种现象也支持性欲是一种动机状态的观点。性欲带有非常具体的特定目标，而激情之爱可被认为是一种更抽象、更灵活和更复杂的目标，较少依赖于另一个人的存在。激情之爱不仅与腹侧被盖区的强烈激活紧密相关，也与右侧纹状体背侧区的特定活动紧密相关，这两个区域是多巴胺富集区，且通常涉及动机、奖赏期待和习惯养成。如果一个人想"坠入爱河"，那么具体目标导向的奖赏就很重要。在激情之爱的体验中，多巴胺富集的皮层下脑区的激活与心理学研究中将爱定义为一种回报性的、积极的、奖赏性的体验是一致的。

性欲和爱情之间存在更多的神经差异。从性欲到爱情的"后—前"脑岛模式表明，相比于性欲，爱情是更为抽象的愉悦的感觉运动体验表征。爱情的感觉显著激活了脑岛前部；性欲的感觉则明显激活了脑岛后部。性欲与爱情的这种区别再次强化了一个神经功能特征：情感身体感觉的综合表征由后向前发展为所有感觉的最终表征。这与爱情是一种抽象结构的观点是一致的，这种抽象结构在一定程度上以对与他人的重复性情感时刻的心理表征为基础。换句话说，这种特定的激活模式表明，爱情建立在情感与愉悦感的神经回路之上。这些回路增加了与奖赏期待、习惯养成以及特征检测相关的区域。从性欲到爱情对应着脑岛由后向前的模式，脑岛前后的共同激活表明爱情起源于并且也更抽象地表征了性欲特有的愉悦的感觉运动体验。

基于上述研究结果，人们可以认为性欲和爱情处于同一个频谱上——从情绪感觉的整合表征发展到包含奖赏期待和习惯学习机制的最终表征。虽然爱情并非性欲的先决条件，但是我们近期的神经成像元分析表明，性欲可能是爱情的先决条件，而爱情是对一个人过去和当前经历的一种更为抽象的表征。研究者的解释是，性欲是建立在相对具体的感觉运动体验基础上的。如果这种解释是正确的，那么脑岛前部（或后部）的损伤应该与激活对爱情（或性欲）正常反应的能力的减退紧密相关。

2013年，我得到了一个珍贵的机会对一名患者（48岁的阿根廷异性恋男子）进行了测试——他被诊断为脑岛前部（与爱情脑网络相关的区域）局限性缺血性损伤。尽管患者报告说没有感到自己的爱情或性欲发生了什么变化，但是行为测试显示出其对爱情（但不是性欲）的选择性缺失。我们让这位患者做了一系列神经心理学计算机测试——他在每个测试中都需要观看一系列照片，其中一半照片呈现了穿着性感短裙的迷人女性，另一半照片则呈现了同样迷人但穿着长裙的女性。在一项任务中，患者被要求在每张照片出现后按键（是或否）判断该视觉刺激是否与爱情相关；而在另一项任务中，他需要按键（是或否）判断该视觉刺激是否与性欲相关。刺激材料的呈现采用平衡随机重复设计（ABBA）。

统计分析结果显示，与性别、种族和年龄相匹配的对照组（7名被试）相比，进行爱情相关判断时，患者的反应时显著长于性欲相关判断。这些发现提供了首个临床（以及因果关系而非相关关系）证据，证明脑岛前部对应着爱情而非性欲。脑岛前部的损伤影响了对爱情（而非性欲）刺激的判断速度，这表明脑岛前部在具体的感受和更抽象的人类情感中都发挥着作用。这些数据为评估人际关系的预期回报时从感觉运动到抽象表征的"后—前"脑岛梯度概念提供了支持（S. Cacioppo, Frum, et al., 2013）。

爱情的速度

　　爱情神经影像研究的关键理论目标不仅在于明确当你面前呈现出爱人或朋友的图像时有哪些脑区会被激活，还在于指出这些脑区会在何时以怎样的方式被激活（S. Cacioppo, Weiss, Runesha, & Cacioppo, 2014; S. Cacioppo, Grafton, & Bianchi-Demicheli, 2012）。通过相关神经元活动（大量神经元突触后树突状电位以产生偶极场的模式被激活）和行为表现、高密度EEG和ERP记录，我们可以观察到信息加工中每个成分时间分辨率（以毫秒为单位）的详细信息，这为研究脑功能提供了一个有用的新工具。fMRI的分析是在源空间中进行的，而EEG和ERP的分析是在传感器空间中进行的，高密度传感器记录了跨时间和传感器空间测量到的脑活动变化的更详细信息。然而迄今为止，只有少数神经学家研究了爱情的时空动力学（S. Cacioppo et al., 2012）。

　　最早研究激情之爱的当代神经学家是Niels Birbaumer及其同事（1993）。他们在健康被试的头皮上选取15个位置进行了一系列电生理表层记录，让被试完成与爱相关的脑成像任务：（1）想象过去一段快乐的恋爱时光——同时观看性欲之爱图像；（2）想象过去一段快乐的恋爱时光——不观看性欲之爱图像，并且记录他们的脑电活动。然后研究者将这些数据与完成感官任务被试（如判断两张纸中哪一张更光滑）的数据进行比较（Birbaumer, Elbert, Flor, & Rockstroh, 1993）。根据对被试脑电数据的评估，研究者认为，在"爱情想象"任务中，前额叶与其后面区域的电位相似，而在感官任务中，前额叶的电位比后面区域的更低。该研究结论指出，相比于感官刺激，爱情想象涉及更复杂的脑区定位，尤其是在前额叶区（N. Birbaumer et al., 1993）。尽管这些电生理学的研究发现解释了爱情的时间机制，但是由于当时可以用的方法以及电极数量有限，它们无法提供足够高的时空分辨率。

　　直至今天，神经成像技术已经有了显著发展和改进（如表层EEG已从32电极增加到64电极，再到128电极、256电极；S. Cacioppo & Cacioppo, 2017）。

许多技术已被开发出来探究脑电实验中的大脑状态动力学，包括标准波形分析、傅立叶分析、独立成分分析、主成分分析、k均值聚类分析和高速电神经成像（S. Cacioppo, Bangee, et al., 2015; S. Cacioppo, Weiss, et al., 2014）。

2008年，Başar等人找了20名女性被试，通过向她们呈现"所爱之人"的面孔照片考察爱情的振荡大脑动力学。他们的主要研究结果表明，与"不认识的人"和"欣赏的人"的照片相比，"所爱之人"的照片可能会诱发出一个特定频段的电波——高振幅电波（Başar, Schmiedt-Fehr, Oniz, & Başar-Eroğlu, 2008）。

2010年，Vico及其同事也考察了与所爱之人面孔感知相关的中枢和外周电生理指标。他们于同年开展的另一项实验研究对30名女大学生（20～27岁）进行了测试，要求她们看一些人类面孔的黑白照片，这些照片分为5类，分别是所爱之人的面孔、名人（由被试预先选出）的面孔、陌生人的面孔、来自国际情感图片系统的婴儿面孔，以及来自Ekman和Friesen系统的中性面孔。其中，所爱之人的面孔又可细分为恋人的面孔、父母的面孔、兄弟姐妹的面孔、二级亲属和朋友的面孔。研究者告诉被试该研究的目的是检查对熟悉面孔的生理反应。被试需要满足的条件是：正处于恋爱中且与包括恋人在内的5位所爱之人住得很近——这样便于给这5个人拍照。研究者给被试呈现她们所爱之人的面孔或另外4种面孔（控制组），同时收集她们的心率、皮肤电导、颧肌肌电图和ERP。中枢和外周电生理测量通过诱发更高的心率、皮肤电导以及更大波幅的ERP晚期成分P3和LPP来将被试所爱之人的面孔与其他类型区分开来（Vico, Guerra, Robles, Vila, & Anllo-Vento, 2010）。

然而，这些关于某些成分潜伏期的波形分析在他们的解释中仍存在局限性。多年来，有人认为测量波峰和波谷就足以说明大脑加工的时间进程，也有人（Donchin & Heffley, 1978）很有说服力地提出有必要采用另一种方法，例如，对诱发出的大脑状态进行统计分解。我们使用ERP的微状态分解分析了20名健康被试在做激活爱情脑网络的认知启动范式任务时的表层高密度脑部活动

（S. Cacioppo, Bianchi-Demicheli, Frum, et al., 2012; S. Cacioppo, Bianchi-Demicheli, Hatfield, et al., 2012）。研究结果表明，当一个人感受到强烈的爱意时，在其前意识阶段呈现所爱之人的名字会唤醒其特定的脑部状态，这种状态会在刺激呈现之后（80～220毫秒和120～220毫秒）由位于愉悦感、奖赏和认知脑回路的生成器来迅速调节。应用于该数据集的逆解表明，最先被激活的是视觉区域，随后被激活的是高阶联合脑区，例如涉及自我加工的区域（角回、颞顶叶连接处）。最后出现了从这些联合脑区到视觉和情绪脑区的反向激活。这些结果强调的是人与人之间自上而下的神经功能模型，也表明联合脑区可能在信息处理的前意识阶段（即刺激出现后80毫秒）启动了更基本的脑区。这就引出了人们在激情之爱中各种意识状态的问题。为了解决这个问题，我们还需要进行更大样本量的深入研究。

爱情脑网络能够迅速地（低于意识水平）对与爱相关的刺激做出反应。当你看到所爱之人时，甚至当你在寻找潜在伴侣时，你可能都不知道自己的大脑已经被内隐地激活了。近来，我们通过追踪和测量健康大学生观看相关图片的眼动轨迹验证了这一假设。我们以潜在理想伴侣（有魅力的异性）的照片为实验材料，要求一组被试观看每张照片并尽可能快速准确地判断出他们是否被看到的照片诱发出性欲，要求另一组被试观看每张照片并尽可能快速准确地判断出他们是否被看到的照片诱发出爱情。实验中两组被试所看到的有魅力异性的照片是一样的。被试需要用右手手指按动两个响应键（"K"键表示"是"，"L"键表示"否"）中的一个来做出判断。研究者对实验指令的出现顺序采取了被试间平衡设计（Bolmont et al., 2014）。

总体结果表明，当被试被要求判断照片是否会诱发出爱情（一种渴望与他人结合的情感和温柔状态，但不一定与性有关）时，他们凝视面部的时间相对更长（Bolmont et al., 2014）；而当被试被要求判断照片是否诱发出性欲（有性兴趣的感觉，并对照片中的对象产生性想法或性幻想）时，他们凝视躯体的时间相对更长。而且在进行"爱情"判断时，被试的眼动速度更快（凝视不超过1秒），首次注视躯体时间平均值为0.19秒，95%置信区间为

［0.111，0.275］，首次注视面部时间平均值为0.42秒，95%置信区间为［0.27，0.575］；$F(1,8)$=7.13，p=0.03，η^2 = 0.37。

这些发现强化了关于爱情的神经影像研究及先前的行为研究的结论，再次证实爱情和性欲是两种有独特行为脚本的不同情感（Cacioppo & Hatfield，2013；Diamond，2004；Hatfield & Rapson，2009）。当患者的自我报告显示其无法区分爱情和性欲时，这种对于分类思维和一个人在社交中捕捉到的其他环境信息的识别在夫妻治疗中可能具有理论和临床意义（S. Cacioppo，Couto，et al.，2013；S. Cacioppo，Bolmont，& Monteleone，2017）。

探索人类爱情脑网络的重要性

亲密关系满意度是很重要的。有调查显示，处于一段有益而充实的互惠关系中的人活得更久、更开心。例如，对1972—1996年一般社会调查数据的分析表明，在控制其他条件的情况下，已婚人士报告生活幸福的概率高于那些从未结过婚的人或曾结过婚的单身人士（Waite，2000）。然而，婚姻状况并不是健康水平的主要相关因素——婚姻质量及伴侣之间对保持联结或失去联结的感觉才是关键因素（J. Cacioppo & Patrick，2008）。换言之，一个人在社会关系连续统一体中的主观地位（个体在关系中的感受，如保持联结或失去联结）是关键因素。

正如Cacioppo及其同事在过去20年中努力证明的那样，在与重要他人的关系之中感到社会性孤立（孤独）预示着一个人健康水平和幸福感的降低（J. Cacioppo & Cacioppo，2018）。一个对70项具有前瞻性的研究——涉及300多万名被试、平均跟踪随访时间达7年——展开的元分析发现，尽管控制了客观的社会隔离和潜在的干扰变量，感到孤独的人过早死亡的风险还是增加了26%（Holt-Lunstad，Smith，Baker，Harris，& Stephenson，2015）。实证研究

（J. Cacioppo et al., 2006）、潜在生长理论模型（J. Cacioppo et al., 2006）和基于个案的匹配设计（VanderWeele, Hawkley, Thisted, & Cacioppo, 2011）都证明孤独感会加重抑郁症状并且相应地降低心理健康水平和身体健康水平（J. Cacioppo, Cacioppo, Capitanio, et al., 2015; Steptoe, Owen, Kunz-Ebrecht, & Brydon, 2004; VanderWeele et al., 2011）。

从心理学视角来看，孤独感会导致攻击性行为、社交焦虑及冲动（J. Cacioppo & Cacioppo, 2018; J. Cacioppo, Cacioppo, Capitanio, et al., 2015; J. Cacioppo, Cacioppo, Cole, et al., 2015; S. Cacioppo, Capitanio, & Cacioppo, 2014）。它还会加剧对社会威胁的自动（无意识）高度警惕（J. Cacioppo & Hawkley, 2009; S. Cacioppo, Balogh, & Cacioppo, 2015; S. Cacioppo, Bangee et al., 2015; S. Cacioppo et al., 2014）。此外，在生理领域，孤独感是导致肥胖（Lauder, Mummery, Jones, & Caperchione, 2006）、睡眠舒适度降低（J. Cacioppo et al., 2002）、白细胞构成改变（Cole, 2008）、免疫力降低（Pressman et al., 2005）、血压升高（J. Cacioppo et al., 2002）、反复中风（S. Cacioppo et al., 2014）以及过早死亡（Luo, Hawkley, Waite, & Cacioppo, 2012）的因素。

与孤独感相关的健康风险的一种作用机制是通过改变白细胞炎症生物学和抗病毒免疫的下丘脑–垂体–肾上腺（hypothalamic-pituitary-adrenal, HPA）轴调控，以及糖皮质激素靶基因和NF-kB靶基因的全基因组转录而发生的（Cole, Hawkley, Arevalo, & Cacioppo, 2011）。这些与孤独相关的白细胞生物学变化可能源于孤独个体糖皮质激素受体的功能性脱敏，这反过来又与NF-kB表达紧密相关。NF-kB表达是调节细胞对感染、癌变和炎症的反应的一个关键因素（Cole et al., 2011）。糖皮质激素基因的转录受损和促炎症转录控制途径的活性增强为那些长期经历较高孤独感个体炎症性疾病风险的提升提供了功能基因组的解释（J. Cacioppo, Cacioppo, Capitanio, et al., 2015）。

因为前额叶皮层（大脑中参与抽象思维、执行功能、决策和自我洞察的区域）根据环境评估（包括你对与某人关系质量的评估）调节HPA的活动及其与边缘系统（大脑中参与爱、情绪调节、情绪和社会过程、习惯养成以及条件反射的区域）的关系。当你感到被孤立或被一个很重要的人排斥时，这些脑区之间就会传递一连串的信号。在边缘系统中，负责愤怒情绪处理（Siegel & Brutus，1990）或恐惧及焦虑条件反射（Davis，1998）的特定脑区会反过来对HPA激活进行差异化调节（Choi et al.，2007；Ulrich-Lay & Herman，2009）。一个重要的脑区是杏仁核（边缘系统中一个杏仁状的脑区），它对那些针对特定威胁做出的快速、短期的行为反应尤为重要；而另一个重要的脑区被称为终纹床核（在边缘系统中扮演着通讯整合中心的作用，并监测效价加工），它负责调节那些通常会伴随持续性威胁缓慢发作的持久的情绪反应——这种反应可能会持续到威胁消除（J. Cacioppo，Cacioppo，Capitanio，et al.，2015；Walker，Toufexis，& Davis，2003）。

系统地对HPA-边缘系统回路内部和外部沟通进行研究，对我们更好地理解人们在亲密关系中的情绪是至关重要的。而这种——在HPA轴之内及之外——对生物层面的组织和社会联系之间相互作用的系统性研究，将有助于更好地说明社会行为背后的神经、激素、细胞和遗传机制。这也是社会神经科学的一个核心课题（J. Cacioppo & Berntson，2001）。

研究展望

爱情神经影像学是一个不断发展的研究领域，直到近期它才成为深入、严谨的科学研究主题。大多数早期功能性神经影像学研究因为样本量很小，而未能检测到重要的理论效应（由于统计检验力较低）。它们对潜在神经机制做出了不完整描述，甚至是误导性描述。使用大样本量进行的统计性（而非叙述性）fMRI元分析，提升了这一研究领域的价值，提供了更严谨的对亲密关系进程中各成分背后神经机制的解释。未来的研究者应该继续进行强有力的研究，将社会神经科学视为一个积累过程，而不是一个不相关的过程，并从跨学科的综合性视角来解决爱情的神经生物学问题，吸收相关研究之外的观点。

此外，研究者还需结合各种方法来促进对爱情动态（而非静态）的考察。fMRI并不是研究或检测二元关系动态方面最适宜的技术，不过也有一些例外（Montague et al.，2002）。而使用超扫描技术，如双脑电图（Babiloni et al.，2006；Koike，Tanabe，& Sadato，2015）或功能性近红外光谱（Balconi & Vanutelli，2016；Funane et al.，2011）可以更好地评估大脑区域间的关系——动态合作、排斥或同步。尽管超扫描技术有其局限性并且其结果应被谨慎解释（Babiloni et al.，2006；Burgess，2013），但是这种同时研究两个个体的方法可能为理解社会互动中人类大脑与重要他人大脑之间相互作用或相互关联的动态协变量和个体差异提供了一条新途径。

最后，对研究亲密关系和社交关系中的大脑共同表征感兴趣的社会神经学家们也应该投入更多时间和精力来确认自上而下的影响，以及自我与他人的重叠和认知互相依赖对夫妻内部和外部情感共享的作用（Wegner，Giuliano，& Hertel，1985；Wegner，Erber，& Raymond，1991）。对个体大脑差异（性别内及性别间）的系统性研究可能有助于临床医生更好地理解恋爱关系中的病理性行为。将爱情神经影像学的研究发现与夫妻治疗中的标准方法相结合，如夫妻情绪聚焦治疗（Johnson，2004；Moser et al.，2016），可能有助于开发关于人类性反应和神经反馈训练的心理生物学模型。在研究如何维持有益的亲密关系这个难题时结合不同学科的知识，或许能帮助我们回答关于爱的本质及功能的古老问题。我们对持久有益的亲密关系了解得越深入，就越尊重它对身心健康的重要意义。

参考文献

Acevedo, B. P., Aron, A., Fisher, H. E., & Brown, L. L. (2012). Neural correlates of long-term intense romantic love. *Social Cognitive and Affective Neuroscience*, 7(2), 145–159. doi: 10.1093/scan/nsq092. Epub 2011 Jan 5. PubMed PMID: 21208991; PubMed Central PMCID: PMC3277362.

Aron, A., & Aron, E. N. (1996). Love and expansion of the self: The state of the model. *Personal Relationships*, 3, 45–58.

Aron, A., Aron, E. N., Tudor, M., & Nelson, G. (1991). Close relationships as including other in the self. *Journal of Personality and Social Psychology*, 60, 241–253.

Aron, A., Paris, M., & Aron, E. N. (1995). Falling in love: Prospective studies of self-concept change. *Journal of Personality and Social Psychology*, 69(6), 1102–1112.

Aron, A., Fisher, H., Mashek, D. J., Strong, G., Li, H., & Brown, L. L. (2005). Reward, motivation, andemotion systems associated with early-stage intense romantic love. *Journal of Neurophysiology*, 94(1), 327–337. Epub 2005 May 31. PubMed PMID: 15928068.

Babiloni, F., Cincotti, F., Mattia, D., Mattiocco, M., De Vico Fallani, F., Tocci, A., Bianchi, L., Marciani, M. G., & Astolfi, L. (2006). Hypermethods for EEG hyperscanning. *Conf Proc IEEE Engineering in Medicine and Biology Society*, 1: 3666–3669. PubMed PMID: 17945788.

Balconi, M., & Vanutelli, M. E. (2017). Interbrains cooperation: Hyperscanning and self-perception in joint actions. *Journal of Clinical and Experimental Neuropsychology*, Aug; 39(6), 607–620. doi: 10.1080/13803395.2016.1253666. Epub 2016 Nov 13. PubMed PMID: 27841088.

Bartels, A., & Zeki, S. (2000). The neural basis of romantic love. *Neuroreport*, 11(17), 3829–3834. Retrieved from www.ncbi.nlm.nih.gov/pubmed/11117499 (2004). The neural correlates of maternal and romantic love. *Neuroimage*, 21(3), 1155–1166. PubMed PMID: 15006682.

Başar, E., Schmiedt-Fehr, C., Oniz, A., & Başar-Eroğlu, C. (2008). Brain oscillations evoked by the face of a loved person. *Brain Research*, 1214, 105–115. Retrieved from https://doi.org/10.1016/j.brainres.2008.03.042.

Beauregard, M., Courtemanche, J., Paquette, V., & St-Pierre, E. L. (2009). The neural basis of unconditional love. *Psychiatry Research*, 172(2), 93–98. Retrieved from https://doi.org/S0925-4927(08)00188-1[pii]10.1016/j.pscychresns.2008.11.003.

Bianchi-Demicheli, F., Grafton, S. G. T. S., & Ortigue, S. (2006). The power of love on the human brain. *Social Neuroscience*, 1(2), 90–103. Retrieved from https://doi.org/10.1080/17470910600976547.

Birbaumer, N., Lutzenberger, W., Elbert, T., Flor, H., & Rockstroh, B. (1993). Imagery and brain processes. In N. Birbaumer & A. Öhmann (Eds.), *The structure of emotion* (pp. 298–321). Toronto: Hogrefe and Huber.

Bolmont, M., Cacioppo, J. T., & Cacioppo, S. (2014). Love is in the gaze: An eye-tracking study of love and sexual desire. *Psychological Science, 25*(9), 1748–1756. Retrieved from https://doi.org/10.1177/0956797614539706.

Brown, K. S., Ortigue, S., Grafton, S. T., & Carlson, J. M. (2010). Improving human brain mapping via joint inversion of brain electrodynamics and the BOLD signal. *NeuroImage, 49*(3), 2401–2415. Retrieved from https://doi.org/10.1016/j.neuroimage.2009.10.011.

Bullmore, E., & Sporns, O. (2009). Complex brain networks: Graph theoretical analysis of structural and functional systems. *Nature Reviews. Neuroscience, 10*(3), 186–198. Retrieved from https://doi.org/10.1038/nrn2575.

Burgess, A. P. (2013). On the interpretation of synchronization in EEG hyperscanning studies: A cautionary note. *Frontiers in Human Neuroscience, 7,* 881.

Cacioppo, J. T., & Berntson, G. G. (2001). Social neuroscience. In N. J. Smelser & P. B. Baltes (Eds), *International encyclopedia of the social and behavioral sciences* (pp. 14388–14391). Oxford: Pergamon Press.

Cacioppo, J. T., & Cacioppo, S. (2018). The growing problem of loneliness. *Lancet. 391*(10119), 426. doi: 10.1016/S0140-6736(18)30142-9. PubMed PMID: 29407030.

Cacioppo, J. T., Cacioppo, S., Capitanio, J. P., & Cole, S. W. (2015). The neuroendocrinology of social isolation. *Annual Review of Psychology, 66* (9.1–9.35). doi: 10.1146/annurev-psych-010814-015240.

Cacioppo, J. T., Cacioppo, S., & Cole, S. W. (2013). Social neuroscience and social genomics: The emergence of multi-level integrative analyses. *International Journal of Psychological Research, 6,* 1–6. Retrieved from http://mvint.usbmed.edu.co:8002/ojs/index.php/web/article/view/647.

Cacioppo, J. T., Cacioppo, S., Cole, S. W., Capitanio, J. P., Goossens, & Boomsma, D. I. (2015). Loneliness across phylogeny and a call for comparative studies and animal models. *Perspectives on Psychological Science, 10,* 202–212. doi: 10.1177/1745691614564876.

Cacioppo, J. T., & Patrick, B. (2008). *Loneliness: Human nature and the need for social connection.* New York: W. W. Norton.

Cacioppo, J. T., Tassinary, L. G., & Berntson, G. G. (2017). *Handbook of psychophysiology* (4th ed.). New York: Cambridge University Press.

Cacioppo, S. (2017). Neuroimaging of female sexual desire and hypoactive sexual desire disorder. *Sexual Medicine Reviews, 5*(4). Retrieved from https://doi.org/10.1016/j.sxmr.2017.07.006.

Cacioppo, S., Balogh, S., & Cacioppo, J. T. (2015a). Implicit attention to negative social, in contrast to nonsocial, words in the Stroop task differs between individuals high and low in loneliness: Evidence from event-related brain microstates. *Cortex, 70,* 213–233.

Cacioppo, S., Bangee, M., Balogh, S., Cardenas-Iniguez, C., Qualter, P., & Cacioppo, J. T. (2015b). Loneliness and implicit attention to social threat: A high performance electrical neuroimaging study. *Cognitive Neuroscience.* doi: 10.1080/17588928.2015.1070136.

Cacioppo, S., Bianchi-Demicheli, F., Frum, C., Pfaus, J. G., & Lewis, J. W. (2012). The common neural bases between sexual desire and love: A multi-level kernel density fMRI analysis. *The Journal of Sexual Medicine, 9*(4), 1048–1054. Retrieved from https://doi.org/10.1111/j.1743-6109.2012.02651.x.

Cacioppo, S., Bianchi-Demicheli, F., Hatfield, E., & Rapson, R. L. (2012). Social neuroscience of love. *Clinical Neuropsychiatry, 9*(1), 3–13.

Cacioppo, S., Bolmont, M., & Monteleone, G. (2017). Spatio-temporal dynamics of the mirror neuron system during social intentions. *Social Neuroscience.* Retrieved from https://doi.org/10.1080/17470919.2017.1394911.

Cacioppo, S., & Cacioppo, J. T. (2012). Decoding the invisible forces of social connections. *Frontiers in Integrative Neuroscience, 6,* Article 51, 1–7. doi: 10.3389/fnint.2012.00051.

(2013). Lust for life. *Scientific American Mind,* (November 2013), 56–60. Retrieved from https://doi.org/10.1038/scientificamericanmind1113-56.

(2016). Research in social neuroscience: How perceived social isolation, ostracism, and romantic rejection affect your brain. In P. Riva & J. Eck (Eds). *Social exclusion* (pp. 73–88). Switzerland: Springer. doi: 10.1007/978-3-319-33033-4_4.

(2017). Cognizance of the neuroimaging methods for studying the social brain. *Shared Representations,* (May), 86–106. Retrieved from https://doi.org/10.1017/CBO 9781107279353.006.

Cacioppo, S., Couto, B., Bolmont, M., Sedeno, L., Frum, C., Lewis, J. W., et al. (2013). Selective decision-making deficit in love following damage to the anterior insula. *Current Trends in Neurology, 7,* 15–19.

Cacioppo, S., Frum, C., Asp, E., Weiss, R. M., Lewis, J. W., & Cacioppo, J. T. (2013). A quantitative meta-analysis of rejection, 10–12. Retrieved from https://doi.org/10.1038/srep02027.

Cacioppo, S., Grafton, S. T., & Bianchi-Demicheli, F. (2012). The speed of passionate love, as a subliminal prime: A high-density electrical neuroimaging study. *Neuroquantology, 10*(4), 715–724. Retrieved from www.neuroquantology.com/index.php/journal/article/view/509.

Cacioppo, S., & Hatfield, E. (2013). From desire to love: New advances from social neuroscience. In L. Bormans (Ed.), *The world book of love* (pp. 1–2). Tielt, Belgium: Lannoo.

Cacioppo, S., Weiss, R. M., Runesha, H. B., & Cacioppo, J. T. (2014). Dynamic spatiotemporal brain analyses using high performance electrical neuroimaging: Theoretical framework and validation. *Journal of Neuroscience Methods, 238,* 11–34. Retrieved from https://doi.org/10.1016/j.jneumeth.2014.09.009.

Choi, D. C., Furay, A. R., Evanson, N. K., Ostrander, M. M., Ulrich-Lai, Y. M., & Herman, J. P. (2007). Bed nucleus of the stria terminalis subregions differentially regulate hypothalamic-pituitary-adrenal axis activity: Implications for the integration of limbic inputs. *The Journal of Neuroscience, 27,* 2025–2034.

Cole, S. W, Hawkley, L. C., Arevalo, J. M., & Cacioppo, J. T. (2011). Transcript origin analysisidentifies antigen-presenting cells as primary targets of socially regulated geneexpression in leukocytes. *Proceedings of the National Academy of Sciences of the United States of America, 108*(7), 3080–3085. doi: 10.1073/pnas.1014218108. Epub 2011 February 7. PubMed PMID: 21300872; PubMed Central PMCID: PMC3041107.

Cole, S. W., Hawkley, L. C., Arevalo, J. M., Sung, C. Y., Rose, R. M., & Cacioppo, J. T. (2007). Social regulation of gene expression in human leukocytes. *Genome Biology, 8*(9), R189. PubMed PMID: 17854483; PubMed Central PMCID: PMC2375027.

Davis, M. (1998). Are different parts of the extended amygdala involved in fear versus anxiety? *Biological Psychiatry, 44*, 1239–1247.

Diamond, L. M. (2004). Emerging perspectives on distinctions between romantic love and sexual desire. *Current Directions in Psychological Science, 13*(3), 116–119.

Fisher, H., Aron, A., & Brown, L. L. (2005). Romantic love: An fMRI study of a neural mechanism for mate choice. *The Journal of Comparative Neurology, 493*(1), 58–62.

Hatfield, E., & Rapson, R. L. (2009). The neuropsychology of passionate love. In E. Cuyler & M. Ackhart (Eds.), *Psychology of relationships* (pp. 1–26). Nova Science.

(1996). *Love and sex: Cross-cultural perspectives.* Boston, MA: Allyn and Bacon.

Hatfield, E., & Sprecher, S. (1986). Measuring passionate love in intimate relations. *Journal of Adolescence, 9*, 383–410.

Montague, P. R., Berns, G. S., Cohen, J. D., McClure, S. M., Pagnoni, G., Dhamala, M., et al. (2002). Hyperscanning: simultaneous fMRI during linked social interactions. *Neuroimage, 16*, 1159–1164. doi: 10.1006/nimg.2002.1150.

Moser, M., Johnshon, S. M., Dalgleish, T. L., Lafontaine, M. F., Wievbe, S. A., & Tasca, G. A. (2016). Changes in relationship-specific attachment in emotionally focused couple therapy. *Journal of Marital and Family Therapy, 42*, 231–245.

Ortigue, S., Bianchi-Demicheli, F., Hamilton, A. F. D. C., & Grafton, S. T. (2007). The neural basis of love as a subliminal prime: An event-related functional magnetic resonance imaging study. *Journal of Cognitive Neuroscience, 19*(7), 1218–1230. Retrieved from https://doi.org/10.1162/jocn.2007.19.7.1218.

Ortigue, S., Bianchi-Demicheli, F., Patel, N., Frum, C., & Lewis, J. (2010). Neuroimaging of love: fMRI meta-analysis evidence towards new perspectives in sexual medicine. *Journal of Sexual Medicine, 7*(11), 3541–3552.

Siegel, A., & Brutus, M. (1990). Neural substrate of aggression and rage in the cat. *Progress in Psychobiology and Physiological Psychology, 14*, 135–233.

Ulrich-Lai, Y. M., & Herman, J. P. (2009). Neural regulation of endocrine and autonomic stress responses. *Nature Reviews Neuroscience, 10*, 397–409.

VanderWeele, T. J., Hawkley, L. C., Thisted, R. A., & Cacioppo, J. T. (2011). A marginal structural model analysis for loneliness: Implications for intervention trials and clinical practice. *Journal of Clinical and Consulting Psychology, 79*, 225–235. doi: 10.1037/a0022610.

Vico, C., Guerra, P., Robles, H., Vila, J., & Anllo-Vento, L. (2010). Affective processing of loved faces: Contributions from peripheral and central electrophysiology. *Neuropsychologia, 48*(10), 2894–2902. Retrieved from https://doi.org/10.1016/j.neuropsychologia.2010.05.031.

Wager, T. D., Atlas, L. Y., Lindquist, M. A., Roy, M., Woo, C.-W., & Kross, E. (2013). An fMRI-based neurologic signature of physical pain. *The New England Journal of Medicine, 368*(15), 1388–1397. Retrieved from https://doi.org/10.1056/NEJMoa1204471.

Wager, T. D., Lindquist, M. A., Nichols, T. E., Kober, H., & Van Snellenberg, J. X. (2009). Evaluating the consistency and specificity of neuroimaging data using meta-analysis. *NeuroImage, 45*(1 Suppl.), S210–S221. Retrieved from https://doi.org/10.1016/j.neuroimage.2008.10.061. www.nytimes. com/2017/11/08/style/modern-love-neuroscience.html. Credit: Stephanie Cacioppo.

Waite, L. J. (2000). Trends in men's and women's well-being in marriage. In L. J. Waite, C. Bachrach, M. Hindin, E. Thomson, & A. Thornton (Eds.), *The ties that bind: Perspectives on marriage and cohabitation* (pp. 368–392). New York: Aldine de Gruyter.

Walker, D. L., Toufexis, D. J., & Davis , M. (2003). Role of the bed nucleus of the stria terminalis versus the amygdala in fear, stress, and anxiety. *European Journal of Pharmacology, 463*, 199–216.

Wegner, D. M., Erber, R., & Raymond, P. (1991). Transactive memory in close relationships. *Journal of Personality and Social Psychology, 61*(6), 923.

Wegner, D. M., Giuliano, T., & Hertel, P. T. (1985). Cognitive interdependence in close relationships. In Ickes, W. J. (Ed.), *Compatible and incompatible relationships* (pp. 253–276). New York: Springer.

爱即共有应答性

玛格丽特・S. 克拉克（Margaret S. Clark）

珍妮弗・L. 赫希（Jennifer L. Hirsch）

琼・K. 莫南（Joan K. Monin）

"爱"这个术语的含义和用法有很多。它可以被用来指代对一个人的性感觉、与一个人在一起的动机，以及对一个人的无私奉献（仅举几例）。很多时候，它是许多所指的综合体。通常，我们在使用该术语时不对其概念进行界定——正确答案不是唯一的，爱的价值体现在许多方面。然而，在为学术目的进行关于爱的研究和写作时，明确其概念还是很重要的。

爱是共同享有的应答性

我们在这里将爱界定为与另一个人有着强烈的共有关系（Clark & Mills，2012）。这种关系主要存在于对彼此的福祉承担特殊责任的伴侣之间（这种责任绝对超过大多数人对陌生人的责任）。关系中的两个人都通过努力理解、接受和关心对方来表达"爱"，并根据自己承担的一定水平的责任来期待和寻求对方的爱。两人都应尽最大力量去呈现这种应答性，且应以不对等的方式进行——应答性行为不应该以收到回报为条件，也不应该以做出回报为动机

（Clark & Mills，2012；Reis & Clark，2014）。

　　以这种方式定义的爱，包含了亲密友谊、家庭关系以及恋爱关系之中的爱。这种定义方式下的"爱"代表了一种感觉，即无论在好的时候还是坏的时候，每个人都会为对方"在那里"。也就是说，双方是彼此的避风港和提供支持的"安全基地"——正如成人依恋理论中所使的术语一样（Mikulincer & Shaver，2013）。爱包括对伴侣的保护和依赖。

　　这种爱有时是单向的。例如，当婴儿出生时，几乎所有父母都会立即为婴儿的福祉承担责任——事实上，他们甚至在婴儿出生之前就已经承担了责任。他们努力去理解、接受、照顾婴儿，而婴儿没有回报的能力。当伴侣二人一起照顾他们的婴儿时，他们会真切地体验到增强的幸福感（Le & Impett，2015）——这种感觉与爱的感觉紧密相连。事实上，它是爱的主要构成部分。这符合我们对爱的定义。婴儿体验到爱，体验到自己作为父母努力理解、接受和照顾的对象的功能，这些体验也符合我们的定义。然而，我们最常讨论的爱的特点是，在朋友关系、家庭关系或情侣关系中普遍存在的共有应答性。有趣的是，有证据表明，对于个体爱的感受而言，做出应答可能比接受应答更重要（Reis，Maniaci，& Rogge，2017）。关键是，当一段关系中的两位成员都有应答能力时，为了获得最理想的结合和爱的感觉，他们必须做出应答并寻求、接受应答（Le，Impett，Lemay，Muise，& Tskhay，2018）。当两个成员都有能力表达爱时，单方面的关心或寻求关心可能是非常奇怪和危险的，这破坏了关系中爱的整体感觉。

爱的水平

　　重要的是，我们应注意到爱、应答、关系在共有力量上存在的差异（Mills et al.，2004）。共有力量是指人们对伴侣的福祉承担责任并期望从伴侣那里得到同等福祉的程度。大部分人都有多种共有关系——与伴侣的、与父母的和与朋友的等。在这些关系中，个体对关系中另一方所承担责任的程度存在差异。这种差异反映在每个成员为实现彼此间的应答性而花费的时间、精力和金钱上。例如，许多人既有配偶也有朋友，在这些人中，对配偶承担更多责任的人居多——相比于朋友，他们期望配偶承担的责任也更多。当然，并不是每个人都以同样的方式与配偶、朋友、孩子和父母建立起共同的关系。这种排序因人而异，因文化而异（Monin，lark，& Lemay，2008；Pataki，Fathelbab，Clark，& Malinowski，2013）。

爱的水平如何达成一致

关系中的双方在对关系的共有力量上通常默契地保持一致。在他们的关系中，"爱的水平"是给予和寻求应答性的指南。他们通常也很了解其他共有关系的力量。这意味着人们会理解这种情况：如果一个朋友没有应答他，比如说，参加他的生日派对，这或许意味着这个朋友在另一个同时存在类似需求的关系中拥有更高水平的共有力量——比如这个朋友要参加自己孩子的生日派对。

事实上，默契一致的共有力量水平因人而异，因关系而异。对伴侣的应答过度完全有可能让对方感到不舒适，也会干扰那些通常会产生"被爱"感受的过程。试想一个不太可能的情境：你的朋友给你买了一辆豪华轿车，并"无条件"赠送给你。你可能会感到非常不舒服，并且会觉得这个友情"太过了"。因此，爱的感觉实际上可能会陡降。当关系中的双方为彼此承担一定程度的责任并按照双方默认达成共识的共有力量水平行事时，爱的感觉最有可能蓬勃发展。人们不太可能在同一时间里与太多人建立很牢固的共有关系，因为他们保持高水平应答性的能力有限。大多数人都有不同的共有关系，其中只有为数不多的几个关系是牢固的。尽管人们在许多关系中都能够感受到爱，但是所感受到的爱的水平是不同的。

我们在本文中讨论了那些构成和促进共有应答性进而使人感受到爱的人际交往，以及那些降低共有应答性进而降低爱的感受的人际交往。我们对共有应答性进行讨论的基础是我们考察共有关系的一个长期项目（Clark & Mills，1979，1993，2012；Mills & Clark，1982）。

什么是共有应答性？

我们提过，共有应答性是对另一个人的理解、接受以及关心，但我们尚未提供共有应答性的具体例子。请看下面的几个示例：

【示例1】

一位小朋友突然哭起来，因为有个同学取笑他的发型。他妈妈抱了抱他，然后仔细听他诉说。她跟他保证说，自己觉得他的发型看起来挺好的；但她也没有忽略他的顾虑——她真的想去理解并感受他的经历。她问他是怎么想的。他说他不喜欢自己的发型。她跟他保证相信他的话，也认可他的观点，并对他说："如果你想换个新发型，我们就去换一个吧。"她非常注重理解、接受、关心孩子的需求。她安慰他，让他开心起来，并进一步表示，如果挑衅者是个自信的人，那么他大概不会那么刻薄——进而也让她的孩子为未来的韧性和对他人的同情做好准备。结果如何呢？她的儿子感到被爱，而她感到了爱。

【示例2】

一名年轻女性与她哥哥在聊天。她信任哥哥，认为和他在一起很舒服。她说，她对目前的高压工作失去了兴趣并且感到了压力，所以想重返学校去攻读生物学硕士，然后再去高中当生物学老师。她的哥哥很惊讶。就个人而言，他想让她留在目前这个高薪、有权力、有声望的职位上。但是，他很关心她的感受。他问了她一些关于当下的压力以及抱负的问题。他努力地去理解她当下的困扰并尝试去表达他不仅理解她也认同她，他说道："我明白。难以想象你承受了多大的压力——现在想要换个方向是合理的。"他提出了其他观点，但还是支持妹妹朝着她想要的方向前进、发展，并表示会协助她成为自己希望成为的人（Rusbult，Finkel，& Kumashiro，2009）。

【示例3】

一名女子在开会的时候突然意识到她错过了和朋友的午餐约会。她感觉很糟糕，走出会议室给朋友打电话致歉，表达她的内疚和尴尬。她的朋友感到很受伤，因为她想让这名女子重视自己的需求，但是作为朋友，她没有生气或想要报复，因为她关心这位女子也重视与她的友谊（Lemay，Overall，& Clark，2012）。这位女子表达了内疚和尴尬，这样会减轻对方受伤的感觉（Feinberg，Willer，& Keltner，2012；Semin & Manstead，1982）。这将朋友的注意力从受伤的感觉转移到这位女子的负面感受和需求上来（Clark，Graham，Williams，& Lemay，2008）。这位女子的朋友向她表示理解她很忙、压力很大，并补充说自己过去也有过这样的失误，意在用社会比较来进行宽慰。这个朋友很珍视这段关系（Algoe，Haidt，& Gable，2008）。这段关系中的双方通过互动都感受到了彼此的理解、接纳和支持。

【示例4】

一对好朋友有时会在两人最爱的餐厅共进晚餐。两个人相处时都没有迫切的需求和顾虑，都切实地感到很舒服，都很放松，既不会密切关注对方说的话也不会担心对方不能接受自己的观点。她们把注意力放在一起品尝新菜和分享心得上（Clark et al.，2008）。每个人的体验都因分享而变得更好（Boothby，Clark，& Bargh，2014；Boothby，Smith，Clark，& Bargh，2017；Reis，O'Keefe，& Lane，2017）。

上述每一种关系中都包括共有应答性及其积极影响。这些示例的共同点在于，关系中的双方都觉得对彼此负有特定责任，且都能感觉到彼此之间的理解、接纳、关心、安慰；他们能对彼此放松警惕，呈现脆弱，并能根据需要和意愿来给予支持或接受支持。当他们都不需要支持时，他们很容易把注意力放在共同活动上。他们可以在不保护自己的情况下参与活动，而且不必考虑自己的所言所行是否正确。他们的舒适感让自己能够充分享受活动，进而让对方感到愉悦（Boothby & Clark，2017）。

在上述几个示例中，应答性的形式各有不同，可以表现为减轻对方的痛苦（如示例1），支持对方朝着渴望的目标前进（如示例2），迁就对方并避免自我关注、愤怒反应（如示例3），以及一起做喜欢的活动（如示例4）。关系双方彼此信任，他们的应答行为又强化了这种信任。重要的是，他们不会利用彼此的弱点为自己谋利。此外，双方的反应也是一致的——他们互相支持不是因为他们感到亏欠对方，也不是因为想让对方欠自己的。

这并不意味着共有关系是完全无私的（Clark，2011；Clark & Mills，1993）。我们不能把"爱"等同于无私的"利他主义"（这是爱的另一个定义——但不是我们这里的定义）。人们总是关心自己并且期望得到别人的关心。当一个人有需求且对方有应答的能力时，这个人就会期待从对方那里获得支持。

在我们的示例中，母亲并不担心有一个不受欢迎的孩子会给她带来负面影响；哥哥不会算计帮助妹妹探索发展机会的成本；被爽约的那位朋友并没有不理会错过约会的女子，也没有责怪她……做出应答的一方可能会因为自己的应答以及对共有关系规范的遵守而感觉良好（Williamson & Clark，1989）。

因为关系中的一方关注另一方的需求和福祉，并且相信对方也会这么做，所以在共同的应答性关系中，彼此都会感到更安全、更有保证、更多地被爱。共有应答性行为包括为对方提供有形和无形的好处，满足对方的需求（如换个新发型），提高对方的生活享受度（如一起品尝美食或参加活动），以及支持对方的成长目标（如帮忙做出职业选择）。共有应答性在很大程度上具有象征性，比如一个人给另一个人写下鼓励性的留言，送卡片或鲜花，或只是表达爱意。当人们说他们爱另一个人时，我们认为他们通常是指他们正在对另一个人或打算对另一个人做出"共有反应"——他们经历过这种体验，而且预期从另一个人那里获得同样的体验。

爱的关系包括个人的共有反应，它强调的是人的应答性，并且意味着一段爱的关系所需要的只是双方都愿意且能够彼此应答。不过，正如我们开头所明确指出的，我们应该重视被应答者的态度和自己的行为。潜在的被应答者必须相信对方会关心并采取相应的行动。换句话说，他们必须公开自己的需求、喜好、目标，甚至表明他们的违规行为（以及他们对这些违规行为的感受）。他们必须愿意表现出脆弱和依赖。上述示例也说明了这一点：孩子透露他因被别人取笑而感到的沮丧；妹妹透露她的忧虑和目标；爽约的女子袒露她的过错以及她痛苦和内疚的感觉……这为理解、确认、应答打开了大门。Reis及其同事（Reis & Clark，2014；Reis & Patrick，1996；Reis & Shaver，1988）已证实了建立亲密关系的三个要素——除了对方的应答，还必须有寻求应答的意愿和对应答方式的接受。在Graham，Huang，Clark 和 Helgeson（2008b）的一项研究中，大学生被要求完成一项观看同龄人做演讲的任务，并被告知如果他们愿意，可在互联网上帮演讲者查找与演讲主题相关的材料。如果演讲者既表现出紧张的非言语性证据，又公开口头承认——他（她）确实感到紧张，那么他们得到的帮助会显著多于那些没有表现出紧张情绪或只有非言语性紧张表现的演讲者。在另一项研究中，那些自称愿意在上大学前向他人表达消极情绪的学生，会在大学的第一学期里发展出更多友谊和更亲密的朋友。公开、有意识地表达脆弱能促使关系中的另一方做出应答。Monin，Matire，Schulz 和 Clark（2009）在一项研究中用一个例子说明了在亲密关系中表达"需要支持"的重要性。在这项针对患有骨关节炎的老年人及其配偶兼照顾者的研究中，当受照顾者更愿意向照顾者表达脆弱时，照顾者报告称自己感受到的照顾压力更小，并且会对被照顾者提供更细致的照顾。

测量爱情的指标

将一段爱的关系定义为以共有应答性（尽每个人的最大力量）为特征的关系，直接表明测量爱情的最好方法是考察关系中是否存在能够反映或促进共有应答性的行为。也就是说，如果一个人希望理解我们所定义的爱的感觉，那么他应将测量给予、寻求和接受共有应答性行为放在其他常见的评估关系质量的方法之上。后者包括让一个人评估他们对一段关系的满意度（Weidmann，Schonbrodt，Ledermann，& Grob，2017）、计算一段关系中的冲突次数，或者检测一段关系的稳定性（Kirkpatrick & Davis，1994）。

在我们看来，使用其他"爱"的指标进行测量并不理想。考虑到满意度的重要性，相互依存理论家指出，"比较水平"的构建很重要。人们基于过去经历或习得经验而对亲密关系有所期待。如果当前关系超出比较水平，那么即便这段关系的质量很低，人们也可能会感到满意。在一段关系中，往往会出现一个人的满意度很高而另一个人的满意度很低的情况。这可能是因为只有一个人的需求得到了满足（Rusbult & Buunk，1993）。

冲突通常被视为关系质量（较差）的一个判定指标。在我们看来，冲突不一定是坏事。当冲突涉及对被忽视需求的有建设性的抱怨时，当冲突带有注意（可能还有愧疚或尴尬）时，当双方都努力在应答中去理解、接受和关心时，冲突可以促进共有应答性。事实上，建设性冲突及其解决方案已被证明对解决人际关系问题很重要。临床关系心理学家和发展心理学家也将此视作家庭教育的重要组成部分。通过观察父母的行为和看似有益的建设性冲突（El-Sheikh，Kelly，Koss，& Bauer，2015），孩子习得了共有应答性以及解决问题的方法（McCoy，Cummings，& Davies，2009）。

稳定性为何不是关系质量的一个重要指标呢？关系之所以稳定，可能只是因为人们没有更好的替代选择（Rhatigan & Axsom，2006；Rusbult & Martz，1995），或者是因为个人信仰或社会习俗的约束（Cox，Wexler，Rusbult，&

Gaines，1997；Lehmiller & Agnew，2006），又或是因为他们在这段关系中已投入了很多——养育孩子的成本，以及数年的时间（Rhatigan & Axsom，2006）。如果我们想要理解这种起源于、共生于非相倚应答性又反过来促进这种应达性的爱，那么我们必须关注这种非相倚应答性及其促进或干扰因素。

高质量的亲密关系是什么样的？

伴侣双方最直接的、可重复的、非相倚的共有应答性行为，标志着高质量的亲密关系。无论是在友情、恋情还是亲情中，共同努力参与能让双方获益的活动都是爱的标志，并且有助于提升彼此之间爱的感觉。这种应答性行为持续的时间越长，它就越受欢迎，越能成功地提高关系双方的幸福感（Monin，Poulin，Brown，& Langa，2017），也会被期待持续更久（Lemay，2016）；另外，这种行为的失误越少，关系双方对爱的感觉就越强烈。

当然，如上所述，应答性的类型有很多。第一种是，当一个人失去某样东西或经历了某种伤害时，他提出支持的需求，而另一个人提供给他所需要的东西，这通常被称为"帮助"。这种应答性受到许多研究者的关注（Clark，Ouellette，Powell，& Milberg，1987；Monin，Poulin，Brown，& Langa，2017）。

第二种应答性是，支持对方朝着目标努力——无论目标是短期的还是长期的，也无论它是共享的还是个人的。这种支持型应答性有助于促进目标的实现以及提升幸福感（Feeney，2004；Jakubiak & Feeney，2016a）。在人际关系学中，这被称为"米开朗琪罗现象"，也就是一个人帮助另一个人成为其理想自我（Drigotas，Rusbult，Wieselquist，& Whitton，1999；Rusbult，Finkel，& Kumanshiro，2009）。例如，关系中的一方可能需要参加马拉松比赛，或减重10斤，或者安排一次梦幻假期。想要支持他（她）的目标，可以采取以下形式：倾听他（她）讲述自己的梦想，表示理解和接受，并给予鼓励和具体的帮助，抑制自己给其贴上"疯狂"或"不现实"标签的冲动。还有一种重要的支持形式是"喝彩"：为他（她）成功朝着目标迈出一步而庆祝，帮助他（她）利用好现有的成就（Gable, Reis, Impett, & Asher, 2004）。

第三种应答性包括创造一些与对方一起参与的、令人愉悦的、利于一方或双方的事情——愉快的对话、拼图游戏、打网球、创作音乐、跳舞等（Reis, O'Keefe, & Lane, 2017）。一些研究表明，这样可以提高个体参与活动的积极性（Boothby, Clark, & Bargh, 2014; Boothby, Smith, Clark, & Bargh, 2016, 2017）。

第四种应答性是对伴侣违规应答的关心举动。在这种情况下，如果一个人的自然反应是报复或发怒，那么仅仅是克制自己就可以算作应答了（Rusbult, Verette, Whitney, Solvik, & Lipkus, 1991）。在某些关系中，这很可能会变成一个自动化的过程（Perunovic & Holmes, 2008）。宽恕（Van Tongeren, Green, Hook, Davis, Davis, & Ramos, 2015）、持续关注以及表示理解都属于这种应答性行为（如前文中的示例3）。[1]

最后一种是象征应答性。它可能发生在双方没有任何明确支持需求，也没有共同参与任何活动的情况下。它包括传达一方对另一方的关心、忠诚——如果一方需要，另一方就会出现。这种应答性可以通过语言（如"我爱你"）、拥抱或抚摸等肢体动作（Jakubiak & Feeney, 2016b）、送贺卡或花（Monin, Poulin, Brown, & Langa, 2017），甚至是（在高信任度的情况下）深情的调侃来实现；也可以仅仅通过为伴侣"出现"，例如出席伴侣的毕业典礼、音乐演出或体育比赛，或聆听其演讲彩排来实现（Jakubiak & Feeney, 2016a）。研究者们指出，在亲密关系中，仅仅是伴侣的在场或抚摸就可以让人减少

---

[1] 在面对伴侣特别有害的行为——特别是不会终止的行为时，宽恕尽管是对伴侣的应答，但可能是不明智的（McNulty, 2010a; McNulty & Russell, 2016）。事实上，在没有实际交互性的关系中，很多看起来积极的应答性行为都是不明智的，甚至有可能导致剥削（McNulty, 2010b）。

不安的感觉（Coan，Beckes，& Allen，2013；Conner，Siegle，McFarland et al.，2012；Eden，Larkin，& Abel，1992；Kamarch，Manuck，& Jennings，1990；Lougheed，Koval，& Hollenstein，2016；Schnall，Harber，Stefannucci，& Proffitt，2008）；[①]仅仅是伴侣的出现就能让人提高愉悦度（Aron，Norman，Aron，& Lewandowski，2003；Boothby et al.，2014；Reis et al.，2017）。

应答性为何如此重要？

应答性最明显的作用在于，为关系双方提供可能会用到的物品、信息和金钱等。它的另一个不太明显的作用——对多数人而言可能是更重要的——是为关系双方提供持续的安全感。这种安全感能够让他们放松、享受生活、探索、实践，并且知道对方关心自己。"知道对方关心自己"可以让人暂时放下防御而集中注意力投入别的活动（Boothby et al.，2017；Clark，Graham，Williams，& Lemay，2008；Mikulincer，Shaver，Gillath，& Nitzberg，2005），还能让人舒适地敞开心扉、表达情感、陈述需求、寻求和接受帮助、分享目标、展示创意以及允许别人加入共同活动。这些因素又能进一步引发应答性行为。在没有证明关系中对方的关心时，我们往往会严密保护自己的目标或想法，不去暴露它们，因为对我们漠不关心的人可能会利用这些信息来剥削或伤害我们。在没有充分感知到关心的情况下，我们也不太愿意表达情感（Von Culin，Hirsch，& Clark，2017）。在一个关心自己、能够做出应答的伙伴面前，一个人会对社会支持充满信心，并且可以变得更加真诚，感到更温暖，不再害羞（Venagalia & Lemay，2017）。

对对方关心的感知在很大程度上源自对方真正的关心（Lemay & Clark，

---

① 在亲密关系中，双方需要共同承担的责任——特别是养育孩子——有时会带来威胁感（Eibach，Libby，& Gilovich，2003；Fessler，Holbrook，Pollack，& Hahn-Holbrook，2014）。这类情况确实会给双方带来一些负担。

2008；Lemay，Clark，& Feeney，2007；Von Culin，Hirsch，& Clark，2017）。然而，人们对他人的信任程度各不相同，这可能与他们自己过去在人际关系中的经历有关。长期以来，成人依恋理论家们一直在强调这一点（Mikulincer & Shaver，2013）。Lemay和Clark（2008）的研究表明，人们会将自己的信任感投射给关系中的另一方。这是能被感知的共有应答性的一个重要来源（Lemay，Clark，& Feeney，2007；Von Culin，Hirsch，& Clark，2017）。

非相倚应答性的重要性

如上所述，为了提高安全感，应答性必须是非相倚的。我们可以对比以下两种情况：（1）一位丈夫说他很乐意让妻子的亲戚来探访；（2）在妻子承诺做一个月家务后，丈夫表示愿意让妻子的亲戚来探访。妻子会如何归因呢？在第一种情况下，她可能会将丈夫的反应归因于对她的关心；在第二种情况下，关心归因会大打折扣，她甚至会认为丈夫的反应其实是为了避免做家务。那么现在试着从丈夫的角度来考虑同样的情况。在这两种情况下，他又会如何对自己的行为进行归因呢？在前一种情况下，他会认为自己关心他人；但是在第二种情况下，他可能会认为自己有控制欲或自私。前一种情况（而非后面的情况）的结果应该是夫妻双方都能感受到爱。

受照顾者和照顾者之间的照顾和养育归因能够解释非相倚应答性为何如此重要。非相倚应答性的最初动力是接受者的需求和渴望。与此形成鲜明对比的是，相倚应答性的动力是给予者收到回报的渴望或者给予者消除亏欠感的渴望。因此，可能会出现的一种情况是，当给予者不需要接受者的任何东西或不欠他任何东西时，前者就有可能忽视后者的需求。这还可能会导致一种情况——一方因为希望消除亏欠感或制造亏欠感，而迫使另一方接受不需要的或有害的"好处"。

接受非相倚应答性的重要性

接受非相倚性的支持也是高质量亲密关系的一个重要特征。简单地说，这意味着愿意接受伴侣的应答性行为而无须回报，也不必表明自己觉得有必要回报。"没有抗议的欣然接受"传递出了这样的信息：一个人对这样的方式感到舒适，并且渴望这种关系。对收到的好处坚持做出回报或感到不适，则表明一个人可能更希望没有这种共有关系（或者希望共有关系淡一点儿）。然而，非相倚地接受好处并表达感激或谢意是可以被接受的，这一点通常也很重要。的确有研究表明，仅仅是向给予者表达谢意就会让其更多地感受到关系中的共有力量（Lambert，Clark，Durtschi，Fincham，& Graham，2010），而从接受者那里获得感激之情似乎也增加了给予者对强化共有关系的渴望（Williams & Bartlett，2015）。这是因为给予者可能不确定这种应答性是否恰当或是否被需要，而接受者的感激之情能发出"是的，这种方式是受欢迎的"的信号以消除这种令人不安的不确定感。事实上，除了提一下受到的帮助（如"这帮我完成了任务"），专门赞扬对方（如"你这么做真是太好了！我非常感谢你！"）、表达感激也是有效的方法（Algoe，Kurtz，& Hilaire，2016）。这种对感激之情的表达不仅会让给予者感到高兴，而且会鼓励他做出更多的应答性行为（Algoe，Frederickson，& Gable，2013）。

表达需求、渴望以及寻求应答性的重要性

在一段关系中，应答性是建立爱的感觉的关键，并且如前所述，对应答性行为的欣然接受是良好亲密的共有关系的标志。然而，想让关系中的另一方做出应答性行为，我们就必须知道如何提高他（她）的福祉。有时这是显而易见的，因为生活中通常会存在某种强烈的暗示。例如，当你和你的朋友走在人行道上时，他手中的一沓纸掉到地上，被风吹散了，他试图把它们收集起来——很显然，他需要一些帮助。然而，对方的需求、渴望、目标以及

情感往往并不明显。因此，想让关系具有高水平的共有应答性，关系中的双方就必须愿意自由地表达自己的脆弱、需求、目标、渴望以及情绪。这可以通过"说出需求"等形式的自我暴露来实现，也可通过非语言的情感表达来实现。因此，自我暴露和表达情感的意愿是爱的标志，也是对支持的积极请求。事实上，愿意展示真实的自我并寻求应答，就像愿意给予应答一样，是表明人们致力于建立一种互相关心的充满爱的关系的信号（Beck & Clark，2010；Clark，Beck，& Aragon，2018）。

高水平的应答性和依赖总是意味着更多的爱吗？

需要记住的一个重点是：彼此之间高水平的应答性和依赖并不总是对关系更有利的，也不总是会提升爱的感觉。前文中提出了这样的假设：在不同的关系中，人们的责任和关系水平都不相同，而且关系双方对此保持默契。在很多关系中，成员可能会因为应答性过度（比如给朋友一辆新车）或寻求太多的依赖而单方面违反"默契协议"，进而可能会降低关系中爱的感觉。因此，关系中充满爱的一个重要标志在于关系双方坚守彼此默认的关系层级以及共同渴望的关系轨迹——无论这种爱的力量是稳定不变的，还是与日俱增的。

是什么构成了高质量的亲密关系呢？我们认为，这样的关系中应当包含超过阈值的共有力量，而且关系中的双方需要对关系强度有共同的预期，并在关系中始终如一地保持预期的应答性（如果希望进一步发展关系，则要做出超出预期的应答性）。人们在描述关系中爱的感觉时可能会受到其他因素的影响，比如，特定关系的时间长度以及高水平共有应答性的持续时间。

在思考是什么促成了爱的感觉时，我们回到了一个有趣的观点上，即关系中的双方不需要保持对等的共有力量。如前所述，相比于孩子们对父母的关心，父母给予年幼孩子的关心往往更多。然而，这是否意味着父母对孩子的爱超过孩子对父母的爱呢？不一定。原因很简单：无论是对另一个人感到强烈的共同责任，还是认为另一个人对自己感到强烈的共同责任，都有助于产生爱的感觉（无论这种关系中双方的共有力量是否对等）。

毫无疑问，在不同的人和文化中，使用"爱"这个词时所必须达到的共有力量阈值都是不同的。未来的研究应考察这个阈值的个体差异、文化差异以及它主要受到哪些因素的影响（如一个人所必须经历共有应答性的时长、共有应答性预期持续时长，以及一段关系在一个人全部共有关系中所处的位置）。

确定感的重要性

共有关系不仅在力量水平上存在差异，还在共有关系的确定感上存在差异（Mills & Clark，1982）。可以肯定的是，某种关系的共有力量强度有时是确定的，有时是不确定的。共有关系"确定感"的影响因素中最为突出的是共有关系存在的时长。在其他条件相同的情况下，共有关系存在的时间越长，确定感就越强。事实上，对关系本质的不确定感是亲密关系初始阶段的重要特征（Clark，Beck，& Aragon，2018）。一个人在其他共有关系中的经历可能会影响他对亲密关系的确定感。一段失败的经历可能会持续影响一个人对其他关系的确定感。关系中另一方应答的变化也是确定感的一个影响因素——更大的变化会导致更多的不确定感。一个人为应答而牺牲自己的利益能够提升确定感（Holmes & Rempel，1989）。此外，人际关系中共有力量的不确定感可能会破坏个体对亲密关系的感觉。[1]

---

① 有趣的是，"爱"有时会被人们贴上"性冲动"的标签（Dutton & Aron，1974；Berscheid & Walster，1974）。不确定感和变化可能与高水平的焦虑和唤醒有关，这有助于我们定义爱的感觉——但不是本文所讨论的爱的感觉。

自我在共有层级中的位置

人们不仅对关系中另一方的需求有责任感，也对自己的需求有责任感。人们将自我置于共有关系的某个层级中——大多是位于或接近顶层。自我在等级中的位置会影响到自己对对方的爱的感觉，也会影响到对方对自己的爱的感觉。尤其是，如果自我的位置远高于对方，那么即便在最紧密的共有关系中，另一方的需求也不会优先于自我需求。因此，自我不会为对方牺牲自身利益，而且几乎不会原谅对方的违抗。事实上，"自我的幸福总是优先于对方的幸福"，这一点通常指示着彼此间没有深厚的爱。

如果将自我置于与对方相同的层级（就像许多长期恋爱的伴侣那样），或者将自我置于低于对方的层级（就像父母对孩子那样），那么情况就大不相同了。在这些情况下，自我更愿意为对方牺牲自己的利益，也经常会原谅对方；而且对方的需求有时（当彼此层级相同时）甚至经常（当自我位于对方之下时）优先于自我的需求。当一个人的某段关系符合这些条件时，这段关系通常被认为是这个人最有爱的关系之一。我们认为，自我的位置是一个强有力的决定性因素，牺牲自己的利益来应答对方会从根本上提升共有关系的确定感（Holmes & Rempel，1989）。[1]

---

① 重要提示：有些人在"绝对融通"（unmitigated communion）这项特征上得分很高（Helgeson & Fritz, 1998）。他们把对方的需要置于自己之上，而忽略自己的需要，并且无法让对方注意到自己的需要。一个人有这样的特征很可能是因为他缺乏自信，无法感受到爱的价值，或者有强烈的好胜心，渴望取悦他人。这一特征不利于提升关系中的共有应答性和爱的感觉（Aube, 2008）。

不同层级中共有关系的数量

Reis等人（2004）认为，共有关系通常是按照共有力量的强度来排序的，并且这样的排序通常接近金字塔结构——底层有许多低强度的共有关系，居于中部的中等强度共有关系更少一些，而顶部只有极少的强度非常高的共有关系（另见Clark & Mills，2012）。如果一个人处于另一个人关系"金字塔"的顶部，那么他很可能有被宠爱的感觉。

一个人在一段关系中所预期的对方共有应答性的水平可能和实际情况并不一致；而且，一个人渴望得到的共有应答性的水平和他实际接收到的水平往往也不一致。我们认为，在评估爱的感觉时，与预期或渴望的共有应答性相比，对实际接收到的共有应答性的感知才是重要的。同样，和预期给予的共有应答性水平相比，实际给予的共有应答性水平更重要。如果实际的共有应答性水平接近关系双方理想中的水平，那么双方爱的感觉就能有所增强。

共有应答性的个体差异

到目前为止，我们已经讨论了以共有应答性为特征的关系。当然，一般的长期共有应答性及引发共有应答性的方式存在个体差异，对对方共有应答性的感知（在客观条件相同时）也存在个体差异。

这涉及许多（概念重叠的）特质（Reis et al.，2004），包括共有取向（Clark et al.，1987）、自尊（Leary & Baumeister，2000；Leary, Haupt, Strausser, & Chokel，1998；Murray et al.，1998；Murray, Bellavia, Rose, & Griffin，2003）、拒绝敏感性（Downey & Feldman，1996）、依恋风格（Ainsworth, Blehar, Waters, & Wall，1978；Bowlby，1982；Hazan & Shaver，1987；Shaver, Hazan, & Bradshaw，1988），等等。一般而言，那些

具有高共有取向、高自尊、低拒绝敏感性的安全型依恋风格的人更有可能在关系中表现出共有应答性（Simpson, Rholes, & Nelligan, 1992; Clark et al., 1987），暴露自己的脆弱，向对方寻求帮助（Simpson et al., 1992），以及感知到对方的共有应答性——尤其是在模糊情境中（Collins & Feeney, 2004; Downey & Feldman, 1996）。他们不太可能受到关于对方的负面评价的威胁，也不太可能放弃对其的依赖——即便对方发出了拒绝的信号（Murray et al., 2003）。事实上，对关于对方的正面评价深信不疑的人甚至会从对方的错误中发现好的一面（Murray & Holmes, 1993, 1999）。

什么促成了共有应答性？

是什么促使人们做出共有应答性行为？我们相信，大多数人都了解基本的共有规范。大多数人都明确表示，愿意为实现共同目标提供帮助和支持、与对方一起参加有趣的活动、宽恕对方及通过语言或象征性行为表达关爱等做法都能促进亲密关系的形成并维持和修复亲密关系。事实上，大多数人在渴望建立一段新的友谊或恋爱关系时，都非常擅长立即采取"共有性"行为（Berg & Clark, 1986; Clark & Mills, 1979; Clark & Waddell, 1985; Clark, Ouellette, Powell, & Milberg, 1987; Clark et al., 1986; Clark et al., 1989; Williamson & Clark, 1989; Clark et al., 2018）。然而，只是了解对于共有应答性的渴望并不足以促成共有应答性。

在面临挑战时，建立、深化和维持共有关系的关键在于信任，也就是说：（1）相信一个特定的人是真正关心自己且不会剥削或伤害自己的，（2）相信这个人渴望得到自己的关心且会接受这种关心和彼此的共有关系。前一种信任让人有勇气袒露需求并寻求支持；后一种信任让人有勇气提供支持。

在一段特定的关系中，相互信任对"爱"至关重要。这种信任的构成要素是即使在个人利益受到威胁的情况下也能为对方的福祉做出应答的个体（Holmes & Rempel，1989；Holmes，2002）。信任倾向是我们前面讨论的共有应答性个体差异相关特质的核心部分。在特定的关系中，信任对获得爱的感觉很重要。无论一个人的安全感和信任度多么高，如果他在一段关系中未能表现出信任，他都不可能获得爱的感觉。

对特定关系中对方共有力量的信任并不需要完全基于现实——它会促进关系的发展。现有的大量研究表明，人们倾向于将自己对拥有（或缺乏）共有力量的感觉投射给对方，并认为对方所感受到的共有力量与自己一样多（Lemay et al.，2007；Lemay & Clark，2008；Von Culin，Hirsch，& Clark，2017）。这鼓励人们采取共有应答性行为——如果对方对这种行为表示欢迎并做出相应的应答，那么这可能会印证一个自我实现的预言（Lemay & Clark，2008）。应答接受者可能会——其实是经常会——对自己接收到的实际应答量产生判断偏差，这是由于他会与自己期望收到的应答量进行比较（Lemay & Neal，2014）。这很可能会影响他在关系中的爱的感觉。

信任将带来何种强化关系及爱情的过程?

我们认为，对于"对方真的关心自己"的信任会引发一系列人际交往过程，这些过程促进了共有关系的形成，并有助于其维持和巩固。你可能很容易理解"相信对方真的关心自己"如何促使一些行为产生，如暴露自己的弱点，表达自己的需求、目标和欲望，表达自己的情感（Clark et al.，2004；Clark & Finkel，2005；Von Culin，Hirsch，& Clark，2017），以及直接寻求帮助。在这些行为中，信任是一个必要条件，因为对方可能会拒绝（从而伤害一个人的感情或令其尴尬），甚至会利用一个人暴露出的弱点。对非相倚地接受关爱来说，信任也是至关重要的，因为这样可以表达出依赖对方的意愿。

对非相倚应答性而言，信任是不可或缺的。如果一个人既不为收到的好处做出回报，也不为给予的好处索要回报，这样会让对方觉得更愉快（Clark & Mills，1979）。然而，当一个人非相倚地关心对方时，他并不能保证对方会喜欢他的关心，也不能保证对方会做出他所期待的应答，这种情况在关系早期尤为常见。我们相信，信任提供了一种勇气，让人们相信对方更喜欢非相倚性的应答且会在必要的时候做出应答。

值得注意的是，高度信任似乎也带来了一系列积极的错觉，这些错觉助长了彼此之间的非相倚性支持，进而提升了关系中爱的感觉（Murray & Holmes，2017；Lemay & Clark，2015）。

Murray及其同事（2000）在谈及"依赖性"时明确指出：相信对方对你的看法是积极的，或者相信对方愿意关心你的福祉，这会让你"信心大增"并对对方抱有积极的错觉。在他们的研究中，"错觉"主要表现为认为对方具有善良等积极特征——这一方面增加了暴露自己弱点的风险，另一方面让人更相信自己的共有应答性会被接受。信任可能会促成、维持或增强关系中的依赖度，使人对伙伴的欠妥行为做出善意的归因（Fincham，2001），让人在关系中变得更随和（Rusbult，Verette，Whitney，Slovik，& Lipkus，1991；Wieselquist，Rusbult，Foster，& Agnew，1999），以及让人认为自己的伙伴胜过其他人（Rusbult，Van Lange，Wildschut，Yovetich，& Verette，2000）。Lemay及其同事提供的大量证据表明，那些积极主动建立或维持共有关系的人为了支持自己的目标会坚信关于对方的有利看法或评价（Lemay et al.，2007；Lemay & Clark，2008；Von Culin，Hirsch，& Clark，2017），这意味着那些特别有动力去关心伙伴的人会将自己的感觉投射给对方，并认为彼此具有水平一致的共有力量。实验也支持了这种观点：个体可能会因为自己的共有力量而对对方的共有力量产生错觉。具体而言，在实验条件下改变对伙伴关心程度的被试都相应地改变了对伙伴应答水平的看法（Lemay et al.，2007；Lemay & Clark，

2008）。

对于建立一段关系具有强烈动机的人也会有选择地关注与该目标一致的信息，并带有错觉地"记住"过去的信息，进而在关系中表现得更积极。Lemay和Neal（2013）在一项日记研究中发现，在建立关系的过程中长期具有奖赏感受的人对伙伴的近期应答有着更积极的记忆；此外，建立关系动机的强度与对伙伴应答的记忆呈正相关（在控制伙伴相应阶段的应答，乃至控制被试对应答的初始感知时都是如此）。Lemay和Melville（2014）的研究发现，当对方没有做出特别的应答时，具有建立关系动机的人会低估自己向伙伴表达需求和愿望的程度，从而为对方的低应答性提供借口并让自己继续维持动机。

总的来说，那些对形成、维持或巩固共有关系具有强烈动机的人似乎创造了一个世界——在这个世界里，对伙伴的期望和对其行为的感知与他们自己的动机相匹配。令人高兴的是，他们的动机和错觉往往会让自我实现的预言成真（Lemay & Clark, 2008; Lemay & Neal, 2013; Lemay et al., 2007）。这种错觉让人们有勇气对伙伴做出应答性行为，并促使其保持这种做法。我们有意识或无意识地成了自己爱的关系的创造者。

缺乏信任会如何损害共有应答性？

我们认为，对他人关心的信任度低是妨碍人际关系中共有应答性和爱的发展的主要因素。不信任加剧了一个人的自我防御，这通常会：（1）使这个人在共有关系中将自我置于对方之上，甚至远高于对方；（2）使这个人不愿暴露弱点；（3）使这个人不愿意表现出非相倚应答性，以免遭到拒绝或在需要时得不到应答（因而受到伤害）。对这个人而言，最好的结果是与他人隔绝，最坏的结果是充满矛盾、猜忌并以消极防御的方式解读别人的行为倾向（Collins, 1996; Collins & Allard, 2001）。

我们研究了两个过程，这两个过程都源自对他人关心的低信任度及因此产生的自我防御：一种是被Clark和Mills（1979，2012）称为"交换规则"的、在亲密关系中遵循的相倚性规范，另一种是记忆功能中一种区分关于伙伴正面、负面信息的倾向（Graham & Clark，2006，2007）。

遵循相倚性规则，就要给予和接受好处。这当然是"公平的"，事实上，这被认为是维持关系的一种积极技巧（Walster，Walster，& Berscheid，1978）。然而，正如我们已经注意到的，遵循相倚性规则不仅会损害给予者的关怀意识，还会损害接受者作为被关心对象的感觉。其结果是，共有应答性更多地受到给予者需求的支配而不取决于潜在接受者的需求、愿望或目标。

在亲密关系中，与相倚性规则相比，伴侣们确实更喜欢非相倚性规则。研究者发现，当一个人需要通过做出回报或索要回报的方式来遵循交换规则时（Clark & Mills，1979；Clark & Waddell，1985），以及当他需要共有关系但对方没有关注其福祉时（Clark，1984；Clark，Mills，& Corcoran，1989），那些被引导渴望建立共有关系的人对对方的好感明显下降了。其他证据来自对婚姻中伴侣们的研究：尽管几乎所有的夫妻一开始都认为共有规则对他们的关系是完美的（Clark et al.，2010；Grote & Clark，1998）并会努力提升共有应答性，但是当关系中存在压力时，双方开始计算公平性，而这反过来会增加压力甚至导致冲突（Clark，Lemay，Graham，Pataki，& Finkel，2010；Grote & Clark，2001），并且似乎会导致信任度和婚姻满意度的下降（Clark et al.，2010）。

在亲密关系中，对伴侣的关心缺乏信任会让人在某个时刻将伴侣视为"完全积极的"或"完全消极的"（Graham & Clark，2006，2007）。研究者认为，尽管每个人都能够感受到归属感（Baumeister & Leary，1995），但那些不相信他人关心自己的人（可通过低自尊或焦虑型依恋来判断）认为接近一个不完美的伴侣是非常困难的。在威胁性较低的时候，他们倾向于防御性地将伴侣视为完美的，从而能够与之互动，拉近距离，并能感觉到对方积极地做出应答。然而，他们一旦发现了伴侣的一个缺点，很快就会想起其他缺点，然后完全否定对方——这为他们避免依赖对方提供了借口，也使他们免于尴尬。

Graham和Clark（2006）声称：高自尊和信任他人的人通常不会认为对方在某一特定时间点上是"完全好的"或"完全坏的"，而是会以更现实、更稳定的方式看待伴侣。将对方积极和消极的属性分开，而不能将它们整合起来，会在很多方面削弱共有应答性。对伴侣优缺点的平衡意识，应该既让我们对伴侣做出最佳应答，又让我们从伴侣那里寻求最佳支持。例如，如果一个人知道其伴侣有很高的数学能力，但是很健忘，那么他可能会建议对方申请一份需要数学能力的工作，并提醒其提交申请的截止日期；并且当这个人需要一些数学辅导时，他会请求伴侣帮助，还会打电话提醒对方自己何时需要帮助。此外，平衡意识让我们能够在不同时间和情境中对伴侣抱有稳定、一致的看法和共有应答性（Wortman，2005）——如前文所述，这样将提升信任度和对爱的感受。相对地，对伴侣的完全积极和完全消极的看法会导致过高的期待，即认为对方几乎不需要支持，还会让个体避免支持或依赖对方。

高信任度会导致支持共有关系功能的错觉，而低信任度所带来的结果往往截然相反。Lemay及其同事的研究表明，人们确实会将自己对缺乏共有力量的感受投射到那些阻止自己做出共有应答性行为的伴侣身上（Lemay et al.，2007；Lemay & Clark，2008）。此外，对他人信任度低的人（如低自尊者或不安全型依恋者）会以消极的态度对自己的伴侣持有偏见。例如，Beck和Clark（2010）发现，回避型依恋者和那些在实验中被诱导出回避意愿的人，倾向于认为他们得到的好处是伴侣非自愿给予的（视情况而定），而不是伴侣出于关心而自愿给予的。这可能会阻止他们以共有力量做出应答，也可能会阻止他们在获得好处时感受到爱。

一些研究表明，拥有一个信任度较低的伴侣甚至可能会破坏一个人自己的共有应答性。例如，MacGregor及其同事发现，一些人仅仅因为知道自己的伴侣是低自尊者（而不是高自尊者，因而可能会对他人的关心缺乏信任），就会避免向对方暴露自己的成就（MacGregor, Fitzsimons, & Holmes, 2013；MacGregor & Holmes, 2011）。这反过来会阻碍他们的伴侣做出应答（如祝贺成功）。此外，Lemay和Dudley（2009）发现，认为伴侣缺乏安全感的人会向对方表达不真实的积极情感。虽然这似乎能有效地提升对方的价值感，但是他自己的关系满意度却下降了。这些研究表明，低信任度不仅会削弱一个人自我暴露的能力（一种促进共有应答性的特征），而且（当这种情况被其伴侣发现时）会抑制其伴侣的真实性和自我暴露的意愿。

结 论

总而言之，我们相信，反复一致地给予和接受共有应答性会让人体验到爱。在两个人的关系中，这种应答性取决于他们是否相信对方会关心自己并接受自己的关心。除此之外，对于自己处于对方共有关系层级的感知，以及对自己将对方置于自己共有关系层级的感知，能够影响一个人对关系中的爱的感受。信任会带来各种各样的人际关系过程，促生实际的共有应答性行为（如表明理解、认可，非相倚地给予帮助、支持，表示感受到关心）和那些通常会引起关心的行为（如表达情感、自我暴露、寻求支持）。不太明显的是，高信任度能够引发那种让人在关系中感到舒适且能以共有应答性方式继续行事的过程（如以非常积极的态度看待对方，迁就、原谅对方的不当行为并对其做出善意的归因）。

相对地，低信任度会阻碍共有应答性和那些可能会引起共有应答性的自我暴露。它会引发一些行为——其中有一些看来似乎可以令人接受（甚至令人钦佩），但会损害共有应答性。这些行为包括即使得到有力支持仍依赖自我、压抑情感、只在个别情况下给予或接受，等等，它们可能会导致有害的看待对方的长期模式（如将对方的积极属性和消极属性分离）。长期的、与较高的（而非较低的）共有应答性紧密相关的行为会激发出较多的爱的感觉。低信任度也可能被关系中的另一方觉察到，令其压制自己对感觉、成功等信息的暴露，从而抑制共有应答性。

　　我们并不是说只有共有应答性和与之相关的人际交往过程才能有效地定义"爱"。不过我们确实认为，"爱"这个术语通常是指一种以长期的共有应答性、舒适感为特征的关系，它能够带来安全和温暖的感觉。这适用于友谊、恋爱关系以及家庭关系。我们坚信，"亲密、充满爱的关系非常有益于身心健康"（Holt-Lunstad，Smith，& Layton，2010），而共有应答性是促成这一事实的重要因素之一。

参考文献

Ainsworth, M. D. S., Blehar, M. C., Waters, E., & Wall, S. (1978). *Patterns of attachment: A psychological study of the strange situation.* Hillsdale, NJ: Lawrence Erlbaum.

Algoe, S. B., Fredrickson, B. L., & Gable, S. L. (2013). The social functions of the emotion of gratitude via expression. *Emotion, 13*(4), 605.

Algoe, S. B., Haidt, J., & Gable, S. L. (2008). Beyond reciprocity: Gratitude and relationships in everyday life. *Emotion, 8*(3), 425–429.

Algoe, S. B., Kurtz, L. E., & Hilaire, N. M. (2016). Putting the "you" in "thank you": Examining other-praising behavior as the active relational ingredient in expressed gratitude. *Social and Personality Science, 7*, 658–666.

Aron, A., Norman, C. C., Aron, E. N., & Lewandowski, G. (2003). Shared participation in self-expanding activities: Positive effects on experienced marital quality. In P. Noller & J. Feeney (Eds.), *Understanding marriage: Developments in the study of couple interaction* (pp. 177–194). New York: Cambridge University Press.

Aube, J. (2008). Balancing concern for other with concern for self: Links between unmitigated communion, communion, and psychological well-being. *Journal of Personality, 76*, 101–134.

Baumeister, R. F., & Leary, M. R. (1995). The need to belong: Desire for interpersonal attachments as a fundamental human motivation. *Psychological Bulletin, 117*, 497–529.

Beck, L. A., & Clark, M. S. (2010). Looking a gift horse in the mouth as a defense against increasing intimacy. *Journal of Experimental Social Psychology, 46*, 676–679.

Berg, J., & Clark, M. S. (1986). Differences in social exchange between intimate and other relationships: Gradually evolving or quickly apparent? In V. Derlega & B. Winstead (Eds.), *Friendship and social interaction* (pp. 101–128). New York: Spring-Verlag.

Berscheid, E., & Walster, E. (1974). A little bit of love. In T. L. Huston (Ed.), *Foundations of interpersonal attraction* (pp. 36–379). New York: Academic Press.

Boothby, E. J., & Clark, M. S. (2017). Side by side: Two ways merely being with a close or familiar other enhances well-being. In D. Dunn (Ed.), *Positive psychology: Psychological frontiers of social psychology*. New York: Taylor Francis/ Routledge.

Boothby, E. J., Clark, M. S., & Bargh, J. A. (2014). Shared experiences are amplified. *Psychological Science, 25,* 2209–2216.

Boothby, E., Smith, L., Clark, M. S., & Bargh, J. (2016). Psychological distance moderates the amplification of shared experience. *Personality and Social Psychology Bulletin, 42,* 1431–1444.

(2017). The world looks better together: How close others enhance our visual experiences. *Personal Relationships,* 24(3), 694–714.

Bowlby, J. (1982). *Attachment and Loss,* Vol. 1: *Attachment* (2nd ed.). New York: Basic Books.

Clark, M. S. (1984). Record keeping in two types of relationships. *Journal of Personality and Social Psychology, 47,* 549–557.

(2011). Communal relationships can be selfish and give rise to exploitation. In R. M. Arkin (Ed.), *Most underappreciated: 50 prominent social psychologists describe their most unloved work* (pp. 77–81). New York: Oxford University Press.

Clark, M. S., Beck, L. A., & Aragon, O. R. (2018). Relationship initiation: How do we bridge the gap between initial attraction and well-functioning communal relationships? In B. Friese (Ed.), *American Psychological Association handbook for contemporary family psychology*. Washington, DC: American Psychological Association Press.

Clark, M. S., & Finkel, E. J. (2004). Does expressing emotion promote well-being? It depends on relationship context. In L. Z. Tiedens & C. Leach (Eds.), *The social life of emotions* (pp. 105–126). New York: Cambridge University Press.

(2005). Willingness to express emotion: The impact of relationship type, communal orientation and their interaction. *Personal Relationships, 12,* 169–180.

Clark, M. S., Fitness, J., & Brissette, I. (2004). Understanding people's perceptions of relationships is crucial to understanding their emotional lives. In M. B. Brewer & M. Hewstone (Eds.), *Emotion and motivation* (pp. 21–46). Malden, MA: Blackwell.

Clark, M. S., Graham, S. M., Williams, E., & Lemay, E. P. (2008). Understanding relational focus of attention may help us understand relational phenomena. In J. Forgas & J. Fitness (Eds), *Social relationships: Cognitive, affective and motivational processes* (pp. 131–146). New York, NY: Psychology Press.

Clark, M. S., Lemay, E., Graham, S. M., Pataki, S. P., & Finkel, E. (2010). Ways of giving benefits in marriage: Norm use, relationship satisfaction, and attachment-related variability. *Psychological Science, 21,* 944–951.

Clark, M. S., & Mills, J. (1979). Interpersonal attraction in exchange and communal relationships. *Journal of Personality and Social Psychology, 37,* 12–24.

(1993). The difference between communal and exchange relationships: What it is and is not. *Personality and Social Psychology Bulletin, 6*, 684–691.

(2012). A theory of communal (and exchange) relationships. In P. A. M. Van Lange, A. W. Kruglanski, & E. T. Higgins (Eds.), *Handbook of theories of social psychology,* Vol. 2 (pp. 232–250). Thousand Oaks, CA: SAGE Publications.

Clark, M. S., Mills, J., & Corcoran, D. M. (1989). Keeping track of needs and inputs of friends and strangers. *Personality and Social Psychology Bulletin, 15*, 533–542.

Clark, M. S., Mills, J., & Powell, M. C. (1986). Keeping track of needs in communal and exchange relationships. *Journal of Personality and Social Psychology, 51*, 333–338.

Clark, M. S., Ouellette, R., Powell, M., & Milberg, S. (1987). Recipient's mood, relationship type, and helping. *Journal of Personality and Social Psychology, 52*, 94–103.

Clark, M. S., & Waddell, B. (1985). Perceptions of exploitation in communal and exchange relationships. *Journal of Personal and Social Relationships, 2*, 403–418.

Coan, J. A., Beckes, L., & Allen, J. P. (2013). Childhood maternal support and social capital moderate the regulatory impact of social relationships in adulthood. *International Journal of Psychophysiology, 88*, 224–231.

Collins, N. (1996). Working models of attachment: Implications for explanation, emotion, and behavior. *Journal of Personality and Social Psychology, 71*, 810–832.

Collins, N. L., & Allard, L. M. (2001). Cognitive representations of attachment: The content and function of working models. In G. J. O. Fletcher & M. S. Clark (Eds.), *Blackwell handbook of social psychology: Interpersonal processes* (pp. 60–85). Oxford: Blackwell.

Collins, N. L., & Feeney, B. C. (2004). Working models of attachment shape perceptions of social support: Evidence from experimental and observational studies. *Journal of Personality and Social Psychology, 87*(3), 363–383.

Conner, O. L., Siegle, G. J., McFarland, A. M., Silk, J. S., Ladouceur, C. D., Dahl, R. E., et al. (2012). *Mom – It helps when you're right here! Attenuation of neural stress markers in anxious youths whose caregivers are present during fMRI. PloS ONE, 7*(12), e50680. doi: 10.1371/journal.pone.0050680.

Cox, C. L., Wexler, M. O., Rusbult, C. E., & Gaines, S. O. (1997). Prescriptive support and commitment processes in close relationships. *Social Psychology Quarterly, 60*, 79–90.

Downey, G., & Feldman, S. I. (1996). Implications of rejection sensitivity for intimate relationships. *Journal of Personality and Social Psychology, 70*, 1327–1341.

Drigotas, S. M., Rusbult, C. E., Wieselquist, J., & Whitton, S. W. (1999). Close partner as sculptor of the ideal self: Behavioral affirmation and the Michelangelo phenomenon. *Journal of Personality and Social Psychology, 77*(2), 293–323.

Dutton, D. G., & Aron, A. P. (1974). Some evidence for heightened sexual attraction under conditions of high anxiety. *Journal of Personality and Social Psychology, 30*, 510–517.

Eden, J. L., Larkin, K. T., & Abel, J. L. (1992). The effect of social support and physical touch on cardiovascular reactions to mental stress. *Journal of Psychosomatic Research, 36,* 371–382.

Eibach, R. P., Libby, L. K., & Gilovich, T. D. (2003). When change in the self is mistaken for change in the world. *Journal of Personality and Social Psychology, 84,* 917–931.

El-Sheikh, M., Kelly, R. J., Koss, K. J., & Rauer, A. J. (2015). Longitudinal relations between constructive and destructive conflict and couples' sleep. *Journal of Family Psychology, 29,* 349–359.

Feeney, B. (2004). A secure base: Responsive support of goal strivings and exploration in adult intimate relationship. *Journal of Personality and Social Psychology, 87,* 631–648.

Feinberg, M., Willer, R., & Keltner, D. (2012). Flustered and faithful: Embarrassment as a signal of prosociality. *Journal of Personality and Social Psychology, 102*(1), 81–97.

Fessler, D. M. T., Holbrook, C., Pollack, J. S., & Hahn-Holbrook, J. (2014). Stranger danger: Parenthood increases the envisioned bodily formidability of menacing men. *Evolution and Human Behavior, 35,* 109–117.

Fincham, F. D. (2001). Attributions in close relationships: From Balkanization to integration. In G. J. O. Fletcher & M. S. Clark (Eds.), *Blackwell handbook of social psychology: Interpersonal processes* (pp. 3–31). Oxford: Blackwell.

Gable, S. L., Reis, H. T., Impett, E. A., & Asher, E. R. (2004). What do you do when things go right? The intrapersonal and interpersonal benefits to sharing positive events. *Journal of Personality and Social Psychology, 87,* 228–245.

Graham, S. M., & Clark, M. S. (2006). The Jekyll-and-Hyde-ing of relationship partners. *Journal of Personality and Social Psychology, 90,* 652–665.

(2007). Segregating positive and negative thoughts about partners: Implications for context dependence and stability of partner views. *Current Research in Social Psychology, 12,* 124–133.

Graham, S. M., Huang, J. Y., Clark, M. S., & Helgeson, V. H. (2008). The positives of negative emotions: Willingness to express negative emotions promotes relationships. *Personality and Social Psychology Bulletin, 34,* 394–406.

Grote, N. K., & Clark, M. S. (1998). Distributive justice norms and family work: What is perceived as ideal, what is applied and what predicts perceived fairness? *Social Justice Research, 11,* 243–269.

(2001). Perceiving unfairness in the family: Cause or consequence of marital distress? *Journal of Personality and Social Psychology, 80,* 281–293.

Hazan, C., & Shaver, P. (1987). Romantic love conceptualized as an attachment process. *Journal of Personality and Social Psychology, 52,* 511–524.

Helgeson, V. S., & Fritz, H. L. (1998). A theory of unmitigated communion. *Personality and Social Psychology Review, 2,* 173–183.

Holmes, J. G. (2002). Interpersonal expectations as the building blocks of social cognition: An interdependence theory perspective. *Personal Relationships, 9,* 1–26.

Holmes, J. G., & Rempel, J. K. (1989). Trust in close relationships. In C. Hendrick (Ed.), *Close relationships: A sourcebook* (pp. 187–220). Thousand Oaks, CA: Sage.

Holt-Lunstad, J., Smith, T. B., & Layton, J. B. (2010). Social relationships and mortality risk: A meta-analytic review. *PLoS: Medicine, 7*(7), e1000316.

Jakubiak, B. K., & Feeney, B. C. (2016a). Daily goal progress is facilitated by spousal support and promotes psychological, physical, and relational well-being throughout adulthood. *Journal of Personality and Social Psychology, 111*(3), 317–340.

(2016b). Keep in touch: The effects of imagined touch support on stress and exploration. *Journal of Experimental Social Psychology, 65,* 59–67.

Kamarck, T. W., Manuck, S. B., & Jennings, J. R. (1990). Social support reduces cardiovascular reactivity to psychological challenge: A laboratory model. *Psychosomatic Medicine, 52,* 42–58.

Kirkpatrick, L. A., & Davis, K. E. (1994). Attachment style, gender, and relationship stability. *Journal of Personality and Social Psychology, 66,* 502–512.

Lambert, N. M., Clark, M. S., Durtschi, J., Fincham, F. D., & Graham, S. M. (2010). Benefits of expressing gratitude: Expressing gratitude to a partner changes one's view of the relationship. *Psychological Science, 21*(4), 574–580.

Le, B. M., & Impett, E. A. (2015). The rewards of caregiving for communally motivated parents. *Social Psychological and Personality Science, 6,* 458–765.

Le, B. M., Impett, E. A., Lemay, E. P., Muise, A., & Tskhay, K. O. (2018). Communal motivation and well-being in interpersonal relationships: An integrative review and meta-analysis. *Psychological Bulletin, 144,* 1–25.

Leary, M. R., & Baumeister, R. F. (2000). The nature and function of self-esteem: Sociometer theory. In M. P. Zanna (Ed.), *Advances in experimental social psychology,* Vol. 32 (pp. 1–62). San Diego, CA: Academic Press.

Leary, M. R., Haupt, A. L., Strausser, K., & Chokel, J. T. (1998). Calibrating the sociometer: The relationship between interpersonal appraisals and the state of self-esteem. *Journal of Personality and Social Psychology, 74,* 1290–1299.

Lehmiller, J. J., & Agnew, C. R. (2006). Marginalized relationships: The impact of social disapproval on romantic relationship commitment. *Personality and Social Psychology Bulletin, 32,* 40–51.

Lemay, E. P. (2016). The forecast model of relationship commitment. *Journal of Personality and Social Psychology, 111,* 34–52.

Lemay, E. P., & Clark, M. S. (2015). Motivated cognition in relationships. *Current Opinion in Psychology, 1,* 72–75.

Lemay, E. P., & Dudley, K. L. (2009). Implications of reflected appraisals of interpersonal insecurity for suspicion and power. *Personality and Social Psychology Bulletin, 35,* 1672–1686.

Lemay, E. P., & Melville, M. C. (2014). Diminishing self-disclosure to maintain security in partners' care. *Journal of Personality and Social Psychology, 106,* 37–57.

Lemay, E. P., & Neal, A. M. (2014). Accurate and biased perceptions of responsive support predict well-being. *Motivation and Emotion, 38,* 270–286.

(2013). The wishful memory of interpersonal responsivenss. *Journal of Personality and Social Psychology, 104,* 653–672.

Lemay, E. P., & Clark, M. S. (2008). How the head liberates the heart: Projection of communal responsiveness guides relationship promotion. *Journal of Personality and Social Psychology, 94*, 647–671.

Lemay, E. P., Clark, M. S., & Feeney, B. C. (2007). Projection of responsiveness to needs and the construction of satisfying communal relationships. *Journal of Personality and Social Psychology, 92*, 834–853.

Lemay, E. P., Overall, N. C., & Clark, M. S. (2012). Experiences and interpersonal consequences of hurt feelings and anger. *Journal of Personality and Social Psychology, 103*, 982–1006.

Lougheed, J. P., Koval, P., & Hollenstein, T. (2016). Sharing the burden: The interpersonal regulation of emotional arousal in mother-daughter dyads. *Emotion, 16*, 83–93.

MacGregor, J. C., Fitzsimons, G. M., & Holmes, J. G. (2013). Perceiving low self-esteem in close others impedes capitalization and undermines the relationship. *Personal Relationships, 20*(4), 690–705.

MacGregor, J. C. D., & Holmes, J. G. (2011). Rain on my parade: Perceiving low self-esteem in close others hinders positive self-disclosure. *Social and Personality Science, 2*, 523–530.

McCoy, K., Cummings, E. M., & Davies, P. T. (2009). Constructive and destructive marital conflict, emotional security and children's prosocial behavior. *Journal of Child Psychology and Psychiatry, 50*(3), 270–279.

McNulty, J. K. (2010a). When positive processes hurt relationships. *Current Directions in Psychological Science, 19*, 167–171.

(2010b). Forgiveness increases the likelihood of subsequent partner transgressions in marriage. *Journal of Family Psychology, 24*, 787–790.

McNulty, J. K., & Russell, V. M. (2016). Forgive and forget, or forgive and regret? Whether forgiveness leads to less or more offending depends on offender agreeableness. *Personality and Social Psychology Bulletin, 42*, 616–631.

Mikulincer, M., & Shaver, P. R. (2013). The role of attachment security in adolescent and adult close. In J. A. Simpson & L. Campbell (Eds.), *The Oxford handbook of close relationships* (pp. 66–89). New York: Oxford University Press.

Mikulincer, M., Shaver, P. R., Gillath, O., & Nitzberg, R. A. (2005). Attachment, caregiving, and altruism: Boosting attachment security increases compassion and helping. *Journal of Personality and Social Psychology, 89*, 817–839.

Mills, J., & Clark, M. S. (1982). Communal and exchange relationships. In L. Wheeler (Ed.), *Review of personality and social psychology*, Vol. 3 (pp. 121–144). Beverly Hills, CA: Sage.

Mills, J., Clark, M. S., Ford, T. E., & Johnson, M. (2004). Measurement of communal strength. *Personal Relationships, 11*, 213–230.

Monin, J., Clark, M. S., & Lemay, E. P. (2008). Expecting more responsiveness from and feeling more responsiveness toward female than to male family members. *Sex Roles, 59*, 176–188.

Monin, J. K., Matire, L. M., Schulz, R., & Clark, M. S. (2009). Willingness to express emotions to caregiving spouses. *Emotion, 9*(1), 101–106.

Monin, J. K., Poulin, M. J., Brown, S. L., & Langa, K. M. (2017). Spouses' daily feelings of appreciation and self-reported well-being. *Health Psychology*, *36*(12), 1135.

Murray, S. L., Bellavia, G. M., Rose, P., & Griffin, D. W. (2003). Once hurt, twice hurtful: how perceived regard regulates daily marital interactions. *Journal of Personality and Social Psychology*, *84*(1), 126–147.

Murray, S. L. & Holmes, J. G. (2017). *Motivated cognition in relationships: The pursuit of belonging*. New York: Routledge/Taylor & Francis Group.

(1993). Seeing virtues in faults: Negativity and the transformation of interpersonal narratives in close relationships. *Journal of Personality and Social Psychology*, *65*, 707–722.

(1999). The (mental) ties that bind: Cognitive structures that predict relationship resilience. *Journal of Personality and Social Psychology*, *65*, 707–722.

Murray, S. L., Holmes, J. G., & Griffin, D. W. (2000). Self-esteem and the quest for felt-security: How perceived regard regulates attachment processes. *Journal of Personality and Social Psychology*, *78*, 478–498.

Murray, S. L., Holmes, J. G., MacDonald, G., & Ellsworth, P. (1998). Through the looking glass darkly? When self-doubts turn into relationship insecurities. *Journal of Personality and Social Psychology*, *75*, 1459–1480.

Pataki, S. P, Fathelbab, S., Clark, M. S., & Malinowski, C. H. (2013). Communal strength norms in the United States and Egypt. *Interpersona: An International Journal on Personal Relationships*, *7*, 77–87.

Perunovic, M., & Holmes, J. G. (2008). Automatic accommodation: The role of personality. *Personal Relationships*, *15*, 57–70.

Reis, H. T., & Clark, M. S. (2014). Responsiveness. In J. Simpson & L. Campbell (Eds.), *Handbook of close relationships* (pp. 400–423). Oxford, UK: Oxford University Press.

Reis, H. T., Clark, M. S., & Holmes, J. G. (2004). Perceived partner responsiveness as an organizing construct in the study of intimacy and closeness. In D. J. Mashek & P. Aron (Eds.), *Handbook of closeness and intimacy* (pp. 201–225). Mahwah, NJ: Lawrence Erlbaum.

Reis, H. T., Maniaci, M. R., & Rogge, R. D. (2017). Compassionate acts and everyday emotional well-being in newly-weds. *Emotion*, *17*, 751–763.

Reis, H. T., O'Keefe, S. D., & Lane, R. D. (2017). Fun is more fun when others are involved. *The Journal of Positive Psychology*, *12*(6), 547–557.

Reis, H. T., & Patrick, B. C. (1996). Attachment and intimacy: Component processes. In E. T. Higgins & A. W. Kruglanski (Eds.), *Social psychology: Handbook of basic principles* (pp. 523–563). New York: Guilford Press.

Reis, H. T., & Shaver, P. (1988). Intimacy as an interpersonal process. In S. Duck (Ed.), *Handbook of personal relationships: Theory, relationships, and interventions* (pp. 367–389). Chichester, UK: Wiley.

Rhatigan, D. L., & Axsom, K. K. (2006). Using the investment model to understand battered women's commitment to abusive relationships. *Journal of Family Violence*, *21*, 153–162.

Rusbult, C. E., & Buunk, B. P. (1993). Commitment processes in close relationships: An interdependence analysis. *Journal of Social and Personal Relationships, 10*(2), 175–204.

Rusbult, C. E., Finkel, E. J., & Kumashiro, M. (2009). The Michelangelo phenomenon. *Current Directions in Psychological Science, 18,* 305–309.

Rusbult, C. E., & Martz, J. M. (1995). Remaining in an abusive relationship: An investment model analysis of nonvoluntary commitment. *Personality and Social Psychology Bulletin, 21,* 558–571.

Rusbult, C. E., Van Lange, P. A. M., Wildschut, T., Yovetich, N. A., & Verette, J. (2000). Perceived superiority in close relationships: Why it exists and persists. *Journal of Personality and Social Psychology, 79,* 521–545.

Rusbult, C. E., Verette, J., Whitney, G. A., Slovik, L. R., & Lipkus, I. (1991). Accommodation processes in close relationships: Theory and preliminary empirical evidence. *Journal of Personality and Social Psychology, 60,* 53–78.

Schnall, S., Harber, K. D., Stefanucci, J. K., & Proffitt, D. R. (2008). Social support and the perception of geographical slant. *Journal of Experimental Social Psychology, 44*(5), 1246–1255.

Semin, G. R., & Manstead, A. S. (1982). The social implications of embarrassment displays and restitution behaviour. *European Journal of Social Psychology, 12*(4), 367–377.

Shaver, P., Hazan, C., & Bradshaw, D. (1988). Love as attachment. In R. J. Sternberg & M. L. Barnes (Eds.), *The psychology of love* (pp. 68–99). New Haven, CT.: Yale University Press.

Simpson, J. A., Rholes, W. S., & Nelligan, J. S. (1992). Support seeking and support giving within couples in an anxiety-provoking situation: The role of attachment styles. *Journal of Personality and Social Psychology, 62,* 434–446.

Van Tongeren, D. R., Green, J. D., Hook, J. N., Davis, D. E., Davis, J. L., & Ramos, M. (2015). Forgiveness increases meaning in life. *Social Psychological and Personality Science, 6*(1), 47–55.

Venaglia, R. B., & Lemay, E. P. (2017). Hedonic benefits of close and distant interaction partners: The mediating roles of social approval and authenticity. *Personality and Social Psychology Bulletin, 43*(9), 1255–1267.

Von Culin, K., Hirsch, J., & Clark, M. S. (2017). Willingness to express emotion depends upon perceiving partner care. *Cognition and Emotion, 32(3),* 641–650.

Walster, E., Walster, G. W., & Berscheid, E. (1978). *Equity: Theory and research.* Boston: Allyn and Bacon.

Weidmann, R., Schonbrodt, F. D., Ledermann, T., & Grob, A. (2017). Concurrent and longitudinal dyadic polynomial regression analyses of Big Five traits and relationship satisfaction: Does similarity matter? *Journal of Research in Personality, 70,* 6–15.

Wieselquiest, J., Rusbult, C. E., Foster, C. A., & Agnew, C. R. (1999). Commitment, pro-relationship behavior, and trust in close relationships. *Journal of Personality and Social Psychology, 77,* 942–966.

Williams, L. A., & Bartlett, M. Y. (2015). Warm thanks: Gratitude expression facilitates social affiliation in new relationships via perceived warmth. *Emotion, 15*, 1–5.

Williamson, G., & Clark, M. S. (1989). Providing help and desired relationship type as determinants of changes in moods and self-evaluations. *Journal of Personality and Social Psychology, 56*, 722–734.

Wortman, J. (2005). Mood and perceptions of siblings among those high and low in self-esteem. Senior honors thesis, Carnegie Mellon University, Pittsburgh, PA.

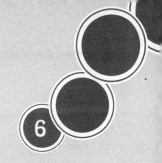

爱情是政治性的：
权力和偏见影响亲密关系

特里·D. 康利（Terri D. Conley）

斯塔奇·古萨科娃（Staci Gusakova）

珍妮弗·L. 皮耶蒙特（Jennifer L. Piemonte）

　　爱情①是政治性的。从国家机构和政治事务的角度来讲，爱情不是政治性的——尽管与爱情相关的一些行为确实受到国家的监管——但是从更广泛的意义上来讲，它是政治性的。Kate Millett（1970）在其著作《性的政治性》（*Sexual Politics*）中用"politics"（政治）一词来指代人们在其群体内争夺权力的方式。我们在谈论爱情的问题时借用了这种方法。我们认为爱情的政治学主要涉及：在亲密关系中可以用来操纵权力动态、体现不平等的方式，以及亲密关系通常是如何嵌在更大的社会结构中的。我们将爱情视为政治性的，并认为它是一种强大的动力，能够影响我们在现有社会结构中的权力开展。有些群体比其他群体社会权力更大，社会地位更高。当社会地位不同的群体中的成员在亲密关系中互动时，权力差异就会自然地呈现出来，这使得"爱一个人"的过程更复杂，更富有挑战性。我们认为，如果能够在处理人际关系的过程中注意到这种权力动态，我们可能会发展得更顺利。在本文中，我们将考虑各种社

---

① 在本文中，我们探讨"爱情"这个概念时主要涉及亲密关系中的浪漫之爱、性欲之爱，以及维持关系的活动，特别是约会、婚姻、承诺等。我们都知道，不是每种关系中都存在爱情或爱情的外化活动。我们着眼于浪漫之爱，不过我们也相信，爱情政治学能够对友谊和家庭关系产生影响。

会地位因素（如性别、种族或民族、性取向、外表等）对爱情、性和亲密体验的影响。

大多数人（理智地）认为，当他们陷入一段恋爱关系时，他们只是在根据自己的意愿行事——他们独立地为自己的亲密关系做决定。我们提出了不同的看法。我们认为，每个人都与数以千计的"他人"在一起，这些"他人"塑造了个体对伴侣的期望以及个体对于如何去爱、爱应该是什么样所具有的信念。这样一来，爱远非大多数人所认为的那样，是私人化的，而是明显具有公共性和公民性的。

在本文中，我们将探讨爱、性和亲密关系的五个政治性方面：第一，恋爱政治学——吸引力源于个体内在动机还是源于个体所处的社会环境；第二，寻找真爱的政治学——在怎样的情境下，我们会产生"那就是我的真爱"的信念；第三，保持爱情活力的政治学——具体而言，就是我们如何维持爱情；第四，性行为的政治学——社会环境如何对我们的性行为和亲密互动产生影响；第五，研究爱情的政治学——我们关于爱情的根深蒂固的观念对这一领域研究者的研究所产生的影响。

恋爱政治学

社会心理学中，吸引力——决定我们会爱上谁的主要因素之一——被认为是一个人在另一个人身上被唤起的各种情感中积极情感的比例（Byrne，1971）。尽管吸引力本质上是主观的，但是人们通常认为他们被某人吸引的感受是不可改变的、固有的。一个令人欣慰的想法认为，每个人都有某一种主要或完全能使其被吸引的外表"类型"——它可以是我们自我图式（Fiore & Donath，2005）的一个组成部分，它证实了心理学研究在判断和决策中的启发式效应（如分类、贴标签）（Campbell，2015）。

关于人际吸引的心理学研究大多聚焦于个体因素上，包括人格特征、二元动态（如互补性）等。然而，这类研究往往忽视了对宏观因素（如社会结构和制度化的等级制度）如何影响吸引力和浪漫之爱的探讨。我们希望更多地考虑到社会政治制度对爱欲、约会以及我们所熟知的那些爱情现象的影响。

心理学家们研究了许多导致人际吸引的因素，它们都根植于社会强化及个体通过与他人积极或消极互动所形成的追求或避免进一步互动的倾向。从本质上来讲，人们会被那些给他们带来良好感受的人所吸引，也会被那些有良好应答性的关系所吸引。社会强化原则包括：暴露效应——我们与某人接触得越多，就越喜欢他们（Zajonc，1968）；匹配假设——我们更愿意与那些在社会属性（如财富）方面与我们相似的人合作（Walster，Aronson，& Abrahams，1966）；以及相似–吸引效应——感知到的熟悉会带来舒适感，而舒适感是诱人的（Bryne，1961）。这些原则往往被心理学家用来描述浪漫关系的常规发展模式：人们会被那些经常暴露在自己面前的、时常接触的人所吸引，对他们产生兴趣，进而爱上他们。

是什么决定了我们与不同人群接触的频率呢？社会组织如何影响我们定期与各种各样的人互动的能力呢？一个人的吸引力在多大程度上取决于人际互动之外的社会文化因素呢？事实上，构建特定文化或群体的社会政治制度也构建了人与人之间的爱情关系。

吸引力的政治学

假设你在用手机浏览约会小程序中的个人资料时，看到"一定要爱狗""寻找真命天子""不要亚洲人或黑人"这样的文字，你一定会有不同的感受。我们在选择恋爱对象或性伴侣时如果基于身体特征或种族、民族而完全排除掉某个群体，那么我们这样做是出于个人偏好，还是基于一个更大的符号体系呢？

一些典型的案例说明"人是政治动物"。个体的欲望、吸引力被证实与更广泛的政治体系有关，该体系根据不同的身体维度（如肤色、体型、能力）对人进行排序。这是政治制度的组成部分，并且维护着政治制度（支配性群体中的成员比其他低权力群体成员更容易获益且更受重视）。人们偏好的"类型"（如喜欢哪种人）不是在社会的"真空容器"中产生的，而是由种族、性别、社会等级制度等塑造的（Koski，Xie，& Olson，2015）。

关于爱和（超越个体的或二元层面的）吸引力的流行理论倾向于发现一种普遍性。一些研究者声称，美和吸引力（如面部对称性、腰臀比）的客观标准根植于繁殖的进化驱动力（Paris，2017）。然而，实证证据表明，与面部对称性或腰臀比相比，文化或学习因素对偏好的影响更大（Germine et al.，2015）。例如，在同一个时代，不同种族对女性体型的偏好不同（Flynn & Fitzgibbon，1998）。因此，心理学家将个体在特定社会文化背景下的需求提炼为择偶偏好。具体来说，就是个体当下所处环境（如家庭、社会团体）中关于"什么是可接受的、可容忍的或被禁止的"的标准会调节这个人选择配偶的偏好。

一旦我们愿意承认吸引力是由环境塑造的，证据就变得无处不在。对性别角色（如男性气质、女性气质）、身体缺陷，甚至是发色的刻板印象都属于文化范畴，都是基于身体特征而对人做出的解读。在一个社群中，或在一种文化中，共同信念的传播使特定的意识形态成为一种社会制度，从而决定了哪些人有权获得资源、社会资本和地位。

社会规范决定了什么样的身体、外貌是更具有吸引力、择偶优势和更值得被爱的。那些属于"被拒绝"类型的人则被边缘化，被期待会"对他人关怀"心存感激。尤为明显的是，关于美貌和性吸引力的标准具有种族主义色彩（Zota & Shamasunder，2017）。在欧美国家，一些有色人种女性出于某种压力会进行皮肤漂白或将头发拉直，这种现象有力地呈现了对"欧洲白人"特征的文化偏好。而这类特征在个人吸引力方面也能给女性带来优势。

很多人会下意识地强烈抵触"性欲并非根植于我们腰部深处的天生的固有驱动力"的观点。一些人认为，爱情的"亲密吸引"这种独特的私人现象应受到保护（Callander，Newman，& Holt，2015）。承认自己在不知不觉中被外界所影响和塑造是困难和令人不舒服的，甚至是违反自己意识情感的。换句话说，一个为自己的反种族主义精神和先进性而自豪的白人女性可能会对一种想法感到不安和抗拒，即她对白人伴侣的渴望事实上并非源自个人的先天特征，而是汲取自文化环境。承认这一点就是在承认我们的关系是由文化决定的，以及我们的欲求有可能会改变。

研究表明，个体的认知和生理现象，如态度、信念、唤醒度，都具有可塑性，并受到环境因素的影响，例如曝光效应或性印刻（Irwin & Price，1999；Moreland & Zajonc，1982）。此外，我们不需多想就会意识到关于美、性和人类价值的文化信息对亲密关系的影响力。人们通常不愿探究影响人类择偶偏好的根本因素，这表明了叙事的力量，即个人品位不应被质疑，且必须作为一种个体特权得到尊重（Callander，Holt，& Newman，2015）。我们希望大家去思考诸如性欲之类的亲密关系试金石的源头和影响，以及我们下面将要探讨的浪漫关系。

寻找真爱的政治学

2017年的一项民意调查显示，三分之二的美国人相信存在灵魂伴侣。然而，"那个人"真的存在吗？人海茫茫，当我们面对成千上万的选择以及越来越多的个人需求时，我们能否确定自己真的找到了"那个人"？大量的书籍、文章以及心理学研究表明，文化和科学对探寻和维持"真爱"的关注不会很快减少。在本节中，我们要陈述的观点是，人们对真爱的痴迷根源于以一夫一妻制为理想的社会关系结构。

在美国，一夫一妻制的观念根深蒂固。真爱至上的观念可能形成于童年期——小时候，父母给我们讲的童话以及我们看的迪士尼动画片（如《灰姑娘》《白雪公主》）往往涉及"公主和白马王子"这个主题，并暗示我们注定会等到"那个人"。成年后，许多人都会看浪漫喜剧，读浪漫小说，这些也让我们产生了找到理想恋人的梦想。我们在浏览网页时会读到一些文章，告诉我们应该在一个潜在伴侣身上寻找哪些品质，以保证我们能找到完美伴侣。一些约会网站甚至开发了某种计算机算法，承诺能够帮助用户找到"那个人"——尽管有证据表明这些算法没什么用（Finkel，Eastwick，Karney，Reis，& Sprecher，2012）。

显然，我们被关于真爱的信息淹没了。这种对真爱的痴迷似乎是社会学习理论的一个明显例证——人们模仿自己在现实生活和媒体中观察到的东西，即寻找自己的灵魂伴侣。不幸的是，找到真爱并不总是像登录你的在线约会账号并等待计算机算法为你匹配出灵魂伴侣那样容易。相反，这件事有时候非常困难——人们必须要克服不同社会身份所带来的重重障碍。

先恋爱，后结婚

在典型的恋爱关系中，多数人都会遵循一个恋爱脚本：将结婚视为恋爱的终极目标，并以此来表明彼此的爱。然而，婚姻一直是，也将继续是一种严格的监管制度，它只认可某些形式的爱。在1967年以前，异族通婚在美国大部分地区是不合法的。在21世纪之初，同性婚姻在美国很多地区仍是不合法的，这表明只有异性情侣间的真爱是被承认的。最高法院的裁决（2015年宣布同性婚姻合法化）仍存争议，同性婚姻中的人仍承受着一定的歧视。此外，美国禁止两人以上的婚姻，这表明真爱不可能也不应该存在于自愿非一夫一妻制的人之间，如伴侣双方都接受彼此有其他恋人或性关系（Conley，Moors，Matsick，Ziegler，& Valentine，2011）。从这些方面来看，一夫一妻制显然具有政治强制性，因此只有一部分人有资格成为社会规则的受益者，而其他（没有以某种形式去恋爱的）人则是结构性不平等和羞耻意识的受害者。

此时，你可能会想：那又如何呢？一厢情愿地寻求自己的灵魂伴侣能有什么害处呢？即便政府只承认和提倡某些人之间的爱情，又如何？下面，我们列举了一些研究来说明"一夫一妻制"这种爱情理想对伴侣们（包括一夫一妻制伴侣和自愿非一夫一妻制伴侣）所产生的负面影响。

在一夫一妻制关系中，当双方产生冲突时，将对方视为"灵魂伴侣"，可能会使个体降低对关系的满意度。在一个实验中，研究者要求被试将自己与伴侣的关系视为完美匹配的关系——爱是一个整体（整体型），或视为必须要为之付出努力的关系——爱是一场旅行（旅行型）（Lee & Schwarz，2014）。当被试想到关系冲突时，"整体型"被试比"旅行型"被试报告了更低的关系满意度。换言之，人们会因为相信灵魂伴侣而愿意牺牲那些有潜在回报的关系。认为某人是自己完美伴侣的想法虽然浪漫，但是一旦（不可避免地）出现冲突，关系模式可能就不是很理想了。在一个痴迷于"灵魂伴侣说"并认同一夫一妻制为理想状态的社会中，这一问题尤为严重。如果一个人为了找到灵魂伴侣而总是选择分手，那么他放弃了多少存在潜在回报的关系呢？此外，人们对真爱的信念可能并不总是自发的；相反，人们"自己"对伴侣的理想是由"在浪漫关系中应该寻求什么"的社会标准来决定的。这可能会让人们内化社会信念，即"爱情应该是完美的"或"我们只能与特定类型的人产生真爱"，正如我们在"恋爱政治学"一节中所说的那样。因此，不符合社会标准的伴侣不会被视为灵魂伴侣。

一厢情愿地寻求灵魂伴侣还可能引起别的问题。对美国婚姻趋势的研究表明，人们在寻找伴侣时，不仅关注经济需求，而且越来越多地关注友谊和自我表达的需求（Finkel，Cheung，Emery，Carswell，& Larson，2015；Finkel，Hui，Carswell，& Larsen，2014）。具体而言，已婚人士一般都希望他们的伴侣能满足他们的自尊、自我表达和个人成长需求。Finkel及其同事认为，随着美国走向自我表达的时代，人们在努力满足伴侣日益增长的需求。总的来说，更多地依靠一个人来满足你所有的需求似乎已成常态。当这个人不再能满足你所有需求，而你们的关系中出现冲突时，你们可能就会陷入困境。但是你唯一的选择只能是不愉快地继续与对方一起生活或完全解除你们的婚姻关系，因为社会告诉你应该遵守一夫一妻制。

对处于自愿非一夫一妻制关系中的人而言，认同"一夫一妻制是理想的"以及"真爱只有一个"的政治观点可能会危害伴侣之间的关系。人们普遍认为，自愿非一夫一妻制关系比一夫一妻制关系的质量更低；还认为自愿非一夫一妻制关系中的人会经历更严重的妒忌，而且他们对伴侣的信任度更低，关系满意度更低，性满意度也更低——尽管有研究给出了与此相反的证据（Conley, Matsick, Moors, & Ziegler, 2017；Conley, Piemonte, Gusakova, & Rubin, 2018）。Conley及其同事的研究表明，公众对自愿非一夫一妻制的个人及其关系的看法是没有根据的。他们提供的证据表明，人们可以在不同类型的关系中健康发展，并获得幸福。此外，将一夫一妻制视为理想会影响对自愿非一夫一妻制的研究，我们将在"研究爱情的政治学"一节中对此进行讨论。

总之，我们认为，大家应当对灵魂伴侣的观念持怀疑态度。认为"真爱只能在灵魂伴侣身上找到"可能是一种不切实际的理想，是我们在政治世界被社会化的结果。我们将在下一节中探讨保持爱情活力所面临的挑战。

保持爱情活力的政治学

不管人们是否相信灵魂伴侣，结论都是肯定的：人们想要长久的关系。克拉克大学的一项民意调查（2012）显示，86%的人认为，一旦他们找到了想要与之结婚的那个人，他们就会一直与对方在一起，直到死亡。终身伴侣能够给彼此带来的好处包括：关系稳定、财务状况稳定、个人成长，以及远离性病（Ley, 2009）。在此，我们认为维持爱情的压力源自政治和社会力量，这给伴侣关系造成了不该有的负担。

无论在哪里，关于如何让爱情保持活力的信息似乎都在不断地对我们进行着轰炸。如前所述，因为许多人依靠婚姻来满足大部分（可能不是全部）需求，所以今天的大多数婚姻和伴侣关系都处于持续不断的压力之下，而无法达到社会对幸福夫妻的期望（Finkel et al., 2014；Finkel et al., 2015）。研究伴侣关系的文献和社会关系模型都会督促伴侣们解决问题，而非承认结束糟糕的关系也是可行的。

努力维持（而不是失去）爱情

尽管我们都认为在爱情和关系中投入精力非常重要，但我们无法回避一个问题：为什么人们不再相爱了却还会被迫坚持一段关系呢？答案之一可能是人们对新职业道德（protestant work ethic，PWE）的承诺。新职业道德理论（Weber, 1958）认为，拥有强烈职业道德的人会得到奖赏。新职业道德通常是就业和失业研究所检测的内容，不过在爱情和关系研究的相关领域中，我们也可以检测新职业道德。总有人告诉我们，一段恋爱关系成功的关键在于，即使两人不再相爱也要努力维持；当且只有当人们一直致力于维系关系时，他们才会看到回报。不幸的是，一种支持新职业道德的文化会让失去爱情变得特别困难。承认自己不再爱伴侣可能会被认为不想再为这段关系而努力。在付出很多努力维持一段关系后，人们可能会感到无助而想要结束这段关系——这样做等于放弃几年甚至几十年的付出（Rusbult, 1980）。

努力工作的道德观把爱情和关系的成功直接归因于个体本身，而不去考虑社会力量如何决定人际关系的成败。一个人的责任就是越来越多地为维持关系而付出努力。然而研究表明，许多不受人们控制的因素都可以预测一段关系是否会成功，例如耻辱感、教育程度和经济压力。种族歧视和民族歧视已被证明会给关系带来压力（Trail, Goff, Bradbury, & Karney, 2012）。与教育程度较低的男性和女性相比，受过良好教育的男性和女性的第一次婚姻持续时间更长（Copen, Daniels, Vespa, & Mosher, 2012）。经济压力与关系满意度呈负相关（Vinokur, Price, & Caplan, 1996）。从这些方面来看，这个世界似乎经常与人为敌、与人们的爱情为敌——人们为了维持爱情已经承受了太大压力。

让爱情保持活力的压力可能会导致失败关系——如离婚——的污名化（Konstam，Karwin，Curran，Lyons，& Celen-Demirtas，2016；Thornton & Young-Demarco，2001）。在Konstam等人（2016）开展的一系列针对二三十岁离异女性的访谈中，始终贯穿着几个关于污名化的主题。研究报告指出，女性经常会因离异而遭受污名化。很多离异女性也会因自己无法维持关系而觉得自己很失败。有些女性从未透露过她们因为离婚而感到自己会被污名化。就本质而言，社会对让爱保持活力的痴迷并不是无害的，它会在现实世界中产生不良影响，例如污名化那些"放弃"关系的人。从社会视角来看，离异人士辜负了新职业道德的期望。

重新考虑理想：失去爱情可能是好事

考虑到爱情和关系所处的大背景，我们必须了解我们文化中的模式和规范是如何普及的。也许我们有必要重新审视主流观点，即关系的稳定性和长久性是美好的、理想的——在一起是好事，分手是坏事；维持爱情是好事，失去爱情是坏事。当一段关系出了问题时，与其哀悼不如为转变而庆祝。我们应当认识到，那些失恋和分手的人可以继续过上幸福美满的生活。

即便我们无止境地努力，爱也是无法控制的。我们应当重新评估自己对伴侣的爱的期望，如果我们对伴侣的要求太多——要求他们付出无条件的爱，那么我们的期望往往难以达成。此外，期待"真爱永恒"通常也是不现实的。人们可能会与不同的人相爱，有时甚至是在同一时间段内。整体而言，我们应当培养良好的沟通能力和问题解决能力，同时承认爱情的政治学会持续影响我们会爱上谁以及如何去爱。

性行为的政治学

　　大多数人（理智地）认为，当我们和伴侣发生性行为时，我们两个人就是相对与世隔绝的。不同于通常会暴露在公众视野下的约会关系，甚至是与他人（父母、孩子、朋友）建立的承诺关系，性关系一般只局限于伴侣之间，而人们也很少与别人交流自己的性经历。然而，我们认为，即便是在这些最亲密的时刻，人们也会受到社会规则的影响。这些规则告诉人们应该如何表现；权力的动态变化调节着人们的亲密体验。McClelland（2010）提出了一个"亲密关系正义理论框架"来帮助我们理解更大的社会政治环境如何决定我们生活中性行为的细节。根据McClelland的说法，"亲密关系正义让我们聚焦于社会和政治的不平等性如何影响个体的性体验、性想象、性行为以及对性生活的评价"（p. 672）。McClelland在性满意度的测量中考虑了亲密关系正义理论。在这里，我们将用这个理论来探讨与性行为相关的各个维度。

　　我们可以从讨论身体开始。女性对自己身体的消极看法通常多于男性（Sanchez & Kiefer，2007）。这些看法并不是在女性头脑中形成的。事实上，人们（尤其是女性）一生中从媒体、父母、同龄人以及潜在的关系伙伴那里接收到的关于自己身体的信息——许多是直接的，还有更多是间接的——多到难以估量。女性会被引导认为，她们在正常状态下（如未化妆时）的身体不够完美，因此不会吸引伴侣。想想媒体上呈现的女性——我们看到的女性形象远多于男性——她们的体型往往属于同一类（Grabe，Ward，& Hyde，2008）。针对女性的旨在改善外表的产品比针对男性的多，女性从熟悉的人那里获得的关于自己外表的反馈也比男性多（Bailey & Ricciardelli，2010）。总之，女性生活在这样一个世界里——她们的外表是一个备受关注的、公开的问题，她们要无休止地接受那些关于如何改善外表的建议（Grabe，Ward，& Hyde，2008；Fredrickson & Roberts，1997；Rudd & Lennon，2000）。

　　通过对外表的社会控制，政治学也可以影响人们的性欲以及性体验。这是爱情政治学渗透进人们性行为的一种途径。

政治学与性欲

让我们考虑一下性欲的政治学。一般而言，对自己的身体有消极感受的人性欲较低（Hoyt & Kogan，2001；Koch Mansfield, Thurau, & Carey, 2005）。与男性相比，女性通常会对自己的身体有更多消极感受，这可能意味着女性对性行为的渴望没有男性强烈。在一个研究中（Seal, Bradford & Meston, 2009），研究者调查了女性的身体自尊（对自己身体的积极评价）和她们对性行为的想法。结果表明，对自己身体有更多积极感受的女性的性欲更强。参与这项研究的女性需要在实验室里观看情爱影片，并报告自己的反应。与那些对自己身体有更多积极感受的女性相比，对自己身体有更多消极感受的女性对情爱影片的身体反应更少。社会传递给人们的信息最终可能会影响人们的性欲——这可能被人们认为是一种本能。换句话说，爱情政治学影响着人们对性行为的欲望。

政治学与性体验

在性行为中发生了什么呢？我们认为，关于吸引力的社会信息指导着人们的性行为——人们如何体验性行为。假设两个人发生性行为时，其中一位完全沉浸在性行为所带来的快感中，而另一位满脑子都是外界如何对自己的身体形象进行评判。研究者将后者称为"旁观者"———直在思考局外人将如何看待自己，而不是关注自己的性快感（Trapnell, Meston, & Gorzalka, 1997）。你认为他们各自能体验到多少性快感呢？

你可能已经预料到了研究者的发现。"旁观者"真的可以扼杀性行为。那些将注意力更多地放在自己身体上的人会体验到更少的性快感（Sanchez & Kiefer, 2007）。

毫无疑问，相对于男性，女性在性行为中更容易因对自己的身体产生想法而分心（Meana & Nunnink，2006）。许多女性在性行为中往往不去关注自己正在经历的快感，而会思考自己在伴侣面前的形象是否具有吸引力。总之，性行为并不是人类作为自由主体而承担的事情。社会和文化动态笼罩着我们的性自我。

性行为中的政治学

隐藏在我们内心深处的匿名者也决定了我们在床上如何回应伴侣——选择是否与之发生性行为。Fahs（2011）在她的书《表演性行为》（*Performing Sex*）中记录了大多数女性是如何发现自己在性方面陷入困境的。她们因社会的引导而相信女性在性行为方面应当寻求"解放"，然而适合女性的性解放形式似乎都是众所周知能够吸引男性的那些。也就是说，如果女性穿着性感的衣服或在男性面前与其他女性做出暧昧行为，那么她们就可以传递出"解放"的信息。与此同时，经期女性、体毛多的女性以及肥胖女性往往被诟病（Basow & Braman，1998；Hebl & Heatherton，1998；Roberts，Goldenberg，Power，& Pyszczynski，2002）。因此，女性的性解放是受到高度限制的——女性知道谁可以被解放，以及应当如何表达这种解放的信息（Fahs，2011）。

因为被允许的解放是可以取悦男性的，所以对于女性而言，为他人表演性行为和为自己享受性行为的界限变得模糊了。一个女性与伴侣同床共枕时，可以不发生性行为——在这种情况下，她如何选择（是否发生性行为）在很大程度上会受到女性性行为社会表征的调节。女性可能会问自己："怎样才能让自己最吸引伴侣呢？"女性可能会试图让自己享受性行为，却发现自己很难识别或引导出性快感，因为女性的性表达与取悦男性有关。因此，可以说，当我们发生性行为时，社会与我们同在。亲密关系正义需要在更大的政治结构中定位性体验。

我们提出这些关于性行为的想法并不是为了给人们的性生活泼冷水。我们认为，值得停下来思考一下，我们所处的社会环境会如何影响我们与性行为的互动。这样也许能帮助我们扩大可以爱的人的范围，并增加表达爱的方式。

研究爱情的政治学

我们已从多个维度讨论了爱情本身所具有的政治性，最后我们要来探讨一下爱情政治学如何影响本书所有的作者，以及研究爱情的读者们。也就是说，研究爱情也具有政治性。这种情况与爱情研究类作品的读者相关，因为这可能也会影响爱情问题的类型，以及我们所接收到的信息。

我们关于爱情的研究主要是围绕着自愿非一夫一妻制这个主题展开的。结果我们发现，在得到当事人认同的非一夫一妻制关系中有着和一夫一妻制关系中几乎一样的幸福感以及良好适应性（Conley et al.，2017）。这样的发现有时会让人感到惊讶，即使是我们那些训练有素的公正的同行也不例外。在我们发表这些研究结果的早期，很多同行似乎无法相信，非一夫一妻制关系中的人能够和一夫一妻制关系中的人一样幸福。我们的论文被指出偏向于非一夫一妻制关系。我们总是发现，我们在评审过程中所经历的挑战远远超出平常的评审过程。曾研究过一夫多妻制家庭中儿童的Sheff（2013）也有过类似的经历："评审的基调和负面反馈的反复性预示了一个更深层的、制度化的性消极问题。"Sheff表示，虽然几乎所有研究者都会就其研究而受到一些批判，"但不会每个批评都那么尖酸刻薄而充满防御性"（p. 127）。Sheff的经历引发了我们的共鸣。当我们报告一夫一妻制有缺点时，我们论文的评委似乎对研究结果持有主观情感。然而，那些针对非一夫一妻制提出批评的研究者有没有可能只是过度敏感了呢？那些有利于非一夫一妻制的研究结果真的是偏向所造成的吗？

我们试图通过一项研究来回答这个问题（Conley et al.，2017）。我们准备了两套虚构的研究描述。一套描述是，虚构的研究者发现，一夫一妻制的关系质量比多角恋的关系质量更高；而另一套描述是，虚构的研究者发现多角恋的关系质量比一夫一妻制的关系质量更高。我们向每个被试随机呈现其中一套描述。这两套描述唯一不同的地方在于认为一夫一妻制关系提供了更高的爱情价值还是多角恋关系提供了更高的爱情价值——除此之外，两套描述所用的措辞完全一致。用一点儿时间来思考一下，你认为情况会是怎样的呢？那些报告一夫一妻制关系更好的研究者与那些报告多角恋关系更好的研究者会被区别看待吗？

你大概凭直觉就能给出答案。这项研究的结果显示，那些看到支持多角恋关系描述的被试认为研究者更有偏见甚至更糟糕。偏见可能存在于许多研究领域，但是当我们讨论最亲密的关系时——即我们与所爱之人的关系时，偏见就被赋予了更多意义。如果你觉得一夫一妻制关系很有挑战性，但是你因为真的很爱一个人而牺牲了与其他人的关系，那么你可能更希望得到回报，更倾向于认为为爱所经历的苦难都是值得的。如果我们听说自己为了维持一夫一妻制关系而付出的所有努力可能都是不必要的，也就是说，在没有一夫一妻制的情况下我们也可以获得幸福，那么很多人可能多少会有些不舒服。

我们对自愿非一夫一妻制关系中的爱情进行过研究。曾经有段时间，研究者的争论聚焦于两名女性或两名男性之间的爱情是否会像一名女性和一名男性之间的爱情那样令人满足——在某种程度上，同性恋被认为是精神疾病。Hooker（1957）做了一项开创性的研究，证实了临床医生无法根据一系列心理测试的结果区分出一个男人是同性恋者还是异性恋者。她的研究驳斥了主流观点，即"同性恋者是不适应环境的"。尽管她煞费苦心地保持客观性，但这项研究依然富有政治色彩。

我们当中的许多人都被灌输了这样的观点：科学是完全客观的，科学家因其公正、无偏向性的作风而受到赞扬。然而近来，情况似乎发生了转变。我们当前的政治环境已经让我们产生了这样一种感觉：从本质上而言，你不赞同的每个人都是有偏见的。如果真是这样，那么我们就可以自由地忽略自己不赞同的任何科学发现。承认科学家是带有偏见的，进而放弃了解世界的企图，这意味着向无知屈服——我们认为这是没有用的（当然也不现实）。始终寻求客观性并在任何情况下尽最大努力来接近客观性是至关重要的。

然而，我们这些科学家认识到，尽管我们通过训练可以比普通人更能识别出自己的偏见并尽量去除偏见，但是我们无法彻底地摆脱某些偏见。即便我们不一定能完全保持客观，但是我们会尝试，而且我们一直以来都做得很好。立场理论（Hartsock，1983）指出，科学家可能永远不会真正做到完全客观，那些来自不同社会和政治背景的科学家会有不同的观点，正如学生对教室环境的感知有别于教职人员对同一环境的感知。基于立场理论，Harding（1992）主张：在我们的研究调查中应当有多种视角，尤其是来自低权力阶层人士的视角。

"你对爱情有何认识？"这个问题意味着什么呢？它意味着研究者所提出的问题可能源自其自身的独特爱情观。当科学家研究爱情时，他们可能倾向于用与自身世界观一致的方式来解释研究结果。如果某个特定研究结果与他们的信念相左，他们可能会对它持有更多质疑，并会在提到它时更加小心谨慎。任何质疑主流爱情模式的人都可能会被认为比那些遵循主流爱情模式的人更消极——因此，研究者在讲述一个偏离主流范式的故事时会遇到困难，至少在一开始是这样的。不过这些问题都能得到纠正——事实上，我们认为它们通常会通过科学的正常发展而得到纠正。在寻求解决方案的过程中，立场理论给我们带来了启发——我们提倡将具有不同爱情风格的人纳入爱情研究者的行列，让他们参与爱情主题的研究。

结论

知道爱情具有政治性，将如何影响你关于爱的选择呢？当你在自己的爱情生活中"航行"时，你可能想知道这些信息对你有何益处。我们给出了一些建设性意见。

意识到自己该如何融入周围更大的社会和政治环境是至关重要的。爱情关系中的双方都可能需要考虑他们所处的更大的社会环境是如何调节他们各自的爱情决定的。想想你自己在爱情关系中的选择。为什么你会被某些种族的人所吸引，而非其他种族的人呢？偏见会不会影响你对吸引力的感知呢？如果会的话，你会如何解决这个问题呢？你为什么想要一夫一妻制关系呢？如果一段关系破裂了，你会认为自己是个失败者吗？是什么样的社会环境加剧了这种担心呢？

我们可以对权力有更加清晰的思考。你所属的群体在历史上是否曾压迫过其他群体呢？如果是的话，那么人们在看待你时可能会带有些许不安。你可能想把这些归因于我们所处的复杂的社会结构——我们都必须慢慢忘记且成为这个忘记过程的一部分，这样我们才不会因自己的疑虑而感到失望。那些曾受到伤害的群体中的人可能会有很高的警惕性，但是这只与他们的社会地位有关，而与作为个体的你无关。如果你的约会对象所属的群体在历史上曾拥有极高的社会地位，那么这会如何影响你在恋爱关系中的行为呢？你对伴侣所属群体的看法会不会让你在与他（她）在一起时感到不安？相对地，你的戒备心是不是也会让你的伴侣感到不安？你们用什么策略才能抵抗外部力量呢？

我们在这里重点阐述了性别差异对爱情的影响——在当代社会，男性通常比女性拥有更多权力。不过那些跨越种族、阶级、国籍或其他群体差异而坠入爱河的人也可能会遇到类似的问题。试着站在伴侣的角度，真诚地分享自己的观点。了解地位不同的人分别会怎么做，这样可以帮助你更理解自己和伴侣的行为。

近年来的文化环境让我们见证了彼此间的缺乏理解。过去几年，派系之间的争论和冲突愈演愈烈（Bartlett, Reffin, Rumball, & Williamson, 2014; Druckman, Peterson, & Sluthuus, 2013）。或许抵御无礼举动的最佳方式之一就是促进我们与所爱之人的相互理解。

参考文献

Bailey, S. D., & Ricciardelli, L. A. (2010). Social comparisons, appearance related comments, contingent self-esteem and their relationships with body dissatisfaction and eating disturbance among women. *Eating Behaviors, 11*(2), 107–112.

Bartlett, J., Reffin, J., Rumball, N., & Williamson, S. (2014). Anti social-media. Retrieved from www.demos.co.uk/files/DEMOS_Anti-social_Media.pdf.

Basow, S. A., & Braman, A. C. (1998). Women and body hair: Social perceptions and attitudes. *Psychology of Women Quarterly, 22*(4), 637–645.

Bryne, D. (1961). Interpersonal attraction and attitude similarity. *Journal of Abnormal and Social Psychology, 62*, 713–715.

(1971). *The attraction paradigm.* New York: Academic Press.

Callander, D., Newman, C. E., & Holt, M. (2015). Is sexual racism really racism? Distinguishing attitudes toward sexual racism and generic racism among gay and bisexual men. *Archives of Sexual Behavior, 44*(7), 1991–2000.

Campbell, L. (2015, April 24). *Do your preferences for a romantic partner influence your actual choice of romantic partner?* Retrieved from www.scienceofrelationships.com/home/2015/4/24/do-your-preferences-for-a-romantic-partner-influence-your-ac.html.

Clark University Poll. (2012). Clark University Poll of emerging adults. Retrieved from www.clarku.edu/article/new-clark-poll-18-29-year-olds-are-traditional-about-roles-sex-marriage-and-raising-children.

Conley, T. D., Matsick, J. L., Moors, A. C., & Ziegler, A. (2017). Investigation of consensually nonmonogamous relationships: Theories, methods, and new directions. *Perspectives on Psychological Science, 12*(2), 205–232.

Conley, T. D., Moors, A. C., Matsick, J. L., & Ziegler, A. (2013). The fewer the merrier? Assessing stigma surrounding consensually non-monogamous romantic relationships. *Analyses of Social Issues and Public Policy, 13*(1), 1–30.

Conley, T. D., Moors, A. C., Matsick, J. L., Ziegler, A., & Valentine, B. A. (2011). Women, men, and the bedroom: Methodological and conceptual insights that narrow, reframe, and eliminate gender differences in sexuality. *Current Directions in Psychological Science, 20*(5), 296–300.

Conley, T. D., Piemonte, J. L., Gusakova, S., & Rubin, J. D. (2018). Sexual satisfaction among individuals in monogamous and consensually non-monogamous relationships. *Journal of Social and Personal Relationships, 35*(4), 509–531.

Copen, C. E., Daniels, K., Vespa, J., & Mosher, W. D. (2012). First marriages in the United States: Data from the 2006–2010 national survey of family growth. *National Health Statistics Reports, 49*, 1–22.

Druckman, J. N., Peterson, E., & Slothuus, R. (2013). How elite partisan polarization affects public opinion formation. *American Political Science Review, 107*(1), 57–79.

Fahs, B. (2011). *Performing sex: The making and unmaking of women's erotic lives.* Albany, NY: State University of New York Press.

Faith, M. S., & Schare, M. L. (1993). The role of body image in sexually avoidant behavior. *Archives of Sexual Behavior, 22*(4), 345–356.

Fiore, A. T., & Donath, J. S., MIT Media Library. (2005). *Homophily in online dating: When do you like someone like yourself?* Portland: ACM Publications.

Finkel, E. J., Cheung, E. O., Emery, L. F., Carswell, K. L., & Larson, G. M. (2015). The suffocation model: Why marriage in America is becoming an all-or-nothing institution. *Current Directions in Psychological Science, 24*(3), 238–244.

Finkel, E. J., Eastwick, P. W., Karney, B. R., Reis, H. T., & Sprecher, S. (2012). Online dating: A critical analysis from the perspective of psychological science. *Psychological Science in the Public Interest, 13*(1), 3–66.

Finkel, E. J., Hui, C. M., Carswell, K. L., & Larson, G. M. (2014). The suffocation of marriage: Climbing Mount Maslow without enough oxygen. *Psychological Inquiry, 25*(1), 1–41.

Flynn, K. J., & Fitzgibbon, M. (1998). Body images and obesity risk among black females: A review of the literature. *Annals of Behavioral Medicine, 20*(1), 13–24.

Fredrickson, B. L., & Roberts, T. (1997). Objectification theory: Toward understanding women's lived experiences and mental health risks. *Psychology of Women Quarterly, 21*(2), 173–206.

Germine, L., Russell, R., Bronstad, P. M., Blokland, G. A. M., Smoller, J. W., Kwok, H., Anthony, S. E., Nakayama, K., Rhodes, G., & Wilmer, J. B. (2015). Individual aesthetic preferences for faces are mostly shaped by environments, not genes. *Current Biology, 25*(20), 2684–2689.

Grabe, S., Ward, L. M., & Hyde, J. S. (2008). The role of the media in body image concerns among women: A meta-analysis of experimental and correlational studies. *Psychological Bulletin, 134*(3), 460–476.

Harding, S. (1992). After the neutrality ideal: Science, politics, and "strong objectivity." *Social Research, 59*(3), 567–587.

Hartsock, N. (1983). The feminist standpoint: Developing the ground for a specifically feminist historical materialism. In S. Harding & M. Hintikka (Eds.), *Discovering reality: Feminist perspectives on epistemology, metaphysics, methodology, and philosophy of science* (pp. 283–310). Boston, MA: D. Reidel.

Hawkins, A. J., Amato, P. R., & Kinghorn, A. (2013). Are government-supported healthy marriage initiatives affecting family demographics? A state-level analysis. *Family Relations, 62*(3), 501–513.

Hebl, M. R., & Heatherton, T. F. (1998). The stigma of obesity in women: The difference is black and white. *Personality and Social Psychology Bulletin, 24*(4), 417–426.

Hooker, E. (1957). The adjustment of the male overt homosexual. *Journal of Projective Techniques, 21*(1), 18–31.

Hoyt, W. D., & Kogan, L. R. (2001). Satisfaction with body image and peer relationships for males and females in a college environment. *Sex Roles, 45*(3), 199–215.

Irwin, D. E., & Price, T. (1999). Sexual imprinting, learning, and speciation. *Heredity, 82*, 374–354.

Koch, P. B., Mansfield, P. K., Thurau, D., & Carey, M. (2005). "Feeling frumpy": The relationships between body image and sexual response changes in midlife women. *Journal of Sex Research, 42*(3), 215–223.

Konstam, V., Karwin, S., Curran, T., Lyons, M., & Celen-Demirtas, S. (2016). Stigma and divorce: A relevant lens for emerging and young adult women? *Journal of Divorce and Remarriage*, *57*(3), 173–194.

Koski, J., Xie, H., & Olson, I. R. (2015). Understanding social hierarchies: The neural and psychological foundations of status perception. *Social Neuroscience*, *10*(5), 527–550.

Lee, S. W., & Schwarz, N. (2014). Framing love: When it hurts to think we were made for each other. *Journal of Experimental Social Psychology*, *54*, 61–67.

Levy, A. (2005) *Female chauvinist pigs: Women and the rise of raunch culture.* New York: Free Press.

Ley, D. L. (2009) *Insatiable wives: Women who stray and the men who love them.* Landham, MD: Rowman & Littlefield.

McClelland, S. I. (2010). Intimate justice: A critical analysis of sexual satisfaction. *Social and Personality Psychology Compass*, *4*(9), 663–680.

Meana, M., & Nunnink, S. E. (2006). Gender differences in the content of cognitive distraction during sex. *Journal of Sex Research*, *43*(1), 59–67.

Millett, K. (1970). *Sexual politics.* Garden City, NY: Doubleday.

Monmouth University Polling Institute. (2017). Monmouth University Poll. Retrieved from www.monmouth.edu/polling-institute/reports/Monmouth Poll_US_020917/.

Moreland, R. L., & Zajonc, R. B. (1982). Exposure effects in person perception: Familiarity, similarity, and attraction. *Journal of Experimental Social Psychology*, *18*, 395–415.

Paris, W. (2017). Why you want who you want. Retrieved from www.psychologytoday.com/articles/201707/why-you-want-who-you-want.

Roberts, T. A., Goldenberg, J. L., Power, C., & Pyszczynski, T. (2002). "Feminine protection": The effects of menstruation on attitudes towards women. *Psychology of Women Quarterly*, *26*(2), 131–139.

Rudd, N. A., & Lennon, S. J. (2000). Body image and appearance-management behaviors in college women. *Clothing and Textiles Research Journal*, *18*(3), 152–162.

Rupp, L. J., & Taylor, V. (2010). Straight girls kissing. *Contexts*, *9*(3), 28–32.

Rusbult, C. E. (1980). Commitment and satisfaction in romantic associations: A test of the investment model. *Journal of Experimental Social Psychology*, *16*(2), 172–186.

Sanchez, D. T., & Kiefer, A. K. (2007). Body concerns in and out of the bedroom: Implications for sexual pleasure and problems. *Archives of Sexual Behavior*, *36*(6), 808–820.

Seal, B. N., Bradford, A., & Meston, C. M. (2009). The association between body esteem and sexual desire among college women. *Archives of Sexual Behavior*, *38*(5), 866–872.

Sheff, E. (2013). *The polyamorists next door: Inside multiple-partner relationships and families.* Lanham, MD: Rowman & Littlefield.

Thornton, A., & Young-DeMarco, L. (2001). Four decades of trends in attitudes toward family issues in the United States: The 1960s through the 1990s. *Journal of Marriage and the Family*, *63*, 1009–1038.

Trail, T. E., Goff, P. A., Bradbury, T. N., & Karney, B. R. (2012). The costs of racism for marriage: How racial discrimination hurts, and ethnic identity protects, newlywed marriages among Latinos. *Personality and Social Psychology Bulletin, 38*(4), 454–465.

Trapnell, P. D., Meston, C. M., & Gorzalka, B. B. (1997). Spectatoring and the relationship between body image and sexual experience: Self-focus or self-valence? *Journal of Sex Research, 34*(3), 267–278.

Vinokur, A. D., Price, R. H., Caplan, R. D. (1996). Hard times and hurtful partners: How financial strain affects depression and relationship satisfaction of unemployed persons and their spouses *Journal of Personality and Social Psychology, 71*(1), 166–179.

Walster, E., Aronson, V., & Abrahams, D. (1966). Importance of physical attractiveness in dating behavior. *Journal of Personality and Social Psychology, 4,* 508–516.

Weber, M. (1958) *The Protestant ethic and the spirit of capitalism* (T. Parsons, Trans). New York: Charles Scribner's Sons. (Original work published 1904–05.)

Zajonc, R. B. (1968). Attitudinal effects of mere exposure. *Journal of Personality and Social Psychology Monograph Supplement, 9*(2, part 2), 1–27.

Zota, A. R., & Shamasunder, B. (2017). The environmental injustice of beauty: Framing chemical exposures from beauty products as a health disparities concern. *American Journal of Obstetrics and Gynecology, 217*(4), 418.e1–418.e6.

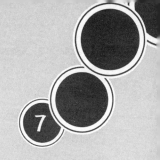

爱情、性欲与性取向

莉莎·M. 戴蒙德（Lisa M. Diamond）

在我将自己定位为一名亲密关系研究者之前，我一直认为自己是一名性学研究者，所以当我第一次研究恋爱现象时，我的研究工作是以性欲研究为基础展开的。当时，我尤其关注的是同性间的性欲，这是一个至今仍在全球范围内被高度污名化的现象。20世纪90年代，我在康奈尔大学读研时参与的第一个研究项目需要与一些年轻的"性少数"女性进行访谈。"性少数"是一个笼统的术语，可用来指代具有同性吸引力的人。（与"LGBT"——"女同性恋者、男同性恋者及双性恋者"不同，"性少数"一词没有假定某个有同性吸引力的人会公开地认同自己是"女同性恋""男同性恋""酷儿"等）。我对年轻女性从第一次开始怀疑自己的性取向到第一次体验和表达对同性的性欲这个过程很感兴趣。我们的研究招募的都是16～23岁的女性，我分别与她们做了大约90分钟的访谈，了解她们的恋爱经历、性体验、与女性和男性的亲密关系，以及她们如何看待自己的身份。

通过这些数据，我立刻注意到一个重要的议题：对于大多数女性而言，她们第一次被同性吸引的经历是建立在对女性朋友的强烈情感依恋基础上的。例如，其中一位受访者回忆说，她和最好的"闺密"，也是她的室友，在五年多的时间里一直非常亲密：她们晚上会在沙发上相互依偎着看电影，有时还会彻夜不眠地聊天；她们会互相给对方起昵称，手牵手，并且几乎所有的空闲时间都待在一起。"这完全就像一段恋爱关系，除了没有性行为。"她告诉我。她们的其他朋友经常说，她们似乎比大多数恋人更亲密，但她们从未为此担心过。"但是后来情况就变了。"她告诉我。据她说，有一天晚上她们躺在床上，拥抱着，交谈着，她们的脸紧贴在一起，然后她突然产生了一种想亲吻对方的冲动。她定定地望着对方，感觉到对方也有同样的想法。她率先做出了大胆的举动，接着两人很快便热吻起来，相互爱抚，宽衣解带。那一夜之后，她们开启了一段长达两年的恋爱关系。这位受访者说，她们起初会对这样的事实感到困惑：她们似乎对其他女性没有性兴趣，只能被彼此所吸引。她说："对性的渴望仿佛是从我们情感中溢出的。"虽然我认为这个故事引人注目，令人震惊，但是我没办法理解它。访谈结束时，她对我说："我还是不确定我们是不是女同性恋。你觉得呢？如果我只对她有这种感觉，那我是同性恋吗？"我有些尴尬地告诉她，我真的没法回答这个问题。

很快，我就发现这名女性的故事并不罕见。虽然一些受访者在很小的时候就意识到了自己对女性的兴趣，但是也有人报告说，她们认为性吸引力是从两人强烈的感情依恋中突然"溢出"的。在我看来，这些女性的友谊因富有强烈激情而与众不同——它们远超常规的"最好的友谊"，而且包含了我们大多数人只有在恋爱关系中才会经历的迷恋、专注和分离的痛苦。我问自己："在这些亲密的友谊中到底发生了什么？""情感的依恋怎么会如此强烈，以至于上升到全新的性渴望的层面呢？"这些问题在我与一些自称是女同性恋的人交谈时变得更加紧迫——她们与男性友人有过类似的经历。一位20岁的女性告诉我，她在很小的时候就知道自己是女同性恋，多年来她和许多女性有过满意的恋爱关系。"但是去年夏天，"她回忆道，"我和最亲密的男性朋友发生了关系——我真的不知道这是怎么发生的。"她说，她之前从未有过被男性所吸引的经历，但是这段与最亲密男性朋友的特殊关系在情感和身体上都有很高的亲密度。一天晚上，他们在一起玩耍，嬉戏，然后在床上拥抱，她突然之间想亲吻这位男性朋友。她对自己的想法很震惊，他也是，但是他们都意识到彼此想要发生性行为。"我不明白,"她说,"我对其他男性都没有这种感觉——我知道我仍然是一名女同性恋者,因为我仍然会完全地被女性所吸引——但是他好像是个例外,我太爱他了。"

爱情是什么?

这些女性的聚焦于爱情的经历令我大为震撼。强烈的浪漫情感足以重塑这些女性关于爱情的认知,甚至令她们的生活发生翻天覆地的变化,有时甚至完全颠覆了她们的性别身份。我访谈的一些女性对其他女性产生了更多的同性吸引力,并最终被认定为同性恋或双性恋者。但是对另一些人而言,强烈的吸引力完全局限于一种独特的、颠覆性的关系。我知道,如果想了解这些非凡的经历,了解它们与性欲、性取向的关系,我就需要更了解"爱情"。那么"爱情"究竟是什么呢?我以前从来没问过自己这个问题(因为我认为自己是性学研究者,不需要研究爱情),但是它现在似乎成了理解女性性心理的核心。

幸运的是,在我攻读研究生的康奈尔大学就有一位世界级的爱情专家,Cindy Hazan。她是著名的成人依恋(浪漫之爱)研究者。虽然我大概知道她对"成人依恋"的研究,但了解得不深刻。于是我约见了她,并在和她见面之前读了她最有影响力的一些文章(Hazan & Shaver, 1987; Shaver & Hazan, 1988, 1993; Shaver, Hazan, & Bradshaw, 1988)。我很快发现,她如此知名是因为她和她的导师Phillip Shaver首次提出了"成人浪漫之爱本质上类似于婴儿对照顾者产生的强大情感依恋"。

"依恋"是科学家用来描述婴儿与照顾者之间强大联结的术语。John Bowlby在他的许多著作中对依恋进行了优雅而有力的描述:依恋是人类的一种基本驱动力——它的进化使脆弱的人类婴儿接近他们的照顾者,而且它的原型特征是强烈地渴望接近照顾者(如一个婴儿条件反射性地伸手去找妈妈),从照顾者那里寻求关心和安全感（如孩子痛苦时跑到妈妈身边），与照顾者分离时感到痛苦（如孩子离开妈妈时会哭泣），以及从照顾者那里寻求安全感（如孩子只是看到妈妈就感到安全、踏实）。他将依恋描述为一种"从摇篮到坟墓"的现象：无论我们到什么年纪，我们都需要一种基本的安全感来维持良好的生活状态（Bowlby，1973a，1973b，1980，1982）。

Cindy Hazan的贡献在于，她认为，随着孩子长大成人，他们会逐渐将基本的依恋需求"转移"到伴侣身上（Hazan，Hutt，Sturgeon，& Bricker，1991）。作为成年人，我们在生活中持续地需要一个特定的人物——我们可以从其身上获得安全感，当我们痛苦时可向其求助，而且我们更愿意与其在一起，而非他人。对成年人而言，被置于这个崇高的位置的人通常不再是父母，而是伴侣。Hazan和Shaver（1987）的研究表明，浪漫关系具有依恋关系的所有经典特征：对亲近的强烈渴望、寻求关心和支持、来自分离的深刻痛苦、情感安全。浪漫关系还有许多独特的行为特征，它们通常只在婴儿与照顾者之间能被观察到：长时间的拥抱、相互凝视和对全身的轻抚，以及使用特有的深情语言（Hazan & Zeifman，1994）。这些都被认为是依恋关系的情感主导指标，而成年人通常只会与性伴侣建立这种依恋关系。

"等一下，"我一边读着Hazan和Shaver的这篇文章一边想，"我的受访者似乎正在发展这种类型的关系——成熟成年人的浪漫依恋关系，只不过她们并没有将柏拉图式的朋友定义为恋人"。这就可以解释为什么她们的友谊看起来如此强烈、热忱，以及为什么其亲友经常提醒她们"过于亲密了"或"比朋友更亲密"。Hazan和Shaver的研究表明，成人浪漫依恋的发展通常需要以性关系为基础。他们认为，与婴儿-照顾者依恋相比，成人依恋的显著特征是依恋与性行为结合在一起（Shaver et al.，1988）。当然，大多数成人通常只会"爱上"那些对他们有性吸引力的人。这似乎是真的——毕竟，这就是我的研究中柏拉图式友谊看起来如此不寻常的原因。但是我现在想求证一件事——性欲通常与爱情有关，但似乎不是建立爱情的一个必要条件。事实真的是这样吗？我初次见到Hazan便向她提出了这个问题（接下来的几十年里，我们之间进行过数千次精彩对话，她成了我最有影响力、最宝贵的导师之一）。我跟她分享了收集到的关于受访者友谊的数据，并问她：我的受访者基本上都是在没有性欲的情况下"坠入爱河"的吗？这些都属于依恋关系吗？她给出了肯定的回答。

接下来的问题就更复杂了：对于其中一些女性而言，在多年的亲密友谊之后，似乎又"冒出"了全新的同性性欲。会不会是依恋关系带来了这种新感觉呢？我们通常认为，浪漫关系始于性欲，而更深层的爱情是在其后出现的。但是会发生相反的情况吗？强大的浪漫之爱和依恋的感觉能创造出之前并不存在的新的性欲吗？"为什么不会呢？"她激动地回答道。她提醒我，在成年人中，依恋系统与性系统是融为一体的。那么或许依恋领域的关系中也可以包含性行为。

这让我思绪纷乱。在此之前，我对性取向和浪漫之爱之间关系的认知几乎和所有人一样：如果你的性取向是特定的性别，那么你必然只会对这种性别的人产生爱情。女同性恋者会被女性吸引，因此她们只会爱上女性；男同性恋者会被男性吸引，因此他们只会爱上男性。爱情和性欲只是一枚硬币的两面。但是现在我却开始质疑这种老生常谈了。如果异性恋的女性可以爱上她们最好的女性朋友，如果女同性恋者可以爱上她们最好的男性朋友，那么爱情和性欲就不再是一枚硬币的两面，而是两个独立的系统，彼此拉扯推动，但本质上是截然不同的。虽然人们通常只会爱上那些吸引他们的性伴侣（也就是那些与他们的性取向相"匹配"的伴侣），但事实并非如此。我们通常只会爱上潜在的性伴侣，之所以会这样，可能只是因为我们通常只会向真实的或潜在的性伴侣寻求强烈的成人依恋关系。

当重新审视Hazan对成人依恋的解读时，我顿悟了。在她的构想中，成人依恋是婴儿-照顾者依恋的成人"版本"，而随后的研究（大部分是在动物身上进行的）证实了这两种依恋关系背后的基本神经回路是相同的。对催产素的研究提供了一个有力的证据。催产素是一种由下丘脑合成并由垂体后叶释放的神经肽激素。对动物（通常是大鼠和草原田鼠）的研究已经确定催产素对母亲的喂养行为、母婴关系，以及亲属识别均有直接的影响（Carter & Keverne，2002；Keverne & Curley，2004）。催产素具有很强的调节作用，它似乎是帮助哺乳动物与其特定社会伙伴（最重要的是母亲）形成稳定的内在奖赏关系的重要机置。Uvnäs-Moberg（1998，2004）等研究者假设，婴儿与照顾者的依恋在生理和心理上的抚慰及奖赏作用最初是通过直接的身体接触产生的，并由催产素和其他神经化学物质的释放来调节。在成人伴侣关系中，也存在相同的催产素机制——从动物研究中得到的大量证据表明事实确实如此。这些研究的实验对象主要是草原田鼠，它们是少数几种能形成持久配偶关系的啮齿类动物之一。正如在婴儿与照顾者的依恋关系中所发现的一样，身体接触引起的催产素释放促进了一夫一妻制哺乳动物之间的配对关系（Cho，DeVries，Williams，& Carter，1999；Mason & Mendoza，1998；J. R. Williams，Insel，Harbaugh，& Carter，1994）。正是基于这样的发现，这一领域的研究者现在普遍认为，成人伴侣关系和婴儿与照顾者的依恋关系具有相同的神经生物学基础——这一结论支持了这两个过程有共同进化起源的观点（Carter & Keverne，2002；Keverne & Curley，2004；Panksepp，1998；Panksepp，Nelson，& Bekkedal，1997）。

但如果是这样的话，那么浪漫的爱情就不可能像性欲一样，是一个"以性别为导向"的系统，它也不需要借助性欲来形成。毕竟，"伴侣的性别"就像性欲体验一样，在婴儿与照顾者的依恋关系中是完全无关紧要的。婴儿不会优先与某个同性别或不同性别的照顾者建立依恋关系——性欲显然与依恋的形成无关。根据Bowlby的研究，依恋背后的驱动力是照顾者的应答性和可用性。因此，婴儿–照顾者依恋是一个不分性别的系统。婴儿可以"爱上"任何一个照顾者。

这一事实对浪漫之爱有着深远的影响：如果婴儿–照顾者依恋系统从根本上而言是不分性别的，如果它不需要以性欲为基础，那么成人浪漫依恋一定也是不分性别的。因为这两种依恋背后的神经机制是相同的，所以性别和性欲没办法被"构建"到同一个系统中。从本质上来讲，正如婴儿可以依恋任何照顾者而不在意性别一样，成人基本上也能爱上任何人——无关乎性别，也无关乎性欲。通过"坠入爱河"——我指的是成人依恋的强烈感觉（正如我的被试一遍又一遍地向我所描述的）——人们强烈渴望与依恋对象在一起，在心烦意乱时会优先向依恋对象（而不是其他人）寻求关心和安全感，当长时间与依恋对象分离时会体验到痛苦和不安。虽然当代文化通常认为，性欲为这些强烈情感提供了"能量"，但这些情感并不需要性吸引力。也就是说，一个人的性取向不会限制他（她）的成人依恋能力：异性恋者可以和同性朋友相爱，而同性恋者也可以和异性朋友相爱。事实或许与普遍观点相反——性取向无法左右我们会爱上谁。

柏拉图式浪漫依恋的其他证据

我想，如果这是真的，那么我应该能找到更多证据——除了我自己的访谈之外——来证明异性恋者能与同性朋友发展出热烈的充满爱的情感。我很快就发现了这样的证据——它们跨越不同的文化和历史时代，最早可以追溯至古希腊。在一些文化中，这类同性间的深厚友谊被赋予了一种珍贵的价值，两个朋友会互换礼物并许下忠诚和奉献的誓言。这些友谊在不同文化中有不同的名称，例如"浪漫的友谊"（Smith-Rosenberg, 1975）、"波士顿婚姻"（Faderman, 1981）、"粉碎"（Sahli, 1979）、"妈妈–宝贝"关系（Gay, 1985）、"motsoalle"友谊（Kendall, 1999）、"同志之爱"（Reina, 1966），以及"bagburu"关系（Blackwood, 1985）。对这些友谊的描述揭示了许多共同特征——长时间待在一起、亲密的身体接触（如同床共枕），以及口头上对爱和奉献的表达。尽管最初我认为这种友谊在女性中比在男性中更普遍，但我很快就发现了大量关于男异性恋者之间这种浓厚友谊的证据。

Williams（1992）记录了北美印第安男性之间热烈的友谊，早期的西方探险家们常将这种友谊描述为情感上的浪漫之爱（Parkman，1969；Trumbull，1894）。类似地，Brain（1976）记录了在喀麦隆地区男性之间充满激情的友谊，并回顾了美拉尼西亚（Malinowski，1929）、萨摩亚（Mead，1943）、波利尼西亚（Firth，1967）以及危地马拉（Reina，1966）等地类似的男性关系的报告。根据这些描述，这种关系涉及"一种极端的感情……它不像是平起平坐的友谊，更像是异性恋情侣间的激情"（Brain，1976，pp. 39-40）。

因为我们已习惯于只在恋人之间才能看到这样的激情，所以很多历史学家和人类学家都认为这种强有力的关系是"秘密的性"，并且如果参与者生活在一个更宽容的环境中，他们就会公开地追求彼此间的性关系。然而，那些研究和记录这种关系的人提出了反对意见：在某些情况下，这种关系似乎涉及一些性行为，但是在多数情况下它们并没有（Faderman，1981；Blackwood，2000）。我们对浪漫激情与性激情之间存在必然联系的假设来自我们自己的文化规范（D'Emilio & Freedman，1988）。

致力于爱和性欲的新模式

基于我的研究，我得出了三个结论：第一，浪漫之爱和性欲背后的进化过程在功能上是独立的（个体能够在没有爱的情况下体验性欲，也能够在没有性欲的情况下体验爱）。第二，浪漫之爱（例如成人依恋）背后的过程本质上是"性别中立的"，因此个体可以与任何人相爱，而不管这个人是什么性别。这就意味着性取向并不能决定一个人追求浪漫之爱的能力。第三，爱情系统与性欲系统之间的生物行为联系是双向的，这意味着个体有时会在与一个人发展出浪漫依恋之后，产生新的性欲（Diamond，2003）。

或许，该观点中最新奇、最具争议的是第三个结论，它表明我们可以形成与我们以往性取向截然相反的、新的性欲——这是对另一个人形成强烈情感依恋的结果。除了我的访谈数据，还有其他数据可以作证吗？实际上，还真有。一些证据来自对催产素的神经生物学研究（这种激素在婴儿-照顾者依恋以及在成人浪漫依恋中都起着重要的作用）。基于催产素的爱情与性欲之间的联系很有意思。催产素除了可以调节与依恋相关的情感、行为之外，还在性行为中起着重要作用。研究者通过动物研究发现，增加适量的外源性催产素会刺激雌性动物寻求性行为（Argiolas, Melis, Mauri, & Gessa, 1987; Floody, Cooper, & Albers, 1998），并令其表现出对性要求的接受能力（Arletti & Bertolini, 1985; Caldwell, Prange, & Pedersen, 1986）。事实上，人体内催产素的峰值是在性行为中被检测到的，而催产素与性高潮体验和性满足有关（Carmichael, Warburton, Dixen, & Davidson, 1994; Riley, 1988）。我们有理由认为，催产素在成年人通常会经历的爱情与性欲的联系中发挥了作用。我们没有理由认为这种联系是单向的。虽然人们总是从性欲"开始"，然后再发展出浪漫之爱，但是上述神经生物学研究表明，人们可能会在催产素的调节下由浪漫之爱"开始"，继而发展出性欲。

除了神经生物学的证据，还有可能存在行为学证据。我梳理了关于性取向的科学文献和热门文章，以考察其他人所描述的经历是否与我的受访者所报告的属于同一类型，即他们爱上了某个特定的人，并在特定背景下体验了同性间的性欲。果然，类似的情况并不少见（Cass, 1990; Cassingham & O'Neil, 1993; Golden, 1987; Pillard, 1990; Whisman, 1996）。早在20世纪70年代末，Blumstein和Schwartz就提出，传统的性取向模型无法解释个体"基本的性欲似乎是在一段关系中产生的，而不是由对女性或男性的抽象偏好产生的"（Blumstein & Schwartz, 1990）。20世纪80年代末，一个关注双性恋者的研究对许多男性和女性进行了访谈，这些被访者说自己会被"那个人"吸引而不是被"性别"吸引（Weinberg, Williams, & Pryor, 1994）。在他们的描述中，"那个人"具有"开放式性别图式"，这意味着他们将性别与性欲分开了。因此，他们可以不考虑性别而对各种各样的特征做出性反应。在很多情况下，这些"开放式性别图式"都指向某个特定的个体，这与我的研究数据相似。

我们无法确定这种现象有多普遍，因为目前的研究很少收集这类数据。我自己的研究表明，对于某些人而言，浪漫之爱与性欲之间的关联比其他人更强。我研究中的一些女性报告说，她们经常对有情感联系的人产生性欲，而其他人则报告说很少会出现这种情况（Diamond，2008）。因此，也许更重要的结论是，所有人都有这种可能性，但有些人会有更大的可能性。

启示

这些关于爱情、性欲以及性取向的现象的本质是什么？我认为这与依恋的强大本质有关。Bowlby关于依恋系统的最初观点是，在危险或痛苦的情况下，它能够取代其他强大的动力系统。当孩子感到痛苦时，从照顾者怀抱中寻求关心的动力比饥饿或口渴所引发的动力更强。我们的大脑确实"天生"会优先考虑我们对爱情和情感安全的基本需求。在这种情况下，"强烈的情感依恋能够激发新的性欲"也许就不那么令人惊讶了。如果像Bowlby所说的那样，依恋能超越其他的动力，那么它也就能操纵一个人的整体性取向。依恋系统仿佛在说："不要在乎这个人的性别是否适合你……这就是你要找的人！"在更广泛的层面，我也认为，我描述的现象有助于解释为何这么多人深爱着那些在其他方面对他们来说"不对"的人（如性格不合、有暴力倾向、年龄差距过大、已婚等）。依恋的动力很强大——知道某人不是你的理想伴侣可能不会影响你的爱（在某些情况下，甚至可能使你的爱更强烈）。你可能会想："为什么我总是爱上错误的人？"不用自责。就像所有人一样，你天生就会与人产生联系，而这种系统常常驱使你投入那些你未曾预想过的人的怀抱。

我研究中的一个发现与人们性欲的流动性有关。在我的研究中经常有人会问："是否真的存在性取向？"当人们体验到性取向的巨大变化时也会有此疑问。毕竟，如果性取向不具有"引导"浪漫之爱的功能，如果人们可以因为爱上某人而产生新的性欲，那么继续将人们归类为"同性恋""双性恋"或"异性恋"则可能是荒谬的。我理解这种想法（考虑到同性恋及双性恋者所面临的歧视，如果社会不再在意个体性取向将会多么令人兴奋），但事实上，性取向是一种真实且有意义的现象，研究者在理解浪漫之爱和性关系时必须考虑到这一点。大量研究表明遗传影响性取向：关于双生子的研究发现，性取向的遗传性为30%～40%（Bailey et al.，2016），这表明尽管性取向不完全是由基因决定的，但是基因对性取向有显著影响。

毫无疑问，人们天生就有一种被某一性别，或另一性别，或两种性别所吸引的倾向。而这些倾向并不像研究者们（以及非专业人士）历来所认为的那样一成不变。异性恋者可以与同性伴侣相爱并体验到性欲，而同性恋者也可以与异性伴侣相爱并体验到性欲。此外，坠入爱河并不是唯一能够促使某人产生与其性取向相反的性吸引体验的情况。我的研究表明，性欲是一种很简单的、灵活的、适应性强的系统。许多人报告说，对他们产生性吸引力的人的类型会随着时间推移而发生变化（Diamond，2016）。这并不意味着"不存在性取向这回事"，而仅意味着性取向并不能决定你一生中可能经历的每一次性吸引。

这对你自己的性经历和恋爱经历而言意味着什么呢？我认为，如果你发现自己或朋友、亲属在性欲方面经历着一些类似的变化，请不要惊慌！我们的文化倾向于传达这样的信息：性取向在人们很小的时候就已经发展并显现出来了，而且它在人的一生中都是完全固定不变的。因此，当个体发现自己体验到与原有性取向相反的性欲时（无论是异性恋者对同性产生性欲，还是同性恋者对异性产生性欲），社会倾向于给出这样的答案："好吧，你之前一定被压抑过！你之前的性取向肯定被搞错了！"但是这过于简单化了。当然，有时候，这些意想不到的改变是由于个体逐渐发现自己是双性恋者，而非彻底的同性恋者或异性恋者（事实上，性吸引的双性别模式比单性别模式更常见）。然而，在其他情况下，个体只是在经历性欲的波动——这源于其自身性欲的"流动能力"，即基于不同情况、不同环境和不同关系而改变的能力。在生活中，如果你经历了这些变化，这并不意味着你的性取向就是"错误的"，而仅意味着你的性欲和爱的能力并不像你所想的那样受到性取向的严格控制。了解这些经历并不罕见也许会有所帮助。随着研究者们收集到了越来越多的关于个体如何随时间推移而体验性吸引变化的数据，我们发现，这类意想不到的波动远比我们过去所认为的更为常见（Diamond，2016）。

然而，这并不意味着个体可以强行改变自己的性取向。几十年以来，许多人都在寻求"修复性疗法"，试图消除同性对自己的吸引（Beckstead，2012；Bradshaw, Dehlin, Crowell, Galliher, & Bradshaw, 2015）。鉴于同性性行为在世界范围内一直受到严重的污名化，我们很容易理解为何许多同性恋者和双性恋者会试图消除自己对同性的性欲，而成为完全的异性恋者。

越来越多的人认为，关于性欲流动性的研究表明个体的努力尝试真的可能成功。毕竟，如果性欲是流动的，那么我们或许可以将其"推向"异性恋的方向。但是并没有证据表明这种做法是有效的。美国心理学会组织了一个工作小组（性取向适当治疗反应特别小组，2009）对所有关于"尝试改变性取向"的研究进行了梳理，并发现无法得出"可以消除同性吸引力"这样的结论，他们还发现这样的尝试往往会对个体产生持久性的伤害，提升了抑郁、焦虑，甚至是自杀的概率。已有的关于性欲流动性的研究表明，性吸引力的范围会随着时间推移和情境变化而扩大（不是缩小）。此外，我自己的研究表明，一些女性在被问及在何种情况下会体验到自己性欲产生变化时，她们说这些变化是意料之外的也是可控的（Diamond，2008）。因此，需要牢记的是，性欲的流动能力并不意味着个体能够将自己的性感觉努力"推"向某个方向。正如我们通常无法控制自己会爱上谁一样，我们也难以控制自己会被哪种性别所吸引。

这也许是我从自己关于爱情和性欲的研究中学到的重要一课。人类已进化出了极其强大的联结身体与情感的驱动力——尽管我们宁愿相信自己可以控制这些驱动力的导向，也可以决定自己将与谁在一起，但是实际上，我们常常高估了自己在重要感觉和事件中的作用。同样地，我们常常高估了一段爱情关系或一种性欲在预示未来方面的重要性。你曾经的恋人所属的类型可能并不能帮助你预测自己未来会爱上哪类人——性欲也是如此。人类选择恋爱对象或性伴侣的特点是灵活性和适应性。通过我自己的研究，我对这些特点及其塑造完美生活的力量产生了极大的敬意。

参考文献

APA Task Force on Appropriate Therapeutic Responses to Sexual Orientation. (2009). *Report of the task force on appropriate therapeutic responses to sexual orientation.* Washington, DC: American Psychological Association.

Argiolas, A., Melis, M. R., Mauri, A., & Gessa, G. L. (1987). Paraventricular nucleus lesion prevents yawning and penile erection induced by apomorphine and oxytocin but not by ACTH in rats. *Brain Research, 421,* 349–352.

Arletti, R., & Bertolini, A. (1985). Oxytocin stimulates lordosis behavior in female rats. *Neuropeptides, 6,* 247–253.

Bailey, J. M., Vasey, P. L., Diamond, L. M., Breedlove, S. M., Vilain, E., & Epprecht, M. (2016). Sexual orientation, controversy, and science. *Psychological Science in the Public Interest, 17,* 45–101.

Beckstead, A. L. (2012). Can we change sexual orientation? *Archives of Sexual Behavior, 41*(1), 121–134.

Blackwood, E. (1985). Breaking the mirror: The construction of lesbianism and the anthropological discourse on homosexuality. *Journal of Homosexuality, 11,* 1–17.

(2000). Culture and women's sexualities. *Journal of Social Issues, 56*(2), 223–238.

Blumstein, P., & Schwartz, P. (1990). Intimate relationships and the creation of sexuality. In D. P. McWhirter, S. A. Sanders, & J. M. Reinisch (Eds.), *Homosexuality/heterosexuality: Concepts of sexual orientation* (pp. 307–320). New York: Oxford University Press.

Bowlby, J. (1973a). Affectional bonds: Their nature and origin. In R. W. Weiss (Ed.), *Loneliness: The experience of emotional and social isolation* (pp. 38–52). Cambridge, MA: MIT Press.

(1973b). *Attachment and loss,* Vol. 2: *Separation: Anxiety and anger.* New York: Basic Books.

(1980). *Attachment and loss,* Vol. 3: *Loss: Sadness and depression.* New York: Basic Books.

(1982). *Attachment and loss,* Vol. 1: *Attachment* (2nd ed.). New York: Basic Books.

Bradshaw, K., Dehlin, J. P., Crowell, K. A., Galliher, R. V., & Bradshaw, W. S. (2015). Sexual orientation change efforts through psychotherapy for LGBQ individuals affiliated with the Church of Jesus Christ of Latter-day Saints. *Journal of Sex and Marital Therapy, 41*(4), 391–412. doi:10.1080/0092623X.2014.915907.

Brain, R. (1976). *Friends and lovers.* New York: Basic Books.

Caldwell, J. D., Prange, A. J. J., & Pedersen, C. A. (1986). Oxytocin facilitates the sexual receptivity of estrogen-treated female rats. *Neuropeptides, 7,* 175–189.

Carmichael, M. S., Warburton, V. L., Dixen, J., & Davidson, J. M. (1994). Relationships among cardiovascular, muscular, and oxytocin responses during human sexual activity. *Archives of Sexual Behavior, 23,* 59–79.

Carter, C. S., & Keverne, E. B. (2002). The neurobiology of social affiliation and pair bonding. In J. Pfaff, A. P. Arnold, A. E. Etgen, & S. E. Fahrbach (Eds.), *Hormones, brain and behavior* (Vol. 1, pp. 299–337). New York: Academic Press.

Cass, V. (1990). The implications of homosexual identity formation for the Kinsey model and scale of sexual preference. In D. P. McWhirter, S. A. Sanders, & J. M. Reinisch (Eds.), *Homosexuality/heterosexuality: Concepts of sexual orientation* (pp. 239–266). New York: Oxford University Press.

Cassingham, B. J., & O'Neil, S. M. (1993). *And then I met this woman.* Freeland, WA: Soaring Eagle.

Cho, M. M., DeVries, A. C., Williams, J. R., & Carter, C. S. (1999). The effects of oxytocin and vasopressin on partner preferences in male and female prairie voles (*Microtus ochrogaster*). *Behavioral Neuroscience, 113,* 1071–1079.

D'Emilio, J., & Freedman, E. B. (1988). *Intimate matters: A history of sexuality in America.* New York: Harper & Row.

Diamond, L. M. (2003). What does sexual orientation orient? A biobehavioral model distinguishing romantic love and sexual desire. *Psychological Review, 110,* 173–192.

(2008). *Sexual fluidity: Understanding women's love and desire.* Cambridge, MA: Harvard University Press.

(2016). Sexual fluidity in males and females. *Current Sexual Health Reports.* doi: 10.1007/s11930-016-0092-z.

Faderman, L. (1981). *Surpassing the love of men.* New York: William Morrow.

Firth, R. W. (1967). *Tikopia ritual and belief.* Boston: Allen & Unwin.

Floody, O. R., Cooper, T. T., & Albers, H. E. (1998). Injection of oxytocin into the medial preoptic-anterior hypothalamus increases ultrasound production by female hamsters. *Peptides, 19,* 833–839.

Gay, J. (1985). "Mummies and babies" and friends and lovers in Lesotho. Special issue: Anthropology and homosexual behavior. *Journal of Homosexuality, 11,* 97–116.

Golden, C. (1987). Diversity and variability in women's sexual identities. In Boston Lesbian Psychologies Collective (Ed.), *Lesbian psychologies: Explorations and challenges* (pp. 19–34). Urbana, IL: University of Illinois Press.

Hazan, C., Hutt, M. J., Sturgeon, M. J., & Bricker, T. (1991). The process of relinquishing parents as attachment figures. Paper presented at the Biennial meetings of Society for Research on Child Development, Seattle, WA.

Hazan, C., & Shaver, P. R. (1987). Romantic love conceptualized as an attachment process. *Journal of Personality and Social Psychology, 52,* 511–524.

Hazan, C., & Zeifman, D. (1994). Sex and the psychological tether. In D. Perlman & K. Bartholomew (Eds.), *Advances in personal relationships: A research annual* (Vol. 5, pp. 151–177). London: Jessica Kingsley.

Kendall, K. L. (1999). Women in Lesotho and the (Western) construction of homophobia. In E. Blackwood & S. E. Wieringa (Eds.), *Female desires: Same-sex relations and transgender practices across cultures* (pp. 157–178). New York: Columbia University Press.

Keverne, E. B., & Curley, J. P. (2004). Vasopressin, oxytocin and social behaviour. *Current Opinion in Neurobiology, 14*(6), 777–783.

Malinowski, B. C. (1929). *The sexual life of savages in northwestern Melanesia.* London: Routledge and Kegan Paul.

Mason, W. A., & Mendoza, S. P. (1998). Generic aspects of primate attachments: Parents, offspring and mates. *Psychoneuroendocrinology, 23,* 765–778.

Mead, M. (1943). *Coming of age in Samoa: A psychological study of primitive youth.* New York: Penguin.

Panksepp, J. (1998). *Affective neuroscience: The foundations of human and animal emotions.* New York: Cambridge University Press.

Panksepp, J., Nelson, E., & Bekkedal, M. (1997). Brain systems for the mediation of social separation-distress and social-reward: Evolutionary antecedents and neuropeptide intermediaries. *Annals of the New York Academy of Sciences, 807,* 78–100.

Parkman, F. (1969). *The Oregon trail.* Madison, WI: University of Wisconsin Press.

Pillard, R. C. (1990). The Kinsey scale: Is it familial? In D. P. McWhirter, S. A. Sanders, & J. M. Reinisch (Eds.), *Homosexuality/heterosexuality: Concepts of sexual orientation* (pp. 88–100). New York: Oxford University Press.

Reina, R. (1966). *The law of the saints: A Pokoman pueblo and its community culture.* Indianapolis, IN: Bobbs Merril.

Riley, A. J. (1988). Oxytocin and coitus. *Sexual and Marital Therapy, 3,* 29–36.

Sahli, N. (1979). Smashing: Women's relationships before the fall. *Chrysalis, 8,* 17–27.

Shaver, P. R., & Hazan, C. (1988). A biased overview of the study of love. *Journal of Social and Personal Relationships, 5,* 473–501.

(1993). Adult romantic attachment: Theory and evidence. *Advances in Personal Relationships, 4,* 29–70.

Shaver, P. R., Hazan, C., & Bradshaw, D. (1988). Love as attachment: The integration of three behavioral systems. In J. Sternberg & M. L. Barnes (Eds.), *The psychology of love* (pp. 193–219). New Haven, CT: Yale University Press.

Smith-Rosenberg, C. (1975). The female world of love and ritual: Relations between women in nineteenth century America. *Signs, 1,* 1–29.

Trumbull, H. C. (1894). *Friendship the master passion.* Philadelphia, PA: Wattles.

Uvnäs-Moberg, K. (1998). Oxytocin may mediate the benefits of positive social interaction and emotions. *Psychoneuroendocrinology, 23,* 819–835.

(2004). *The oxytocin factor: Tapping the hormone of calm, love, and healing* (R. W. Francis, Trans.). Cambridge, MA: Da Capo Press.

Weinberg, M. S., Williams, C. J., & Pryor, D. W. (1994). *Dual attraction: Understanding bisexuality.* New York: Oxford University Press.

Whisman, V. (1996). *Queer by choice: Lesbians, gay men, and the politics of identity.* New York: Routledge.

Williams, J. R., Insel, T. R., Harbaugh, C. R., & Carter, C. S. (1994). Oxytocin administered centrally facilitates formation of a partner preference in female prairie voles (*Microtus ochrogaster*). *Journal of Neuroendocrinology, 6*, 247–250.

Williams, W. L. (1992). The relationship between male-male friendship and male-female marriage. In P. Nardi (Ed.), *Men's friendships* (pp. 187–200). Newbury Park, CA: Sage.

第二部分

探索爱情的真谛

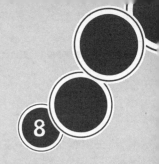

日常生活中的爱情观

贝弗利·费尔（Beverley Fehr）

早在五十多年前，Knox（1970）就提出，"我们缺乏对爱情观的研究。尽管许多作者对'爱情态度'提出了似是而非的观点，但这些观点缺乏实证数据的支持"（p. 151）。之后的几十年里，作者们仍继续"提出似是而非的观点"，但他们已经不再被指责"缺乏实证数据支持"了。实际上，在阐明研究者与大众如何看待爱情以及这些看法如何影响二元动态关系方面，我们已取得了实质性的进展。

作为本文的开始，我提出了一个基本问题："什么是爱情？"研究者们对这个问题给出了答案。接下来是本文关注的重点，即大众的爱情观。然后我们将介绍评估大众爱情观的量表，并附上爱情观研究中关于性别、文化差异的讨论；继而探讨爱情观对亲密关系的影响。在本文结尾，我们提出了未来的研究方向。

爱情的概念

在社会心理学领域，直到20世纪70年代Zick Rubin（1970）和Elaine

Hatfield（1974）首开先河——他们对爱情的定义与分类启发了其他研究者，"爱情"这个主题才得到实证研究者的关注。下面将介绍这些研究者对爱情的定义，然后以此为框架对大众的爱情观进行研究与解读。

研究者眼中的爱情

Rubin（1970）是最早使用科学方法研究爱情的社会心理学家之一，他致力于辨析"爱"与"喜欢"的差异，并且把"爱"界定为一种态度——这种态度让人们以特定的方式来思考、感受和对待爱慕的人。"喜欢"则被他界定为对他人品质的积极评价，比如可爱、有能力和尊重。此外，他还描述了爱情的三个成分："亲密""需要与依恋""关心"。数年后，Steck，Levitan，McLane和Kelley（1982）的研究发现：相比于"需要与依恋"，人们认为"关心"更能表征爱情。

Berscheid和Hatfield（1978）认为，爱情不是纯粹的单一体，而可以分为"激情之爱"和"相伴之爱"这两个基本类别。"激情之爱"是一种强烈的情感状态，以情感巅峰、生理唤醒和性吸引为特征；"相伴之爱"则是"对某人持友善情感和深度依恋"（Hatfield & Walster，1978，p. 2）。"相伴之爱"具有关心、信任、坦诚和尊重等特征；我们一生能遇到不少给予我们"相伴之爱"的人，例如密友、家庭成员或恋人。

早期的研究工作为后期的爱情理论模型奠定了基础。基于社会学家John Lee（1973）的研究，Hendrick夫妇（1986）提出了六种不同的爱情类型：情爱型（Eros，浪漫之爱、激情之爱、性欲之爱）、友爱型（Storge，友谊之爱）、利他型（Agape，无私之爱）、游戏型（Ludus，游戏式爱情）、占有型（Mania，强迫性的依赖之爱）和现实型（Pragma，实用之爱）。与此同时，Sternberg（1986）提出了另一种爱情理论，即"爱情三角理论"：爱情是个三角形，其三个顶点分别是"激情""亲密""承诺"。这三种成分通过组合构成了爱情的八种类型（如激情之爱是由亲密与承诺组成的）。同时期的另一个非常有影响力的爱情理论是由Hazan和Shaver（1987）提出的，他们把依恋理论应用于成人恋爱关系。他们的研究表明：成年人对恋人的依恋类型类似于婴幼儿对照顾者的依恋类型（安全型、焦虑-矛盾型和回避型）。尽管依恋理论不是专门的爱情理论，但确实有大量研究考察了不同依恋类型的人如何去爱以及如何发展恋爱关系（Mikulincer & Shaver，2016；Pietromonico & Beck，2015；Simpson & Rholes，2012）。

Berscheid（2006，2010）对激情之爱、相伴之爱的类型做出了延伸，增加了另外两种类型的爱，即同情之爱和依恋之爱。激情之爱主要包括情欲之爱和坠入爱河；相伴之爱包括友谊、亲情和强烈的好感；同情之爱包含无私之爱以及共有应答性；依恋之爱被界定为对依恋对象的一种强烈情感。

Berscheid认为这四种爱是最基础、最根本的，它们涵盖了其他类型的爱，就像"大五人格"能够涵盖其他许多人格特征一样。她指出，这些类型的爱很可能会同时出现在浪漫爱情中，但它们可以、也应该能被区分开来。她进一步阐述了每种爱的来源、因果条件、相关行为和时间进程。例如，浪漫之爱与激情之爱会被对方的积极特征（如身体吸引力）、个体自身的性欲以及对爱慕之情的感知所激活；相伴之爱的先决条件是亲近、熟悉和相似性——这些都是影响友谊形成的变量（Fehr，1996）；当感知到所爱之人处于痛苦或有需要时，同情之爱会被激活；依恋之爱的先决条件是某种具有威胁性的情境。在行为方面，对性关系的追求是浪漫之爱及激情之爱与其他类型的爱的最大区别之一；相伴之爱表现为愉悦的互动行为——包括花时间待在一起、发展熟悉感、追求相似的兴趣，以及彼此表达喜欢之情；同情之爱的典型行为依赖于所感知到的痛苦的性质；依恋之爱可以通过提升亲密度的行为得到验证。

心理学家们已经提出了许多关于爱情定义、分类的模型。有些研究者试图对其进行整合，因此对评估这些模型结构的量表进行了因素分析（Fehr，1994；Graham，2011；Hendrick & Hendrick，1989；Tzeng，1993）。尽管不同的研究结果存在差异，但是很多研究都证明确实存在激情之爱和相伴之爱这两个类型（Fehr，2013a，2013b），不过问题是，这些研究缺乏测量相伴之爱的统一标准。Masuda（2003）的一项研究对激情之爱、相伴之爱以及满意度之间的关系进行了元分析，然而几种测量相伴之爱的方法产生了非常不同的结果，这让人们怀疑这些方法测量到的是不同的结构。在Graham（2011）的因素分析中，大部分爱的量表只包含一个因素。因此，他测量到的是一种普遍的爱的因素，而不是那些不同类型的爱各自所涉及的因素。显然，爱情的测量工具和标准还有待完善。

大众的爱情观

非专业人士对"什么是爱？"这个问题给出了很多答案，他们多是从原型的视角进行分析的。我们可以看到，研究者基于"爱情是一个故事"的理论运用社会分类法对大众的爱情观进行了探讨。此外，有人从本质主义和文化共识的视角考察了大众的爱情观。

1. 原型法

认知心理学家Eleanor Rosch（1973a，1973b）提出了一个大胆的观点，即许多自然语言概念不符合其经典定义（如不能用单独必要和共同充分的标准特征进行定义）。相反，这些概念是由围绕它们的最明确的案例或所谓"原型"的最佳示例组织而成的。例如，我们在界定某一类人时会基于个体与原型示例的相似程度来排序，并分出谁是该类别中的成员，谁不是。因此，类别之间的边界是模糊的，划分得并不清晰。在对该理论的实证检验中，研究者聚焦于食物的类别，例如蔬菜、水果、家畜、家禽（Mervis & Rosch，1981），并发现这些概念的一些例子被认为是具有典型性的，另一些则被认为没有典型性。例如，人们认为苹果是水果概念中的典型，而认为牛油果是非典型的。此外，这种内在结构影响人们对那些与类别相关信息的认知加工。在一项反应时研究中，人们对那些典型例子的类别归属的确认反应比对那些非典型例子的确认反应更快。例如，人们将苹果判定为水果的反应时显著短于将牛油果判定为水果的反应时（Rosch，1973b）。

Fehr及其同事（1984，1988）探究了那些与过去的经典定义相左的更抽象的概念，例如爱情原型的概念。为了加以验证，Fehr和Russell（1991）对爱的类型进行了原型分析。在一系列研究中，他们发现"相伴之爱"（例如父母之爱、友谊之爱）被认为是典型的，激情之爱（例如浪漫之爱、性欲之爱）则被认为是非典型的。他们在研究中用多种方法验证了爱情原型结构。例如，在反应时实验中，相比于确认迷恋是一种爱，被试确认母爱是一种爱的速度更快。

在这些研究的基础上，Fehr（1994）对15个类型的爱进行了聚类分析——相伴之爱所包含的几个类型聚成一簇，而激情之爱所包含的几个类型聚成了另一簇。结论是，用Berscheid和Hatfield（1978）对激情之爱和相伴之爱的区分可最好地概括出大众眼中的爱情是什么样（Fehr，2001，2006，2013a，2013b）。

Fehr（1988）进一步提出了原型方法，她认为，概念的属性或特征也可被组织成原型，这样有些特征就能比别的特征更具有代表性。她的第一项研究要求被试列出爱情的特征，以及承诺的特征（本文不再呈现这些研究结果）。然后她对这些开放式回答进行编码，最终综合各位被试的答案，筛选出了68个特征。其中，诸如诚实、信任和关心等属于高频特征，而依赖、性激情和身体吸引等属于低频特征。然后，她找了一组新被试来评定这些特征的典型性，并证实信任、关心、亲密以及友谊这些特征被认为是爱的核心，而性激情、彼此凝视以及心跳加速被认为是无关紧要的。

Fehr使用多种方法对这个原型结构进行了验证。一项关于自然语言使用的研究发现，语句中植入的"干扰词"让典型特征（而不是非典型特征）听起来很奇怪。例如，对于"A喜欢B"这一既定信息，被试认为"A有点儿信任B"的说法听起来有些怪，而"A有点儿依赖B"的说法听起来更自然。爱情的典型特征在记忆中也比非典型特征更显著。整体而言，这些发现与那些关于爱情类型的分析结果是一致的——人们认为相伴之爱抓住了爱情的意义，而激情之爱是次要的。

在随后的研究中，Aron和Westbay（1996）对Fehr（1988）所界定的爱情的68个特征进行了因素分析。他们通过分析得出了3个因素并将它们与爱情三角理论中的激情、亲密和承诺相对应。无论被试被要求给特征的典型性评分，还是给这些特征对他们自己关系的适用性评分，亲密因素的得分都是最高的，其次是承诺因素，而激情因素的得分最低。

在Fehr（1988）对爱情特征进行原型分析的基础上，研究人际关系的科学家们对特定类型爱的特征进行了原型分析。例如，Regan，Kocan和Whitlock（1998）开展了一项关于浪漫之爱（被当作"恋爱中"的同义词）概念的原型分析。他们从被试开放式的回答中提取了119个特征。其中，出现频率最高的几个特征分别是：信任、性吸引或性欲、接纳与宽容、花时间共处，以及分享想法与秘密。出现频率最低的几个特征分别是：崇拜、爱抚、对对方的服从、控制。当被试根据典型性来评定这些特征时，得分最高的是信任、诚实、幸福、关心和亲密——这些特征在Fehr（1988）的分析中（整体上）也被评定为最典型的；中等典型的特征包括性吸引或性欲、花时间共处、触摸或拥抱、激情、想念或想要在一起（有趣的是，这些特征正是研究者们在浪漫之爱的定义中强调的品质）；而非典型特征指向浪漫之爱的"阴暗面"，如自私、控制、抑郁、撒谎或隐瞒。

Kito（2016）对爱情、激情、信任、承诺、亲密、满意度、关系质量这7个概念进行了原型分析。在对"爱情"的典型性评定中得分最高的几个特征分别是信任、诚实、尊敬和忠诚，得分最低的几个特征是性欲、痴迷和"小鹿乱撞"；在对"激情"的典型性评定中得分最高的几个特征是爱、亲密、幸福、联结感、性欲和忠诚，得分最低的几个特征是"小鹿乱撞"、牵手、痴迷。有趣的是，与相伴之爱密切相关的几个特征，即关心、诚实、忠诚和沟通，在这7个概念中都有体现。Manoharan和de Munck（2017）对爱、浪漫之爱和性的概念进行了原型分析。在"爱"的相关特征中，获得高典型性评分的特征与Fehr（1988）对爱的原型分析所确定的特征相似；而浪漫之爱的典型特征与Regan等人（1998）的浪漫之爱原型分析所确定的特征非常相似。爱与浪漫之爱有许多共同特征——主要是那些获得较高典型性评分的特征（如诚实、信任、关心）。

Fehr和Sprecher（2009）认为同情之爱也是一个原型概念。他们在第一项研究中，让被试列出同情之爱的特征或典型行为。同情之爱的概念涉及感觉和情感（如与对方在一起时最开心）、认知（如想念对方）、动机（如想让对方开心）以及行为（如为对方做任何事）。在后续的研究中，他们对这些特征进行了典型性评定。得分最高的几个特征是信任、诚实、关心、理解和支持。这些特征也是爱情概念的核心（Fehr，1988），而诸如"为对方做任何事""对方优先于自己""为对方牺牲"等特征得分最低。很多研究者都通过这种方法来界定同情之爱的特征（Shacham Dupont，2003）。同情之爱的原型结构在反应时测试、记忆偏差研究中都得到了验证。

值得注意的是，在对浪漫之爱、激情之爱、同情之爱所开展的原型分析中，那些评价得分最高的特征也是公认的爱情概念的典型特征（Fehr，1988）。这表明，浪漫之爱、激情之爱和同情之爱都是大众心中最重要的几种爱。那些非典型特征似乎起到了甄别作用，即帮助识别出这种爱属于哪个特定类型。浪漫之爱与激情之爱的非典型特征表明这类爱涉及性吸引、花时间共处、触摸或拥抱等。同情之爱的非典型特征，例如自我牺牲和把对方放在第一位，表明这是一种为他人奉献自己的爱。

2. 基于原型的其他方法

还有几位研究者对爱进行了基于原型的分析。Buss（1988）对爱情的行为指标进行了原型分析。在这项研究中，一组被试被要求列出能体现爱情的行为或举动；另一组被试则被要求对这些行为进行典型性评定。那些体现承诺的行为（如答应求婚）获得了较高的典型性评分；那些体现激情或性欲的行为（如发生性行为）则得到了较低的评分。

在原型分析文献中，还有一种方法是评估大众对特定爱情经历的描述（而不是评估他们对爱情概念的描述）。例如，Shaver、Schwartz、Kirson和O'Connor（1987）让被试描述一段有关爱情（以及其他情感）的经历。然后他们从这些描述中提取关键特征并将其分类为起因（如感觉被对方渴望或需要、发现对方有吸引力）、应答（如想靠近对方、亲吻对方或与之发生性行为）、生理反应（如精力充沛、心跳加速）、行为（如凝视、微笑）等。Fitness和Fletcher（1993）用这种方法的变式对婚姻中的爱（和其他情感）进行了分析。他们让夫妻二人分别描述能唤起其对伴侣的爱的典型事件。分析结果表明，唤起爱的体验的典型事件包括想念伴侣、从伴侣那儿获得支持、与伴侣共度欢乐时光；此外，被提到的还有低唤醒度的生理反应，如感觉温暖以及肌肉放松；被提到的典型行为包括渴望与伴侣亲密接触、送礼物、拥抱、亲吻，以及什么都不做。

总之，爱情原型分析的方式多种多样。一些研究者让被试罗列出爱情概念的本质特征或某种类型的特征，还有一些研究者让被试描述一段爱情经历。每种方式大概都是在获取一种不同类型的相关知识。前面提到的一些研究者指出（Fehr，2005；Surra & Bohman，1991），爱情概念可能有不同的层次，或者至少有不同的知识库。在最普遍的层面上，人们对爱情有着共同的文化观念。我们似乎可以这么认为：当人们被要求描述爱情这个概念的特征或典型行为时，他们就会挖掘出相关的知识了。人们也可能基于自身经历而持有某些关于特定关系中爱的表征——当他们被要求描述特定的爱情经历或片段时，就会暴露这种知识。

3. 爱情是一个故事

Sternberg（1994，1995，1996，1997，1998a，1998b，2006）通过研究发现，人们会持有内隐的爱情理论——关于爱情如何开始、发展和（可能发生的）结束。这些爱情故事是个体自身特征的产物，也是个体从媒体或他人及其自身的恋爱经历中提取的信息的产物。Sternberg坚持认为，这些故事不一定是发生在意识层面的，但它们在人们选择伴侣的过程中以及人们与伴侣的动态关系中发挥着重要作用（例如判断一段关系是否令人满意、满足，是否能长长久久）。Sternberg通过研究确定了26种爱情故事（1998b，2006）。这不是一个面面俱到的集合，而是人们构建各种爱情故事的大样本。其中，得到最多认可的三类故事是"旅行"（爱情是一场旅行）、"园艺"（爱情关系需要持久不断的浇灌与抚育）和"民主政府"（伴侣双方平等拥有权力）。最不被认可的故事包括"恐惧"（在恐吓伴侣或被伴侣恐吓时，关系会变得更有趣）、"收藏"（将伴侣视作符合"图式"的收藏品）、"专制政府"（一方支配或控制另一方）和"游戏"（爱情是一种游戏或运动）。

根据Sternberg的观点，爱情理论是一个被原型保护着的故事。这意味着，并不是每个人爱的故事都必然包含这个原型的所有元素（正如Sternberg及其同事的研究发现的那样）。此外，每个人都有很多个故事，这些故事是按等级排列的，有些故事处于最高的或靠上的层级，而另一些故事则处于较低的层级。人们遇到的潜在伴侣会在不同程度上与他们的故事相匹配。有证据表明，当伴侣双方有类似的爱的故事时，他们的关系发展得最好（Sternberg，1998b，2006）。

4. 社会分类方法

Myers和Berscheid（1997）用社会分类方法对非专业人士的爱情概念进行了评定。在这项研究中，研究者通过让被试分别罗列出他们生活中属于"爱情"与"恋爱"两个范畴的人名，来阐述"爱情"与"恋爱"两个术语的含义。被试还需要罗列出他们被哪些人所吸引过或对哪些人产生过性欲。研究发现，与"恋爱"相比，"爱情"的范围要广得多（例如被试列出了更多的名字）。此外，"爱情"这个概念包含了"恋爱"的概念。还有一个情况是，那些被列入"恋爱"范畴的人通常也被列入了"具有性吸引力"类别（但未被列入"爱情"范畴），这表明"恋爱"一词所指的爱的类型包含性成分。理解爱情和爱情类型的另一个方法是让非专业人士来提出分类的因素。我们有望通过这种微妙的或间接的方法来了解人们对爱情的定义和建构。

5. 本质主义方法

Bergner及其同事（Duda & Bergner，2017；Hegi & Bergner，2010；Bergner，Davis，Saternus，Walley，& Tyson，2013）阐述了爱情的"本质主义观点"，他们认为，人们至少会以一个必要的或基本的特征为根据来定义爱情。本质论的方法根植于描述心理学（Davis & Todd，1985），它被认为与爱情原型方法相对立，因为原型理论的核心原则是：爱情概念不能用必要且充分的特征来定义。本质主义理论模型所确定的爱情特征是"对他人幸福的投入"（也称作"为了个体自身利益而关心他人的幸福"），这是一个包含关心、无私奉献、努力促进他人幸福等的相对宽泛的术语。Hegi和Bergner（2011）做了两项研究来验证"人们对爱情持有本质主义观点的假设"（又见Bergner et al.，2013）。研究一发现，在描述浪漫之爱、相伴之爱、无私之爱或父母之爱时如果缺乏"对他人幸福的投入"，那么人们就会认为关于一方爱另一方的说法是不成立的。文献中已确定的爱的其他特征（例如信任、尊重、亲密、承诺）的评估得分并不会像这种方法中"本质"特征的得分那么高。研究二让被试判断，如果一段亲密关系中缺少某个特征，它会在何种程度上存在缺陷。研究结果表明，"对他人幸福的投入"获得了较高的评分（即如果这个特征缺失了，那么一段关系会有严重缺陷）。然而，爱情的其他特征，例如信任、承诺以及情感的亲密也获得了较高的评分。研究者得出结论：研究一的结果表明，人们用本质主义的方式来定义爱情；研究二的结果则表明，当被要求评估构成一段良好关系的要素时，人们会转向原型方法。目前尚不清楚的是，人类的认知为何会进化到这种程度，以至于人们对爱情含义的理解与对构成良好关系要素的理解有所不同。

6. 文化共识方法

文化共识理论是一种统计框架，可用来研究一个概念或现象的文化共享观点中的个体差异。文化共识方法可识别出个体差异（例如性别、人格）和反应倾向（例如猜想）。近来，该方法被用于考察人们对"因为什么而感受到被爱"的共识（Heshmati et al.，2017；Oravecz，Muth，& Vandekerckhove，2016）。Heshmati等人（2017）认为，这个方法可被归为原型法，但它所关注的范围更广。研究者们构建了60个情境——描绘爱的积极行为（例如浪漫之爱、父母之爱、友谊之爱，以及非人际关系的爱，如对自然或动物的爱）、消极行为（例如受他人控制）或中性行为。更具体而言，被试会阅读一些语句，句子主干为"大部分的人会感到被爱，是在_____时"，句子空缺部分随机出现的短语可归为以下几类：①信任和接受（例如"有人向他们倾诉"），②对需求和目标的支持（例如"有人庆祝他们的成就"），③象征性的或具体的表达（例如"他们获得礼物"），④花时间与他人共处（例如"他们花时间与朋友在一起"），⑤爱的其他可能来源（例如宗教、宠物、大自然、爱国主义、节日、仪式等），⑥受他人控制（例如"有人想随时知道他们在哪里"），⑦中性情境（例如"阳光灿烂"）。被试需要判断，在这些情境中大部分人是否会感受到被爱（可选择的答案有"正确""错误""不知道"）。研究结果表明，人们在对爱的界定指标上意见一致，这些指标涉及浪漫关系和非浪漫关系（例如与朋友、家人的关系）。例如，人们在判断以下情境是爱的指标时具有高度一致性：在困难时期有人同情他们、孩子依偎在他们身旁、他们的宠物看到他们时很开心、有人对他们说"我爱你"。此外，有证据表明，人们在了解爱情含义的文化共识方面存在个体差异。例如，相比于男性，女性更了解爱情的文化共识；那些正处于恋爱中的人以及在宜人性和神经质方面得分较高的人也更了解爱情的文化共识。

爱情观的测量

任何领域的研究进展都依赖于心理测量工具的可用性。亲密关系领域的研究主要聚焦于浪漫之爱与激情之爱。在这一领域，应用最广泛的量表主要测评的是爱情的体验。本节的重点是浪漫之爱与激情之爱概念或信念方面的评定量表。尽管相伴之爱（以友谊为基础）一直被认为是爱情理论的重要组成部分，但并没有一个标准的量表可以用来测量这种类型的爱的体验或概念（最常用的测量工具是友谊之爱风格量表）。Sprecher和Fehr（2005）开发了同情之爱量表来对同情之爱的体验（或对这种爱的倾向的体验）进行评估。在这个领域，尚未有公开发表的量表对依恋之爱进行评估。

1. 浪漫之爱与激情之爱

测量人们对浪漫之爱观点的尝试至少可以追溯至1944年——Gross开发了信念类型量表来测量人们对浪漫主义的态度。这个量表包含80个测试项目，诸如"选择一个英俊有吸引力的人作为恋人很重要""鲁莽的人是最好的恋人"等。这些测试项目的一组子测试集旨在评估那些与爱情的浪漫主义特点相反的"现实主义"观点（例如"女孩应该期待她的心上人在任何场合都彬彬有礼"）。在随后的几十年里，研究者们开发了许多测量浪漫主义信念的量表，包括浪漫主义态度量表（Hobart，1957）、爱情态度量表（Knox & Sporakowski，1968；Munro & Adams，1978）、浪漫之爱综合量表（Spaulding，1970）、浪漫理想主义因素量表（Fengler，1974）以及浪漫信念量表（Sprecher & Metts，1989）。整体而言，这些量表评估了受测者对爱情信念的认同程度，例如"真爱能战胜所有困难""每个人只会有一次真爱""一见钟情是存在的""真爱是永恒的"。

20世纪80年代中期，随着社会心理学中爱情理论模型的激增，相关的量表也大量问世。这些量表大多是用来评估爱情体验的，例如Hatfield和Sprecher的激情爱情量表（1986）、Sternberg的爱情三角量表（1998）等。但是Hendrick夫妇的爱情态度量表（1986）是个例外，它测量的是人们对爱情的综合信念（例如"真正的爱情首先需要一段时间的关心"）以及对恋爱关系的体验（例如"我的爱人和我一见钟情"）。还有一个量表可以对人们的六种不同爱情风格分别进行测量。情爱量表（Eros scale）用于评估浪漫之爱与激情之爱的风格。Hendrick夫妇后来又发展出了一种专注于亲密关系体验的特定关系量表（relationship-specific scale，1990），不过还是他们最初的那版爱情态度量表的应用更广泛（Fehr，2013a，2013b）。

Fehr（1994）发展出了一个基于原型的量表来对爱的概念进行评定（又见Fehr & Broughton，2001）。受测者会看到关于20种爱的原型的描述（例如特征清单），并且需要去评定每种原型描述中对爱的观点与他们自己对爱的观点的相似程度。然后研究者可以通过那些描述激情之爱、浪漫之爱、迷恋、情爱等特征清单的得分总和来测量浪漫之爱与激情之爱。当然，如果研究者对特定类型的浪漫之爱与激情之爱（例如迷恋）感兴趣，那么他们也可以使用对单个原型进行评定的方法。这种方法的弊端在于，受测者需要在做出评定之前先阅读一份较长的、关于每种类型的爱的特征清单。此外，这种方法无法考察受测者对每个特征的认同度。因此，这类研究后续还需要进行每种爱的特征的典型性评定，并构建只包含基础典型特征的、更短的量表。

有研究者开发了一套测试来测量人们对Sternberg及其同事（1998b）确定的26种爱情故事的认同度。这套测试包含对不同类型爱情故事的描述，例如，艺术类爱情故事的测评项目有"我认为关系需要得到不断滋养才能在起起伏伏的生活中得以存续""我认为任何得不到关怀的关系都无法存活下来"，以及"外表吸引力真的是我寻找伴侣的一个最基本依据"。

一些标准化量表能够测评人们对浪漫之爱的信念。20世纪80年代的量表在当下的应用最为广泛。（更早之前的一些量表似乎与当下的发展有些脱节。）然而，这些量表主要关注的是人们如何体验浪漫之爱与激情之爱，而不是人们如何看待爱情。Sternberg的爱情故事测量是个例外，它评定的是人们对浪漫之爱过程中典型信念的认同程度。

2. 相伴之爱

自从研究者们开启了对爱情的研究，相伴之爱就一直是被"摆在桌面上"的问题。不过令人讶异的是，至今尚未有标准化量表能够专门对其概念和体验进行测量。只有个别研究者编创了一些量表，但这些量表并没有得到广泛的使用，更没有得到充分验证（Fehr，2013a，2013b）。Hendrick夫妇爱情态度量表中的友谊之爱风格量表是测评相伴之爱的最常用工具之一。该量表包含一些涉及概念的项目（如"最好的爱来自长期的友谊"），以及一些看起来能够评估相伴之爱的体验的项目（如"我们的爱是一种深厚友谊，而不是什么深不可测的神秘感情"）。元分析结果表明，友谊之爱风格量表的表现与其他相伴之爱量表有很大差异（Masuda，2003）。

Fehr（1994）开发了一种基于原型的测量相伴之爱的方法。在该研究中，受测者评定了相伴之爱原型（例如友谊之爱、家人之爱、父母之爱等）与他们自己对爱的观点相符合的程度。研究者认为，这些原型中的每一种都可以被单独测量，而且通过汇总对这些原型的评定（基于聚类分析），他们能够对相伴之爱的概念做出更全面的评估。这个测量的局限性类似于前文中浪漫之爱的基于原型的测量。

相伴之爱在研究者和大众的眼中都非常重要，但我们仍缺乏能够准确对其进行测量的可靠量表。理想情况下，测量这种爱的观点和体验的方法是能够被研发出来的。

3. 同情之爱

如前所述，社会科学家开始越来越关注同情之爱了。Hendrick夫妇的爱情态度量表中的利他之爱风格量表描绘了一种利他的、自我牺牲的爱，它类似于同情之爱。诸如"我宁愿自己受苦，也不愿爱人受苦"以及"为了我爱的人，我愿意承受一切"等都是这个量表中的项目。这些测量项目似乎指向某个特定的人，而不是无私之爱的信念或概念。（事实上，利他之爱的测量项目与特定关系量表中的项目具有一致性。）

Sprecher和Fehr（2005）开发了一个含有21个测量项目的自我报告式量表来测评人们关于体验同情之爱的个性倾向。在开发这个同情之爱量表时，研究者首先研究的是人们对同情之爱的普遍观点（Fehr & Sprecher, 2009）。这个量表中的测量项目有几个出处，一个是Underwood（2002）对同情之爱的测量（例如"我感到无私地关心他人"），另一个是利他之爱风格量表（Hendrick & Hendrick, 1986），还有一个是包含自我牺牲和无私测量项目的经典浪漫之爱量表（Rubin, 1970）。该量表关注的是人们体验到的对他人同情之爱的倾向，而不是对同情之爱的观点。

爱情观的性别相似性与差异性

这些体贴的男性，可能也包括所有的女性，都在思考爱情的本质。

——Harry Harlow，1958，p. 673

在思考爱情的本质时，男性和女性的看法一致吗？这个问题的答案取决于"爱"的概念是一般意义的还是特定类型的。

1. 一般意义的爱

在一般意义的爱的原型研究中，女性和男性的评分通常不会表现出差异。（Kito，2016；Fehr，2013a，2013b）。

2. 浪漫之爱与激情之爱

一个长期存在的刻板印象认为女性比男性更有可能对爱情持有浪漫的观点。Ackerman及其同事（2011）开展了一项研究，他们在街上随机找了一些男性和女性，问他们两个问题："通常在一段恋爱关系中，哪一方会先声明他们恋爱了？""在一段恋爱关系建立之初，男方和女方谁会更早地投入？"有64.4%的被试对第一个问题的答案是"女方"；有84.4%的被试对第二个问题的答案是"女方"。在一项后续研究中，研究者让被试（本科生）回忆一段为爱告白的恋爱关系，并指出是哪一方先告白的以及是在什么时候告白的。有61.2%的被试表示是男方先告白的。数据还显示，在恋爱关系中，男性考虑告白的时间也要比女性早很多（平均早42天）。

这种性别差异是否也会反映在男性和女性对爱情的看法上呢？当我们关注爱情的信念时，会发现——男性明显更浪漫。例如，男性比女性更支持爱情的浪漫主义信念，比如"一个人只能有一个真爱""真爱永恒"，以及"一见钟情是可能的"（Rubin，Peplau，& Hill，1981；Sprecher & Metts，1989）。相比之下，女性将爱情看得更现实。她们认为在选择伴侣时应该考虑经济因素，还认为在拥有许多潜在伴侣时更可能建立一段令人满意的关系，以及应该选择具有相似背景的伴侣（Hendrick & Hendrick，1997）。与这些性别差异保持一致的是，Fehr和Broughton（2001）发现，相比于女性，男性对激情类爱情原型（例如浪漫之爱、激情之爱、性欲之爱）的评价更能反映出他们对爱情的看法。

不过研究发现了一些例外，如在使用情爱风格量表、浪漫之爱风格量表或激情之爱风格量表来测评浪漫之爱与激情之爱时，男性的得分并不比女性高（Hendrick & Hendrick，1997）。Sprecher和Toro-Morn（1989，2002）发现，中国男性比中国女性在浪漫信念量表上的得分更高，然而在美国被试中并没有这样的性别差异。

在Sternberg及其同事（1998b，2006）对爱情故事的研究中，在"艺术"（根据外表吸引力选择伴侣）、"色情"（爱会让自己或对方堕落）、"牺牲"（用献出自己的方式来定义爱情）和"科幻"（感觉自己的伴侣是外星人或难以理解）等类型中，男性的得分高于女性；女性在"旅行"（爱情是一场旅行）类型中的得分高于男性。

3. 相伴之爱

有证据表明，与男性相比，女性拥有的爱情概念更偏向于陪伴的、基于友谊的。女性在友谊之爱风格量表中的得分通常高于男性（Hendrick & Hendrick，1990，1997；Worobey，2001）。不过也有例外：在澳大利亚开展的一项研究发现，女性在这个量表上的得分高于男性，但是这一差异尚不具备统计学意义（Heaven，Silva，Carey，& Holen，2004）。Sprecher和Toro-Morn（2002）的研究在使用友谊之爱风格量表进行测评时，并没有在美国被试中发现性别差异，但是在中国被试中发现男性得分显著高于女性。

Fehr和Broughton（2001）发现，女性对相伴之爱原型的评分比男性更能体现其对爱情的看法。然而，在囊括各类相伴之爱原型（家庭之爱、亲情、友爱）的相伴之爱测量中，研究者并没有发现性别差异。

4. 同情之爱

Fehr和Broughton（2009）的同情之爱原型分析表明，女性和男性对同情之爱的看法大致相似。具体而言，女性和男性对同情之爱特征的典型性评分并没有显著差异。类似地，利他之爱风格量表的得分也基本不存在性别差异（Hendrick & Hendrick，1997）；然而，在近些年的研究中，出现了男性得分高于女性的现象——这种性别差异存在于美国（Sprecher & Toro-Morn，2002；Worobey，2001）、澳大利亚（Heaven et al.，2004）和中国（Sprecher & Toro-Morn，2002）的被试中。造成这种变化的原因尚不明确。

整体而言，证据表明，男性更倾向于浪漫之爱与激情之爱，而女性更倾向于陪伴之爱。因此，有人得出了一个结论：当谈到爱时，女性和男性仿佛生活在不同的世界，甚至是不同的星球（Gray，1992）。然而，这种结论似乎缺乏坚实的根据，因为研究者们通常只评估了浪漫之爱与激情之爱，或者只评估了相伴之爱，而没有对不同类型的爱同时进行评估。那些同时评估了不同类型爱情的研究通常只进行了类型间的性别分析，而没有进行同一类型内的性别分析。因此，男性和女性对不同类型爱情看法的差异基本没有得到考察。在一系列旨在解决该问题的研究中，Fehr和Broughton（2001）向男性和女性都呈现了激情之爱和相伴之爱的原型描述，然后让他们评定每种原型描述的爱情观点与他们自己的爱情观点的匹配程度。研究发现，男性和女性对相伴之爱的评分都显著高于激情之爱。换言之，通过比较相伴之爱和激情之爱的评分，以及比较男性和女性对这两种爱的评分，我们看到：在理解爱情方面，男性和女性之间的一致性要比不一致性高得多。

爱情观的文化相似性与差异性

Fehr（1988）的爱情原型研究是在加拿大西海岸进行的。在此之后，别的社会科学家在北美洲的其他区域对该原型结构的可重复性进行了验证（Fehr，

1993）。例如，Button和Collier（1991）对生活在加拿大东海岸的大学生和社区居民展开的研究，以及Luby和Aron（1990）对生活在美国西海岸的被试展开的研究——这项研究的被试是在加利福尼亚大学圣克鲁兹分校就读的学生和参加音乐鉴赏课程的社区居民。值得注意的是，上述研究结果高度一致。在所有的研究中，被试都提交了开放式的描述，然后研究者独立建构编码方案对数据进行汇总。在Fehr界定的爱情典型特征上，数据之间存在非常强的一致性。具体而言，频繁被列出的、获得最高典型性评分的五大特征是"信任""关心""诚实""友谊""尊重"，此外"亲密"在各项研究中也获得了较高的评分。

Kito（2016）以生活在加拿大中部的大学生和社区居民为样本也验证了Fehr的爱情原型结构的可重复性。因此，至少可以说在北美洲范围内，大学生以及社区居民对爱情原型似乎具有共识，都认为爱的陪伴性特征能够很好地体现它本身的概念。

除了北美洲，研究者在德国也开展了相关研究。Lamm和Wiesmann（1997）让德国的大学生被试回答"你如何知道自己爱上了某人？"这个问题，并且询问其他被试"什么是爱？"或"什么是恋爱？"。尽管这项研究并不是原型分析，但是与之有着相似的研究方法，即对被试的答案进行编码，进而得到每个概念的特征清单。对于爱情的概念，出现最多的答案有："当想到对方或与对方在一起时心情会很好""信任""渴望与对方在一起""利他的行为""自我暴露"。对于恋爱（被认为是浪漫之爱和激情之爱的同义词）的概念，出现次数最多的答案有："当想到对方或与对方在一起时很兴奋""好心情""总是想着对方""想看到对方""喜欢"。研究者们得出的结论是，这项研究筛选出的爱情指标与Fehr（1988）爱情原型分析中的高频特征有很高的重合度。

Kline，Horton和Zhang（2008）让美国本土大学生和在美国读大学的亚洲学生分别报告他们对婚姻中爱情的态度和信念。两个样本群做出的反应高度相似，尤其是在那些高频特征上。例如，美国本土的大学生被试提出的高频特征有"信任""一起玩耍""尊重""诚实"等；而亚洲大学生被试提出的高频特征有"信任""关心""尊重"。正如前人的例子所表明的，在这两个样本中，最重要的一些特征更多地反映出相伴之爱的概念，而不是激情之爱的概念。研究者得出结论："这个研究是Fehr的爱情原型分析的同类研究，也是对其的验证……并且将亚洲人纳入了爱情原型分析的样本。"（p. 211）

还有研究采用了一种不同的方法来考察不同情感（包括爱）的层级结构，如Shaver，Schwartz，Kirson和O'Connor（1987）在美国进行的研究以及Shaver，Murdaya和Fraley（2001）在印度尼西亚进行的研究。具体而言，研究者给被试呈现大量情感术语，并让他们将其分类。这两个国家的被试表现出了相似的情感分层——积极情绪和消极情绪都处于较高的上部层级，爱处于中间层级。然而，在细分的从属层级上，被试表现出了文化差异。例如，印度尼西亚被试对爱情的定义更为广泛，选择了26个术语作为爱情的子概念，而美国被试只选了16个术语作为爱情的子概念。两个国家的被试都将那些指代性欲、兴奋和激情、喜欢、爱慕的术语归入了爱情概念。然而，印度尼西亚被试的爱情概念还包括那些指代渴望或追求的术语。研究者们总结指出，尽管爱情概念在上部层级和中间层级可能具有普遍性，但是在那些被视作构成爱情的更精细的分类层级上可能会表现出极大的文化差异。

爱情观的启示

Kelley（1983）指出，当人们询问关于他们自己关系的问题时，几乎是一成不变地围绕着爱和承诺（例如"我如何确信伴侣是爱我的？"）展开的。他认为，人们对爱情的观点决定了他们是否会开始、维持或结束他们的关系。正如我们所见，尽管没得到实证研究的充分证实，但人们对待爱情的方式能够在很大程度上帮助我们预测他们的关系满意度，以及他们的关系是否会长久。

爱情观和关系满意度

与人们的爱情观相关的最常见的一个结果变量是满意度。正如我们所见，浪漫之爱与激情之爱、相伴之爱以及同情之爱都与一段关系中的满意度相关。

1. 浪漫之爱与激情之爱

情爱量表测量的是浪漫之爱与激情之爱——通常与关系满意度相关（Fehr，2013a，2013b）。如前所述，这个量表上的测量项目指向一个特定伴侣，因此这个量表可能无法真正测量到人们对爱情的观点。Fehr（2013a，2013b）在研究回顾中指出，情爱量表得分与满意度的相关系数区间为0.00～0.75——在大多数研究中这一数值区间为0.40～0.60。部分研究发现，男性的相关系数高于女性；而另一些研究则发现了相反的结果。不过研究者们一般不会去验证这些相关性之间是否存在显著差异。

Sternberg及其同事发现，虽然积极的、适应良好的爱情故事与满意度无关，但是适应不良的爱情故事却与关系满意度呈显著负相关。适应不良的爱情故事包括"恐惧""科幻""商业""游戏"等类型。

2. 相伴之爱

测量相伴之爱时我们主要使用的是友谊之爱风格量表。用这种方式测量到的对相伴之爱的观点大多与关系满意度无关。现有研究中的相伴之爱得分与关系满意度的相关系数区间为0～0.26，其中大部分数据都位于这个范围的底部（Fehr，2013a，2013b）。一个人是否同意"很难确切地说友谊最终会走到哪儿，以及爱会从哪儿开始"，与其在爱情关系中有多幸福似乎没有多大关系。

3. 同情之爱

一些研究探索了同情之爱（通过同情之爱风格量表测量）与关系满意度之间的关系。相关系数的变化范围较大，为0.07～0.57（Fehr，2013a，2013b），其中大部数据分布在0.2附近。相关系数有时因性别而异，女性的同情之爱与关系满意度之间的相关性通常比男性更高。

一些证据表明，人们对爱情的理解与其在关系中的幸福感相关。那些追求浪漫之爱与激情之爱的人通常会对他们的浪漫关系感到满意，不过这种关联的强度有相当大的变化；那些抱着利他性和同情之爱观点的人也比较容易对自己的关系感到满意，不过这种关联的强度较低。到目前为止，几乎没有证据表明同情之爱的观点与关系满意度相关。一直以来，友谊之爱风格量表只能用来测量以友谊为基本导向的爱，而不是相伴之爱。因此，我们仍无法确定相伴之爱的观点与关系满意度是否相关。

爱情观与关系恶化及关系解除

人们对爱的信念和观点也会影响关系的发展。Simpson及其同事开展了一系列访谈研究。1976年，他们要求受访者回答：失去了爱情是否是结束婚姻的充分理由？1984年，他们再次要求受访者回答这个问题。在1976年，大约有2/3的受访者认为失去了爱情是离婚的有效依据；到了1984年，这个数字有所下降，即便如此，仍有近1/2的受访者认同这一观点。Levine，Sato，Hashimoto和Verma（1995）对该研究做了一项跨文化的重复性验证。他们发现，相比于东方文化背景中的人，西方文化背景中的人更可能持有这种观点，不过这种文化差异不是特别显著。

一些研究者关注的问题是，人们对爱情衰减或消亡的信念是否取决于某类爱情的衰退。例如，Fehr（1988）进行了一项情境研究来考察相伴之爱和激情之爱的观点对关系恶化和关系解除的影响。违背相伴之爱的特征（例如缺乏信任或尊重）被认为比违背激情之爱的特征（例如不再体验到性吸引力）更有损于一段关系中爱的水平。Sprecher和Toro-Morn（2002）的发现与这些研究一致——对美国大学生的调查显示，如果一段关系中仍然具有较高的相伴之爱，那么激情之爱的消失就不是结束这段关系的理由。

总的来说，人们普遍认为失去爱是结束一段关系的理由之一，尤其是失去相伴之爱——这会引起关系恶化和关系解除。

研究展望

毫无疑问，研究者们在探索爱情本身以及大众对爱情的不同类型的观点方面取得了进展。然而，这方面的研究还有待进一步深化。未来大众爱情观研究的一个重要领域是Berscheid提出的四种爱情类型中尚未被充分研究的类型。除了相伴之爱的观点没得到广泛的研究，依恋之爱的观点也是如此；对于同情之爱观点的研究也只有一个原型分析（Fehr & Sprecher，2009）。原型分析尤其有利于揭示爱情观对普罗大众的意义。

一旦社会科学家记录了大众对这四种基本类型的爱的观点，那么从实证上探索这一知识对"现实世界"中浪漫关系的影响将是至关重要的。而这正是目前大众爱情观研究的一个明显疏漏。Kelley（1983）指出，人们对爱情的观点会影响他们对是否处于恋爱中或是否要维持一段关系的判断。如果关系中的双方对爱情持有不同的看法，那么这很可能会导致沟通不畅、误解，甚至是关系的终结。

关系科学也将受益于对个体差异，如人格（Fehr & Broughton，2001），以及对爱情观文化背景差异的进一步考察。在西方文化中，个体会基于自己是否爱对方——通常指浪漫之爱与激情之爱（Fehr，2013a，2013b）来决定婚姻的走向。在倾向于集体主义的文化中，人们更看重相伴之爱，例如Dion（1996）的研究所发现的（Fehr，2013a，2013b）。在集体主义文化中，也许有人会期待更多的同情之爱；而个人主义文化中的依恋之爱可能比集体主义文化中的更强烈，因为在个人主义文化中，浪漫伴侣通常被当作主要的依恋对象。对Berscheid提出的每种爱情基本类型进行研究将极大地丰富我们对爱情观的普遍性和文化差异的认识。

对爱情故事中个体差异和文化差异的分析也值得更深入的研究。根据Sternberg的理论，爱情故事因人们性格而异——它们来自观察和亲身经历。举例来说，对爱情故事与大五人格特征相关性的考察就很有意思。有人认为，那些在教养方面得分较高的人更有可能认同"园艺"类爱情故事。相比于男女平等的社会，在女性与男性几乎没有同等权利的文化中，"专制政府"可能是一种更容易被认同的爱情故事。

Harry Harlow（1958）在他开创性的论文中对"爱情的本质"进行了总结，他写道："心理学家……不仅对爱情或情感的起源和发展不感兴趣，而且似乎都没有意识到它的存在。"（p. 673）。幸运的是，半个世纪之后，心理学家不再因为对爱情盲目无知而受到指责——我们现在已经有了大量关于科学家和大众对爱情看法的研究。然而，在关系学家完全了解人们如何看待爱情以及这些观点如何影响亲密关系的形成、延续和终止之前，我们还有很多工作要做。

参考文献

Ackerman, J. M., Griskevicius, V., & Li, N. P. (2011). Let's get serious: Communicating commitment in romantic relationships. *Journal of Personality and Social Psychology*, *100*(6), 1079–1094. doi:10.1037/a0022412.

Aron, A., & Westbay, L. (1996). Dimensions of the prototype of love. *Journal of Personality and Social Psychology*, *70*(3), 535–551. doi:10.1037/0022-3514.70.3.535.

Beck, L. A., Pietromonaco, P. R., DeBuse, C. J., Powers, S. I., & Sayer, A. G. (2013). Spouses' attachment pairings predict neuroendocrine, behavioral, and psychological responses to marital conflict. *Journal of Personality and Social Psychology*, *105*(3), 388.

Bergner, R., Davis, K., Saternus, L., Walley, S., & Tyson, T. (2013). Romantic love: An empirically based essentialist account. In R. Bergner, K. Davis, F. Lubuguin, & W. Schwartz (Eds.), *Advances in descriptive psychology*, Vol. 10. Ann Arbor, MI: Descriptive Psychology Press.

Berscheid, E. (2006). Searching for the meaning of "love". In R. J. Sternberg & K. Weis (Eds.), *The new psychology of love* (pp. 171–183). New Haven, CT: Yale University Press.

(2010). Love in the fourth dimension. *Annual Review of Psychology, 61*, 1–25. doi:10.1146/annurev.psych.093008.100318.

Berscheid, E., & Walster [Hatfield], E. (1974). A little bit about love. In T. L. Huston (Ed.),*Foundations of interpersonal attraction* (pp. 356–381). New York: Academic Press.

Buss, D. M. (1988). Love acts: The evolutionary biology of love. In R. J. Sternberg, M. L. Barnes, R. J. Sternberg, & M. L. Barnes (Eds.), *The psychology of love* (pp. 100–118). New Haven, CT: Yale University Press.

Button, C. M., & Collier, D. R. (1991). A comparison of people's concepts of love and romantic love. Paper presented at the Canadian Psychological Association Conference, Calgary, Alberta.

Davis, K. E., & Todd, M. J. (1985). Assessing friendship: Prototypes, paradigm cases and relationship description. In S. Duck & D. Perlman (Eds.),*Understanding personal relationships: An interdisciplinary approach* (pp. 17–38). Thousand Oaks, CA: Sage.

Dion, K. K., & Dion, K. L. (1996). Cultural perspectives on romantic love. *Personal Relationships, 3*, 5–17.

Duda M. L., & Bergner, R. M. (2017). Sustaining versus losing love: Factors discriminating the two. *Journal of Marriage and Family Review, 53*(2), 166–184.

Fehr, B. (1988). Prototype analysis of the concepts of love and commitment. *Journal of Personality and Social Psychology, 55*, 557–579.

(1993). How do I love thee…? Let me consult my prototype. In S. Duck (Ed.), *Understanding personal relationships,* Vol. 1: *Individuals in relationships* (pp. 87–120). Newbury Park, CA: Sage.

(1994). Prototype-based assessment of laypeople's views of love. *Personal Relationships, 1*(4), 309–331. doi: 10.1111/j.1475-6811.1994.tb00068.x.

(1996). *Friendship processes.* Thousand Oaks, CA: Sage.

(2001). The status of theory and research on love and commitment. In G. J. O. Fletcher & M. S. Clark (Eds.), *Blackwell handbook of social psychology: Interpersonal processes* (pp. 331–356). Oxford, UK: Blackwell.

(2005). The role of prototypes in interpersonal cognition. In M. Baldwin (Ed.), *Interpersonal cognition* (pp. 180–206). New York: Guilford Press.

(2006). A prototype approach to studying love. In R. J. Sternberg, K. Weis, R. J. Sternberg, & K. Weis (Eds.), *The new psychology of love* (pp. 225–246). New Haven, CT: Yale University Press.

(2013a). Love: Conceptualization and experience. In J. A. Simpson & J. Dovidio (Eds.), *Handbook of personality and social psychology*, Vol. 2: *Interpersonal relationships and group processes* (pp. 495–522). Washington, DC: APA Press.

(2013b). The social psychology of love. In J. A. Simpson & L. Campbell (Eds.), *The Oxford handbook of close relationships* (pp. 201–233). New York: Oxford.

Fehr, B., & Broughton, R. (2001). Gender and personality differences in conceptions of love: An interpersonal theory analysis. *Personal Relationships, 8*, 115–136.

Fehr, B., Harasymchuk, C., & Sprecher, S. (2014). Compassionate love in romantic relationships: A review and some new findings. *Journal of Social and Personal Relationships, 31*(5), 575–600.

Fehr, B., & Russell, J. A. (1984). Concept of emotion viewed from a prototype perspective. *Journal of Experimental Psychology: General, 113*, 464–486.

(1991). The concept of love viewed from a prototype perspective. *Journal of Personality and Social Psychology, 60*, 425–438.

Fehr, B., & Sprecher, S. (2009). Prototype analysis of compassionate love. *Personal Relationships, 16*, 343–364.

(in press). Compassionate love: What we know so far. In M. Hojjat & D. Cramer (Eds.), *Positive psychology of love* (pp. 106–120). New York: Oxford Press.

Fehr, B., Sprecher, S., & Underwood, L. (Eds.) (2009). *The science of compassionate love: Theory, research, and applications.* Malden, MA: Wiley-Blackwell.

Fengler, A. P. (1974). Romantic love in courtship: Divergent paths of male and female students. *Journal of Comparative Family Studies, 5*(1), 134–139.

Felmlee, D. H., & Sprecher, S. (2006). Love. In J. Stets and J. H. Turner (Eds.), *Handbook of the sociology of emotions* (pp. 389–409). Boston, MA: Springer.

Fitness, J., & Fletcher, G. J. (1993). Love, hate, anger, and jealousy in close relationships: A prototype and cognitive appraisal analysis. *Journal of Personality and Social Psychology, 65*, 942–958.

Graham, J. M. (2011). Measuring love in romantic relationships: A meta-analysis. *Journal of Social and Personal Relationships, 28*(6), 748–771. doi: 10.1177/0265407510389126.

Gray, J. (1992). *Men are from Mars, women are from Venus: A practical guide for improving communication and getting what you want in relationships.* New York: HarperCollins.

Gross, L. (1944). A belief pattern scale for measuring attitudes toward romanticism. *American Sociological Review, 9*(5), 463–472.

Harlow, H. F. (1958). The nature of love. *American Psychologist, 13*(12), 673–685. doi: 10.1037/h0047884.

Hatfield, E., & Sprecher, S. (1986). Measuring passionate love in intimate relationships. *Journal of Adolescence, 9*(4), 383–410. doi: 10.1016/S0140-1971 (86)80043-4.

Hatfield, E., & Walster, G. W. (1978). *A new look at love.* Lantham, MA: University Press of America.

Hazan, C., & Shaver, P. (1987). Romantic love conceptualized as an attachment process. *Journal of Personality and Social Psychology, 52*(3), 511–524. doi: 10.1037/0022-3514.52.3.511.

Heaven, P. L., Da Silva, T., Carey, C., & Holen, J. (2004). Loving styles: Relationships with personality and attachment styles. *European Journal of Personality, 18*(2), 103–113. doi: 10.1002/per.498.

Hegi, K. E., & Bergner, R. M. (2010). What is love? An empirically-based essentialist account. *Journal of Social and Personal Relationships, 27*(5), 620–636. doi: 10.1177/0265407510369605.

Hendrick, C., & Hendrick, S. (1986). A theory and method of love. *Journal of Personality and Social Psychology, 50*(2), 392–402. doi: 10.1037/0022-3514.50.2.392.

(1989). Research on love: Does it measure up? *Journal of Personality and Social Psychology, 56*(5), 784–794. doi: 10.1037/0022-3514.56.5.784.

(1990). A relationship-specific version of the Love Attitudes Scale. *Journal of Social Behavior and Personality, 5*(4), 239–254.

Hendrick, S. S., & Hendrick, C. (1997). Love and satisfaction. In R. J. Sternberg, M. Hojjat, R. J. Sternberg, & M. Hojjat (Eds.), *Satisfaction in close relationships* (pp. 56–78). New York: Guilford Press.

(2006). Styles of romantic love. In R. J. Sternberg & K. Weis (Eds.), *The new psychology of love* (pp. 149–170). New Haven, CT: Yale University Press.

Heshmati, S., Oravecz, Z., Pressman, S., Batchelder, W. H., Muth, C., & Vandekerckhove, J. (2017). What does it mean to feel loved: Cultural consensus and individual differences in felt love. *Journal of Social and Personal Relationships*. doi: 10.1177/0265407517724600.

Hobart, C. W. (1957). The incidence of romanticism during courtship. *Social Forces, 36,* 362.

Hwang, J., Plante, T., & Lackey, K. (2008). The development of the Santa Clara Brief Compassion Scale: An abbreviation of Sprecher and Fehr's Compassionate Love Scale. *Pastoral Psychology, 56*(4), 421–428. doi: 10.1007/s11089-008-0117-2.

Kelley, H. H. (1983). Love and commitment. In H. Kelley, E. Berscheid, A. Christensen, J. H. Harvey, T. L. Huston, et al. (Eds.), *Close relationships* (pp. 20–76). New York: W. H. Freeman.

Kito, M. (2016). Shared and unique prototype features of relationship quality concepts and their role in relationship functioning. *Personal Relationships, 23,* 759–786.

Kline, S. L., Horton, B., & Zhang, S. (2008). Communicating love: Comparisons between American and East Asian university students. *International Journal of Intercultural Relations, 32*(3), 200–214.

Knox, D. R., & Sporakowski, M. J. (1968). Attitudes of college students toward love. *Journal of Marriage and the Family, 30*(4), 638–642. doi: 10.2307/349508.

Knox Jr, D. H. (1970). Conceptions of love at three developmental levels. *Family Coordinator, 19,* 151–157.

Lamm, H., & Wiesmann, U. (1997). Subjective attributes of attraction: How people characterize their liking, their love, and their being in love. *Personal Relationships, 4*(3), 271–284. doi: 10.1111/j.1475–6811.1997.tb00145.x.

Lee, J. A. (1973). *The colours of love: An exploration of the ways of loving.* Don Mills, ON: New Press.

Levine, R., Sato, S., Hashimoto, T., & Verma, J. (1995). Love and marriage in eleven cultures. *Journal of Cross-Cultural Psychology, 26*(5), 554–571. doi: 10.1177/0022022195265007.

Luby, V., & Aron, A. (1990, July). A prototype structuring of love, like, and being-in-love. Paper presented at the Fifth International Conference on Personal Relationships, Oxford, UK.

Manoharan, C., & de Munck, V. (2017). The conceptual relationship between love, romantic love, and sex: A free list and prototype study of semantic association. *Journal of Mixed Methods Research, 11*(2), 248–265.

Masuda, M. (2003). Meta-analyses of love scales: Do various love scales measure the same psychological constructs? *Japanese Psychological Research, 45*(1), 25–37. doi: 10.1111/1468–5884.00030.

Mervis, C. B., & Rosch, E. (1981). Categorization of natural objects. *Annual Review of Psychology, 32*, 89–115. doi: 10.1146/annurev.ps.32.020181.000513.

Meyers, S. A., & Berscheid, E. (1997). The language of love: The difference a preposition makes. *Personality and Social Psychology Bulletin, 23*(4), 347–362. doi: 10.1177/0146167297234002.

Mikulincer, M., & Shaver, P. R. (2009). An attachment and behavioral systems perspective on social support. *Journal of Social and Personal Relationships, 26*(1), 7–19.

(2016). *Attachment in adulthood: Structure, dynamics, and change.* New York: Guilford Press.

Munro, B., & Adams, G. R. (1978). Love American style: A test of role structure theory on changes in attitudes toward love. *Human Relations, 31*(3), 215–228. doi: 10.1177/001872677803100302.

Oravecz, Z., Muth, C., & Vandekerckhove, J. (2016). Do people agree on what makes one feel loved? A cognitive psychometric approach to the consensus on felt love. *PLoS ONE, 11*(4), e0152803.

Pietromonaco, P. R., & Beck, L. A. (2015). Attachment processes in adult romantic relationships. In M. Mikulincer, P. R. Shaver, J. A. Simpson, & J. F. Dovidio (Eds.), *APA handbook of personality and social psychology, Vol. 3: Interpersonal relations* (pp. 33–64). Washington, DC: American Psychological Association.

Regan, P. C., Kocan, E. R., & Whitlock, T. (1998). Ain't love grand! A prototype analysis of the concept of romantic love. *Journal of Social and Personal Relationships, 15*(3), 411–420. doi: 10.1177/0265407598153006.

Rosch, E. H. (1973a). On the internal structure of perceptual and semantic categories. In T. E. Moore (Ed.), *Cognitive development and the acquisition of language* (pp. 111–144). New York: Academic Press.

(1973b). Natural categories. *Cognitive Psychology, 4*(3), 328–350. doi: 10.1016/0010-0285(73)90017-0.

Rubin, Z. (1970). Measurement of romantic love. *Journal of Personality and Social Psychology, 16*(2), 265–273. doi: 10.1037/h0029841.

(1973). *Liking and loving.* New York: Holt, Rinehart and Winston.

Rubin, Z., Peplau, L. A., & Hill, C. T. (1981). Loving and leaving: Sex differences in romantic attachments. *Sex Roles, 7*(8), 821–835.

Shacham-Dupont, S. (2003). Compassion and love in relationships – Can they coexist? *Relationship Research News, 2*, 13–15.

Shaver, P. R., Murdaya, U., & Fraley, R. (2001). Structure of the Indonesian emotion lexicon. *Asian Journal of Social Psychology*, *4*(3), 201–224. doi: 10.1111/1467-839X.00086.

Shaver, P., Schwartz, J., Kirson, D., & O'Connor, C. (1987). Emotion knowledge: Further exploration of a prototype approach. *Journal of Personality and Social Psychology*, *52*(6), 1061–1086. doi: 10.1037/0022-3514.52.6.1061.

Simpson, J. A., Campbell, B., & Berscheid, E. (1986). The association between romantic love and marriage: Kephart (1967) twice revisited. *Personality and Social Psychology Bulletin*, *12*(3), 363–372. doi: 10.1177/0146167286123011.

Simpson, J. A., & Rholes, S. W. (2012). Adult attachment orientations, stress, and romantic relationships. *Advances in Experimental Social Psychology*, *45*, 279.

Spaulding, C. B. (1970). The romantic love complex in American culture. *Sociology and Social Research*, *55*(1), 82–100.

Sprecher, S., & Fehr, B. (2005). Compassionate love for close others and humanity. *Journal of Social and Personal Relationships*, *22*(5), 629–651. doi: 10.1177/0265407505056439.

Sprecher, S., & Fehr, B. (in press). Compassionate Love Scale. In N. N. Singh & O. N. Medvedeve (Eds.), *Handbook of assessment in mindfulness*. New York: Springer.

Sprecher, S., & Metts, S. (1989). Development of the 'Romantic Beliefs Scale' and examination of the effects of gender and gender-role orientation. *Journal of Social and Personal Relationships*, *6*(4), 387–411.

Sprecher, S., & Toro-Morn, M. (2002). A study of men and women from different sides of earth to determine if men are from Mars and women are from Venus in their beliefs about love and romantic relationships. *Sex Roles*, *46*(5), 131–147.

Steck, L., Levitan, D., McLane, D., & Kelley, H. H. (1982). Care, need, and conceptions of love. *Journal of Personality and Social Psychology*, *43*(3), 481–491. doi: 10.1037/0022-3514.43.3.481.

Sternberg, R. J. (1986). A triangular theory of love. *Psychological Review*, *93*(2), 119–135. doi: 10.1037/0033-295X.93.2.119.

(1994). Love is a story. *The General Psychologist*, *30*(1), 1–11.

(1995). Love as a story. *Journal of Social and Personal Relationships*, *12*(4), 541–546.

(1996). Love stories. *Personal Relationships*, *3*, 1359–1379.

(1997). Construct validation of a triangular love scale. *European Journal of Social Psychology*, *27*(3), 313–335.

(1998a). *Cupid's arrow: The course of love through time*. New York: Cambridge University Press.

(1998b). *Love is a story*. New York: Oxford University Press.

(2006). A duplex theory of love. In R. J. Sternberg & K. Weis (Eds.), *The new psychology of love* (pp. 184–199). New Haven, CT: Yale University Press.

Surra, C. A., & Bohman, T. (1991). The development of close relationships: A cognitive perspective. In G. O. Fletcher & F. D. Fincham (Eds.), *Cognition in close relationships* (pp. 281–305). Hillsdale, NJ: Lawrence Erlbaum.

Tzeng, O. S. (1993). *Measurement of love and intimate relations: Theories, scales, and applications for love development, maintenance, and dissolution.* Westport, CT: Praeger/Greenwood.

Underwood, L. G. (2002). The human experience of compassionate love: Conceptual mapping and data from selected studies. In S. G. Post, L. G. Underwood, J. P. Schloss, & W. B. Hurlbut (Eds.), *Altruism and altruistic love: Science, philosophy, and religion in dialogue* (pp. 72–88). New York: Oxford University Press.

Worobey, J. (2001). Sex differences in associations of temperament with love-styles. *Psychological Reports, 89*(1), 25–26.

激情之爱

西里尔·费贝斯（Cyrille Feybesse）

伊莱恩·哈特菲尔德（Elaine Hatfield）

激情之爱是一种普遍存在的情感（Jankowiak，1995）。尽管不同的文化之间具有共通性，但是它们对人们如何定义爱情，以及人们在爱情中的想法、感受和行为方式有着深远而不同的影响。跨文化研究让我们得以一窥复杂的情感世界，也让我们了解到人们的情感生活在多大程度上被写入他们的文化背景和个人史中，以及文化背景、个人史与进化史的互动（Tooby & Cosmides，1992）。

激情之爱的本质

诗人、小说家和社会评论家们已提出了许多关于爱情的定义。学者们通常把爱情分为两种类型：激情之爱和相伴之爱（Hatfield，Purvis，& Rapson，2018）。

我汗如雨下，浑身颤抖，面色苍白发青。我如此临近死亡。

——Sappho（古希腊诗人，公元前630—前580年）

激情之爱

激情之爱（有时又被称为"迷恋""执着之爱""相思成疾"）是一种强大的情感状态。本文将重点关注这种类型的爱情。我们对这种爱情的定义如下（Hatfield et al.，2018，p. 5）：

激情之爱是一种强烈渴望与对方结合的状态。它是一个复杂的整体，包括对环境的评价、个人的主观感受、表情、模式化的生理过程、行为倾向以及工具性行为。相互回报的爱（与伴侣结合）与狂喜和成就感有关。单恋（与伴侣分离）与空虚、焦虑和绝望的感觉有关。

通常，那些坠入爱河的人很容易被看出来。恋爱中的人通常都能意识到自己的情感。研究者发现，激情之爱可能会发生在任何年龄的人身上，甚至是年幼的儿童（Hatfield, Schmitz, Cornelius, & Rapson, 1988），不过人们可能在进入青春期之后才会经历激情的复杂性（Hatfield & Rapson, 1993）。与年轻的成年人相比，青少年会更频繁地坠入爱河（Hill, Owen, Blakemore, & Drumm, 1997）。老年人也会有爱情，但是他们很少会像年轻人那样受到强迫性想法的困扰（Wang & Nguyen, 1995）。

激情之爱会使人情绪低落。恋人们可以在一瞬间从喜悦跌入绝望，这取决于他们关系的进展。他们会经常经历一系列令人困惑的狂喜与幸福，以及恐惧与痛苦。恋人们可能会发现自己很难适应这些复杂的情绪（Marazziti & Baroni, 2012）。有趣的是，激情之爱可能来自日常生活中的焦虑感。有研究表明，那些焦虑水平较高的儿童和青少年更容易受到激情之爱的诱惑（Hatfield & Rapson, 1996）。

激情之爱与性欲的关系有多紧密？

在维多利亚时代，浪漫之爱被视作一种微妙的、精神上的感觉——它是原始的、本能的性欲的对立面。当然，弗洛伊德的支持者们嘲笑了这种自以为是的想法。他们坚称，纯爱是肉体之爱的外衣，是它的一种升华形式。这惹恼了浪漫主义者们。

如今，在西方国家，多数大学生在"与某人恋爱"（涉及性体验）和"爱某人"（不一定涉及性欲）之间划分了明显的界线。Meyers和Ellen Berscheid（1995）发现，大多数学生认为，他们虽然可以柏拉图式地"爱"一个人，但是只能与一个对自己有性吸引力、唤起自己性欲的人"恋爱"。他们的结论是："虽然性欲不是爱的核心特征，但它绝对是恋爱状态的一个核心特征。"（p. 24）Andrew Greeley（1991）在一项全国性的调查研究中对一些新婚夫妇进行了访谈，这些夫妇称自己仍处于"坠入爱河"的阶段。他发现激情之爱是一个带有高度性唤醒的状态。他这样描述婚姻中坠入爱河的阶段："一个人坠入爱河时，会变得全神贯注，会紧张而热切，并且充满性欲，这种性欲渗入一切，让人乐此不疲……那些坠入爱河的人似乎完全被爱情占据着。"（pp. 122–124）

Hatfield和Rapson（1987）提出了一个结论：激情之爱和性欲是"两兄弟"。激情之爱被定义为"对结合的渴望"，而性欲被定义为"对肉体结合的渴望"。如今，社会心理学家之间的争论似乎已得到解决。正如Hendrick夫妇指出的（1987，pp. 282，293）：

显然，区分爱与性就像区分一对双胞胎——虽然它们不是完全相同的，但是它们紧密相连……

爱与性彼此密切相关，并都与人类的身心状况紧密相关。对于浪漫的恋爱关系而言，"性欲之爱"与"由爱引发的性行为"或许是亲密关系的最佳体现。

大量的社会心理学证据表明："在大多数人的心中，爱和性是密切相关的。"事实上，大多数人都认为没有性欲的激情之爱是无法想象的（Hatfield &

Rapson，2005；Regan et al.，1999，2004；Regan & Berscheid，1999；Ridge & Berscheid，1989）。自然，人们也很容易想到相反的情况——没有激情之爱的性欲。正如Pamela Regan观察到的（2004，p. 115）：

来自多个学科的理论论述指出，性欲是激情之爱体验的一个显著特征……实证研究证实了这一观点。参与研究的被试们认为，性欲是恋爱状态不可或缺的一部分，对彼此有性欲就说明两人在恋爱。而且，当谈到自己的恋爱经历时，他们的报告与前面的判断一致。

当然，文化会对年轻的恋人们如何关联激情之爱、性欲和性表达产生影响（Hatfield & Rapson，2005）。例如，许多男性被教导要将性与爱分开，然而许多女性被教导要将两者结合起来。众所周知，对性行为的不同归因是恋人们诸多痛苦的起因（Hatfield & Rapson，2006）。年龄因素似乎也会影响性与爱的关系，因为已有证据表明，随着年龄增长，人们认为性在爱情中的重要性会下降（Neto，2012）。

然而，爱与性这两个系统究竟是截然不同的——会激活不同的脑系统（Cacioppo et al.，2013；Diamond 2003，2004；Gonzaga et al.，2006），还是彼此紧密相关的（Bartels & Zeki，2000）呢？在这个问题上，神经学家和进化心理学家之间存在着严重分歧。不过他们都认同，负责激情之爱、性欲以及依恋的脑系统是相互联系、相互调节的。

我们猜测神经学家最终会承认，虽然爱情和性欲各有一些独特的属性，但它们还是紧密相关的。"爱情与性欲是两兄弟"的说法似乎不无道理。

坠入爱河者的一个重要表现是，无法停止对爱人的思念。恋爱中的人在清醒的时间里常常会情不自禁地沉浸在对爱人和这段关系的思考中（Fisher，2004；Hill，Blakemore，& Drumm，1997）。一项神经科学研究发现，热恋中的人和强迫症患者一样拥有强迫性想法（Marazziti，Akiskal，Rossi，& Cassano，1999）。这种情况会导致认知控制力的严重缺失，进而削弱个体的分析能力和思维整合能力。

因此，热恋中的人在完成日常任务（如学习或工作）时会遇到更多困难就不足为奇了（Steenbergen, Langeslag, Band, & Hommel, 2013）。Cyrille Feybesse和Todd Lubart（2015）发现，和没有在谈恋爱的大学生相比，热恋中的大学生的创造力更低。当研究者让大学生在完成一项考察创造力的任务之前想一下自己的恋人时，大学生完成任务的情况往往会更糟。

另外，浪漫的爱情与白日梦、全球化思维和想象力呈正相关（Griskevicius, Cialdini, & Kenrick, 2006; Poerio, Totterdell, Emerson, & Miles, 2015）。研究表明，情侣们的注意力和认知资源都集中在对方和恋爱关系上。恋爱中的人将注意力更多地放在自己的恋人身上——而不是朋友或陌生人身上（Langeslag, Jansma, Ingmar, Franken, & Strien, 2007）——并从其他诱人的选择中窃取其思想（Gonzaga, Haselton, Smurda, Davies, & Poore, 2008）。

对那些热恋中的人进行的脑扫描数据表明，凝视自己的恋人会让大脑皮层（与批判性思维相关的脑区）暂停工作（Bartels & Zeki, 2000）。有些研究者认为，对于一段热恋关系而言，情感失衡和激情之爱的强迫性会最先消失（Acevedo & Aron, 2009; Graham, 2011），而这会引发依赖感，使人产生焦虑型依恋。

激情之爱通常在一段恋爱关系刚开始时最为浓烈。随着依恋的加深，情侣们会在没有太多情绪起伏的情况下体验到更多的性兴趣和性吸引。有人认为，激情之爱和亲密关系能持续地相互促进。激情之爱能够提升亲密关系的水平。如果亲密关系持久稳定，那么激情的强度就会降低。当一段恋情中的亲密关系得到良好巩固时，激情之爱将会变成一种更友好的爱（Baumeister & Bratalavisky, 1999）。也就是说，激情之爱会随关系的亲密度而变化——当一个人在单相思时，激情之爱很难成为现实。

激情之爱的测量

激情爱情量表（Passionate Love Scale，PLS）旨在对恋爱关系中认知、情感以及行为的指标进行挖掘（Hatfield & Sprecher，1986）。在各种文化中，不论是对异性恋还是同性恋而言，PLS都被认为是测量各个年龄段男性和女性激情之爱的一个有效工具（Graham & Christiansen，2009）。这个量表的测量结果在不同的文化和群体中都具有稳定性——对那些处于热恋或稳定恋爱关系中的人尤其稳定可靠。通常，恋爱中的人在PLS得分上不存在性别或文化差异（Hatfield & Rapson，1996）。该量表为人们提供了一种探索跨文化差异的有趣方式。PLS可被视作一系列激情之爱"症状"（特征）的列表，它可能会在不同的样本上存在残差因素（Landis & O'Shea，2000）。

为了考察激情之爱这种令人着迷的情感，心理学家设计了几种量表（Hatfield，Benson，& Rapson，2012），其中PLS（Hatfield & Sprecher，1986）是最常用的一种（见表9.1）。（供研究者采用的PLS有两个版本——一个版本包含15个评定项目，另一个版本包含30个评定项目。）该量表已被多国引进使用，例如法国、德国、印度、印度尼西亚、伊朗、意大利、日本、韩国等。Cyrille Feybesse试图搜集所有关于PLS、Hendrick（1986）爱情态度量表以及Sternberg（1997）爱情三角量表的研究项目和论文。他发现这三种测量方法已在50多个不同的国家被使用——浪漫爱情的研究跨越了国度。

对脑活动的功能磁共振成像（fMRI）研究发现，PLS的分数与一些有明确定义的生化和神经激活模式一致。例如，Aron及其同事（2005）发现，PLS的分数与尾状核中与奖赏有关区域的激活紧密相关（Cacioppo & Cacioppo，2015；Hatfield & Rapson，2009）。还有研究发现PLS与爱情、亲密关系及性欲的测量结果高度相关（Feybesse，2015）。

一些科学家对其他形式的爱进行了界定，如无私之爱、父母之爱、相伴之爱、完美之爱等（Hendrick & Hendrick，1989；Shaver & Hazan，1988；

表9.1 激情爱情量表

我们想了解当你以全部激情去爱着（或者爱过）一个人时的感受。关于激情之爱的一些常用术语包括浪漫之爱、迷恋、相思成疾，以及执着之爱等。

现在请想想你正在热恋的那个人。如果你现在没在恋爱，那么请想想你曾经最爱的那个人。如果你从未恋爱过，那么请想象一个最能让你热烈去爱的人。试着根据你的感觉从1～9中选取一个数字进行评分，1为完全不正确，9为完全正确。

1. 如果____离开我，我会感到深深的绝望。	1	2	3	4	5	6	7	8	9
2. 有时我感觉控制不了自己的思想，脑子里想的全是____。	1	2	3	4	5	6	7	8	9
3. 当我做一些让____开心的事时，我会感到快乐。	1	2	3	4	5	6	7	8	9
4. 我只愿和____在一起，而不是别人。	1	2	3	4	5	6	7	8	9
5. 一旦我想到____爱上了别人，就会心生妒忌。	1	2	3	4	5	6	7	8	9
6. 我渴望了解____的全部。	1	2	3	4	5	6	7	8	9
7. 我在身体、情感和精神上都需要____。	1	2	3	4	5	6	7	8	9
8. 我对____的爱有无穷的渴望。	1	2	3	4	5	6	7	8	9
9. 对我而言，____是完美的恋人。	1	2	3	4	5	6	7	8	9
10. 当____触碰我时，我的身体会起反应。	1	2	3	4	5	6	7	8	9
11. ____似乎总是出现在我的脑海。	1	2	3	4	5	6	7	8	9
12. 我想让____了解我——我的想法、我的恐惧和我的期望。	1	2	3	4	5	6	7	8	9
13. 我急于找到____对我充满渴望的迹象。	1	2	3	4	5	6	7	8	9
14. 我对____有强大的吸引力。	1	2	3	4	5	6	7	8	9
15. 当我和____的关系出现问题时，我会非常沮丧。	1	2	3	4	5	6	7	8	9

总分：

现在把你所有的分数加起来。总分会告诉你，你有多爱对方。

结果：

106～135分：爱得疯狂，甚至不顾一切。

86～105分：有激情，但不那么强烈。

66～85分：偶尔迸发激情。

45～65分：温和地爱，偶有激情。

15～44分：兴奋感已荡然无存。

Sternberg，1988）。我们在此不会进一步探讨它们。

激情之爱的学术研究史

五千多年以来，爱与性所带来的欢愉与悲痛一直是诗人、作家和游吟歌手创作的主题。苏美尔人在公元前3500年左右发明文字后，最早写下的一个主题便是关于激情之爱的。在苏美尔人的泥板中埋藏着历史上最古老的情书，这是Shu-Sin王的一个新娘写给他的诗。她写道："新郎，让我爱抚你吧。我的爱抚比蜜香甜。"（Arsu，2006）关于激情之爱和性欲的猜测有着悠久而独特的历史。

自20世纪40年代起，社会科学家就试图理解激情之爱的现象，并设法测量这种情感（Hatfield et al.，2012）。在接下来的几十年里，许许多多的关于浪漫之爱和激情之爱的量表被开发出来，其中很大一部分都是随意编写的。它们就如读者在《时尚》杂志或《魅力》杂志上遇到的"趣味测试"一样草率。（这些量表的开发者几乎没有为纳入量表的项目或量表的信度、效度提供理论依据。）还有一些量表是精心设计而成的，在其构建过程中，开发者运用了复杂的心理测量技术——至少以当时的标准来看是这样的。这些测量后来怎样了？唉，它们中有很多已消失在时间的长河中。

直到20世纪六七十年代，教材和期刊上几乎还没有关于激情之爱的文章。只有在对爱情进行讨论时，激情之爱才会被一带而过地提及——它被认为等同于"强烈的联系"或"强烈的性吸引"，且"与亲密感相关"（Reis，Aron，Clark，& Finkel，2013）。那个时代的学者在讨论爱情的现象时，往往只采用自己的观点：认知心理学家认为爱是一种认知，生物学家关注爱的生物学因素，行为学家关注恋人们的行为，等等。例如，在20世纪60年代末，Berscheid和Hatfield（1969）将激情之爱视为一种"态度"，而这主要是因为他们对态度非常了解，对爱情却所知甚少。现在，这种观点就显得有些单薄了。（直到进化理论的方法获得青睐后，学者们才开始把爱情看作认知、生理及行为的组合。）

20世纪70年代，关于爱情的理论家终于出现了——他们大部分是社会心理学家。他们提出了精心构思的理论假设，并用科学方法严谨地检验他们的假设。20世纪80年代，爱情作为一个研究主题在社会科学中正式获得了一席之地。那时，科学家们提出了真正的爱情理论，并将爱情视作一个多维结构。现在，他们的理论得到了令人信服的实证数据的支持（Hendrick & Hendrick，1989）。

到20世纪90年代，爱情心理学理论研究获得的成果越来越多，许多领域的研究者都开始采用社会心理学的视角来研究爱情，以促进他们自己的研究。在这个时期，爱情已成为一个令人尊敬的科学研究领域。这个时期出现了关于爱情的跨文化研究和历史研究。研究者们也逐渐意识到，这种新的爱情心理学与西方之外的文化有关。

现在，爱情在世界范围内都是一个令人尊敬的学术主题。爱情心理量表被翻译成各种语言，在世界各大洲被广泛传播。大量的研究使人们对爱情的普遍性、共性及文化差异的探索成为可能。人们发现，激情之爱对日常生活中的许多重要变量都有很大的影响。不过学术界还需要将这种广泛的文化研究与世界科学研究相结合。遗憾的是，大多数在美国工作的爱情理论家还没注意到这股国际研究洪流——不过注意到这一点的人与日俱增。

激情之爱的跨文化视角

激情之爱是一种在每个民族、每个文化、每个时代都普遍存在的情感（Fischer, Shaver, & Carnochan, 1990; Shaver, Morgan, & Wu, 1996）。尽

管文化具有普遍性，但不同的文化可能对人们如何定义爱情以及如何在爱情中思考、感觉和行动产生不同的影响。跨文化研究让我们得以一窥复杂的情感世界，并让我们了解人们的情感生活在多大程度上受到文化背景与个人史，以及"基因里携带的东西"与进化史的影响。毫无疑问，这些因素之间的相互作用非常重要（Tooby & Cosmides，1992）。

有了爱，苦变成甜。

有了爱，渣滓变成蜜糖。

有了爱，伤痛会被治愈。

有了爱，人们死而复生。

有了爱，国王变成奴仆。

有了爱，荆棘开出花朵。

有了爱，酸醋变成美酒。

有了爱，绞刑架成为王座。

有了爱，痛苦变成幸福。

有了爱，监牢变成玫瑰园。

有了爱，房子成为家。

有了爱，荆棘变成百合花。

没有爱，蜡会变成钢铁。

有了爱，火成为光。

有了爱，恶魔成为天使。

有了爱，顽石化为尘土。

没有爱，花园变成沙漠。

有了爱，悲痛化作欢愉。

有了爱，怪物变成天神。

有了爱，刺痛变成享受。

有了爱，猛狮被驯服。

有了爱，疾病转为健康。

有了爱，怒火变成慈悲。

有了爱，逝者迎来新生。

——Jalal al-Din Rumi

（波斯诗人，1207—1273年）

爱情是普遍存在的

激情之爱的历史和人类的历史一样悠久。苏美尔人关于Inanna和Dumuzi的爱情寓言大约是公元前2000年由部落传书人编造的（Wolkstein，1991）。现在，大多数人类学家认为，激情之爱是一种普遍存在的体验，它超越了文化和时间（Buss，1994；Hatfield & Rapson，1996；Jankowiak，1995；Tooby & Cosmides，1992）。

Jankowiak和Fischer（1992）在"浪漫的激情"和"单纯的性欲"之间划出了鲜明的界限。他们认为，激情和性欲都是普遍存在的。他们从"标准的跨文化样本"中抽取了部落社会的样本，并发现，在这些遥远的社会中，年轻的恋人们几乎都会谈论爱情，讲爱情故事，唱情歌，也都会表达迷恋引发的欲望与痛苦。当热烈的感情与父母或长辈的愿望发生冲突时，年轻的恋人们通常会私奔。

人类社会学家探究了许多多元文化地区（如中国、印度尼西亚、土耳其、尼日利亚、摩洛哥等国家，以及澳大利亚的"红树林"等土著社区）的百姓对爱情的看法（Jankowiak，1995）。在这些研究中，研究者们发现，具有不同文化背景的人对爱情和其他感情的看法惊人地相似（Fischer，Wang，Kennedy，& Cheng，1998；Jankowiak，1995；Karandashev，2015；Kim & Hatfield，2004；Shaver，Murdaya，& Fraley，2001）。

心理测量数据支持这样一个论点：世界各地的恋人都会坠入爱河，并且倾向于以同等的强度来爱。Feybesse正在进行一项跨文化元分析，他选取了约50

个国家的大量受访者，收集他们的PLS和相伴之爱量表的数据。他发现，情侣之间PLS的平均分值惊人地相似。（受访者的分值往往在7.0上下浮动，且PLS具有较高的信度。）看起来，激情之爱与个体的性别、性取向，甚至出生地区都没有太大关系。心理测量学家通过PLS没有在情侣的情感强度上或在激情之爱的维度上发现任何文化差异或性别差异（Hatfield & Rapson，1996；Kim & Hatfield，2004；Neto et al.，2000；Sprecher et al.，1994）。有一项研究甚至发现，包办婚姻的印度夫妇和为爱结婚的印度夫妇在激情之爱的强度上没有任何差异（Regan，Lakhanpal，& Anguiano，2012）。

春心莫共花争发，

一寸相思一寸灰。

——李商隐（中国唐代诗人）

激情之爱的文化变量

近来，文化研究者们开始考察文化如何影响人们对爱的定义、对浪漫伴侣的渴望、坠入爱河的可能性、激情的强度、对包办婚姻的接受度及自由恋爱的意愿。从已有的一些研究来看，文化之间的相似性似乎比人们想象得要高，不过文化间的差异性仍是存在的。

大多数研究社会环境对爱情影响的学者都对个人主义文化和集体主义文化中的恋人进行了比较。不同文化在强调个人主义或集体主义的程度上存在着明显的差异（一些跨文化研究者关注的概念有：独立或相互依赖、现代主义或传统主义、城市主义或乡村主义、富裕或贫穷）。

在个人主义文化背景中（如美国、英国、澳大利亚、加拿大，以及北欧的一些国家），人们更关注个人目标。而在集体主义文化背景中（如中国、非洲和拉丁美洲的一些国家，以及太平洋岛屿地区），人们则倾向于将个人利益置于集体利益之下（Markus & Kitayama，1991；Triandis，McCusker，& Hui，

1990）。Triandis及其同事（1990）指出，在个人主义文化中，人们认为"做自己"最重要；而在集体主义文化中，人们认为"集体利益高于一切"。

基于这种认知，跨文化研究者们提出，浪漫之爱只有在现代工业化社会中才普遍存在（Goode，1959；Rosenblatt，1967）；而在有着强大家族观念、强调家庭关系的传统文化中，它应该不那么受重视（Simmons, Vom Kolke, & Shimizu, 1986）。近年来，研究者们已开始验证这些大胆的假设，特别是个人主义和集体主义模型。一些研究已经证实，在对待爱情的态度上的确存在一些文化差异。研究者们推测，文化价值观确实可能会对"爱情"的定义产生微妙的影响（Cohen，2001；Kim & Hatfield，2004；Kitayama，2002；Luciano，2003；Nisbet，2003；Oyserman, Kemmelmeier, & Coon，2002；Weaver & Ganong，2004）。

Shaver等人（1992）对美国、意大利和中国的年轻人进行访谈，以了解他们的情感经历。之所以选择这些国家进行比较，是因为人们普遍认为：美国和意大利以个人主义文化为主导——人们重视浪漫爱情；而中国以集体主义文化为主导——人们可能会被期待为了家庭和朋友而牺牲掉自己的爱情。

研究者认为，不同文化中的年轻人对"爱情"应该有不同的定义。他们发现，美国和意大利的年轻人倾向于将爱情等同于幸福，并认为激情之爱与相伴之爱都是非常积极的经历和体验；中国的年轻人对爱情的看法则更消极。研究者认为中文作品中的"爱情"很少与"幸福"联系在一起，而更多地与"悲伤"联系在一起。

该研究的访谈结果与预测一致，中国的受访者普遍倾向于将热烈的爱情与诸如迷恋、单相思、怀旧和伤情等表意符号联系起来。Fehr（1988）发现，在西方，人们对"坠入爱河"普遍持支持态度，因为它被认为与一段深厚的浪漫关系和幸福紧密相关；在更为传统的东方社会中，人们通常对恋爱持有不同的看法：浪漫的爱情是在特定社会背景下的体验，即便一对年轻情侣属于自由恋爱，他们也必须寻求社会和家庭的认可——亲密主要来自个体与家庭的联结（Gao，2001）。此外，"坠入爱河"也被认为是一种危险的选择——它可能导致负面的结果，并因此被贴上了"悲伤"和"痛苦"的标签（Dion & Dion，1996）。

爱的感受可能是普遍存在的，但是其表达方式会因地而异。北欧人有时认为来自非洲和拉丁美洲的人在表达爱意的时候很夸张和混乱，充满了性欲而不是爱。而一个非洲男人看到一对日本夫妇在公共场合的互动时，可能会认为他们彼此并不相爱。人们倾向于认为自己所在社会中的"爱"的表达更真实或更正确，因为自己社会中的人肯定会按照他们"应该"和"被要求"的方式对"爱"做出反应。但事实上，世界上所有的恋人都经历着同样的"小鹿乱撞"、不受控制的吸引和情感的狂热。研究者们通过fMRI实验发现，不同的被试对激情之爱的体验是一致的（Ortigue，Bianchi-Demicheli，Patel，Frum，& Lewis，2010）；所有的被试在看到自己所爱的人时都表现出了相同的脑部活动（Xu et al.，2011）。唯一的差异在于，中国被试批判性思维所涉及的脑区似乎比美国被试的多一些。当然，这一类研究还处于早期阶段，我们切不可对数据做过度解读。

Feybesse（2017）与来自其他国家的研究者们合作，对巴西、法国、尼日利亚、越南和葡萄牙等不同国家的大学生进行了PLS和其他爱情量表的测试。受测者无论来自哪个国家，都很了解什么是激情之爱，并且能在调查中坦然地说出自己是否正在恋爱。所有受测者在恋爱中都有着相似的激情体验，不过来自西方国家的学生声称他们比来自其他国家的学生更容易坠入爱河。大部分西方学生说自己正在恋爱，其中有一半在被调查时表示自己正在建立一段浪漫关系。而其他国家的学生在这个问题上给出肯定答案的人数更少。这种差异为何存在是很难解释的。西方学生可能对自己的爱之体验更敏感，或在恋爱方面有更多的自由。这很难说，或许爱情"不是你的全部"。

总而言之，科学家们对激情之爱在全世界有多常见这个问题并没有给出清晰的答案。我们知道的是，激情之爱无处不在。目前仍有争议的问题有：激情之爱到底有多普遍？人们对它的体验有多强烈？人们是否会因为这样的爱而渴望结婚？正如我们所见，有些文化理论家发现人们对爱情的看法存在差异。

而有些理论家没有发现这种差异（Fehr，2015）。例如，许多文化心理学家发现，在"是否正在恋爱"这个问题上不存在文化差异（Aron & Rodriguez，1992；Doherty et al.，1994；Sprecher et al.，1994）。PLS结果显示，人们在恋爱中的情感强度也没有文化差异（Doherty et al.，1994；Hatfield & Rapson，1996）。

近五十年的跨文化研究表明，曾经存在于东西方社会之间的巨大差异正在随着现代化、城市化的发展而迅速消失。那些将兴趣放在强调东西方巨大文化差异上的研究者可能不得不将其研究重点放在欠发达的区域或一些农村地区。

然而，即便在那些地方，可能也刮起了西方化、个人主义和社会变革的风。如今，许多生活在传统社会中的年轻人即便受到长辈阻挠，也越来越多地采用"西方的"模式——高度重视"恋爱"，迫切希望降低爱情和性方面的性别不平等，坚持为爱而结婚（拒绝包办婚姻）。这种变化已经出现在芬兰、爱沙尼亚和俄罗斯（Haavio-Mannila & Kontula，2003），以及澳大利亚红树林地区和阿拉斯加印第安人部落（更多相关研究见Jankowiak，1995）。

Hatfield及其同事称（数据未发表），在非洲和中东地区，年轻人也会在网络上寻找爱情。

当然，文化差异依然深刻地影响着年轻人和老年人的态度、情感和行为，并且这种差异在我们的有生之年似乎不可能消失。以摩洛哥为例，过去，婚姻是家庭之间的联盟（就像18世纪以前世界上大多数国家的情况一样），在这种联盟中，决定权在于父母，而准配偶们几乎没有发言权；现在，父母不再能直接决定儿女的结婚对象，但是在多数情况下，儿女的婚姻仍需征得他们的认可。不过在这个问题上，越来越多的年轻男性和女性的话语权在不断提升（Davis & Davis，1995）。

许多人已经注意到，当下有两股力量——全球化和民族主义——正在世界各地争夺年轻男性和女性的灵魂。诚然，在某种程度上，世界各地的人可能正在成为"一体"，但事实上，令人愉悦的（或令人厌恶的）文化差异正在让我们的世界变得有趣又危险，并且在未来可能会让爱情与性行为变得更为复杂。

世界各地文化的融合会减少我们爱情体验和表达方式的差异，但是传统思想也可能会比较顽固，因此我们很难预测未来爱情的整体状况。

爱情的起源

让每个人都心存疑问而又找不到答案的两个问题是：①爱情为何存在？②它起源于什么时候？一些学者（人类学家和进化心理学家们）已做出推测：爱情可能比人类更古老。他们提出，在原始人的进化过程中，浪漫之爱进化为支持一夫一妻制的伴侣系统（Mercado & Hibel，2017），它确保了情侣能共同生活足够长的时间，从而让他们的后代生存下去，直到其能够独立生活（Fisher，2004）。据推测，这提升了物种的存活率（Fletcher, Simpson, Campbell, & Overall，2015）。研究者认为，激情之爱促成了忠诚、资源（如食物、住所和保护）的积累，也促使人们产生了提供养育投资和自我牺牲的意愿（Buss，2006）。根据这种观点，激情之爱确实不需要天长地久，只需要持续到让后代独立。此后，情侣双方可以继续在一起，也可以寻找下一个恋人，再次从头经历一遍"相爱"的过程。

尽管有一些研究结果支持这种观点，但证据显然并不充分。当对我们的祖先——直立人的脑化石进行研究时，学者们注意到，直立人的大脑很大，像人类的大脑一样需要持续摄入高能量。年幼的直立人在发育过程中的较长一段时间内需要父母的支持和一定程度的照料（Cofran & Silva，2015）。学者们已经提出了一种可能性，即情侣们为了共同生活而发展出深度依恋，进而体验到激情之爱的感觉。大量证据表明，直立人生活在一个很小的狩猎采集社会，以一夫一妻制为中心（Fletcher et al.，2015）。其他考古学研究推断，这个物种的仪式和习俗促进了社会关系的建立和情感表达的分享（Massey，2002），所以这些直立人之中可能也有一些情侣是结伴活动的。在我们的大脑中也可以找到爱情比人类更古老的证据。与激情之爱相关的脑回路和脑区在原始人的进化过程中就已经存在了，所以爱情的刺激可能在我们人类出现之前就已经存在了（Fisher，2004）。这样的推测很吸引人，但对于爱情起源的理论基础构建来说只是很微小的一个探测。

很长一段时间以来，一些学者认为浪漫之爱起源于中世纪欧洲贵族（Denis de Rougemont，1983），这个假设是错误的。东西方对浪漫之爱的记载可以追溯至五千年前（Fletcher，Simpson，Campbell，& Overall，2015；Hatfield，Bensman，& Rapson，2012）。在西方，为爱情而结婚的观念仍是一种新观念。直到19世纪，这种观念才在全世界传播开来。大部分维多利亚时代的小说都关注女性应该为爱情而结婚还是应该出于更实际的考虑而结婚的问题。在此之前，人们普遍认为爱情和婚姻完全是两码事——婚姻具有政治性、物质性和社会性功能（Lindholm，1995）；激情之爱通常只会出现在那些生活在禁忌关系或秘密关系中的情侣身上（Karandashev，2015）。众所周知，罗密欧与朱丽叶的故事并没有圆满的结局。

现在，为爱情而结婚或结合的现象在全世界似乎越来越多了，这或许是因为人们希望更自由地生活，在寻求婚姻幸福时变得更加个人主义了。如今，一段成功的爱情关系既包含激情之爱，也包含相伴之爱。人们也可以利用短期策略或长期策略来实现配对目标（Buss & Schmitt，1993）。在现代社会中，"爱"与"性"的目的都不唯一。

爱情的未来

想要全面地预测爱情的发展趋势是一项艰巨的任务——预测二十年后的世界状态已经足够艰难了。试想未来：地球会在核战争中化为灰烬吗？全球气候会继续变暖吗？会出现什么新的疾病或灾害吗？地球居民会在火星、木星或人造卫星上度假吗？一切根本无从知晓。让我们以一种冒险而谦虚的精神来努力吧。下面，我们将预测2068年与爱情有关的技术、文化等方面的进步。

对2068年的爱情、性和婚姻的猜想

世界范围的信息交换、旅行以及交易创造了"地球村"，因此文化差异肯定会逐渐减少，而文化同质性会不断增加。我们可以预测到，在未来，东西方的很多东西会不断融合，但是毫无疑问的是，在激情之爱和性欲方面——至少在短期内——西方对东方的影响将远远大于东方对西方的影响。对某些人而言，这是一个很有吸引力的愿景——他们认为西方化意味着更多的自由、妇女权利和更高的生活水平；对其他人而言，这却如梦魇一般——一个个自私、猥狻、贪婪和物质主义的形象——一切都是"西方制造"。我们的预测将围绕技术因素、经济因素、文化因素和历史变迁展开（对这些预测的综合讨论见Hatfield，Purvis，& Rapson，2018）。我们认为技术因素是历史变革的主要驱动力，所以我们从它开始。

1. 技术因素

我们预见到八项技术变革：

（1）人们将不可避免地继续通过互联网寻求爱情、性和令人满意的关系。我们现在也能看到这种情况。在一些非洲国家以及伊斯兰国家，网络用户的数量也在急剧攀升（Hatfield，未发表数据）。社交媒体究竟是增强了政府对人们的控制，还是提升了人们的自由度呢？两种可能性都有。

（2）情色产业和情色科技的发展。现在，11岁前就接触过色情作品的儿童数量惊人。它的后果是什么？它是否会改变年轻人对性的看法？它会让他们对伴侣有更高的期望吗？

（3）社交媒体和约会软件将增加寻找新伴侣的可能性。这会使维持长期关系变得困难吗？目前，当一个人在一段关系中遇到问题时，他会有动力去解决它——因为他知道，找到一个更好的伴侣很困难。不久的将来，人们可能就

会认为他们只需要点击一些按钮，就可以"订购"一个新的、更好的伴侣。

（4）艾滋病和阳痿可能会被完全治愈。这会不会动摇一夫一妻制呢？

（5）节育、堕胎等与生殖相关的技术在进步。这是否会创造出精心设计的婴儿？

（6）整形技术在进步。当每个人的外形都符合理想标准时，怎样才算漂亮或帅气呢？

（7）机器人伴侣和性爱玩偶将会更完善。机器人的吸引力会超过人类吗？这将如何影响人际关系呢？

（8）人们将更健康，更长寿。人们能活多久？这无疑会对人际关系产生巨大的影响。

2. 经济因素

我们将越来越多地看到夫妇双方都在工作。这肯定会影响人际关系中的权力结构。这将推动一场促进性别平等、经济平等的历史性运动。这对爱情会有什么影响呢？

更多人会为了资源匹配而结合；会出现更多的异地恋、网恋……所有这些社会变化对爱、性和浪漫关系会产生什么影响呢？

3. 文化因素

同性恋和跨种族关系将会继续被接纳。越来越多的人能够接受无爱的性行为和确定恋爱关系前的性行为。"家庭"的定义越来越宽泛，且不断变化。标准也会改变——可能变得很快。

4. 历史变迁

在我们所有的预测中，最关键的一点是：标准会改变——可能变得很快。

我们在本文开头讨论了这样一个事实：激情之爱和性欲是普遍存在的。Feybesse（2015）发现，几乎在所有的国家中，激情之爱都有着相同的形式。但是，如果上述八项预测真的成为现实，那么爱情的本质将受到什么样的影响呢？我们没法讨论我们所预测的变化对爱情和性产生的影响。这需要写一本书来探讨，而不仅是一篇文章。但是，为了说明讨论的情况，我们只考虑其中一项改变，"机器人将会变得更仿真，而且可能会比人类更优秀"。这将如何影响人们在2068年的浪漫爱情选择呢？人们是否会爱上机器人，并觉得它们比真实的人类更值得爱呢？

计算机技术和机器人制造技术的不断进步将使"人"和"机器人"的联姻在21世纪中叶合法化。

——David Levy

如果制造商造出仿真（能够真正地感受到爱情的）机器人，人们是否会购买并爱上这样完美的机器呢？答案是肯定的。Levy（2007）在《与机器人的爱与性》一书中，对这个命题做出了有说服力的回答，他的逻辑是：

人们爱自己的宠物。把各种各样的想法、感受和意图都归于它们。"我的狗很爱我。"他们坚称。许多年幼的儿童不抱着他们最喜欢的"泰迪熊"或小毯子就睡不着。2007年AP-AOL汽车制造公司的一项民意调查发现，有44%的女性和30%的男性认为自己的汽车有它的个性——许多汽车都有爱称。

想象一下你有一个属于自己的机器人，他（她）知道你的名字，看起来像一个真正的人，可以和你互动，不仅会低声说"我爱你"，而且似乎通过了你设计的每一个情感测试。那么你会怎样呢？如果他（她）真的能感受到爱，你会爱上他（她）吗？

人类有很强的爱的能力，许多人都会爱上他们的机器人。正如Tinder（一款手机交友软件）或Match.com（一个相亲网站）的用户告诉你的那样：找到一个合适的伴侣很难，有时根本就找不到伴侣。随着伴侣机器人变得越来越逼真，越来越容易获得，许多人可能会更喜欢与这种"伴侣"发生性行为，而不是发展一段"老式的"情侣关系。这种情况可能已经在发生了。Levy等未来学家预测，到2050年时，机器人将会改变人类对爱与性的观念。

　　在我看来，这是完全合理且极有可能的——噢，不，这是不可避免的。许多人将会扩展他们爱与性的视野，学习、实验以及享受这种"通过高度复杂的人形机器的发展而变得可能的、令人愉悦和满意的"新的关系形式……与机器人的爱与性，总的来说是不可避免的。

　　Levy（2007）认为，人类会爱上机器人，还会与机器人结婚并与之发生性关系，所有这些都是（将被视作）我们对爱和性欲的"正常的"扩展。他也认为，到2050年时，人与机器人之间的爱和性将比人与人之间的爱和性更普遍。

　　我们不禁思考：当任何人都能以一定的价格得到他们想要的任何东西时，人们会渴望拥有一个具有何种个性的机器人呢？和一个有知觉的机器人发生的性虐待是否有违伦理？

　　我们拭目以待吧。

　　部分学者的研究聚焦于遗传进化对激情之爱的影响，以及人类爱情和择偶机制的延续性。我们的世界正在发生疯狂巨变——这意味着一个间断性的故事与一个连续性的故事一样真实和有价值。因此，人们越来越重视文化技术变革对爱情这种强大的情感以及作为爱情必然产物的性、择偶和家庭的影响。

参考文献

Acevedo, B. P., & Aron, A. (2009). Does a long-term relationship kill romantic love? *Review of General Psychology, 13*, 59–65.

Acevedo, B. P., Aron, A., Fisher, H. E., & Brown, L. L. (2011). Neural correlates of long-term intense romantic love. *Social Cognitive and Affective Neuroscience, 7*, 145–149.

Aron, A, Fisher, H. E., Mashek, D.J., Strong, G., Li, H., & Brown, L. L. (2005). Reward, motivation, and emotion systems associated with early-stage intense romantic love. *Journal Neurophysiology, 94*, 327–337.

Aron, A., & Rodriguez, G. (1992, July 25). Scenarios of falling in love among Mexican-, Chinese-, and Anglo-Americans. Paper presented at the Sixth International Conference on Personal Relationships, Orono, ME.

Arsu, S. (2006, February 14). The oldest line in the world. *New York Times*, p. 1.

Bartels, A., & Zeki, S. (2000). The neural correlates of maternal and romantic love. *Neuroimage, 21*, 1155–1166.

Baumeister, R. F., & Bratslavsky, E. (1999). Passion, intimacy, and time: Passionate love as a function of change in intimacy. *Personality and Social Psychology Review, 3*(1), 49–67.

Berscheid, E., & Hatfield, E. (1969). *Interpersonal attraction.* New York: Addison-Wesley.

Buss, D. M. (1994). *The evolution of desire.* New York: Basic Books.

(2006). Strategies of human mating. *Psychological Topics, 15*, 239–260.

Buss, D. M., & Schmitt, D. P. (1993). Sexual strategies theory: An evolutionary perspective on human mating. *Psychological Review, 100*, 204–232.

Cacioppo, S., & Cacioppo, J. T. (2015). Author reply: Demystifying the neuroscience of love. *Emotion Review.* doi: 10.1177/1754073915594432.

Cacioppo, S., Couto, B., Bolmont, M., Sedeno, L., Frum, C., Lewis, J. W., Manes, F., Ibanez, A., & Cacioppo, J. T. (2013). Selective decision-making deficit in love following damage to the anterior insula. *Current Trends in Neurology, 7*, 15–19. [PMC free article] [PubMed].

Cofran, Z., & DeSilva, J. M. (2015). A neonatal perspective on Homo erectus brain growth. *Journal of Human Evolution, 81*, 41–47.

Cohen, D. (2001). Cultural variation: Considerations and implications. *Psychological Bulletin, 127*, 451–471.

Davis, D. A., & Davis, S. S. (1995). Possessed by love: Gender and romance in Morocco. In W. Jankowiak (Ed.), *Romantic passion: A universal experience?* (pp. 219–238). New York: Columbia University Press.

De Rougemont, D. (1983). *Love in the Western World.* Princeton,NJ: Princeton University Press.

Diamond, L. M. (2003). What does sexual orientation orient? A biobehavioral model distinguishing romantic love and sexual desire. *Psychological Review, 110*, 73–192.

(2004). Emerging perspectives on distinctions between romantic love and sexual desire. *Current Directions in Psychological Science, 13*, 116–119.

Dion, K. K., & Dion, K. L. (1996). Cultural perspectives on romantic love. *Personal Relationships, 3*(1), 5–17.

Doherty, R. W., Hatfield, E., Thompson, K., & Choo, P. (1994). Cultural and ethnic influences on love and attachment. *Personal Relationships, 1*, 391–398.

Fehr, B. (1988). Prototype analysis of the concepts of love and commitment. *Journal of Personality and Social Psychology, 55*(4), 557–579.

(2015). Love: Conceptualization and experience. In M. Mikulincer & P. R. Shaver (Eds), *APA handbook of personality and social psychology,* Vol. 3: *Interpersonal relations* (pp. 495–522). Washington, DC: The American Psychological Association.

Feybesse, C. (2015). The adventures of love in the social sciences: Social, psychometric evaluations and cognitive influences of passionate love. Dissertation completed in partial fulfillment of the doctor of philosophy Université Paris Descartes. Paris, France.

(2017). L'amour romantique dans 6 cultures différentes, Talk presented at the *Laboratory "Adaptation, Travail, Individu."* Université Paris Descartes (Paris, France). 9–19.

Fischer, K. W., Shaver, P. R., & Carnochan, P. (1990). How emotions develop and how they organize development. *Cognition and Emotion, 4,* 81–127.

Fischer, K. W., Wang, L., Kennedy, B., & Cheng, C-L. (1998). Culture and biology in emotional development. In D. Sharma & K. W. Fischer (Eds.), *Socioemotional development across cultures. New directions for child development, No. 82)* (pp. 20–43). San Francisco, CA: Jossey-Bass.

Fisher, H. (2004). *Why we love: The nature and chemistry of romantic love.* New York: Macmillan.

Fletcher, G. J., Simpson, J. A., Campbell, L., & Overall, N. C. (2015). Pair-bonding, romantic love, and evolution the curious case of homo sapiens. *Perspectives on Psychological Science, 10*(1), 20–36.

Gao, G. (2001). Intimacy, passion, and commitment in Chinese and US American romantic relationships. *International Journal of Intercultural Relations, 25*(3), 329–342.

Gonzaga, G. C., Haselton, M. G., Smurda, J., sian Davies, M., & Poore, J. C. (2008). Love, desire, and the suppression of thoughts of romantic alternatives. *Evolution and Human Behavior, 29*(2), 119–126.

Gonzaga, G. C., Turner, R. A., Keltner, D., Campos, B., & Altemus, M. (2006). Romantic love and sexual desire in close relationships. *Emotion, 6,* 163–179.

Goode, W. J. (1959). The theoretical importance of love. *American Sociological Review, 24,* 38–47.

Graham, J. M. (2011). Measuring love in romantic relationships: A meta-analysis. *Journal of Social and Personal Relationships, 28,* 748–771.

Graham, J. M., & Christiansen, K. (2009). The reliability of romantic love: A reliability generalization meta-analysis. *Personal Relationships, 16*(1), 49–66.

Greeley, A. (1991). *Faithful attraction: Discovering intimacy, love, and fidelity in American marriage.* New York: St. Martin's Press.

Griskevicius, V., Cialdini, R. B., & Kenrick, D. T. (2006). Peacocks, Picasso, and parental investment: The effects of romantic motives on creativity. *Journal of Personality and Social Psychology, 91,* 52–66.

Haavio-Mannila, E., & Kontula, O. (2003). Single and double sexual standards in Finland, Estonia, and St. Petersburg. *The Journal of Sex Research, 40,* 36–49.

Hatfield, E., Bensman, L., & Rapson, R. L. (2012). A brief history of social psychologists' attempts to measure passionate love. *Journal of Personality and Social Psychology, 29,* 143–164. doi: 10.1177/0265407511431055.

Hatfield, E., Purvis, J., & Rapson, R. L. (2018). *What's next in love and sex: Psychological and cultural perspectives.* Oxford, UK: Oxford University Press.

Hatfield, E., & Rapson, R. L. (1987). Passionate love/sexual desire: Can the same paradigm explain both? *Archives of Sexual Behavior, 16,* 259–277.

(1993). *Love, sex, and intimacy: Their psychology, biology, and history.* New York: HarperCollins.

(1996). Stress and passionate love. In C. D. Spielberger & I. G. Sarason (Eds.), *Stress and emotion: Anxiety, anger, and curiosity* (pp. 29–50). Washington, DC: Taylor & Francis.

(2005). *Love and sex: Cross-cultural perspectives.* Needham Heights, Lanham, MD: University Press of America.

(2006). Love and passion. In I. Goldstein, C. M. Meston, S. R. Davis, & A. M. Traish (Eds.), *Women's sexual function and dysfunction: Study, diagnosis and treatment* (pp. 93–97). London: Taylor and Francis.

(2009). The neuropsychology of passionate love. In E. Cuyler & M. Ackhart (Eds.), *Psychology of relationships* (pp. 519–543). Hauppauge, NY: Nova Science.

Hatfield, E., Schmitz, E., Cornelius, J., & Rapson, R. L. (1988). Passionate love: How early does it begin? *Journal of Psychology & Human Sexuality, 1*(1), 35–51.

Hatfield, E., & Sprecher, S. (1986). Measuring passionate love in intimate relations. *Journal of Adolescence, 9*, 383–410.

Hendrick, C., & Hendrick, S. (1986). A theory and method of love. *Journal of Personality and Social Psychology, 50*, 392–402.

Hendrick, S. S., & Hendrick, C. (1987). Love and sexual attitudes, self-disclosure, and sensation-seeking. *Journal of Social and Personal Relationships, 4*, 281–297.

Hendrick, C., & Hendrick, S. S. (1989). Research on love: Does it measure up? *Journal of Personality and Social Psychology, 56*, 784–794.

Heretic TOC. (2015, October 26). [The personal blog of Thomas O'Carroll.] Holy hots, why not child sex robots. *Heretic TOC: Not the dominant narrative.* Retrieved from https://tomocarroll.wordpress.com/2015/10/.

Hill, C. A., Owen, J., Blakemore, J. E. O., & Drumm, P. (1997). Mutual and unrequited love in adolescence and young adulthood. *Personal Relationships, 4*(1), 15–23. Retrieved from https://doi.org/10.1111/j.1475-6811.1997.tb00127.x.

Jankowiak, W. (Ed.). (1995). *Romantic passion: A universal experience?* New York: Columbia University Press.

Jankowiak, W. R., & Fischer, E. F. (1992). A cross-cultural perspective on romantic love. *Ethnology, 31*(2), 149–155.

Karandashev, V. (2015). A cultural perspective on romantic love. *Online Readings in Psychology and Culture, 5*(4). Retrieved from https://doi.org/10.9707/2307-0919.1135.

(2017). *Romantic love in cultural contexts.* New York: Springer.

Kim, J., & Hatfield, E. (2004). Love types and subjective well-being: A cross-cultural study. *Social behavior and personality: An international journal, 32*(2), 173–182.

Kitayama, S. (2002.) Culture and basic psychological processes – Toward a system view of culture: Comment on Oyserman et al. (2002). *Psychological Bulletin, 128*, 89–96.

Landis, D., & O'Shea, W. A. (2000). Cross-cultural aspects of passionate love an individual differences analysis. *Journal of Cross-Cultural Psychology, 31*(6), 752–777.

Langeslag, S. J., Jansma, B. M., Franken, I. H., & Van Strien, J. W. (2007). Event-related potential responses to love-related facial stimuli. *Biological Psychology*, *76*(1), 109–115.

Levy, D. (2007). *Love + sex with robots: The evolution of human-robot relationships*. New York: Harper Perennial.

Lindholm, C. (1995). Love as an experience of transcendence. In W. Jankowiak (Ed.), *Romantic passion: A universal experience* (pp. 57–71). New York: Columbia University Press.

Luciano, E. M. C. (2003). Caribbean love and sex: Ethnographic study of rejection and betrayal in heterosexual relationships in Puerto Rico. Paper presented at the twenty-ninth annual meeting of the International Academy of Sex Research meetings, Bloomington, IN.

Marazziti, D., Akiskal, H. S., Rossi, A., & Cassano, G. B. (1999). Alteration of the platelet serotonin transporter in romantic love. *Psychological Medicine*, *29*(3), 741–745.

Marazziti, D., & Baroni, S. (2012). Romantic love: The mystery of its biological roots. *Clinical Neuropsychiatry*, *9*(1), 14–19.

Markus, H. R., & Kitayama, S. (1991). Culture and self: Implications for cognition, emotion, and motivation. *Psychological Review*, *98*, 224–253.

Massey, D. (2002). Editorial: Time to think. *Transactions of the Institute of British Geographers*, 27, 259–261. Retrieved from https://doi.org/10.1111/1475-5661.00054.

Mercado, E., & Hibel, L. C. (2017). I love you from the bottom of my hypothalamus: The role of stress physiology in romantic pair bond formation and maintenance. *Social and Personality Psychology Compass*, *11*(2), e12298.

Meyers, S., & Berscheid, E. (1997). The language of love: What a difference a preposition makes. *Personality and Social Psychology Bulletin*, *23*, 347–362.

Neto, F. (2012). The perceptions of love and sex across the adult life span. *Journal of Social and Personal Relationships*, *29*(6), 760–775.

Neto, F., Mullet, E., Deschamps, J. C., Barros, J., Benvindo, R., Camino, L., Falconi, A., Kagibanga, V., & Machado, M. (2000). Cross-cultural variations in attitudes towards love. *Journal of Cross-Cultural Psychology*, *30*, 626–635.

Nisbett, R. (2003). *The geography of thought: How Asians and Westerners think differently ... and why*. New York: The Free Press.

Ortigue, S., Bianchi-Demicheli, F., Patel, N., Frum, C., & Lewis, J. W. (2010). Neuroimaging of love: fMRI meta-analysis evidence toward new perspectives in sexual medicine. *The Journal of Sexual Medicine*, *7*(11), 3541–3552.

Oysermann, D., Kemmelmeier, M., & Coon, H. M. (2002). Cultural psychology, a new look: Reply to Bond (2002), Fiske (2002), Kitayama (2002), and Miller. *Psychological Bulletin*, *128*, 110–117.

Poerio, G. L., Totterdell, P., Emerson, L. M., & Miles, E. (2015). Love is the triumph of the imagination: Daydreams about significant others are associated with increased happiness, love and connection. *Consciousness and Cognition*, *33*, 135–144.

Regan, P. C. (2004). Sex and the attraction process: Lessons from science (and Shakespeare) on lust, love, chastity, and fidelity. In J. H. Harvey, A. Wenzel, & S. Sprecher (Eds.), *The handbook of sexuality in close relationships* (pp. 115–133). Mahwah, NJ: Lawrence Erlbaum.

Regan, P. C., & Berscheid, E. (1999). *Lust: What we know about human sexual desire*. London: Sage.

Regan, P. C., Kocan, E. R., & Whitlock, T. (1999). Ain't love grand! A prototype analysis of the concept of romantic love. *Journal of Social and Personal Relationships, 15*, 411–420.

Regan, P. C., Lakhanpal, S., & Anguiano, C. (2012). Relationship outcomes in Indian-American love-based and arranged marriages. *Psychological Reports, 110*(3), 915–924.

Reis, H. T., Aron, A., Clark, M. S., & Finkel, E. J. (2013). Ellen Berscheid, Elaine Hatfield, and the emergence of relationship science. *Perspectives on Psychological Science, 8*(5), 558–572.

Ridge, R. D., & Berscheid, E. (1989, May). On loving and being in love: A necessary distinction. Paper presented at the annual convention of the Midwestern Psychological Association, Chicago, IL.

Rosenblatt, P. C. (1967). Marital residence and the function of romantic love. *Ethnology, 6*, 471–480.

Shaver, P. R., & Hazan, C. (1988). A biased overview of the study of love. *Journal of Social and Personal Relationships, 5*, 474–501.

Shaver, P. R., Morgan, H. J., & Wu, S. (1996). Is love a "basic" emotion? *Personal Relationships, 3*, 81–96.

Shaver, P. R., Murdaya, U., & Fraley, R. C. (2001). Structure of the Indonesian emotion lexicon. *Asian Journal of Social Psychology, 4*, 201–224.

Shaver, P. R., Wu, S., & Schwartz, J. C. (1991). Cross-cultural similarities and differences in emotion and its representation: A prototype approach. In M. S. Clark (Ed.), *Review of personality and social psychology,* Vol. 13 (pp. 175–212). Newbury Park, CA: Sage.

Simmons, C. H., Vom Kolke, A., & Shimizu, H. (1986). Attitudes toward romantic love among American, German, and Japanese students. *Journal of Social Psychology, 126*, 327–337.

Sprecher, S., Aron, A., Hatfield, E., Cortese, A., Potapova, E., & Levitskaya, A. (1994). Love: American style, Russian style, and Japanese style. *Personal Relationships, 1*(4), 349–369.

Steenbergen, H., Langeslag, S. J., Band, G. P., & Hommel, B. (2013). Reduced cognitive control in passionate lovers. *Motivation and Emotion, 38*(3), 444–450.

Sternberg, R. J. (1988). *The triangle of love*. New York. Basic Books.

(1997). Construct of a triangular love scale. *European Journal of Psychology, 27*, 313–335.

Tooby, J., & Cosmides, L. (1992). The evolutionary and psychological foundations of the social sciences. In J. H. Barkow, L. Cosmides, & J. Tooby (Eds.), *The adapted mind: Evolutionary psychology and the generation of culture* (pp. 19–136). New York: Oxford University Press.

Triandis, H. C., McCusker, C., & Hui, C. H. (1990). Multimethod probes of individualism and collectivism. *Journal of Personality and Social Psychology, 59*, 1006–1020.

Wang, A. Y., & Nguyen, H. T. (1995). Passionate love and anxiety: A cross- generational study. *The Journal of Social Psychology, 135*(4), 459–470.

Weaver, S. E., & Ganong, L. W. (2004). The factor structure of the Romantic Belief Scale for African Americans and European Americans. *Journal of Social and Personal Relationships, 21*, 171–185.

Wilkins, R., & Gareis, E. (2006). Emotion expression and the locution "I love you": A cross cultural study. *International Journal of Intercultural Relations, 30*(1), 51–75.

Wolkstein, D. (1991). *The first love stories.* New York: Harper Perennial.

Xu, X., Aron, A., Brown, L., Cao, G., Feng, T., & Weng, X. (2011). Reward and motivation systems: A brain mapping study of early-stage intense romantic love in Chinese participants. *Human Brain Mapping, 32*(2), 249–257.

Young, L. J., & Wang, Z. (2004). The neurobiology of pair bonding. *Nature Neuroscience, 7*(10), 1048–1054.

缓慢的爱情：数字时代的求爱

海伦·E. 费舍尔（Helen E. Fisher）

贾斯汀·R. 加西亚（Justin R. Garcia）

爱与求爱

　　近期的一项统计表明，大约有66%的美国单身人士都曾在约会中发生过"一夜情"；有34%的人在第一次约会前就已经与潜在的伴侣发生过性关系；有54%的人曾有过"床伴"（即为了无承诺的、不公开的性行为而见面的人）；此外，有56%的单身者在婚前同居过。美国人倾向于认为这些都是鲁莽的行为。但是，2010—2017年，对美国单身成年人进行的一项具有人口统计学代表性的横向调查（每年招募5 000多名参与者，累计参与者超过4万人，被称为"美国单身人士"研究或SIA研究）收集到的数据表明，这种模式不是鲁莽，而是谨慎。如今的单身人士在投入时间、金钱和精力来向潜在伴侣做出正式承诺之前，似乎想要了解对方的一切（Fisher，2015，2016）。

　　我们认为，目前在美国，求爱的承诺前阶段正在延长。如今的单身人士会花时间来寻找一个在精神上和身体上都与自己高度契合的伴侣。他们通过以"纯粹朋友"身份一起玩、以"床伴"身份相处、第一次约会前发生性关系、规矩的（更严肃的）"第一次正式约会"以及婚前同居，正在缓慢地将他们非正式的、不成熟的性关系和浪漫关系转变成长期的、正式的、有承诺的伴侣关系——这就是Fisher（2015，2016）所说的"缓慢的爱情"（slow love）。在传统意义上，婚姻是一段伴侣关系的起始，而如今它似乎成了终点。

当今的技术进步正在改变单身人士求爱的方式，然而科技并不能——也不会——改变人们与生俱来对爱情的向往。实际上，在美国，有83%的男性和89%的女性会在49岁前结婚，很多人还会经历离婚和再婚（Fisher，1992，2016）。在本文中，我们将首先从生物学角度讨论浪漫之爱及其持久性；然后，我们将探讨当今数字时代中不断变化的求爱模式。

科技改变不了爱情

全世界的人都会爱。人们拥有关于爱情的神话和传说，创作了关于爱情的歌曲、诗歌、小说、戏剧、芭蕾舞和歌剧，还创造了爱情护身符、爱情魔法以及爱情节日。人类学家已经在150多个社会中发现了浪漫之爱的证据。事实上，他们在所到之处都见到了这种爱情（Jankowiak & Fischer，1992；Jankowiak & Paladino，2008）。浪漫爱情具有一系列特征，如求爱的注意力集中在某个特定的伴侣身上、精力充沛、狂喜、情绪波动、"小鹿乱撞"、性方面的占有欲、情感依赖、分离焦虑、受挫-吸引、抑制不住的思念、渴望与对方达到情感上的结合、强烈的拥有对方的动机（Fisher，1992，2004，2016）。人们渴望爱，喜欢爱，为爱而生，为爱而死。浪漫爱情的脑系统是人类进化出的最强大系统之一。

几项功能磁共振成像（fMRI）的脑扫描研究发现，与浪漫爱情相关的主要神经回路位于皮层下靠近与动机或"驱力"（Aron et al.，2005；Fisher et al.，2003）以及成瘾（Fisher，2014；Fisher et al.，2010；Fisher et al.，2016）相关的脑区。实际上，爱之激情的主要回路位于靠近协调"口渴"和"饥饿"

的神经机制附近。口渴和饥饿的感受能够使你生存下去；爱情则促使你形成一种生殖伙伴关系，并将你的DNA延续至未来。因此，浪漫爱情一直被称作一种"生存机制"（Frascella et al.，2010）。它可能是在四百多万年前伴随着社会一夫一妻制进化而来的——我们的古人类祖先走出正在不断缩小的森林，出现在不断扩大的草原上，并适应了那里的生态环境（Fisher，1992，2011，2016）。因此，尽管人们普遍担心现代科技对人类恋爱动机的影响，但是爱的激情不会因为单身人士在Tinder（一款手机交友软件）上选择心仪的潜在伴侣或使用其他互联网约会平台而消失。浪漫爱情是大脑中的一个系统。

实际上，爱情是协调人类交配和繁殖的三个主要脑系统之一（Fisher，1998，2004，2016）——我们的一切都与特定的脑系统相关——在我们这个数字时代，技术不会消灭其中任何一部分。性冲动（主要由男性和女性的睾酮系统调节）的进化使我们的祖先寻求多个交配对象。浪漫爱情（主要与大脑中的多巴胺奖赏系统相关）的进化激发男性和女性祖先在寻求交配对象时只将他们的交配能量集中在一个人身上，从而节省了求偶时间和代谢能量。对配偶的依恋（主要与大脑中的催产素和后叶加压素系统有关）的进化，激励我们的祖先形成了伴侣关系或一夫一妻的配偶关系，并且促使他们将这种依恋关系维持足够长的时间——至少能够作为一个团队抚养孩子度过婴儿期。

人类对伴侣关系（或社会一夫一妻制）的倾向对我们如何求爱有着重要的影响。在每一个有记录的社会中，人类的主要生殖策略都是配对结合，无论性别、年龄或性取向如何。即便在一夫多妻制的社会中，大多数男性也会通过形成一种配偶关系来生育并抚养他们的孩子，因为很少有人能获得充足的资源来吸引和留住他们的妻妾（Fisher，2016）。此外，人类孕育孩子的周期很长，孩子的童年和青春期较长——这就意味着很多的养育时间。因此，男性和女性都有义务投入大量的时间、能量和资源，以明智地评估并选择有效的伴侣进行生育。个体的求爱通常也不会随着生育期而结束。通奸是一种跨文化的常见现象，就像离婚和再婚一样（Fisher，1992，2016；Tsapelas，Fisher，& Aron，2010）。这导致一些人认为，人类的基本生殖策略是持续的一夫一妻制和秘密的通奸（Fisher，1992，2004，2011，2016）。与其他3%的哺乳动物和15%的灵长类动物一样，人类经常表现出社会层面的一夫一妻制，但并不总能做到性层面的一夫一妻制（Gray & Garcia，2013）。由于这种灵活的、不稳定的、多方交配的模式，过去和现在的男性及女性在他们的一生中都可能会屡次求爱。

数字时代的科技进步无法改变人类屡次求爱的倾向，但是它可以改变人们追求爱情的方式、时间和地点。

科技如何影响求爱

求爱习俗因文化的不同而有很大差异，这与每个社会的特定文化和物理环境一致。例如，狩猎采集社会中的女性通过挖掘棍和篮子收集到50%以上的食物。与这种经济实力相关的是，她们往往也具有社交和性方面的权力。而且在这些文化中，求爱往往是随意的。例如，对卡拉哈里沙漠的丛林人和亚马孙盆地的梅西纳库人来说，婚前性行为是司空见惯的，而包办婚姻无足轻重，男性和女性都倾向于因吸引力而选择伴侣。

在距今五千多年前，古代美索不达米亚地区的农民开始使用犁。伴随着农耕社会的发展，女性失去了她们祖先作为采集者的角色；她们的经济生活、社会生活和性生活都受到了限制。随着耕作技术的进一步发展，许多新的信条出现了，其中包括严格的包办婚姻（上层阶级）、女性在婚姻中应保持贞洁、父亲是一家之主，以及婚姻必须持续至生命尽头（Fisher，1992，1999，2016）。

随着工业时代的发展和第一次世界大战后现代就业市场的出现，一系列新技术的发明减轻了女性在家中的劳动压力，女性重新开始参与有偿劳动。随着她们经济实力的日益增长，女性开始重新获得她们的社会地位和性权力。在20世纪40年代末、50年代初，汽车在美国得到了大规模普及，这一技术发明给单身人士提供了"移动卧室"和"汽车旅馆"。到20世纪60年代，"停车"成了一条通向性、浪漫和依恋的常见途径。20世纪60年代激素避孕药的面世释放了女性的性欲，使得两性在婚前有了更多的性自由。

目前数字媒介平台的激增再次改变了求爱的方式。在线约会网站、手机交友应用程序、短信、电子邮件和网络论坛为人们提供了评估和选择合适的（理想的）约会对象的新方法。如今在美国，有51%的单身人士在Facebook上寻找约会对象；有34%的人选择使用Google来查找潜在的伴侣（引自SIA研究）；有51%的单身人士使用表情符号让他们的书面沟通更有个性；有37%的单身人士使用这些表情符号来表达他们的感情（Gesselman，Ta，& Garcia，2018）；有48%的单身人士在网上发自拍照来吸引异性；有36%的单身人士在以求爱为目的时会上传自己的性感照片（Garcia et al.，2016）。现在的单身人士使用Facebook、Instagram、Snapchat和一些网络论坛来调情、保持联系和安排求爱约会。与此同时，求爱禁忌发生了新的变化。例如，有66%的单身人士认为，如果在约会期间给其他潜在伴侣发短信就会被拒绝；如果在求爱约会中发现对方偶尔读短信，有57%的人会感到失望。

一些评估潜在伴侣的机制也可能会发生改变。例如，当通过互联网见面时，你不可能闻到或触摸到潜在伴侣，所以其他有关健康的线索可能变得更重要，尤其是那些体现在照片上的最明显的线索。在不了解潜在伴侣背景、家庭以及社交网络的情况下，单身人士在互联网平台上对自己（个性、兴趣、职业等）、朋友、亲戚的描述可能会成为重要的求爱工具。

人们会通过Google搜索潜在的约会对象，会发信息、发邮件并在交流时使用表情符号，当然还会将其他现代技术机制应用于求爱，然而这些不过是"旧事新法"——评估、追求潜在的伴侣来获得爱情和承诺。事实上，约会网站不只是约会网站，它们还是介绍网站（Fisher，2016）。当潜在的伴侣真实地见到彼此时，他们古老的人类大脑会迅速运行起来——他们会微笑、大笑、观察、倾听和炫耀，就像我们的祖先在互联网出现的很久之前所做的那样。科技不会改变爱的能力和欲望。然而，随着互联网渗入生活，科技正在创造评估和建立伴侣关系的新途径。

通往爱情的道路

2010—2017年，我们与相亲网站Match.com合作展开了SIA研究，以美国人口普查报告中的全国人口分布数据为依据，每年对5 000多名单身人士进行调查，选择具有人口统计学代表性的单身成年人作为小组样本。参与者在调查时都处于单身状态。有些人在随便约会，有些人从未结过婚，另一些人则是离婚或丧偶状态。我们完全没有通过Match.com及其子公司招募调查参与者。相反，我们使用了第三方数据公司。参与者的年龄为17～70岁，他们有着不同的背景和经历。调查样本涵盖了美国每个主要族裔群体、每个地区的各种性取向的男性和女性。

2017年的调查显示，大多数单身人士（69%）希望找到一段认真的感情。这些数据表明，如今的单身人士主要有四条不同的寻爱之路：（1）有40%的单身人士在他们的生活中有过"普通朋友"的关系，也就是俗称的"一起玩"；（2）有55%的单身人士在他们的约会经历中有过互利互惠（床伴）的关系；（3）有44%的单身人士有过"第一次正式约会"；（4）有超过50%的人有过随意的"勾搭"或"一夜情"，这可能会在瞬间让对方或自己唤起浪漫或依恋的感觉。这些途径中的每一种似乎都是与一套特定社会规则相关的没有承诺的求爱形式。

普通朋友

在2017年的SIA研究中，单身人士很容易区分出他们认为和一个"朋友"出去玩时的适宜行为与第一次正式约会时的适宜行为之间的差异。例如：

（1）对于"相约见面的当天约你出去玩"，有48%的人认为朋友这样做是适宜的，而只有27%的人认为在第一次约会时这样做是适宜的。（2）对于"AA制付款"，有48%的人在和朋友出去玩时同意这样做，只有29%的人在第一次正式约会时同意这样做。（3）"喝3～5杯饮料""吃快餐"被认为更适合"普通朋友"。（4）对于"接吻"，只有37%的人认为在和朋友出去玩时接吻是合适的，而64%的人认为在第一次正式约会时接吻是合适的。在"普通朋友"关系中，人们在做出任何情感、性或经济承诺之前都会先去了解对方。

最重要的是，近40%的单身人士报告说，他们疯狂地爱上了一个他们最初并不觉得有吸引力的"朋友"。并且，有29%的单身人士表示，在他们所有的"普通朋友"关系中至少有一段变成过忠诚的伴侣关系。以"朋友关系"作为爱情关系的开始似乎是一种当下的（也许是古老的）配对策略。

互利互惠的朋友

在这种寻求爱情的方式中，两个人可能会在有需要的时候发生性关系，但是他们并不会以忠诚情侣的形象出现在公众面前。在2017年的SIA研究中，有55%的单身人士报告称，他们在单身生活的某个时段有过互利互惠的朋友（床伴）关系；而在2013年的SIA研究中，有58%的男性和50%的女性报告称，他们有过互利互惠的朋友（床伴）关系——其中约30%的人是在70多岁时发生的这种关系。2017年，当参与者被问及互利互惠的朋友（床伴）关系是如何开始的时，有71%的男性和80%的女性报告称，在开始这种关系之前，他们是普通朋友；只有19%的单身人士（27%的男性和12%的女性）表示在积极地寻求互利互惠的朋友（床伴）关系；有88%的女性和73%的男性表示："它就这么发生了。"

这种关系也有其特定的规则。在2017年的研究中，有59%的男性和74%的女性认为，他们的互利互惠的朋友（床伴）关系应该是排他性的，任何一方都不该同时和其他人拥有这样的关系。此外，有69%的参与者认为，不应该把恋情告诉自己的亲密友人；有62%的人认为，绝对不能和对方的亲密友人约会；有92%的人认为必须使用避孕措施。

与本文最相关的是，在2017年的研究中，曾有过床伴关系的48%的男性和42%的女性报告称，至少有一段这种关系变成过忠诚的伴侣关系。因此，对于许多人而言，床伴关系、看似随意的性关系似乎也是通往浪漫、依恋和承诺的途径（Garcia & Fisher，2015）。

第一次正式约会

在过去的几十年（甚至是几个世纪）里，第一次约会主要是"看看"，并且评估与一个相对不熟悉的人产生浪漫兴趣的可能性。如今，第一次约会之前通常会有一段很长的友谊，不管是否有"好处"。因此，现在"第一次约会"似乎有了一个重要的新含义——作为迈向承诺的"正式的"第一步。可以看出，单身人士现在认为存在一些适合"第一次约会"的严格的行为准则——有54%的单身人士认为"提前两三天约你出去"是第一次约会的最合理行为，只有27%的人赞成"在相约见面当天约你出去"。此外，有59%的单身人士认为"第一次约会去一家不错的餐厅"是合适的，而只有22%的人认为"第一次约会去快餐店"是可以接受的。有56%的男性和48%的女性报告称，他们在第一次约会时就想象过与对方有长久的未来。

大众和专业研究者都会因为约会的衰落而感到惋惜，并称之为"危机"。事实上，有44%的单身人士进行了第一次约会。但如今约会变得越来越昂贵且费时。实际上，单身人士约会和寻求爱情的活动为美国经济贡献了数十亿美元，这或许可以部分地解释为什么在生活的各个领域，单身人士的压力都比已婚人士大（Ta，Gesselman，Perry，Fisher，& Garcia，2017）。然而，如果将第一次约会规定为正式迈向承诺的第一步，那么寻求或接受第一次约会的男性和女性会更少——除非他们找到了自己真正感兴趣的人。

随意的性行为

在2014年的调查研究中，有66%的单身男性和50%的单身女性报告称，他们在约会生活中的某个时候有过"一夜情"。虽然随意的性行为本身不一定有风险，但是它可能会导致性病传播和感染、意外怀孕和情感痛苦。近几年对美国单身人士的研究显示，发生过"一夜情"的男性和女性数量变化不大。2016年，有34%的单身人士报告称，在第一次约会之前他们与潜在伴侣至少发生过一次性行为。即使是那些已经开始与某一特定对象约会的人，通常也不会在发生性行为之前与该对象形成任何形式的承诺关系。有28%的单身人士在第三次约会前就已经与约会对象发生过性行为；有46%的人在第六次约会前与约会对象发生过性行为。

这些越轨之举是"性面试"的一种形式吗？或许是的。在接吻时，人们12对脑神经中的5对会被激活；在性交过程中，人们的许多生理和心理过程也会被激活。性行为提供了关于性伴侣的大量数据，如气味、触感、声音，还有善良、同理心、耐心、身体健康和精神稳定的水平，甚至可能还有他们的幽默感等，这些都是非常有价值的信息。单身人士通过性行为能够加深对对方的了解。

与"性面试"不同，随意的性行为的目的有时可能是激发自己或对方的浪漫感和依恋感。生殖器刺激和兴奋会提高多巴胺系统的活性，并有可能触发浪漫的激情。性行为之前的表现也可能会触发依恋感，因为愉快的接触和性高潮会激活催产素和抗利尿激素，使与依恋和联结有关的神经肽被释放出来。尽管在进化行为主义者中，性高潮和促进社会性伴侣关系之间的相关性存在争议（Lloyd，2005；Gray & Garcia，2013），但是超过31%的单身人士（39%的男性和26%的女性）都曾有过从"一夜情"转变而来的长期的浪漫伴侣关系（Garcia & Fisher，2015）。

与"普通朋友"或"床伴"关系以及第一次正式约会一样，随意的性行为也可能会引发一段浪漫、忠诚的伴侣关系（Garcia & Reiber，2008；Garcia &

Fisher, 2015）。

婚前同居

婚前同居现象于20世纪70年代开始在美国流行起来。这个曾被人耻笑的事情如今已变成了家常便饭。在2012年的调查研究中，有58%的单身人士报告称，他们曾与1~5名非婚伴侣同居过；有64%的美国人相信，同居这种生活方式通常是迈向婚姻的重要一步（Pew Research Center, 2008）。

婚约

即便是婚姻也不再是一种坚定的承诺。在2013年的调查研究中，有36%的单身人士说他们希望签订婚前协议。此外，其他形式的婚姻也越来越流行。英国的民事伴侣关系、美国的民事结合关系，以及澳大利亚的事实伴侣关系，都让一对夫妇能够相对容易地结束一段关系。法国1999年颁布的《公民同居契约》能够让男同性恋者和女同性恋者在没有传统婚姻的情况下获得一种合法的依恋形式。它很快就在异性恋人群中流行起来——你要做的事就是和伴侣去联邦登记机构签署一些文件来开启一段法律关系；然后，当你们想结束这段关系时，你们只要再填一个表格递交过去就可以了。如果离婚在美国变得更容易，那么许多人可能会利用这一点，因为有33%的美国单身人士认为，如果你丧失了激情就可以离开一段"令人满意的婚姻"了。

缓慢的爱情

我们人类是浪漫的物种——历史和人类学文献证实了这一点（Fisher,

2016）。我们的浪漫倾向经久不变。SIA研究显示，有超过54%的美国单身人士相信一见钟情；有86%的单身人士想寻求一个可以共度一生的忠诚伴侣；只有14%的人会为了经济安全而结婚；有56%的人认为法律应该让结婚变得更容易；有89%的人认为你可以与一个人白头到老。在当今的美国，就像在后工业世界中一样，浪漫爱情之花在全面盛开。然而，有43%～50%的美国婚姻岌岌可危；有67%的同住在一个屋檐下的美国夫妇报告称，他们害怕离婚带来的社会、法律、情感和经济后果（Miller，Sassler，& Kusi-Appouh，2011）。

我们认为，如今的单身人士在花费精力、时间和金钱建立一段可靠的伴侣关系之前，会尽可能地了解潜在伴侣的一切；因此，求爱过程中的预备承诺阶段正在延长（Fisher，2015，2016）。普通朋友、床伴、第一次正式约会、随意的性行为、婚前同居，以及婚约都是当今缓慢爱情求爱轨迹的核心部分。

总结

一直以来，婚姻都是人类社会和家庭生活的一个标志。然而如今，人们对约会、婚前同居以及婚前性行为的态度越来越宽容，寻求爱情和伴侣的规则发生了变化。约会网站、约会软件和新的沟通方式，如短信、邮件、Facebook、Snapchat，以及其他新式的技术会改变浪漫爱情吗？当然不会。浪漫爱情的脑回路存在于大脑底部的"原始工厂"和路径中。数百万年前，这些"原始工厂"和路径就已开始进化，促使我们的祖先将交配精力集中在首选伴侣身上。浪漫的爱情是一种动力，促使你实现人生中最重要的目标之一——找到与你一同生育后代的伴侣。在各种文化中，绝大多数男性和女性即使不想生儿育女或为人父母，到中年时也会试图建立伴侣关系。如果我们人类能够存活100万年，爱情（和依恋）的大脑回路对人类发展将是至关重要的。

然而，科技正在改变美国单身人士的求爱方式，包括给人们的求爱生活增加了一些问题——最重要的一个问题是认知超负荷，这是婚恋网站和应用程序上的过多选项导致的。人类的大脑无法在成百上千的潜在配对对象中做出选择。事实上，科学家们建议，大脑能够有效处理的最佳选择数量为5～9个（Iyengar & Lepper，2000；Miller，1955；Schwartz，2016）。但是，就像我们对待任何新技术一样，我们必须学会高效使用互联网。例如，在认识了9个潜在的伴侣后，我们可能会停下来了解其中一个或几个。数据显示，你对一个人了解得越多，就越喜欢他（Fisher，2016）。

权威人士和科学家们提出警告，互联网引发了另一个问题：随着电脑、手机等沟通媒介的普及，我们正在失去沟通、互动以及即时联系的能力。但是，现有大量数据显示，那些最常使用互联网的人也拥有最多的社交互动（Chayko，2014；Hampton et al.，2016）。实际上，当今的美国人似乎联系过度了。很多单身人士都在使用婚恋网站、软件，因为它们让成年的单身人士能够寻找到志同道合的伴侣，同时为老年单身人士、男同性恋者、女同性恋者以及其他形形色色的单身人士提供了更广泛的潜在伴侣。在2017年的SIA研究中，有40%的美国单身人士通过互联网认识了第一次约会的对象——有25%的人是通过朋友介绍认识的，只有6%的人是在酒吧认识的。婚恋网站与两个积极结果相关：一是跨种族伴侣关系的增加（Ortega & Hergovich，2017），二是通过互联网相识的人之间的婚姻在逐渐增多并在统计学意义上更加稳定（Cacioppo et al.，2013）。

目前，缓慢的爱情是一种主流趋势。全世界的男性和女性结婚越来越晚（The Economist，2017）。这样一来，求爱进程就放慢了——与评估和选择配偶相关的承诺前的求爱阶段被延长。"一夜情"、普通朋友、床伴、第一次正式约会、婚前同居、婚约、民事结合……这些意味着人们对待婚姻非常谨慎。

此外，从进化的角度来看，缓慢的爱情可能具有适应性，因为人类的大脑是软连接的，可以慢慢地与伴侣产生联系。在过去8个月里疯狂坠入爱河的男性和女性，其大脑中与精力、专注力、动机、渴望以及强烈浪漫激情相关的区域都表现活跃；而那些热恋了8～17个月的人的大脑中与依恋感相关的区域也被观察到了明显的活动（Aron et al.，2005）。浪漫的爱情可以迅速被激活，然而深厚的感情需要时间来培养。不断延长的预备承诺阶段和"精简版"承诺与我们浪漫和依恋的原始脑回路是一致的。缓慢的爱情属于我们人类生物学的进化产物。

在这种缓慢爱情的趋势下，伴侣关系也会变得更加稳定，因为男性和女性结婚越来越晚。从联合国《人口年鉴》（*Demographic Yearbooks*）中选取的80个国家1947—2011年的数据表明，结婚越晚，维持婚姻的可能性越大（Fisher，2016）。同样，一项针对3 000多名美国已婚人士的研究发现，与那些约会不到一年就结婚的夫妇相比，约会时间在一到两年的夫妇离婚的可能性要低20%，约会时间长达三年或以上的夫妇离婚的可能性要低39%（Francis-Tan & Mialon，2015）。一项针对1 095名美国已婚人士进行的相关调查也证明了这种婚姻稳定性趋势。该调查是对2012年SIA研究的一个补充。研究者提出的问题包括："如果当初就像现在这样了解你的配偶，你还会选择和他（她）结婚吗？"有81%的人回答"是"。此外，有76%的男性和73%的女性表示，他们与配偶仍然"非常相爱"。2013年的一项针对15个国家的12 000多名成年人开展的调查也表明，如今的婚姻越来越稳定了。在这项研究中，有78%的已婚男性和女性认为自己"幸福"（Ipsos，2014）。缓慢的爱情可能会给单身人士一些时间去获得经验，以选择一个真正合适的伴侣，使浪漫和依恋的脑回路有充足的时间获得发展。实际上，人们可以长久地"相爱"。一项fMRI研究针对17名已婚多年（平均21年）的男性和女性展开，他们都坚称自己仍然疯狂地爱着配偶。调查结果显示，负责浪漫爱情和依恋的主要脑区可以连续几十年保持活跃（Acevedo et al.，2011，2012）。

在我们漫长的农耕文化历史中，我们的祖先结婚是为了取悦他们所信奉的神、当地社区和他们的大家庭，配偶双方被土地和彼此捆绑在一起，单身人士结婚早而快，并且婚姻持续一生。然而，如今人们早已从农业生活的束缚中解脱出来。单身人士开始转向自己的内心——为自己选择伴侣，并且愿意花时间去恋爱、择偶以及结婚。事实上，与通过随意的性行为、床伴、出去玩、约会以及同居来慢慢了解潜在伴侣相比，迅速对新伴侣做出承诺可能会给长久的幸福带来风险。

爱情不会死亡；求爱不会毁灭；性也不会取代爱。人们的爱情生活和性生活都在不断适应新环境。实际上，缓慢的爱情所带来的变革可能会让我们在数字时代看到更幸福、更持久的伴侣关系。

参 考 文 献

Acevedo, B., Aron, A., Fisher, H. E., & Brown, L. L. (2011). Neural correlates of long-term intense romantic love. *Social Cognitive and Affective Neuroscience*, doi: 10.1093/scan/nsq092.

(2012). Neural correlates of marital satisfaction and well-being: Reward, empathy, and affect. *Clinical Neuropsychiatry, 9*(1), 20–31.

Aron, A., Fisher, H. E., Mashek, D. J., Strong, G., Li, H. F., & Brown, L. L. (2005). Reward, motivation and emotion systems associated with early-stage intense romantic love: An fMRI study. *Journal of Neurophysiology, 94*, 327–337.

Cacioppo, J. T., Cacioppo, S., Gonzaga, G. C., Ogburn, E. L., & VanderWeele, T. J. (2013). Marital satisfaction and break-ups differ across on-line and off-line meeting venues. *Proceedings of the National Academy of Sciences, 110*(25), 10135–10140.

Carter, C. S. (1992). Oxytocin and sexual behavior. *Neuroscience and Biobehavioral Reviews, 1*, 131–144.

(1998). Neuroendocrine perspectives on social attachment and love. *Psychoneuroendocrinology, 23*, 779–818.

Chayko, M. (2014). Techno-social life: The internet, digital technology, and social connectedness. *Sociology Compass, 8*(7), 976–991.

Fisher, H. E. (1992). *Anatomy of love* (1st ed.). New York: W.W. Norton.

(1998). Lust, attraction, and attachment in mammalian reproduction. *Human Nature, 9*, 23–52.

(1999). *The first sex: The natural talents of women and how they are changing the world.* New York: Random House.

(2004). *Why we love: The nature and chemistry of romantic love.* New York: Henry Holt.

(2011). Serial monogamy and clandestine adultery: Evolution and consequences of the dual human reproductive strategy. In S. C. Roberts (Ed.), *Applied evolutionary psychology* (pp. 96–111). New York: Oxford University Press.

(2014). The tyranny of love: Love addiction – An anthropologist's view. In K. P.

Rosenberg & L. C. Feder (Eds.), *Behavioral Addictions: Criteria, evidence and treatment* (pp. 237–260). London: Elsevier Press/Academic Press.

(2015). Slow love: How casual sex may be improving marriage. *Nautilus*, online March 5.

(2016). *Anatomy of love: The natural history of monogamy, adultery, and divorce* (2nd ed.). New York: Norton.

Fisher, H. E., Aron, A., & Brown, L. L. (2006). Romantic love: A mammalian brain system for mate choice. *Philosophical Transactions of the Royal Society: Biological Sciences, 361*, 2173–2186.

Fisher, H., Aron, A., Mashek, D., Strong, G., Li, H., & Brown, L. L. (2003). Early stage intense romantic love activates cortical-basal-ganglia reward/ motivation, emotion and attention systems: An fMRI study of a dynamic network that varies with relationship length, passion intensity and gender. Poster presented at the Annual Meeting of the Society for Neuroscience, New Orleans, November 11.

Fisher, H. E., Brown, L. L., Aron, A., Strong, G., & Mashek, D. (2010). Reward, addiction, and emotion regulation systems associated with rejection in love. *Journal of Neurophysiology, 104*, 51–60.

Fisher, H. E., Xu, X., Aron, A., & Brown, L. L. (2016). Intense, passionate romantic love: A natural addiction? How the fields that investigate romance and substance abuse can inform each other. *Frontiers in Psychology*. Retrieved from https://doi.org/10.3389/fpsyg.2016.00687.

Francis-Tan, A., & Mialon, H. M. (2015). "A diamond is forever" and other fairy tales: The relationship between wedding expenses and marriage duration. *Economic Inquiry, 53*(4), 1919–1930.

Frascella, J., Potenza, M. N., Brown, L. L., & Childress, A. R. (2010). Shared brain vulnerabilities open the way for non-substance addictions: Carving addiction at a new joint? *Annals of the New York Academy of Sciences, 1187*(1), 294–315.

Garcia, J. R., & Fisher, H. E. (2015). Why we hook up: Searching for sex or looking for love? In S. Tarrant (Ed.), *Gender, sex, and politics: In the streets and between the sheets in the 21st century* (pp. 238–250). New York: Routledge.

Garcia, J. R., Gesselman, A. N., Siliman, S. A., Perry, B. L., Coe, K., & Fisher, H. E. (2016). Sexting among singles in the USA: Prevalence of sending, receiving, and sharing sexual messages and images. *Sexual Health, 13*(5), 428–435.

Garcia, J. R., & Reiber, C. (2008). Hook-up behavior: A biopsychosocial perspective. *Journal of Social, Evolutionary, and Cultural Psychology, 2*(4), 192–208.

Gesselman, A. G., Ta, V. P., & Garcia, J. R. (in review). Worth a thousand words: Emojis as affective signals for relationship-oriented communication.

Gray, P. B., & Garcia, J. R. (2013). *Evolution and human sexual behavior*. Cambridge, MA: Harvard University Press.

Hampton, W. H., Unger, A., Von Der Heide, R. J., & Olson, I. R. (2016). Neural connections foster social connections: A diffusion-weighted imaging study of social networks. *Social Cognitive and Affective Neuroscience, 11*(5), 721–727.

Heussner, K. M. (2010). Is technology taking its toll on our relationships? *Technology Review*. Retrieved from abcnews.go.com.

Ipsos. (2014). *Valentine's Day: Correlations between relationship status and happiness, financial situation*. Ipsos: A Global Independent Market Research Company. February 12. Retrieved from www.ipsos.com/en-us/valentines-day-correlations-between-relationship-status-and-happiness-financial-situation.

Iyengar, S. S. & Lepper, M. R. (2000). When choice is demotivating: Can one desire too much of a good thing? *Journal of Personality and Social Psychology, 79*(6), 995–1006.

Jankowiak, W. R., & Fischer, E. F. (1992). A cross-cultural perspective on romantic love. *Ethnology, 31*(2), 149–155.

Jankowiak, W. R., & Paladino, T. (2008). Desiring sex, longing for love: A tripartite conundrum. In W. R. Jankowiak (Ed.), *Intimacies: Love and sex across cultures* (pp. 1–36). New York: Columbia University Press.

Lloyd, E. A. (2005). *The case of the female orgasm: Bias in the science of evolution*. Cambridge, MA: Harvard University Press.

Miller, A. M., Sassler, S., & Kusi-Appouh, D. (2011). The specter of divorce: Views from working- and middle-class cohabitors. *Family Relations, 60*, 602–616.

Miller, G. A. (1955). The magical number seven, plus or minus two: Some limits on our capacity for processing information. *Psychological Review, 101*(2), 343–352.

Ortega, J., & Hergovich, P. (2017). The strength of absent ties: Social integration via online dating. *arXiv preprint arXiv:1709.10478*.

Pew Research Center. (2008). Social and demographic trends. "The decline of marriage and rise of new families." November 18. Retrieved from http://pewsocialtrends.org/2010/11/18.

Schwartz, B. (2016). *The paradox of choice: Why more is less* (rev. ed.). New York: Harper Perennial.

Ta, V. P., Gesselman, A. N., Perry, B. L., Fisher, H. E., & Garcia, J. R. (2017). Stress of Singlehood: Marital status, domain-specific stress, and anxiety in a national US sample. *Journal of Social and Clinical Psychology, 36*(6), 461–485.

Tsapelas, I., Fisher, H. E., & Aron, A. (2010). Infidelity: Who, when, why. In W. R. Cupach & B. H. Spitzberg (Eds.), *The dark side of close relationships II*, (pp. 175–196). New York: Routledge.

Xu, X., Brown, L. L., Aron, A., Cao, G., Feng, T., Acevedo, B., & Weng, X. (2012). Regional brain activity during early-stage intense romantic love predicted relationship outcomes after 40 months: An fMRI assessment. *Neuroscience Letters, 526*(1), 33–38.

Xu, X., Aron, A., Brown, L. L., Cao, G., Feng, T., & Weng, X. (2011). Reward and motivation systems: A brain mapping study of early-stage intense romantic love in Chinese participants. *Human Brain Mapping, 32*(2), 249–257.

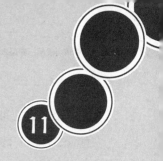

浪漫之爱的风格

克莱德·亨德里克（Clyde Hendrick）

苏珊·S. 亨德里克（Susan S. Hendrick）

要想理解人们对爱情的看法和观点，首先有必要了解这些看法和观点是如何形成的。当我们第一次开始研究爱情时，我们还是新婚夫妇（带着一些生活经验和高度理想化的生活憧憬开始了彼此的第二段婚姻）。我们一个是咨询心理学家（Susan），一个是社会心理学家（Clyde），试图一起找到一个应用性的（Susan在她的私人诊所进行伴侣治疗）且具有实证严谨性的（Clyde是一位经验丰富的理论研究者）工作领域。我们认为，爱情是我们彼此体验到的、在其他伴侣身上存在或缺失的、似乎对人类极其重要的东西。我们也都读过Alan Lee（1973）关于爱情风格的书，并觉得很有趣。于是，我们开启了研究爱情风格的旅程。

社会学家Alan Lee（1973）提出了"爱情风格"理论，即浪漫的爱情在不同的个体、不同的时间和不同的伴侣间可能存在差异。他采用被其称为"爱情故事卡片分类"的复杂方法对爱情进行了创新性的、引人注目的研究探索。在研究中，参与者先将写有诸如"我遇见X的那天晚上"这种短语的绿色卡片进行分类，之后将绿色卡片与一张或多张白色卡片上的短语进行配对，组成一个句子。白色卡片上的短语有"几乎不能入睡""有更多的问题想问X""想在半夜给X打电话"等。经过几个小时的卡片分类及配对之后，这个参与者与其某个伴侣之间的爱情故事就变得清晰起来。《爱情的颜色》（*The Colors of Love*，1973）是Lee的代表作，此外，他在《恋爱的风格》（*Styles of Loving*，Lasswell & Lobsenz，1980）等书中发表过自己的研究成果。

Lee用色轮（color wheel）来类比自己构建的爱情类型学的概念框架。三原色（红、黄、蓝）映射出三种主要的爱情风格：情爱型、游戏型和友爱型。三原色的合理混合产生爱情的合成色：现实型、利他型和占有型。其他类型的混合也是可能的，但是，Lee和后继的研究者主要强调这六种爱情类型：情爱型（Eros，激情的、性欲的爱），游戏型（Ludus，游戏式的、无承诺的爱），友爱型（Storge，友谊之爱），现实型（Pragma，实际的、工于心计的爱），利他型（Agape，利他主义的、自我牺牲的爱）和占有型（Mania，强迫性的爱）。

尽管爱情故事在各个方面都不尽相同，但是它们可能会随着时间的推移而体现出一致性——特别是在同一个伴侣身上。Lee用故事卡片分类结果构建了爱情的意识形态，也就是爱情风格。我们以他提出的爱情风格构想作为态度体系或信念体系，该体系中包含一个稳定而可变的情感中心，它可能和人格特征有一些关联。爱情风格理论是研究浪漫之爱的一种途径，它对我们来说很有吸引力。它为个人对爱情的定义和体验提供了充分的自由，又和人们对浪漫之爱的常识性观点保持一致。下面将对六种爱情风格的特征进行具体介绍。

情爱型：具有强烈的身体吸引力、强烈的情感和外貌偏好，以关系的必然感为核心。这种爱可以在感情和思考的革命中突然"出击"。

游戏型：将爱情视为和不同的伴侣一起玩的游戏，欺骗对方，缺乏自我暴露。［由于游戏型往往缺乏诚信，大学生对这种爱情风格测量项目的反应不一致。然而，Lee（1973）指出，此类型反映出很多人的现实情况——事实上，许多大学生在他们择偶过程中的某些阶段是以游戏型为主导的。］

友爱型：把爱情看作友谊。这种爱安静而友善，与情爱型的热烈截然不同，与其说它是"爱情的革命"，不如说是"爱情的进化"。

现实型：将爱情视为一张购物单。这种爱带有明确的期望（例如，适合家

庭、会成为好的父亲或母亲等）。计算机配对可能更能满足这种爱情风格的诉求。

占有型：近乎病态，剧烈的喜悦和痛苦会交替出现。这种爱往往不会有好的结局。

利他型：具有牺牲精神，将爱人的幸福置于自己之上。在恋爱过程中，纯粹的利他型爱情很少见。在长期的伴侣关系中，这种爱会伴随双方对公平的需要而减少，也会因伴侣生病这样的事件而增加。

这些描述看起来似乎揭示了六种不同的爱情风格。然而对这些爱情风格的命名并不意味着它们是真实存在的。要证实它们的存在，我们还需要找到准确测量它们的途径。我们用了好几年才开发出一套精准的测量工具——爱情态度量表。我们下面会对它做出详细介绍。

六种爱情风格的测量

我们最初尝试对爱情风格进行量化时（C. Hendrick，Hendrick，Foote，& Slapion-Foote，1984）使用的是Lasswel夫妇（1976）编制的一套量表。该量表由五十个真假判断项目以及四个附加项目组成。我们将所有项目转换为五点量表后发现，许多项目显示出性别差异，而因素分析并不能完全支持Lee提出的六种爱情风格。于是我们对量表的结构做出了修订（C. Hendrick & Hendrick，1986），最终得出了四十二个标准化项目（六种爱情风格分为六个子量表，每种风格都对应七个评定项目），并将之命名为"爱情态度量表"（Love Attitude Scale，LAS）。我们用这套量表在两所大学分别进行了两项研究：对四十二个项目的数据进行因素分析得出的结果几乎与六种风格完全匹配。由此我们得出结论：Lee的分类能够用评定量表进行测量。完成初步测试后，我们借助LAS开展了一项为期数十年的研究项目。

多年来，有一些研究者对LAS提出了意见。Johnson（1987）指出，这些项目把常规关系和特定关系的陈述混在一起，而且这些项目在量表中所占的比例有所不同。为此，我们重新编写了常规关系的十九个项目，从而推出了一版由七个子量表组成的"完整版"（C. Hendrick & Hendrick，1990）——新版本和原始版本的结果完全一致。由于大量的实质性研究已经完成，所以我们仍在使用1986年的版本。

长期以来，我们注意到其他研究者"借用"LAS中的一部分编制了更简短的量表。我们别无选择，只能加入这些修正者的行列，所以我们从每个子量表的七个项目中分别提取四个项目形成了一个简短版本。结果出乎意料（C. Hendrick，Hendrick，& Dicke，1998），这个由二十四个项目组成的简短版LAS在心理测量工作中的效果非常理想，甚至在一些方面优于最初的版本。

值得注意的是，为了确保这个量表的可靠性（能测量到我们认为它会测量的内容），我们耗费了漫长的时间。当你回答某个特定量表上的项目时——不管是爱情量表、人格量表，还是其他量表——你应该会希望知道自己的答案"有意义"，你希望这个量表能真正测量到它被认为能够测量到的内容，这样你就能知道你得到了关于自己某一方面（如爱情风格、人格特征）的准确信息。正因如此，你需要知道一个量表是如何编制的。在使用LAS和简短版LAS描述我们的研究之前，我们有必要将这六种爱情风格和恋爱现象区分开来。

爱情风格与恋爱

"恋爱"普遍被认为是一种文化现象，它是非常复杂的。Shaver及其同事（1996）认为爱情是一种基本情感。我们也认为爱情通常是一种强烈的情感（C. Hendrick & Hendrick，2003）。或许Hatfield（1988）关于激情之爱的定义最能反映出恋爱的本质。

　　与恋爱有关的一个问题是，激情之爱中是否包含性欲的成分。一些人（Regan，1998；Regan & Berscheid，1999）把性欲看作浪漫之爱的一个重要成分。Hatfield（1988）对于这种惯常的看法表现得更加谨慎，他指出，年轻人在理解性欲之爱以前就可能会狂热地坠入爱河。我们倾向于支持Hatfield。我们也赞成Fisher（2000）的观点，即性欲之爱与激情之爱会随着时间而逐渐分离，并成为具有松散联系的两个情感体系。

　　那么，恋爱的强烈情感体验与爱情风格有什么关系呢？这六种爱情风格中的任何一种都至少是一种态度或信念的综合体，并或多或少带有一些情感。每一种爱情风格中所包含的情感的强度都取决于这种风格的态度或信念。举例来说，情爱型和占有型中都包含一种强烈的"情感波动"，但是友爱型、现实型和游戏型中则没有那么多情感。在后三种风格对应的量表中得分高的人也许不会体验到坠入爱河这样的情感高潮，而在占有型量表中得分高的人正好相反。当然，我们必须记住，在这里讨论的情感是以浪漫之爱为背景的。而其他类型的爱——如对子女、对孙辈的爱——可能是一种有力量的情感（Hrdy，2009）。

　　这种测量方法支持恋爱是一场"情感风暴"的观点。恋爱至少会导致信念和态度上的暂时改变，包括爱情风格的变化。基于这个观点，我们预测，"恋爱中"的大学生与"没有恋爱"的大学生在许多关系结构和关系变量上普遍存在差异。我们通常认为"恋人们都戴着粉红色的眼镜"（C. Hendrick & Hendrick，1988）。我们发现，许多变量的差异都支持我们的预测。在爱情风格方面，与没有恋爱的学生相比，恋爱的学生呈现出了更高程度的情爱型和利他型，更低程度的游戏型。恋爱的学生在性态度上有较低的宽容度和工具性。恋爱还提升了自尊的等级，同时降低了自我监控和寻求刺激的程度。

　　我们推断这六种爱情风格是经过几千年发展而来的关于爱情相对独立的态度或信念体系（Singer，1984）。恋爱可以被认为是一种整体的情感现象，这种现象包含了各种态度和身体反应。爱情风格与恋爱具有相关性，但它们在概念上是截然不同的。每个人恋爱时的体验不尽相同，这主要看个体是具有某一种爱情风格还是具有某几种爱情风格，抑或比较平均地具有每种风格。例如，在占有型量表中得分高的人会有恋爱的典型"症状"，在情爱型量表中得分高的人也是如此；相比之下，在现实型量表中得分高的人可能对恋爱只有轻微的体验，那些在游戏型量表中得分高的人则体验不到恋爱的感觉。因此，爱情风格以及其他变量无疑影响了恋爱的体验。

显然，很多因素都会影响（被影响）恋爱和爱情风格的平均水平（C. Hendrick & Hendrick，1988）。我们认为，爱情风格主要以态度为基础——尽管人格也可能对其有影响。然而，个体的年龄、人生阶段、特定的伴侣、与伴侣的互动，以及社会网络和人口统计学因素都在一定程度上影响着爱情风格。

个体因素

在早期的研究中，我们发现自尊作为人格的一个方面，与两种爱情风格相关：与情爱型呈正相关（爱越充满激情，自尊就越高），与占有型呈负相关（爱得越自私、越有依赖性意味着自尊越低）（C. Hendrick & Hendrick，1986）。自我暴露作为人格特征的一种表达方式，也与爱情风格相关。例如，自我暴露与情爱型呈正相关（越有激情的爱意味着越多的自我暴露），而与游戏型呈负相关（游戏型得分越高意味着越少的自我暴露）（S. Hendrick & Hendrick，1987b）。

我们在探讨爱情风格和典型人格特征之间的关系时，发现了爱情态度与某些人格维度之间的相关性（White，Hendrick，& Hendrick，2004）。这些人格维度来自修订版NEO人格量表（Neuroticism，Extraversion，Openness Personality Inventory-Revised，简称NEOPI-R；Costa & McCrae，1985，1992）。NEOPI-R测量中人格的五个维度分别是宜人性（agreeableness）、责任心（conscientiousness）、外倾性（extraversion）、神经质（neuroticism）和

开放性（openness）（通常被称为大五人格）。情爱型与宜人性、责任心和外倾性呈正相关，而与神经质呈负相关。友爱型与宜人性不相关，但是在另外四个维度上与情爱型相似。游戏型则与情爱型几乎完全相反，它与宜人性和责任心呈负相关，而与神经质呈正相关。现实型与责任心呈正相关，而与开放性呈负相关。占有型与神经质呈正相关。利他型与这五个维度都不相关。

在类似的研究中，Heaven及其同事（2004）对人格、依恋和恋爱风格进行了探讨，同样发现了大五人格与爱情风格之间的广泛联系。该研究的结果与White等人（2004）的研究结果一致。例如，情爱型与外倾性和责任心呈正相关，而与神经质呈负相关。他们还发现，焦虑型依恋在神经质和相关爱情风格间起介导作用，占有型在神经质和关系满意度之间起介导作用，因此神经质与爱情风格之间存在复杂的联系。

Zadeh和Bozorgi（2016）在伊朗的一所大学中对已婚大学生进行研究评估，他们使用了NEO人格量表（Costa & McCrae，1985）、LAS（C. Hendrick & Hendrick，1986），并对婚姻（调节）质量进行了测量。他们发现，人格因素、爱情风格以及婚姻质量之间存在显著的相关性。回归分析表明，情爱型和友爱型爱情风格以及人格的几个维度（如宜人性、开放性）能够有力地预测婚姻质量。

爱情风格不仅与个体因素有关，也与人际（个体与个体间）因素有关。

人际因素

尽管浪漫之爱不同于性欲，但我们假设两者"有不可分割的联系，即爱情是性的基础，而性是我们表达爱意的媒介"（S. Hendrick & Hendrick，1987a，p. 159）。

为了探讨爱情风格与性欲——特别是性态度的联系，我们编制了性态度量表（Sexual Attitudes Scale；S. Hendrick & Hendrick，1987c），这是一个由四十三个项目组成的李克特量表，包含放纵（草率的性关系）、实践（负责的、宽容的性关系）、共融（理想主义的性关系）以及工具性（生物学意义的性关系）四个子量表。我们通过一些研究对性态度量表与LAS做了相关分析（将它们视为一个因素），发现这两个量表的子量表之间具有一致性关系。草率的性关系（放纵）与游戏型成正相关——一个符合逻辑的研究结果显示，那些喜欢同时拥有多个伴侣的人并不想让自己和任何一个伴侣的关系过分密切。另外，情爱型始终与理想主义的性关系（共融）和负责的性关系（实践）相关（S. Hendrick & Hendrick，1987a）。

随着研究的深入，我们发现性态度量表的构成因素发生了一些变化（Le Gall，Mullet，& Riviere-Shafighi，2002）。我们想要精简量表，让它能够反映出性行为的不断变化。因此，我们进行了一项新的研究，与一位同事合作对量表进行了精简（Hendrick，Hendrick，& Reich，2006），并对两组现有数据进行了分析。新量表名为"简明性态度量表"，它由二十三个项目组成，包括四个子量表：包容性（含十个项目）、生育控制（含三个项目）、共融（含五个项目）以及工具性（含五个项目）。Katz和Schneider（2013）在研究中使用了该简明量表，并发现包容性态度和工具性态度与大学生对进行"勾搭式性行为"的积极态度和行为相关。

除了个体因素和人际因素，社会结构因素（有时也称作人口学因素）对爱情风格的影响也很重要。

社会结构因素：爱情风格与人口学特征

性别作为一种个体特征在社会结构中发挥着巨大影响。性别是一个主要的身份变量，是一个人的固有特征（Laumann，Gagnon，Michael，& Michaels，

1994），它的影响力甚至比种族或民族的还要大。我们发现，在一些爱情风格中存在很大的性别差异（C. Hendrick et al.，1984），这使得我们怀疑女性和男性是否在本质上"爱得不同"。例如，男性比女性更支持（至少不太反对）游戏型爱情，而女性比男性更赞成友爱型和现实型爱情。我们使用简短版LAS进行测量后发现，相对于女性，男性更赞同利他型爱情或无私之爱。近来，Cramer及其同事（2015）使用未删减版LAS对大约365名男性和580名女性进行了测试，结果发现量表的基本结构（即某个子量表上的某些项目）在女性和男性之间出现了不同。研究者们提出了合理的结论：在能证实男性和女性真的"爱得不同"之前，我们应当确定女性和男性能以相同的方式解读这些项目（量表），这一点很重要。尽管对于一些爱情风格来说，性别差异可能导致了平均分的差异，但当这些爱情风格与其他结构相关时，男性和女性的相关性模型是非常相似的（S. Hendrick & Hendrick，1995）。

文化与民族也是与爱情风格相关的重要人口学变量。爱情不是近代才出现的，而且不是西方国家的特有现象。基于对中国近三千年历史文献的探讨，Cho和Cross（1995）提出，人们很早以前就了解到了激情之爱（passionate love）、强迫之爱（obsessive love）、虔诚之爱（devoted love）、草率之爱（casual love）等爱情风格，并且会自由选择伴侣。他们使用LAS对目前生活在美国的中国学生进行了爱情风格评定，发现虽然他们得到的六种因素与LAS的六个子量表并不能完全对应上，但也有许多相似之处。与这些研究结果一致，Sprecher等人（1994）对比了俄罗斯人、日本人和美国人的爱情风格。尽管这些群体在某些维度上存在差异，但"这三个国家的年轻人在爱情态度和体验方面有许多相似之处"（p. 363）。Murstein等人（1991）的研究发现，法国大学生中有更多的人具有利他型爱情风格，而美国大学生中有更多的占有型和友爱型风格。然而，Gana等人发现，在法国的已婚伴侣中，只有情爱型风格与婚姻满意度是相关的。这项研究的结果与我们的研究（Contreras，Hendrick，& Hendrick，1996）是一致的——他们发现墨西哥裔美国人和英裔美国人中的已婚伴侣在爱情态度上的差异不大（在激情之爱、友谊之爱或无私之爱方面没有表现出差异）。Regan（2016）在年龄、性别和种族等多个人口统计学领域内对利他型爱情（无私之爱）进行了认同度评估。她的样本包括近七百名社区居民，涵盖了不同年龄阶段、不同种族和民族（包括拉丁裔和非裔美国人、太平洋岛民和非西班牙裔白人等）的男性和女性。研究结果显示，相比于女性，男性显著更认同利他型爱情，其中非裔美国男性对它的认同度低于其他群体。这个研究结果非常有趣而且并不令人意外，因为社会总是在某种程度上发生着变化，而且在一个大的样本中，即使很小的差异也可能是显著的。Shahrazad等人（2012）发现，简短版LAS的二十四项因素结构适用于马来西亚的研究样本。不同群体间的相似性似乎比差异性更明显。关于跨文化爱情态度的其他研究结果，可参考Smith和Klases（2016）以及Zeng等人（2016）的研究。

尽管大多数关于爱情风格的研究是在年轻夫妻中进行的，但也有一些研究以年龄更大的人为样本，尤其是一些考察夫妻之间爱情和爱情风格的研究。例如，Grote和Frieze（1994）评定了中年夫妻关系满意度与爱情风格的相关性，结果发现情爱型和友爱型爱情与满意度呈正相关，游戏型爱情与满意度呈负相关。这些结果与其他研究者的发现（至少在情爱型方面）是一致的（Gana et al., 2013；Contreras et al., 1996）。

在一项对大学生和他们父母展开的比较研究中（Inman-Amos, Hendrick, & Hendrick, 1994），我们发现，大学生与其父母在爱情风格上并不相似。然而，当对比学生群体与父母群体的均值时，数据显示，两代人的爱情风格非常相似。Montgomery和Sorell（1997）选取了四类人并对其爱情风格和关系结构进行研究，这四类人分别是：（1）30岁以下的未婚成年人，（2）30岁以下已婚无子女的成年人，（3）24～50岁已婚有子女的人，（4）50～70岁已婚无子女的人。最大的组间差异出现在已婚群体与未婚群体之间，而其他组间的差异很小。基于这些研究发现，我们可以推测，对于爱情风格而言，年龄不是很有影响力的因素，而婚姻状态的影响力可能更大。

性取向也是浪漫关系研究中引人关注的人口统计学特征。Adler及其同事

（1986）对纽约和得克萨斯州的同性恋男性和异性恋男性进行了评估。研究者考察了参与者对爱情的态度（和其他关系变量），结果在大多数因素上都没有发现性取向的差异。不过地域因素带来了差异——纽约的男性报告了更少的占有型爱情，并且纽约的同性恋者对利他型爱情的认同度明显低于得克萨斯州的同性恋者和两个地区的异性恋者。Zamora等人（2013）对72名处于不同关系状态的男同性恋者进行了评估，考察了他们的爱情风格和其他关系结构。结果显示，恋爱中的男同性恋者更倾向于认同占有型和现实型爱情，而不怎么认同情爱型爱情，他们更注重从伴侣那里得到关怀（进而呈现为占有型）。正如Peplau和Spaulding（2000）所指出的，"将基本关系理论应用于同性伴侣的努力获得了极大的成功。无论伴侣的性取向如何，他们在亲密关系中所面临的问题都有很多共同点"（p. 123）。

对问题和关系之间共性的探讨为我们提供了一个讨论专家们爱情风格观点之间共性的机会。在我们和其他人的研究中，情爱型（激情之爱）的重要性显而易见。Hatfield和 Sprecher（1986）开发了激情爱情量表（Passionate Love Scale，PLS），该量表由三十个只关注爱情的激情方面的评定项目组成。

另外，Sternberg（1986）提出了"爱情三角"理论。在这个理论中，爱情是"激情""亲密""承诺"三个因素的组合体，三个因素以不同的组合方式构成了不同风格的爱情。例如，一个既有激情又有亲密感的人会浪漫地谈恋爱；一个激情高涨的人会陷入迷恋；如果一个人的三个因素水平都较高，这个人就能够体验到完美的爱情；如果一个人的三个因素水平都很低，这个人就很难体验到爱情。基于"爱情三角"的三个顶点（激情、亲密和承诺），Sternberg得出了八个类型的爱情。

总之，尽管关于爱情的理论和研究存在较大分歧，但是人们普遍认为激情（情爱）是爱情中不可或缺的因素。

爱情风格与关系满意度

我们爱情研究的焦点之一是爱情与关系满意度之间的关系。在我们早期的一些研究中（S. Hendrick, Hendrick, & Adler, 1988），我们主要关注的主题是情侣的相似性及其与关系满意度和"维持"或"分手"的相关性。通过对57对大学生情侣的评定，我们发现恋爱中的两个人在情爱型、友爱型、占有型和利他型上都有显著的相似之处；我们还发现，无论对男性还是女性来说，情爱型都是关系满意度的正相关因素，而游戏型则是关系满意度的负相关因素。但是，对于女性而言，占有型是关系满意度的另一个负相关因素。两个月后，我们与其中30对情侣再次取得联系，并确定他们是否仍然在一起。结果有23对情侣仍然在一起，剩下的7对情侣已分手。基于他们之前的关系测量结果，我们确定维持关系的情侣比分手的情侣在爱情风格方面表现出了更多的情爱型和更少的游戏型。Morrow等人（1995）发现了相似的研究结果——伴侣双方的爱情风格数据是相似的。

除了上述研究之外，Contreras 等人（1996）发现，激情之爱"与夫妻双方的婚姻满意度之间存在相关性，无论他们是什么种族"（p. 412）。Gana等人（2013）也发现，对于法国夫妻而言，激情之爱与婚姻满意度呈正相关。

在一项关于双职工夫妻关系质量的研究中（Sokolski, Hendrick, & Hendrick, 1999），我们调查了160对夫妻，每对夫妻中至少有一方具有研究生学历。夫妻双方在情爱型、游戏型、友爱型和现实型爱情上表现出明显的相似性；而且，对于夫妻双方来说，情爱型、友爱型和利他型都与婚姻满意度呈正相关（游戏型与满意度呈负相关）。

我们针对爱情风格和其他关系变量，对140对大学生情侣进行了调查（Meeks, Hendrick, & Hendrick, 1998）。结果发现，情侣们在六种爱情风格中的四种（和许多其他相关结构）上存在显著差异。最终的回归分析发现，利他型、友爱型和情爱型是关系满意度的正相关因素，而游戏型是负相关因素。

　　针对年轻的情侣、年轻的夫妇和年长的夫妇展开的各种研究表明，伴侣双方在爱情风格上非常相似。此外，六种爱情风格中的几种与关系满意度具有显著的相关性，特别是情爱型总是与满意度呈正相关，而游戏型总是与满意度呈负相关。

　　我们的大多数研究都集中于爱情本身及与其有关的方方面面。从爱情对关系满意度的影响出发，我们又拓展出了一个新的研究重点——尊重。

尊重、爱情和关系

　　我们对尊重的研究源于Lawrence（2000）的传记体叙事材料。她在关于尊重的著作中详细描述了一些人，并相信这些人的生活方式能够体现出尊重的各个要素。这些人包括助产护士、儿科医生、高中教师、摄影师、法学教授以及面对垂死病人的牧师、咨询师，他们跨越了性别、种族和民族的界限。他们所体现的尊重要素包括授权、治疗、对话、关注、好奇心和自尊。以这些概念为基础，我们编制了一个简单的尊重量表，用来评估个人对其伴侣的尊重程度（S. Hendrick & Hendrick，2006）。这个简单的单因素量表只包含六个项目，但其测量结果具有很强的统计信度。与我们的预测一致的是，尊重与包括爱情风格在内的一些关系变量具有相关性。这个尊重量表在预测关系满意度方面的效果仅次于激情爱情量表。Feeney等人（1997）同样发现，尊重是婚姻质量的相关因素。我们相信，一份真正成熟的爱情是以互相尊重为基本特征的。因此，对尊重的研究似乎是我们对爱情研究的一个合乎逻辑的延伸。但是，尊重的重要性往往超越了爱情关系，它也被证明是家庭的基础——成人与儿童都需要彼此尊重（S. Hendrick，Hendrick，& Logue，2010）。

爱情风格研究的成熟

近几十年来，爱情，尤其是爱情风格一直是我们研究的主要（尽管不是唯一的）关注点。正如我们在前面提到的，爱情风格研究的意义已经跨越了我们的工作领域和国界。例如，对于心理咨询师而言，爱情风格就很重要。我们在英国的一份出版物上发表过一篇短文，解释了爱情风格如何在伴侣咨询与治疗中发挥作用（C. Hendrick & Hendrick，2012）。爱情风格与关注人类力量和优秀品质的积极心理学关系密切。积极心理学对个体乃至全人类都做出了积极贡献，而爱情就是一种积极品质。因此，我们对积极心理学的发展及评估做出了贡献（C. Hendrick & Hendrick，2019）。在过去几年中，我们的爱情风格量表（两种版本）在很多国家被使用（如中国、德国、荷兰、匈牙利、印度、印度尼西亚、意大利、马来西亚、巴基斯坦、菲律宾、俄罗斯）。世界各地的人都对爱情感兴趣。

那么这些信息跟你有什么关系呢？它对你的爱情生活又有什么帮助呢？

你是否曾经和一个你非常喜欢（甚至非常爱）的人有过一段浪漫关系？当你深爱的伴侣背叛你时，你会不会觉得他（她）完全不"值得信任"？如果是，你是如何处理这种情况的呢？当你知道你的伴侣应该在家"学习"时，你会不会去确认他（她）是否真的在家？或者在你没有得到伴侣回复前，你是否会再次给他（她）打电话或发消息（不管等了多长时间）？如果你做过以上任何一件事，那么你当时就是一个占有型的爱人。相对地，你是否在和一个人做了一段时间朋友后和他（她）谈起了恋爱？是不是不知何故，友谊就变成了爱情？如果是，那么你就是一位友爱型的爱人。你是否有一个"刚认识"就感觉注定要在一起的伴侣？想象这样的情境：你们在聚会上第一次见面后就一起去了一家咖啡店，在里面闲聊，一直到打烊。你把自己的一切都告诉了对方——你感觉就像在家里一样安全。如果你是这样的，那么你一定是一位情爱型的爱人。

当然，人们很少会只是一种类型的爱人，也不可能只有一种爱情风格。每个人都是多种爱情风格的混合体，不同的风格会出现在不同的时间：在浪漫时期出现的是情爱型；在帮对方从一间公寓搬至另一间公寓并打扫卫生时，出现的就是友爱型；当伴侣生病时，出现的就是利他型。在特定关系中，特定的风格会占据主导地位。我们的建议是，你要了解自己和伴侣，以及你们的爱情风格。希望我们已经让爱情风格更容易理解且更明确了。如果谁告诉你爱情很简单，你千万不要相信。我们工作的意义就在于让你觉得，为了爱情而克服重重困难是值得的。

参考文献

Adler, N. L., Hendrick, S. S., & Hendrick, C. (1986). Male sexual preference and attitudes toward love and sexuality. *Journal of Sex Education and Therapy, 12* (2), 27–30.

Cho, W., & Cross, S. E. (1995). Taiwanese love styles and their association with self-esteem and relationship quality. *Genetic, Social, & General Psychology Monographs, 121,* 283–309.

Contreras, R., Hendrick, S. S., & Hendrick, C. (1996). Perspectives on marital love and satisfaction in Mexican American and Anglo-American couples. *Journal of Counseling and Development, 74,* 408–415.

Costa, P. T., Jr., & McCrae, R. R. (1985). *The NEO personality inventory manual.* Odessa, FL: Psychological Assessment Resources.

(1992). *Revised NEO personality inventory (NEO PI-R) and NEO five-factor (NEO-FFI) professional manual.* Odessa, FL: Psychological Assessment Resources.

Cramer, K., Marcus, J., Pomerleau, C., & Gillard, K. (2015). Gender invariance in the love attitudes scale based on Lee's color theory of love. *TPM, 22,* 403–413.

Feeney, J. A., Noller, P., & Ward, C. (1997). Marital satisfaction and spousal interaction. In R. J. Sternberg & M. Hojjat (Eds.), *Satisfaction in close relationships* (pp. 160–189). New York: Guilford Press.

Fisher, H. E. (2000). Lust, attraction, attachment: Biology and evolution of three primary emotion systems for mating, reproduction, and parenting. *Journal of Sex Education and Therapy, 25,* 96–104.

Gana, K., Saada, Y., & Untas, A. (2013). Effects of love styles on marital satisfaction in heterosexual couples: A dyadic approach. *Marriage and Family Review, 49,* 754–772.

Grote, N. K., & Frieze, L. H. (1994). The measurement of friendship-based love in intimate relationships. *Personal Relationships, 1,* 275–300.

Hatfield, E. (1988). Passionate and companionate love. In R. J. Sternberg & M. L. Barnes (Eds.), *The psychology of love* (pp. 191–217). New Haven, CT: Yale University Press.

Hatfield, E., & Sprecher, S. (1986). Measuring passionate love in intimate relationships. *Journal of Adolescence, 9*, 383–410.

Heaven, P. C. L., Da Silva, T., Carey, C., & Holen, J. (2004). Loving styles: Relationships with personality and attachment styles. *European Journal of Personality, 18*, 103–113.

Hendrick, C., & Hendrick, S. S. (1986). A theory and method of love. *Journal of Personality and Social Psychology, 50*, 392–402.

(1988). Lovers wear rose colored glasses. *Journal of Social and Personal Relationships, 5*, 161–183.

(1990). A relationship-specific version of the Love Attitudes Scale. *Journal of Social Behavior and Personality, 5*, 239–254.

(2003). Romantic love: Measuring Cupid's arrow. In S. J. Lopez & C. R. Snyder (Eds.), *Positive psychological assessment: A handbook of models and measures* (pp. 235–249). Washington, DC: American Psychological Association.

(2012). Six ways to love. *The Psychotherapist, 52*, 18–20.

(in press). Love. In C. R. Snyder, S. J. Lopez, L. M. Edwards, & S. Marques (Eds.), *Handbook of positive psychology* (3rd ed.). New York: Oxford University Press.

Hendrick, C., Hendrick, S. S., & Dicke, A. (1998). The Love Attitudes Scale: Short form. *Journal of Social and Personal Relationships, 15*, 147–159.

Hendrick, C., Hendrick, S. S., & Reich, D. A. (2006). The Brief Sexual Attitudes Scale. *The Journal of Sex Research, 43*, 76–86.

Hendrick, C., Hendrick, S. S., Foote, F. H., & Slapion-Foote, M. J. (1984). Do men and women love differently? *Journal of Social and Personal Relationships, 1*, 177–195.

Hendrick, S. S., & Hendrick, C. (1987a). Love and sex attitudes: A close relationship. In W. H. Jones & D. Perlman (Eds.), *Advances in personal relationships*, Vol. 1 (pp. 141–169). Greenwich, CT: JAI Press.

(1987b). Love and sex attitudes and religious beliefs. *Journal of Social and Clinical Psychology, 5*, 391–398.

(1987c). Love and sexual attitudes, self-disclosure, and sensation seeking. *Journal of Social and Personal Relationships, 4*, 281–297.

(1995). Gender differences and similarities in sex and love. *Personal Relationships, 2*, 55–65.

(2006). Measuring respect in close relationships. *Journal of Social and Personal Relationships, 23*, 881–899.

(in press). Measuring love. In S. J. Lopez & M. Gallagher (Eds.), *Positive psychological assessment* (2nd ed.). Washington, DC: American Psychological Association Press.

Hendrick, S. S., Hendrick, C., & Adler, N. L. (1988). Romantic relationships: Love, satisfaction, and staying together. *Journal of Personality and Social Psychology, 54*, 980–988.

Hendrick, S. S., Hendrick, C., & Logue, E. M. (2010). Respect and the family. *Journal of Family Theory & Review, 2,* 126–136.

Hrdy, S. B. (2009). *Mothers and others: The evolutionary origins of mutual understanding.* Cambridge, MA: Belknap Press of Harvard University Press.

Inman-Amos, J., Hendrick, S. S., & Hendrick, C. (1994). Love attitudes: Similarities between parents and between parents and children. *Family Relations, 43,* 456–461.

Johnson, M. P. (1987, November). Discussion of papers on love styles and family relationships. In K. E. Davis (chair), *New directions in love style research.* Symposium conducted at the Preconference Theory Construction and Research Methodology Workshop. Atlanta, GA: National Council on Family Relations.

Katz, J., & Schneider, M. E. (2013). Casual hook up sex during the first year of college: Prospective associations with attitudes about sex and love relationships. *Archives of Sexual Behavior, 42,* 1451–1462.

Lasswell, T. E., & Lasswell, M. E. (1976). I love you but I'm not in love with you. *Journal of Marriage and Family Counseling, 38,* 211–224.

Lasswell, M., & Lobsenz, N. M. (1980). *Styles of loving: Why you love the way you do.* Garden City, NY: Doubleday.

Laumann, E. O., Gagnon, J. H., Michael, R. T., & Michaels, S. (1994). *The social organization of sexuality: Sexual practices in the United States.* Chicago, IL: University of Chicago Press.

Lee, J. A. (1973). *The colors of love: An exploration of the ways of loving.* Don Mills, ON: New Press.

LeGall, A., Mullet, E., & Riviere-Shafighi, S. (2002). Age, religious beliefs, and sexual attitudes. *The Journal of Sex Research, 39,* 207–216.

Lawrence-Lightfoot, S. (2000). *Respect: An exploration.* Cambridge, MA: Perseus Books.

Meeks, B. S., Hendrick, S. S., & Hendrick, C. (1998). Communication, love, and relationship satisfaction. *Journal of Social and Personal Relationships, 15,* 755–773.

Montgomery, M. J., & Sorell, G. T. (1997). Differences in love attitudes across family life stages. *Family Relations, 46,* 55–61.

Morrow, G. D., Clark, E. M., & Brock, K. F. (1995). Individual and partner love styles: Implications for the quality of romantic involvement. *Journal of Social and Personal Relationships, 12,* 363–387.

Murstein, B. I., Merighi, J. R., & Vyse, S. A. (1991). Love styles in the United States and France: A cross-cultural comparison. *Journal of Social and Clinical Psychology, 10,* 37–46.

Peplau, L. A., & Spaulding, L. R. (2000). The close relationships of lesbians, gay men, and bisexuals. In C. Hendrick & S. S. Hendrick (Eds.), *Close relationships: A sourcebook* (pp. 111–123). Thousand Oaks, CA: Sage.

Regan, P. C. (1998). Romantic love and sexual desire. In V. C. de Munck (Ed.), *Romantic love and sexual behavior: Perspectives from the social sciences* (pp. 91–112). Westport, CT: Praeger.

(2016). Loving unconditionally: Demographic correlates of the agapic love style. *Interpersona, 10,* 28–35.

Regan, P. C., & Berscheid, E. (1999). *Lust: What we know about human sexual desire.* Thousand Oaks, CA: Sage.

Shaver, P. R., Morgan, H. J., & Wu, S. (1996). Is love a "basic" emotion? *Personal Relationships, 3,* 81–96.

Shahrazad, W. S., Mohd, S., & Hoesni, C. S. T. (2012). Investigating the factor structure of the Love Attitude Scale (LAS) with Malaysian samples. *Asian Social Science, 8*(9), 66–73.

Singer, I. (1984). *The nature of love,* Vol. 1: *Plato to Luther* (2nd ed.). Chicago, IL: University of Chicago Press.

Smith, R., & Klases, A. (2016). Predictors of love attitudes: The contribution of cultural orientation, gender attachment style, relationship length and age in participants from the UK and Hong Kong. *Interpersona, 10,* 90–108.

Sokolski, D. M., & Hendrick, S. S. (1999). Fostering marital satisfaction. *Family Therapy, 26,* 39–49.

Sprecher, S., Aron, A., Hatfield, E., Cortese, A., Potapova, E., & Levitskaya, A. (1994). Love: American style, Russian style, and Japanese style. *Personal Relationships 1,* 349–369.

Sternberg, R. (1986). A triangular theory of love. *Psychological Review, 93,* 119–135.

White, J. K., Hendrick, S. S., & Hendrick, C. (2004). Big five personality variables and relationship constructs. *Personality and Individual Differences, 37,* 1519–1530.

Zadeh, S. S., & Bozorgi, Z. D. (2016). Relationship between the love styles, personality traits, and the marital life of married students. *International Journal of Humanities and Cultural Studies, 3,* 746–756.

Zamora, R., Winterowd, C., Koch, J., & Roring, S. (2013). The relationship between love styles and romantic attachment styles in gay men. *Journal of LGBT Issues in Counseling, 7,* 200–217.

Zeng, X., Pan, Y., Zhou, H., Yu, S., & Liu, X. (2016). Exploring different patterns of love attitudes among Chinese college students. *PLoS ONE, 11*(11), e0166410.

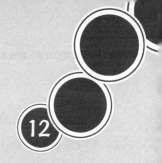

一位人类学家在所有古老的地方
探寻爱情：个人叙事

维廉·扬科维亚克（William Jankowiak）

    1986年我回到了中国北部的内蒙古自治区——1981—1983年，我曾在这里生活。我想了解当时这里的年轻人是如何适应他们生活中的一个新趋势的——选择配偶的标准正在改变。在择偶时，人们不再将社会属性作为主要因素——新的标准将爱情作为重要因素。尽管"爱情"这个词本身几乎不被或很少被提及，但依然有那么多人认为爱情是值得珍视、珍惜的，这令我很震撼。我越来越发现，内蒙古的年轻人希望在选择人生伴侣时遇见爱情。当时，我正在准备写一篇论文——关于当时中国的制度改革如何带来广泛的社会变革。一个现象是人们对"变得现代"越来越感兴趣。这种兴趣是有目的的，甚至是有自我意识的。在我看来，这种兴趣并不肤浅，它是对渴望的一种表现——从使用明显的现代化标志（如西方的服装和汽车）到对西方审美观念和爱情婚姻理念更深层次的认同。

    搜集数据之余，我开始阅读公元7世纪到10世纪中国唐代的故事。其中一个故事讲述了一只狐狸变成美女吸引男性。在读了更多故事后，我突然意识到，爱情作为一个文学主题在中国出现得比西方还要早。我越来越觉得，文学作品是了解一种文化思想的最好方式之一。

    回到美国后，我给老友Barry Hewlett打电话，问他在中非的阿卡族工人中是否找到了浪漫爱情的证据。"绝对不会！"他答道。然后我问他是否知道或听说过阿卡族工人在被心爱之人拒绝时会体验到沮丧、失望、悲伤、不安或其他负面情绪。他想了想，告诉我一个案例：一个年轻人因为被拒绝而感到沮丧，爬上森林中的一棵大树，把一根藤蔓缠在脖子上，然后自缢了。我问他认为那个年轻人的动机可能是什么，年轻人为何要自杀——会不会是因为年轻人与心爱的人发生大量性行为的愿望落空了。我让朋友考虑一下年轻人的心理状态——这正是我在读故事时发现自己忍不住要做的事。朋友回复："不可能。"我问："为什么呢？"他慢慢回答道："因为他爱她。"

通过各种知识途径，我们了解到男性往往会因为爱情受挫而自杀，而不会因性欲受挫而自杀。在世界各地的文学作品中都是如此——关于男性或女性因性欲受挫而自杀的神话、传说和虚构故事是极为罕见的，而故事里那些男男女女自杀的原因都与情场失意有关。

爱情人类学研究概述

在20世纪80年代攻读博士学位的时候，我和大多数人一样，认为浪漫的爱情是一种西方观念，并渐渐影响着世界文化。1981—1983年，我在中国做研究，那时我在很多场合都会听到有人谈论这段婚姻或那段婚姻没有爱情。"用爱情来描述一段婚姻"这一事实本身就证明了爱情的重要性。每当听到别人说爱情不存在的时候，我就会想："好吧，也许爱情是你从未经历过的。"我突然意识到，关于爱情不存在的这种说法可能是一个时代现象。

1986年，我回到中国，决定仔细倾听年轻人所说的话，不再怀疑他们的动机。我一开始就相信他们确实是爱着他们的男友（女友）。但是，我当时认为爱情不是人类普遍拥有的。我认为中国的爱情是文化差异的证据，也就是说，它来自其他文化，被中国受过高等教育的人慢慢地接受，内化。同时我觉得我所观察到的可能只是一种态度或姿态。直到读了中国古代的文学作品后，我才发现爱情在这里至少存在了两千多年。尽管如此，我还是认为中国是一个特例。但是它特别在哪里，又为何会特别呢？彼时我决定开始做一项跨文化的调查——看看作为私人体验（而非文化表达）的爱情是否可以被证实。大多数人类学家对此表示怀疑。实际上，传统观念认为：性欲可以被证实，因为它能通过性行为来表现；然而爱情不能被证实，因为它是一种内在的体验、一种情感经验。简言之，性欲是真实的、普遍存在的，爱情则不是。很少有人愿意检验这一观点的真实性。然而，经过二十多年的研究，传统观念的影响力已经逐渐减弱了。

关于爱情，传统观念与美国心理学家们的观点截然不同。20世纪50年代末，多数人开始认同Harlow研究灵长类动物得出的结论，该研究证明了基于感情的关系对健康的重要性。基于"爱情是人类的一种共同体验"这一前提，心理学家们试图理解生命历程中促成改变和塑造个人爱情体验的因素。然而，人类学家认为，爱情依赖于环境，不是人类普遍共有的。大部分人类学家认为，浪漫的爱情是西方文化对世界文化的贡献。在缺少真实数据的情况下，有些人类学家认为，爱情可能存在于那些鼓励经济及社会流动性和个人决策的社会中，而不存在于那些不鼓励经济及社会流动性和个人决策的社会中。因此，人类学家习惯性地忽视或忽略了那些不符合学科普遍观念的行为。毕竟，他们认为："为什么要试图去研究不存在的事呢？"

1992年，我和Ted Fischer发表了一项关于浪漫爱情的跨文化研究。该研究对人类学的集体意识产生了某种认知冲击，是对"爱情作为一种私人体验，几乎在所有文化中都存在"的首项实证研究。该研究证实，在166种文化中，有151种（占91%）中都存在爱情的具体实例。这一发现与"浪漫的爱情在本质上局限于西方文化，或者是西方文化的产物，或者只存在于更小的流动性强的狩猎社会中"这一流行观念是截然相反的。此外，我们的研究发现，激情之爱是或者几乎是人类普遍共有的。

既然激情之爱是普遍存在的，那为何那么多人类学家在这么长时间内都忽视了它的存在呢？原因之一在于西方民间观念的主导地位——它将爱情描绘成一种不在乎物质及常规话语的，或与两者完全无关的体验。但是这种"不在乎"或"无关"在其他那些用物质形式来表达各种情感状态（从直接的功利主义交换到无声的、根深蒂固的情感依恋）的社会中并不典型。尽管在许多文化中，女性期望获得物质资源，但是Cole和Thomas（2011）的研究显示，女性同样期望形成某种形式的基于感情的结合，也就是一种爱情联系。我发现，许多中国女性坚定地认为爱情和物质现实并不矛盾。对于大多数人而言，对物质现实的关注并不表明或反映爱情的缺失。一位24岁的中国女性强调了这一点，她告诉我说："我觉得这不是问题，爱情与物质可以同时存在，二者缺一不可。"

在没有物质参照物的情况下，该如何表达主观状态呢？这是一个普遍存在的困境。西方文化倾向于将那些缺乏现实物质的主观感受理想化，以支持某种完全主观的精神形式——在受基督教（宣扬"精神上的"爱情是爱情的最高形式）影响的文化中尤其如此。这样看来，历史学家William Reddy是对的：对浪漫爱情的精神化是西方文化对世界文化的独特贡献。

在其他文化中并非如此。例如，在南亚和东亚的文化中，人们很少会优先考虑配偶间精神结合的重要性，而是提倡优先考虑其他某些方面。Pan（2012）的历史调查发现，在中国古代历史的大部分时期，性欲和情感很容易被混在一起。这是因为古代中国人没有把心灵与身体分开的观念，他们很容易就会认识到性欲和情感之间的关联。Ryang（2006）在中世纪的日本也看到了这种关联——爱情在那里"意味着整体主义，它包括身体的结合（通常通过性行为）"（p. 5）。显然，在欧洲，人们更普遍地将精神之爱与性爱或肉体之爱分离开来。在其他社会中，这种分离要么不那么理想化，要么根本不存在。

上述两位研究者对西方爱情精神化的批判不仅内容丰富，而且有助于我们理解中国和日本青年身上所发生的变化的意义。当我于2000年再度回到中国时，我发现人们越来越重视建立更精神化的爱情关系。尽管在择偶时物质需求和相关的社会因素仍是很重要的，但是主观因素（它强调婚前爱情体验的重要性）的重要性明显提升了。在20世纪80年代，中国的许多城市居民倾向于"先结婚，后恋爱"，而很少在婚前谈恋爱。他们在开始谈婚论嫁时，通常持有一种怀疑论的超然态度，并会清楚地计算彼此积极和消极的社会及物质层面的特征。然而，一旦达成协议，订婚的男性和女性倾向于带着理想化的激情去幻想他们未来的配偶和即将到来的婚姻（Jankowiak，1993，2013）。例如，在1982年，一位33岁的男性知识分子在深情地回忆他早期的非正式约会场景时这样说道：

最初的情况很糟糕，我不知道该怎么办。我觉得我的对象是我见过最漂亮的女孩，而她可能看不上我。这让我一直很担心。然后，我问她是否还想再见到我。我当时真的认为她会拒绝。然而，她并没有拒绝。这让我开心了好几天，满脑子想的都是我多么爱她。

在浪漫的爱情中，焦虑和兴奋之间的边界很细微，人们很容易——甚至一不留神就会——"越界"。一位28岁的女工，偷偷爱慕着她未来的丈夫已经有段时间了，她欣然回忆起建立关系的最初阶段：

经人介绍见面后，我没有失望，但是担心自己不够漂亮、配不上他。当他连续几天不跟我见面时，我就会很郁闷，直到他再次要求跟我见面，我的情绪才会有所好转。再见了几次面之后，我们就结婚了。新婚时光非常美好，一切都令人轻松愉悦。虽然我对婚姻很满意，但是过了一段时间，我们似乎更加疏远和忙碌了。

在21世纪初期，研究者们发现的一些证据表明：中国的"独生子女"一代改变了部分择偶标准。与他们的父母那一辈人不同的是，他们中的多数人认为，在同意结婚前必须先谈恋爱。此外，在讨论爱情的特征或"坠入爱河"的感觉时，他们不会像父母那样有羞耻感。例如，在2008年的一个焦点小组中，成员们给出了关于浪漫爱情的体验或特征，如"这让人抓狂""一种火热的感觉""疯了的感觉""神奇的感觉""它让我快乐""它让我们担忧""它让人兴奋，但是我并不想与别人分享"。我问他们："那你怎么知道自己恋爱了呢？"他们给出了以下答案："当他不在身边时，我会感到心痛。""他是我唯一的爱人，没有他我活不下去。""爱情是坚定的，我至死不渝。""没有她，我就睡不着。""我很想念她，一直在想她。"

一个人在恋爱时会有什么样的表现呢？关于这个问题，焦点小组的成员们给出的答案有，"表现出你很在意""为对方做任何事""彼此扶持""想让对方幸福"等。一名22岁的非焦点小组成员补充道："当我恋爱时，我想得到很多爱，也想付出很多爱。恋爱的表现包括一些简单的事情，例如牵手、紧挨着坐在一起、依偎在一起看一场午夜电影。恋爱也意味着言谈举止友善且相敬如宾。"

如今——就如在20世纪80年代一样，爱情仍然激发了人们对所爱之人的理想化。然而，在80年代，年轻人对爱情的表达更加谨慎。这些表达通常简短、笨拙、缺乏个性，诸如"我想你""我爱你"或"我觉得她爱我"之类。在21世纪的前十年，通用的短语、描述变得越来越少了，年轻人开始更自信、更大胆地肯定和表达自己的爱。这两代中国年轻人对爱情本质的界定和理解非常相似，他们的不同之处仅在于他们表露和谈论恋爱关系时的勇气和自信。

对于当代的中国人而言，浪漫的爱情被认为是一种根深蒂固的主观体验，并且伴有对社会责任的理解。爱情已成为一种被渴望的体验、一种众人皆想拥有的体验，但是人们体验到爱情后，却不一定会产生结婚的决定。独生子女一代，正如他们父母那一代一样，依旧重视对家庭理想的坚定承诺——这种承诺看起来比直接的、个人的"婚姻"观念更伟大，更有力量。如此一来，"家庭"，而非"夫妻"，仍是中国的基本社会单位。中国人对美满婚姻有两种理解，一种建立在夫妻体验到的、超浪漫主义理想的基础上，另一种则根植于平凡的现实家庭生活。浪漫主义理论认为，夫妻之间理应有亲密对话、亲密感，并且能够享受在一起时的温暖感觉。在另一种不那么个体化的理解中，婚姻被认为开始于纯洁的爱情，但是爱情必须借助其他更紧迫的现实问题才能转化为婚姻，这些问题包括职业需求、家务需求、育儿责任以及子女教育等。事实上，夫妻认识到他们需要一定的隐私，还需要一些个人空间来完成不同的事情。这就让夫妻之间产生了边界，因为每个人都生活在单独的行为领域——尽管有时这些领域会有重叠（Jankowiak & Li，2017）。

我在对中国的研究（Jankowiak & Li，2017）中发现，人们对令人满意的爱情（婚姻）的定义和期望逐渐发生了改变。之前几代人身处的婚姻往往要么是"名存实亡的婚姻"，要么充其量是"陪伴式婚姻"（夫妻间像朋友一样相处）；但是独生子女这代人却越来越相信，浪漫的爱情或热烈的激情不会随着婚姻而消失，而会在令人满意的婚姻中持续存在。例如，一位26岁的中国女性认为，"好的婚姻建立在和谐关系的基础上。当夫妻在一起时，我们都希望会有许多美好时光，例如，相拥入眠、牵着手看日出日落、在海滩上追逐嬉戏、一起看潮起潮落、一起看电视看电影。爱情需要包容、理解和信任。我们不必向对方做出太多承诺——我们将用行动证明彼此间的真爱"（Jankowiak & Li，2017，p. 153）。

然而，在亲密关系的光环之下，平等和独立、隐私和个人空间必须得到保证，这样夫妻才可以完成不同的事情。需要强调的是，夫妻各自独立又有所重叠的领域的边界会因人而异。一位23岁的女性认为："我们在一起时会有美好的时刻，但是我不会受控于所爱之人——不过我自认为是一个顺从的女性，我也愿意为他牺牲一切，我会向他做出一切承诺，我信任他。"当我问她是否是一个真正的顺从者时，她微笑着强调："我的容忍是有限度的。"（Jankowiak & Li，2017，p. 154）"质量"对她来说很重要。"牺牲"一词暗示着她不仅看重家庭和睦，也看重情感联结。不言而喻，她希望丈夫有和她相似的价值观，并且会在情感上对她做出回应。另一位女性对此表示赞同，并且提出自己的第一次婚姻可能出了什么问题：

> 我把丈夫宠坏了，让他感到与我在一起时很舒服，然后他就不再做出回

报。这是一个错误。丈夫必须感激妻子的付出并愿意给予回报；他也必须愿意为家庭奉献，做一个负责任的丈夫和父亲。夫妻日常生活中要有合作和互助，这是必不可少的——尤其是当一段婚姻围绕爱情的持续表达而组织起来时。（Jankowiak & Li，2017，p. 160）

令人印象深刻的是行为和预期的微妙之处，以及良好婚姻的基本品质——随着不断发展和深化，它们会变得更加层次分明。

一段充满激情的婚姻的价值对男性和女性而言有所不同。当婚姻被界定为对传统家庭和婚姻角色的忠实践行时，男性的情感保留或精神出轨就被认为是可以容忍的。随着传统观念的弱化以及女性获得新的权力资源，婚姻的意义以及对好配偶的期望会发生根本性的变化。我发现，自中国改革开放以来，婚后关系发生了普遍的变化——男性不再拥有提高自身利益的制度化权威，而必须做出调整并努力满足妻子的期待。例如，一位46岁女性恰如其分地总结了大多数成熟女性受访者的意见：

所有人心中都有爱，不过有些人喜欢用语言表达他们的爱，有些人则用其他方式来表达爱。我觉得现在大部分中国人更喜欢用语言表达他们的感受，谈论他们的爱情。对我而言，我更喜欢和丈夫对话，说出我的感受。爱情来自我们双方，我们也有向对方表露内心感受的需求。

当男性拒绝改变或调整时，越来越多的女性开始用离婚的方式对其所作所为进行"制裁"。通过这种方式，女性不仅重新定义了良好婚姻的标准，而且积极塑造了男性的婚姻理念，即如何通过更加深思熟虑的择偶和明确判断关系状态中的变化来成为一个好男人、好丈夫（Jankowiak & Li，2017，pp. 151–152）。

为了更全面地了解作为一种认知现象的爱情，及其对理解、发展和维持婚姻的影响，我参与了一个合作项目——对中国、美国、俄罗斯和立陶宛的年轻人如何理解"恋爱"进行比较研究（DeMunck，Korotayev，& Khaltourina，2009，2010；Jankowiak，Shen，Wang，& Yao，2015）。研究发现，中国人、欧洲人和美国人的反应有相似之处，这四种文化中的人在"恋爱"中的体验都具备五个核心特征——无论男性还是女性。

(1)"我愿意为所爱之人做任何事"（利他主义）；

(2)"我不停地想我爱的人"（侵入性思维）；

(3)"浪漫的爱情是人生的快乐之巅"（自我实现）；

(4)"爱情让我的伴侣变得更强大、更优秀"（情感满足）；

(5)"性吸引是爱情的必要条件"（生理需要）。

我并不是说这五个特征是普遍存在的。我认为现在我们需要在其他类型的社会中去验证这些发现。

在考察作为文化现象、心理现象基础的爱情时，我偶然发现，在多数社会中，人们都认为激情之爱是危险的。这就更加引起了我的兴趣。为此，我进行了跨文化研究——考察一个社会的民间传说中是否包含关于性关系或爱情关系给人带来伤害的故事。

众所周知，爱情作为一种复杂情感经常会干扰社会关系。正是因为爱之激情会激发深思熟虑或不假思索的行为，所以爱情才成为如此动荡、复杂的人类情感。我发现在主张包办婚姻的社会中，长辈们几乎都把浪漫之爱视作一种危险的情感——它涉及某种个人选择的形式，因此最好被忽略、被否定或被拒绝。尽管如此，在重视个人的择偶意志并且理想化浪漫之爱的社会中，人们也会发现爱情可能是危险的。主要的原因是，在这些社会中，人们认为爱情不一定能得到回应。他们明白，爱一个人不一定会得到相应的爱，这种回应不是一种义务。鉴于爱之回应的不可预测性，大部分文化都会提供预警或某种形式的指引，告诉人们如何避免被误导、引诱、利用或伤害。当所爱之人拥有理想的身体特征和社会属性时，他（她）的有害诱惑可能是最危险的。在两性接触中，通常的情况是，男性更重视女性的身材吸引力，而女性更重视男性的社会和物质因素（Buss，2015）。

为了更好地测量文化中将某些属性或特征视为潜在危险的频率，我对民间故事展开了跨文化研究。我选取的这些民间故事都描绘了男性和女性的焦虑，这种焦虑源于他们对某种属性（如美貌或地位）的渴望，而这种渴望又让他们感到害怕。研究结果表明，在我选取的78种文化样本中，有73种文化（占比约94%）都有这样的故事，即告诫男性与美女交往的危险性。只有20种文化（占比约26%）在故事中提及男性美貌的危险性。在50种文化中，有25种（占比约50%）有关于地位危险性的故事（Jankowiak & Ramsey，2000，p. 62）。值得注意的是，在这些故事中，引诱者们被描绘为没有爱的能力却能通过表露感情的迹象和爱情承诺来操控并伤害他们的爱慕者。通过调查研究，我发现世界各地的人普遍害怕自己会与一个不分享情感或不对得到的情感做出回应的人产生恋情。在中国，许多广为传播的文学作品中都有这方面的故事，例如讲述狐狸精变成美女来诱惑别人爱上自己，然后将其杀害。现在，中国的男性仍然会开玩笑地说某个长相美丽的女子可能是个"狐狸精"（Jankowiak，1993，p. 183）。在当代的中国社会，报纸和杂志上刊登的故事也总是在提醒男性，特别是已婚男性，不要爱上一个可能不会有回应的第三者，因为她可能会让爱上她的人破产，之后再抛弃他。这些现代故事都有警世意义，其主旨就是"美女可能是个危险"。在个体心理学的层面上，这些故事的共性表明，"对被操控的焦虑"是普遍存在的（Jankowiak & Ramsey，2000，p. 67）。

"对爱情失望"这一主题在世界各地的文学作品中都很常见。我的直觉是，人类作为一个物种，与其说是在性方面遵守一夫一妻制，不如说是在情感方面遵守一夫一妻制。因为同时爱上两个人是非常困难的。为了检验我的判断是否正确，我曾对一个一夫多妻制家庭进行了为期六年的调查。对这个家庭而言，爱的最高形式是一夫多妻制，而不是浪漫的爱情。在一夫多妻制的爱情中，妻子们、孩子们和丈夫积极工作，彼此尊重，他们基于自己的信仰，总是在为建立一种和谐的爱的关系而努力。一夫多妻制家庭对和谐家庭形象的维护不仅依靠个人的行动和意愿，还依靠集体意志和共同努力。少数人类学家认为，这种和谐的爱的关系可以让人们达成信念。对于Bohannan（1995）和Harrell（1997）而言，伴侣关系是一种文化建构的理想，更是一种特定类型社会组织的副产品，因此它不具有文化的普遍性。如此一来，不难想象，复杂家庭生活中的共同努力是可以成功的。有些人则认为，在任何已知的社会中都存在着结为伴侣的冲动。

一夫多妻制社区中的爱情

我所研究的一夫多妻制社区是围绕着"和谐之爱"或"家庭之爱"的理念而组织起来的，这种理念鼓励所有家庭成员发展精神上的爱的关系——丈夫和几个妻子及其子女共同学习去爱护和关心彼此。事实上，这种关系是一种既非个体取向也非二元取向的理想状态。与二元取向的爱不同，和谐的爱在建立、加强和维持亲缘关系方面的作用类似于社区，并且有着无限的潜力。这在某种程度上等同于Reddy（2012）"渴望联系"的观点，即鼓励尊重、同情、帮助和持久的感情。和谐之爱往往是维系、团结一夫多妻制家庭的主要手段。它的非二元取向观点与浪漫之爱形成鲜明对比，是一种具有包容性的但很少被公开肯定的情感体验。尽管和谐之爱被认为是一种理想状态，但是它很容易受到个体性欲和浪漫偏好的影响。

这个社区的居民都信奉摩门教。尽管在该教教义中，和谐之爱高于浪漫之爱，但往往只有男性对此坚信不疑，女性则经常将丈夫对自己的感情视作评估婚姻质量的主要依据。女性并非父权风气下无能为力的仆人——这种风气将男性地位提升至女性之上。相反，我发现许多女性都有一种强大的抵抗力量，能够对丈夫的行为起到明确的制约作用。这一点在一个知道丈夫容忍不了任何情感退缩或与丈夫保持距离的"支持型妻子"的行为中尤其明显。女性克制情感

亲密的能力是一种敏锐而实用的"力量资源"——这一点明显体现在一位中年女性对如何引导丈夫做正确事情的描述中:

> 他想要按照规则(一夫多妻制)生活,并很好地讨论其中的哲理。但是他并没有遵照教义生活。这些教义比实践原则更重要,更有难度。我接受这个规则,所以只要他在和每个妻子相处的时间上是公平的,我就不会因为他不关心我而感到妒忌。

据观察,她似乎是社区里妒忌心较强的女性之一。然而,在强调她对理想化的一夫多妻制婚姻的承诺时,她不仅能够帮助和鼓励丈夫发展、维持一个统一的多元家庭,也能够为自己和孩子争取到更多的情感及物质资源。在六年中,我发现她的行为在很大程度上代表了社区里那些最受欢迎的妻子(Jankowiak & Allen,1995,pp. 282-284)。对浪漫亲密关系的渴望,强化了女性对情感独占性的渴望。这就形成了一种悖论:如果情感独占性总是二元化的,那么它就永远不可能出现在一个多元的和谐或充满爱的家庭中。对于大多数社区居民而言,这种悖论常被忽视,也很少被提及、探索或评论。以上面提到的家庭为例,据了解,在妻子的结婚纪念日和生日当天,她会被带去看一场戏剧表演,如《歌剧魅影》,或参加当地的牛仔竞技表演,或到河边漫步,或去一家高档餐厅吃饭——无论选择哪件事,每个人都知道这是一个二元事件,它强调了特殊关系的存在。社区领导者建议该家庭调整这种做法,他认为在上述事件中丈夫不应该只带上一位妻子,而是应该带上所有的妻子。社区居民委员会强调,新妻子的到来不仅意味着她嫁给了一位丈夫,也意味着她嫁给了一整个家庭。社区居民委员会提醒大家,结婚仪式(一个秘密的、具有排他性的仪式)是围绕这样一个理念而举行的:婚姻在本质上是一种多元制度,而不是二元的。在这个社区中,丈夫所有的妻子都需要出席他和新娘结婚仪式。仪式进行到适当的时刻——当新娘表示同意嫁给丈夫(及其他妻子)时,其他妻子都要把手放在新娘的手上。

　　社区居民委员会发表意见后，一个只有一位妻子的二十七岁男性支持委员会的建议。他强调，教义"告诉我们远离自然欲望，过一种精神生活"。对此，一个有两位妻子的中年男性回答道："好吧，这是个很好的目标。但是让我们现实一点儿。一个女人需要有时间与丈夫单独相处，想要阻止这种情况的发生是很难的，甚至是不可能的。一个女人想要与她的丈夫建立一种特殊关系。"年轻人说道："我同意，但是我认为我们应该追求完美。"

　　此后，社区居民一直无视居民委员会的建议。这一事实凸显了持续存在的困难和内部矛盾。社区中绝大多数男性发现，尊重每位妻子想要被特殊对待的需求是更容易的。这就与他们的宗教理想形成了鲜明对比——后者认为，婚姻主要是一种生育制度，是围绕着多元家庭和谐之爱的精神组织起来的（Jankowiak & Allen，1995，pp. 282–284）。

　　在一夫多妻制家庭中，社会关系通常围绕个人情感和责任展开，因此存在一种双重力量——个人对社会的推动力和对教义的推动力。当冲突发生时，个人的反应是不可预测的，而且可能会威胁到社会秩序。紧张的氛围一直存在：谁会维护家庭的和谐？谁会寻求个人的满足？在浪漫之爱中，这种威胁占主导地位，它比任何其他感情体验都更能颠覆一个人的判断，还能重新安排他（她）的事项优先等级。而这种优先等级能维持的时间是不可预测的。

　　对于这个社区的多数女性而言，浪漫之爱存在与否——这比角色是否平等更重要——是测量她们伴侣关系质量的一个主要标准。一个拥有两位妻子的男性说："我的妻子们并不会因为缺乏性生活而烦恼，但是她们会因为我和每位妻子在一起的时间不同而生气。她们似乎在计算、测量时间。这是我们家许多矛盾的根源。"她们的情书中充满了对浪漫的渴望、对混乱情感的描绘以及令人心碎的自我暴露（Young，1954）。在生物心理学层面上，这些充满激情的表达不仅与美国主流文化中的表达相似，也类似于世界其他文化中的表达。

　　在完成一夫多妻制研究后，我更加确定的是，从根本上来说，人类是一种"结对动物"——每个人都渴望与一个特定的人形成深厚的情感关系。然而，我还想知道在那些不以宗教为基础的文化中，人们是否能够创造、发展并维持一种非二元的爱情关系。毕竟，西方主流文化经常在电视、电影和小说中提供二元恋爱模式的替代品，呈现同时爱着两个人的可能性（Jankowiak & Gerth，2012）。

支持"一夫多妻制"的人认为，有些人可以同时维持几段牢固的爱情关系（Anapol，1997；Kipnis，2000）。不过Sternberg（2006）对此持怀疑态度，并断言维持同时存在的几段爱情是非常困难的。他指出，如果这种情况真的发生了，那么这种爱情将通过个体创造独立且独特的故事来维持，这些故事讲述了这种爱是如何形成的，以及参与其中意味着什么。几段爱情的共存现象依赖于心理悬置（psychological bracketing），它让一个人在多元关系中为自己和几位伴侣创造不同的角色，因此可以满足不同的欲望。Sternberg推测，这些故事是按等级排列的，从而帮助个体管理他们经常出现冲突的情感。这些情感是由共存的爱情关系中的资源竞争引发的。Sternberg认为，如果两段爱情同时发生是可能的，那么这很少是个体故意的、计划好的或期待的，而且往往会导致痛苦的内部冲突（Jankowiak & Gerth，2012，p. 96）。

互相竞争的爱情模型和对一夫多妻制社区的研究使我很想弄清楚共存的爱情到底意味着什么。因此，我对拉斯维加斯的城市居民进行了另一项调查研究——参与者报告说自己曾在同一时间爱上过不止一个人。我一开始对他们的话持怀疑态度，但愿意去了解这些人认为自己经历了什么、理解了什么。

如果激情或浪漫的爱情确实是以情感的排他性为核心的（包括对个人动机优先等级的重新排序），那么与一个以上的人在情感方面（而非性方面）发生关系会带来什么影响呢？我们的研究发现，正如Sternberg所预测的那样，与多人恋爱的人很难保证安排的可控性，也无法在两位或更多的恋人中保持关系的平衡。对许多人而言，在关系初期，紧张或矛盾冲突是很少或没有的。我们研究的受访者们试图管理好他们的恋爱关系，就像一些双性恋者在两段同时存在的恋爱关系中所做的那样。他们的主要方法是建立边界——可以是实际的地理区隔，也可以是心理悬置。这种方法可以帮助人们关闭或阻断与他人的关系，无论这种关系多么短暂（Jankowiak & Gerth，2012，pp. 95–96）。

在努力为理想恋人制造理由时，受访者希望在共存的两段（或多段）关系中实现互补性需求的平衡。许多受访者表示，同时与多人发展恋情能够让他们获得更深层的、更丰富的、更有意义的满足感——这与"共存爱情"倡导者们的观点一致。然而，这种满足感看起来比较短暂（Jankowiak & Gerth，2012，pp. 98-99）。经过进一步思考，所有受访者都告诉我说，这是他们一生中最糟糕的时光，他们希望其他人不要经历"同时爱上两个人"。

同时与多人恋爱出现问题的根源可能在于爱的二元性本质。很显然，参与者在谈论他们同时存在的恋爱关系时都没有提到幸福、情感满足或滋润。这强烈地表明了脱离伴侣关系的情感排他性基础所造成的负担。这就提出了一个问题：如果我们小样本中的个体生活在一个支持一夫多妻制或同时与多人恋爱的社会中，那么他们的体验会有什么不同吗？已有研究表明，在支持性环境中，同时开展多段恋情的人会有更乐观的期望和更多热情，然而同时存在的恋情在本质上仍是脆弱和不稳定的，并且无法维持很久（Jankowiak & Gerth，2012，pp. 102-103）。我认为，虽然可能偶尔会出现多段爱情关系并存的成功个案，但是纵观民族志和历史研究，这样的关系在更大的社会范围内是不可行的。例如，Benjamin Zablocki（1980）对美国奥奈达、布法罗等地的多元爱情或群体爱情进行了综合性的社会学研究，并且发现这给很多人带来了难以克服的困难。事实上，对于某些类型的关系而言，人们通常只会在短期内尝试一下，然后就放弃了。

显然，有些人骨子里具备同时或同期对不同人产生爱情的能力，但这种多元爱情似乎很难持续很长时间。随着时间的推移，人们倾向于转向一种以陪伴为基础的爱。每当发生这种情况时，认知失调就会出现，因为在一个人的脑海中处于恋爱光谱不同端点的两个恋人是很难被轻易分开的（Jankowiak & Gerth，2012，p. 99）。

同时发生的恋情需要一种强烈的奉献精神，甚至是一种破釜沉舟的决心，从而维持独立的、分离的、同时存在的生活历史或故事——这对很多人来说都很困难。此外，独立人格的构建可以导致与"双重人格"相关的各种行为和态度。不管我们如何描述这些行为，不同的人格都会导致内心的混乱。事实上，这种双重人格角色可以持续一段时间，但是可预见——付出情感代价是必然的。这些人所希望达到的目标会在本质上对他们的自我意识产生压力——尽管不一定会造成严重的人格分裂。在这个过程中，希望带来的压力会削弱他们寻求与另一个人建立关系的基础。最初对激情和安全感的需求可能会演变成一种严重的心理困境，这种困境被体验为强烈的不满，并且会变得具有破坏性。这种无法将两种类型的爱——激情之爱和相伴之爱——合并成一个可持续整体的两难困境，突显了二元关系的首要地位。二元关系更多地建立在情感的排他性而不是性的排他性之上（Jankowiak & Gerth，2012，pp. 99–100）。最终，爱情的二元排他性战胜了大多数一夫多妻制关系和其他类型的多元爱情。

随之而来的问题是：寻求二元的爱情关系有坏处吗？对此，我在中国进行的研究或许能给出答案。我发现，中国城市的家庭组织已经从以责任为基础转变成以爱情为基础。中国女性通过发展、增加爱的对话（而非行动）鼓励她们的丈夫在情感上投入更多。然而，从配偶的视角来看，尽管男性试图服从和配合，但结果似乎无法令人满意。

随着文化规范的转变，女性和男性都会变得不耐烦、焦虑，有时甚至会生气，这使得他们很难理解别人的意图。这种注重道德和情感的新环境让一些女性和男性推迟了结婚时间，因为他们的需求很容易在其他社会领域得到满足。这样就形成了一个悖论：一方面，男性和女性都能从探索自己内心生活的机会中获益，或许还能获得更深层的成就感；另一方面，他们可能会因为找不到合适的伴侣而感到焦虑，因为伴侣能够帮助他们找到"生活的意义是什么？"的理想答案。对人生伴侣（理想的灵魂伴侣）的追求，根植于一种广泛的文化渴望——女性（有时是男性）在公开和私下的谈话中一直表达着这种渴望。然而，这种渴望在日常生活中往往是无法实现的。

对中国的独生子女一代而言，他们父母那一代人普遍持有的婚姻理想和关系价值标准已经不再被推崇了——不仅如此，它们还受到了质疑和挑战。如今，每个人或多或少都是依靠自己的努力在文化的不确定性中寻找生活满足感的（Jankowiak & Li，2017，pp. 159-160）。

对一些人而言，他们越来越有一种独立自主的感觉——在做出重要的人生选择（比如结婚）时，这种感觉尤为强烈。这种变化使得中国的年轻人在谈论局势和挑战时表现得更加开放。这对人类学有巨大的益处：提供了一个更好地理解转型期文化的机会。无论如何，"永远有爱情的婚姻"在全球越来越流行，这提高了人们对婚姻的期望，不过很少有夫妻能实现这种期望。随之而来的可能是对生活的不满。总体而言，对爱情和快乐的追求，有可能削弱其他具有生活价值的观点以及个人利益。

多数人类学家更关心的问题是，为什么文化意义会随着时间的推移而变化。他们倾向于弱化甚至忽略那些考察爱情普通层面的心理学研究。人类学家对日常行为的识别和描述是卓越的。然而，他们的分析解释往往存在一些局限性，这些局限性来自指导他们研究的人类动机模型。在爱情领域的研究中，这一点尤其明显。在过去二十年里，研究者们出色地对世界各地的爱情展开了研究。我们不能再把爱情的存在视为西方化或全球化的副产品。我们充分意识到，爱情不是西方文化对世界文化的贡献。它有自己的地方历史和表现形式，但不一定有自己独特的文化心理。爱情是一个丰富的现象，只有深入地对其进行研究，我们才能更好地区分出哪些现象是人类的普遍经验，哪些现象是在历史文化中被构建出来的。

致谢：我要感谢本书编著者Robert J. Sternberg和Karin Sternberg的盛情邀请。他们让我总结一下我在世界各地进行的爱情研究的成果，以及我对这一工作的思考。我还要感谢我的同事们，他们为数据收集、分析和文章撰写付出了辛勤努力，对本文的问世功不可没。

参考文献

Anapol, D. (1997). *Polyamory, the new love without limits: Secrets of sustainable intimate relationships.* San Rafael, CA: IntiNet Resource Center.

Bohannan, P. (1985). *All the happy families.* New York: McGraw-Hill.

Brown, D. (1992). *Human universals.* New York: McGraw-Hill.

Buss, D. (2015). *Evolutionary psychology: The new science of the mind.* New York: Routledge.

Cole, J., & Thomas, L. (Eds.). (2009). Introduction. In J. Cole & L. Thomas (Eds.), *Love in Africa* (pp. 1–30). Chicago, IL: University of Chicago Press.

(2011). *Love in Africa.* Chicago, IL: University of Chicago Press.

De Munck, V., Korotayev, A., & Khaltourina, D. (2009). A comparative study of the structure of love in the US and Russia: Finding a common core of characteristic and national and gender differences. *Ethnology, 48,* 337–357.

DeMunck, V., Korotayev, A., Khaltourina, D., & deMunck, J. (2010).The structure of love: Cross-cultural analysis of models of romantic love among US residents, Russians and Lithuanians. *Cross-Cultural Research, 20*(10), 1–27.

Harrell, S. (1999). *Human families.* Boulder, CO: Westview Press.

Hewlett, B., & Hewlett, B. (2008). A biocultural approach to sex, love, and intimacy in central African forgers and farmers. In W. Jankowiak (Ed.), *Intimacies: Between love and sex* (pp. 37–34). New York: Columbia University Press.

Jankowiak, W. (1993). *Sex, death, and hierarchy in a Chinese city.* New York: Columbia University Press.

(2013). From courtship to dating culture: China's emergent youth. In P. Link, R. P. Madsen, & P. G. Pickowicz (Eds.), *Restless China* (pp. 191–212). Lanham, MD: Rowman and Littlefield.

Jankowiak, W., & Allen, E. (1995). The balance of duty and desire in an American polygamous community. In W. Jankowiak (Ed.), *Romantic passion* (pp. 277–296). New York: Columbia University Press.

Jankowiak, W., & Gerth, H. (2012) Can you love two people at the same time? A research report. *Anthropologica* [Canadian Anthropological Journal], *4*(1), 78–89.

Jankowiak, W., & Li, X. (2017). Emergent conjugal love, male affection, and female power. In S. Harrell & G. Santos (Eds.), *Is Chinese patriarchy over? The decline and transformation of a system of social support* (pp. 146–162). Seattle: Washington University Press.

Jankowiak, W., & Paladino, T. (2008). Introduction. In W. Jankowiak (Ed.), *Intimacies: Between love and sex* (pp. 1–36). New York: Columbia University Press.

Jankowiak, W., & Ramsey, A. (2000). Femme fatale and status fatale: A cross-cultural perspective. *Cross Cultural Research, 34*(2), 57–69.

Jankowiak, W., Shen, Y., Wang, C., & Yao, Y. (2015). Investigating love's universal attributes: A research report from China. *Cross-Cultural Research, 49*(44), 422–436.

Jankowiak, W., Sudakov, M., & Wilreker, B. (2005). Co-wife conflict and co-operation. *Ethnology, 44*(1), 81–98.

Jankowiak, W., Volsche, S., & Garcia, J. (2015). Romantic kiss: Another human universal? *American Anthropologist, 117*(3), 535–539.

Kipnis, L. (2000). Adultery. In L. Berlant (Ed.), *Intimacy* (pp. 9–47). Chicago, IL: University Chicago Press.

Pan, L. (2016). *When true love came to China.* Hong Kong: University of Hong Kong Press.

Reddy, W. (2012). *The making of romantic love: Longing sexuality in Europe, South Asia and Japan: 900–1200 CE.* Chicago, IL: University of Chicago Press.

Ryang, S. (2006). *Love in modern Japan.* New York: Routledge.

Sternberg, R. (2006). A duplex theory of love. In R. Sternberg & K. Weis, (Eds.), *The new psychology of love* (pp. 184–199). New Haven, CT: Yale University Press.

Young, K. (1954). *Isn't one wife enough? The story of Mormon polygamy.* New York: Henry Holt.

Zablocki, B. (1980). *Alienation and charisma: A study of contemporary American communes.* New York: Free Press.

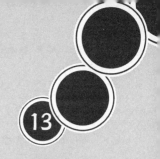

13

爱情中的行为系统：
依恋、照顾与性

马里奥·米库利茨（Mario Mikulincer）

菲利普·R. 谢弗（Phillip R. Shaver）

三十多年前，Shaver及其同事（Hazan & Shaver，1987；Shaver & Hazan，1988；Shaver，Hazan，& Bradshaw，1988）提出，依恋理论（Bowlby，1973，1979，1980，1982）——旨在描述人类婴儿对照顾者的爱与依恋——与浪漫之爱、夫妻关系高度相关。该观点的核心假设是，爱情关系（或进化心理学家口中的配对关系）中包含Bowlby（1982）提出的三种先天行为系统：依恋、照顾和性。每个行为系统都有自己的进化功能。这些系统以不同的方式彼此影响，它们各不相同。从这个理论视角来看，爱情是一种动态系统，包括双方对依恋、照顾和性的需求以及在这些方面的能力。

这个观点在科学的表述中虽然是抽象的，但是它在任何强有力的浪漫依恋关系中都是显而易见的。诺贝尔物理学奖获得者Richard Feynman写给已故配偶的一封信就是一个令人心酸的例子：

我想告诉你，我爱你，我会永远爱你。我发现我很难理解在你死后爱你意味着什么——但是我仍然想爱你、关心你——我也希望你仍然爱我、关心我……我遇到过一些非常好的女人——但是见了两三次面后，她们似乎就在我心中荡然无存了。我的心里只有你。你是真正的……你，就算死了，也胜过任何一个活着的人……

附言：请原谅我没有给你寄出这封信，因为我不知道你的新地址。

这封信是Richard Feynman去世后，他的女儿在一个信件盒子里发现的。虽然这封信中没有提及第三个行为系统，即性系统，但那是夫妻二人在世时所写书信的核心。

本文的主旨是提供与爱情依恋理论视角相关的最新文献综述，重点关注三个行为系统在浪漫爱情模式上的个体差异，以及浪漫伴侣关系中认知、情感、行为的相互作用。

首先，我们简要总结了Bowlby（1982）提出的主要动机结构，即依恋、照顾和性这三个行为系统，并且对其规范性和个体差异进行介绍。其次，我们介绍了关于这三个行为系统相互作用的认识和发现。最后，我们对考察这些行为系统如何影响爱情关系质量的研究进行了简单回顾。

依恋与照顾的行为系统视角

在解释人类行为时，Bowlby（1973，1980，1982）借用了行为学中的"行为系统"概念。行为系统是一个物种通用的神经程序，通过提高生存和繁殖成功率的方式组织个体行为。每个行为系统都围绕着某个特定目标（例如获得安全感、向有需求的人提供支持等）而组织，并包括一组可互换的、功能等同的行为——这些行为构成了该系统实现其目标的主要策略（例如寻求亲近、共情、理解他人需求等）。这些行为是由特定的刺激或情境（例如提示危险的刺耳的、不同寻常的声音）自动"激活"或触发的，又会被其他表明达到预期目标的刺激或情境"去激活"或"终止"。每个行为系统中还包括促进目标实现的认知操作，以及与其他系统的兴奋性和抑制性神经连接。

Bowlby（1973）认为，尽管行为系统是先天的，但是生活经验以各种方式塑造了它们的参数和策略，从而导致了系统性的个体差异。按照Bowlby的说法，生活经验的残留物以心理表征、自我或他人工作模型的形式存储起来，并在未来指导个体为实现行为系统目标所做的尝试。这些模型在被反复使用的过程中变得自动化，并成为个体发展过程中行为系统功能内在连续性的重要来源。

依恋行为系统

Bowlby（1982）认为，依恋系统的生物学功能是通过确保个体能够与喜欢的、支持的人（依恋对象）保持亲密来保护一个人（尤其是在其婴儿期和儿童期，但在以后的生活中也是如此），使其免遭危险。该系统的首要目标是获得一种主观的被保护感或安全感——Sroufe和Waters（1977）在一篇有影响力的论文中称之为"感受到的安全感"，而这通常会终止系统激活（Bowlby，1982）。当遇到威胁或危险时，让被威胁者寻求与依恋对象的实际或象征性的亲近，就凸显了获得安全感的目标（Bowlby，1982）。Ainsworth，Blehar，Waters和Wall（1978）的研究发现，在婴儿期，依恋系统的激活包括亲近需求的非言语性表达，以及旨在恢复、保持真实亲近的可观察到的行为。我们将这一理论扩展至成人关系——成年人依恋系统的激活还包括支持型依恋对象引起的舒适、安心的心理表征（Mikulincer & Shaver，2016）。

在与支持性依恋对象互动的过程中，内在依恋安全感得到了巩固，对他人善意的普遍信任也得到了促进。个体能够感受到被伴侣爱护、尊重、接纳，并建立起对自己应对压力和管理痛苦能力的乐观信念。Bowlby指出，依恋安全感为贯穿在整个生活中的心理健康和社会适应提供了支持（Mikulincer & Shaver，2016）。

然而，当依恋对象不可靠、没有回应、不再提供支持时，个体就没办法获得依恋安全感，继而会构建消极的工作模式，加剧自我怀疑和防御，并且会采取情感调节策略，即所谓的次级依恋策略（Cassidy & Kobak，1988），而不再寻求亲近。依恋理论家们（Cassidy & Kobak，1988；Mikulincer & Shaver，2016）强调了两种次级策略：依恋系统的过度激活和失活。系统过度激活表现为精力充沛地试图获取更多的亲近、支持和保护，又缺乏信心；系统失活则包括压抑寻求亲近的倾向、拒绝依恋需求、与他人保持情感和认知的距离，以及强迫对方依赖自己并将自己视为关怀和保护的唯一可靠来源。

在研究青春期和成年期的次级策略时，依恋研究者们主要关注一个人的依恋取向——一种长期的关系认知和行为模式，是由特定的依恋经历产生的（Fraley & Shaver，2000）。最初，依恋研究的基础是Ainsworth等人（1978）对婴儿期依恋模式进行分类的类型学，以及Hazan和Shaver（1987）对浪漫关系领域中成人风格的概念化。然而，后续研究（Brennan，Clark，& Shaver，1998）发现，依恋风格被概念化为两个维度更为恰当。第一个维度是依恋回避，它反映了一个人对于伴侣良好意愿的不信任程度，会导致依恋系统失活——他（她）会努力在行为和情感上与伴侣保持距离。第二个维度是依恋焦虑，它反映了一个人对在自己需要伴侣时对方不在的担忧的程度，会导致过度追求亲近。在这两个不安全的维度上得分较低的人在依恋方面相对安全。可靠、有效的自我报告量表，如亲密关系经历量表（Brennan et al.，1998），能够对这两个维度进行测量。这两个维度与情绪调节、心理健康、适应以及人际功能的相关性在理论上是可预测的（Mikulincer & Shaver，2016）。

照顾行为系统

根据Bowlby（1982）的研究，人类天生就有能力为长期依赖自己的人或临时需要帮助的人提供保护和支持。Bowlby认为，这些行为由照顾系统组织而成，该系统是在漫长的进化过程中出现的——通过增加个体存活到生育年龄并成功生育、抚养后代的可能性，而使人类的包容性和适应能力得到提升（Hamilton，1964）。今天，照顾系统可以包括对任何需要帮助的人的真正关心。尽管我们中的大多数人可能会更多、更容易地从生理或心理上照顾与我们有密切关系的人，但是我们同样会对所有遭受苦难的人感到同情并愿意为他们提供照顾。

照顾系统的目标是减少他人的痛苦，让他们免受伤害，促进他们的健康成长和发展（Feeney & Woodhouse，2016；Mikulincer & Shaver，2015；Shaver，Mikulincer，& Shemesh-Iron，2010）。有两个主要因素触发了照顾系统（Feeney & Woodhouse，2016）：一是意识到另一个人正面临危险、压力或不适，并且在公开地寻求帮助，或显然能从帮助中受益。二是意识到另一个人有机会实现重要目标，或者需要帮助来抓住这个机会，或者渴望自己的努力得到认可。不论如何，有效的照顾都包含Batson（2010）所说的共情照顾，即站在他人的角度来帮助他（她），以使其减缓痛苦或追求成长。Collins，Guichard，Ford和Feeney（2006）从两种养育品质的角度描绘了何为最佳照顾，这两种品质——敏感度、反应度——被认为有助于儿童的安全依恋，因而被不断强调（Ainsworth et al.，1978）。敏感度包括对他人所发出或传达的需求的协调和准确解读（Mikulincer & Shaver，2015）；反应度包括确认有困难的人的需求和感受、尊重他（她）的信仰和价值观、帮助其感受到理解与关怀（Reis，2014；Reis & Shaver，1988）。

当照顾系统运作良好时，它不仅能使受到支持的人受益，也能使提供支持的人受益——不论其初衷如何。这促进了一种内在感觉——Erikson（1993）称之为"繁殖性"——一种超越个体自我的、能为他人福祉做贡献的感觉。这种感觉倾向于增强个体对自我效能和优势的积极体验，也有利于提升二元关系或群体关系的质量（Collins & Feeney，2000；Mikulincer，Shaver，& Gillath，2009）。

尽管Bowlby提出，每个人天生都有提供照顾的潜力，但是照顾系统的功能可能会因为自我关注引起的担忧和怀疑而受损（Collins，Ford，Guichard，Kane，& Feeney，2010）。情绪调节问题也可能会损害照顾系统的功能，导致照顾者淹没于所谓的"个人痛苦"中（Batson，2010）。此外，社会技能缺乏、心理资源枯竭、缺少帮助的意愿，以及那些以自我为中心的动机，也可能会对这个系统造成妨碍（Collins et al.，2010）。

与依恋系统一样，照顾系统的功能障碍可能涉及过度激活或失活（Shaver et al.，2010）。过度激活是侵入式的、不合时宜的、费力的，其动机可能是个体想成为关系中不可或缺的人或想体验作为照顾者拥有能力及被尊重的感觉。为了实现这些目标，个体有时会夸大别人的需求，强迫别人接受自己的帮助，或只关注别人的需求而忽视自己的需求。相对地，与照顾系统失活相关的策略包括共情不足、缺乏帮助的意愿、在关怀行为中退缩、无法全心全意提供帮助，以及当有人需要关怀和照顾时仍保持情感距离。这两个维度可由一个可靠、有效的自我报告量表进行测量，即照顾系统功能量表（Shaver et al.，2010）。这个量表的得分与照顾者的认知、情绪以及实际行为有系统性的联系。

性行为系统

根据Bowlby（1982）的论断，我们认为性动机、感觉、态度和行为方面的个体差异在一定程度上反映了性系统的功能（Birnbaum，2015）。从进化的角度来看，性系统的主要功能是将基因从一代传给下一代，其主要目标是与异性伴侣发生性关系，（女性）让自己怀孕或（男性）让伴侣怀孕。然而，正如进化心理学家所解释的那样，一个行为的直接动机（例如希望与一个有吸引力的人发生性关系）并不一定与相关动机有相同的进化原因。人们可以不以生育为目标，在现代避孕技术的帮助下寻求性快感，或与同性建立伴侣关系。然而，性行为的许多方面，如被那些生育能力好或"基因优越"的人所吸引（Gangestad, Simpson, Cousins, Garver-Apgar, & Christensen, 2004），都是由那些为繁殖目标而进化的神经系统所控制的。

当注意、评价一个有吸引力的、有性兴趣的以及（在异性吸引的情况下）可能有生育能力的伴侣时，性系统就会自动激活（Birnbaum，2015）。这个系统得到激活后，它的主要策略通常是接近理想伴侣，引诱对方与自己建立关系并进行性行为（Fisher, 1998；Fisher, Aron, Mashek, Li, & Brown,

2002）。构成该策略的行为主要包括，对理想伴侣的信号保持敏感，同时坚持自己的性兴趣。性系统的最佳功能要求伴侣双方性欲和回应的协调，这通常涉及身体和情感亲密度的逐步提升（Rubin & Campbell，2012）。协调的性互动可能会促进爱和喜欢的感觉，从而有助于提升浪漫关系的质量和依恋的强度（Impett，Muise，& Peragine，2014）。

尽管人类的性行为具有相当大的潜在满足感和愉悦感，但是它有时会受限于厌恶情绪和对性体验的消极心理表征（Birnbaum & Reis，2006）。这些消极反应可能源于伴侣的性焦虑、性压抑、性兴趣和性行为之间的协调问题，或缺乏性欲。此外，这些消极反应会干扰性系统的主要策略——增强相互吸引和性满足——并启动过度激活或失活的次级策略（Birnbaum，Mikulincer，Szepsenwol，Shaver，& Mizrahi，2014）。

性系统的过度激活主要包括费神费力、有时是侵入式甚至强迫式地企图说服伴侣与自己发生性关系或承认自己的性价值。其特征是，过分强调性的重要性，对伴侣发出的性兴趣、性吸引、性反感信号高度警惕，对自己的性吸引力和性能力的焦虑水平高。与此相反，性系统失活的特征是压抑或弱化性欲，试图避免性行为（Birnbaum et al.，2014），如拒绝性需求，当伴侣表达性兴趣时疏远或贬损他（她），压抑或屏蔽性想法和性幻想，拒绝或回避性的愉悦感。这两种维度可以用一种可靠、有效的自我报告量表来测量——性系统功能量表，该量表得分与关于性的认知、情绪、生理反应和实际行为之间存在系统性联系（Birnbaum et al.，2014）。

依恋、照顾和性行为系统的相互影响

继Bowlby（1982）发表关于行为系统相互作用的理论著作之后，Shaver等人（1988）研究并论证了依恋系统功能的个体差异如何导致照顾系统和性系统的功能的偏差。下面，我们对此进行简要回顾。

依恋与照顾

Bowlby（1982）认为，依恋系统的激活干扰了被界定为其他行为系统产物的非依恋行为。Ainsworth等人（1978）的研究证明了这种干扰确实存在——当儿童的依恋对象根据指示离开房间时，儿童抑制住了对实验室这个陌生环境的探索行为。Kunce和Shaver（1994）的研究发现，恋爱关系中会出现同样的抑制——当一个成年人被伴侣要求提供照顾时，他（她）会感到不安全、痛苦或需要支持、照顾。在这种情况下，这个人通常会先向他人寻求支持，而不是先考虑为伴侣提供支持。只有当这个人恢复了自己的依恋安全感、修复了自己的消极情绪时，他（她）才能将注意力和精力转移到关怀伴侣的活动中，并将伴侣视为需要和应该受到照顾和支持的人。

Shaver等人（1988）沿着这些思路提出了一个假设：安全型依恋者比非安全型依恋者更能对有需要的伴侣提供有效照顾，因为安全型依恋者在应对困难时所体验到的安全感和自身持有的乐观信念有关，而这种乐观信念有助于应对困难及维持自我效能感。此外，他们还认为，焦虑型依恋和回避型依恋所引起的照顾系统问题是不同的。远离伴侣并且不理会其需求信号的回避型依恋者，很少会同情需要照顾的伴侣，更不愿意提供照顾。相对地，焦虑型依恋者会向所爱的伴侣寻求亲近并且经常关注自己的需求，往往会在回应对方的不幸时掺入自己的苦恼，无法共情，从而导致不敏感的、侵入式的、无效的照顾。

很多证据表明，在自我报告中，安全型依恋者（焦虑或回避项目得分低）在对伴侣的需求给予支持和回应方面得分更高。（Davila & Kashy, 2009; Julal & Carnelley, 2012; Péloquin, Brassard, Lafontaine, & Shaver, 2014）。类似地，通过影像记录，研究者发现，当伴侣等待经历压力事件或谈论隐私问题、未来计划时，安全感更高的人会做出更多回应，也会提供更多支持（Collins & Feeney, 2000; Feeney & Trush, 2010; Feeney, Collins, van

Vleet，& Tomlinson，2013；Monin，Feeney，& Schulz，2012）。此外，我们发现，通过实验条件让安全感的心理表征得到提升后，被试对苦恼的伴侣或探索个人计划的伴侣做出了更迅速的反应。安全感的提升也能够让人克服精神疲劳对反应能力造成的负面影响（Mikulincer，Shaver，Bar-On，& Sahdra，2014；Mikulincer，Shaver，Sahdra，& Bar-On，2013）。最后，通过使用照顾系统功能量表，Shaver 等人（2010）发现了依恋的不安全感与照顾系统的过度激活或失活之间存在相关性。

依恋与性

Bowlby（1982）认为，依恋系统在系统冲突中发挥着关键作用。依照这个观点，Shaver等人（1988）假设，焦虑型依恋者以寻求自我保护和个人安全为主要目标，因此很难顾及伴侣的性需求和性兴趣。他们认为：焦虑型依恋者被认为在维持相对放松的、安全的、促进双方性满足的精神状态方面存在困难；回避型依恋也会干扰或者扭曲性系统（Shaver et al.，1988），但这种干扰来自对照顾的需要或对情感亲密的渴望。此外，性行为固有的身体、情感上的高度亲密性会让回避型依恋者在性行为过程中感到不适，并且抑制性兴奋以及性行为。

现在有大量证据表明，依恋取向会影响性动机、性体验和性行为（Birnbaum，2015）。例如，更有安全感的人会在性欲之爱中更多地表达对伴侣的爱，会在性互动过程中有更为积极的情感体验，也会有更多积极的性幻想（Birnbaum，Mikulincer，& Gillath，2011；Birnbaum，Reis，Mikulincer，Gillath，& Orpaz，2006；Butzer & Campbell，2008；Khoury & Findlay，2014；Little，McNulty，& Russell，2010）。也有证据表明，在回避型依恋上得分高的人不太可能投入并尽情享受亲密的性行为，而且他们更有可能通过性行为来操纵伴侣或达到其他非浪漫的目的，例如减轻压力或提升他们在同辈中的声望（Birnbaum & Reis，2012；Brassard，Shaver，& Lussier，2007；Davis，

Shaver, & Vernon, 2004；Tracy, Shaver, Albino, & Cooper, 2003）。在焦虑型依恋上得分较高的人倾向于将性行为作为获得个人安全感和避免被遗弃的一种手段——即便对于某些并不想要的性行为也是如此（Davis et al., 2004；Schachner & Shaver, 2004；Tracy et al., 2003）。通过使用性系统功能量表，Birnbaum等人（2014）发现，虽然焦虑型依恋与性欲以及性感受的失活和过度激活都相关，但是回避型依恋只与性回避和性欲的抑制相关。

照顾、性对依恋的潜在循环影响

到目前为止，本文所回顾的研究从多方面表明，依恋系统功能的个体差异会影响其他行为系统。Bowlby（1982）将依恋中的安全感描述为"探索的安全基地"并由此展开他的理论。在发展过程中，依恋系统是主要的、最先出现的，并为其他行为系统功能的发展奠定或稳固或不稳固的基础。而其他系统功能的改变（例如通过获得积极的性体验而对自己的性吸引力和性能力信心倍增，通过自愿为他人提供帮助而变得更加自信）可以反作用于依恋的安全感。目前，我们对其他行为系统影响依恋系统的程度了解甚少，但是Gillath等人（2008）的研究为性唤醒对依恋和照顾倾向的影响提供了初步证据。研究者进行了四项研究，以中性图片或异性裸体图片为实验材料进行了阈下启动实验，让被试在看过图片后描述其关于自我暴露、情感上的亲密、建设性地处理人际冲突、为伴侣做出牺牲的意愿。结果表明，平均而言，阈下激活会促使人们更倾向于自我暴露和情感上的亲密——这种倾向通常与依恋的安全感相关。此外，相比于中性启动（看到中性图片），性启动（看到异性裸体图片）引起了更强烈的为伴侣牺牲的倾向以及更有建设性地处理冲突的倾向，这可能反映了人们愿意给予亲密关系伙伴更多关怀的态度。

继这些研究之后，Mizrahi等人（2016）进行了一项有前瞻性的纵向二元研究，考察性欲的表达对特定关系中依恋取向的影响程度。具体而言，研究者使用亲密关系经历量表让已经约会过三四个月的情侣对他们当前关系感到焦虑和回避的程度进行评分，并且录制了伴侣间关于彼此性关系的讨论。然后，由评委们对他们对话中所表现出的性欲和情感亲密度进行编码。在这次研究的四个月后及八个月后，研究者要求被试再次完成亲密关系经历量表。结果表明，在八个月的时间里，那些让伴侣表现出强烈性欲的女性变得越来越有安全感。然而，这种效应在男性中并不明显。事实上，当伴侣表现出情感亲密的迹象时，男性依恋的不安全感会降低。也就是说，与性相关的过程会对依恋的安全感产生影响，但是这些影响似乎存在性别差异。

我们初步研究的结果表明，增强照顾他人的意识——例如增强一个人的联结感——可能会提升依恋的安全感。具体而言，我们发现，焦虑的人会因为自愿帮助他人而变得更有安全感（Gillath et al.，2005）。Birnbaum和Reis（2012）在研究照顾与性的关联时发现，"认为伴侣有更多回应"与"对伴侣有更多性兴趣"显著相关。在初步的研究后，Birnbaum等人（2017）采用实验设计、行为观察和访谈记录等方法来研究恋爱关系中共情回应对性欲的影响。研究者发现，男性对（女性）伴侣需求的共情回应与她性欲的提升相关。也就是说，当伴侣以更有同理心的方式做出回应时，女性会觉得自己更特别，也会更有性欲。

未来的研究应该更加系统性地探究其他行为系统是如何塑造依恋系统功能的，并进一步考虑照顾和性行为系统之间的相互作用。我们还需要对这些作用的介质展开更多的研究。初步研究结果表明，至少在成年人中，不同的行为系统是互相交织的。因此，一个行为系统的激活会对其他行为系统产生影响，一个行为系统中的个体差异往往与其他行为系统中的个体差异相关。但是，我们对这些机制仍然有很多不了解的地方。

浪漫关系中的依恋、照顾和性

在本节中，我们介绍了关于依恋、照顾和性系统中的个体差异如何影响爱情质量的观点和研究。我们认为，这三个系统对理解爱情非常重要，因为它们的正常运作促使情侣走到一起，提升彼此之间身体和情感上的亲密度，增强爱意、感激之情以及被爱的感觉。这三个系统的顺利运作对于形成和维持亲密的、令人满意的、持久的浪漫关系至关重要。

根据Sternberg（1986）的爱情三角理论，依恋、照顾和性系统的最佳功能通过增强亲密、承诺和激情来扩大"爱情三角形"的面积。如前所述，这三个行为系统的平稳运行往往会促进伴侣之间的沟通、联结和亲密无间的感觉，从而维持浪漫爱情的"亲密"成分。依恋和照顾系统让Sternberg所界定的爱情的"承诺"成分得到了强化。与一个随叫随到、有求必应的伴侣进行积极的互动，不仅会让人产生安全感，还会让人对伴侣产生感激之情和爱意，这反过来会让有安全感的人得到激励，愿意停留在这段关系中并致力于维护这段关系，提升伴侣的福祉。此外，有效提升伴侣福祉的积极互动会加强照顾者在关系中的情感卷入，进而维持爱情的"承诺"成分。爱情的"激情"成分与性系统的激活和功能紧密相关——性系统在亲密关系中创造了吸引、唤醒、活力和兴奋感。

考察依恋的研究者已经成功地得到了与理论假设一致的研究结果。这些结果表明：在约会的情侣和已婚的伴侣中，安全型依恋与更高层级的关系稳定性和关系满意度有关（Mikulincer & Shaver, 2016）；安全型依恋与关系亲密度和承诺方面的得分呈正相关（Brock & Lawrence, 2014; Impett & Gordon, 2010; Randall & Butler, 2013; Vicary & Fraley, 2007）；更有安全感的人往往会采取更积极、更吸引人、更令人满意的双向交流模式，并且会对伴侣的背叛行为做出更具建设性的反应（Mohr, Selterman, & Fassinger, 2013; Roisman et al., 2007）；此外，依恋的安全感与宽恕的水平呈正相关——宽恕是伴侣在伤害性行为之后重建和谐关系的最有效的反应之一（Ashy, Mercurio, & Malley-Morrison，2010；Martin, Vosvick, & Riggs，2012）。

研究结果还表明，依恋的安全感能够促进个体对关系冲突的适应性处理。具体而言，焦虑型依恋和回避型依恋得分较低的个体对关系冲突威胁性的评分也较低；他们会较多地做出妥协，较多地依赖综合冲突管理策略，而且较少产生冲突升级和冲突僵持的情况（Cann, Norman, Welbourne, & Calhoun，2008；Dominique & Mollen，2009）。此外，更有安全感的人在冲突中更倾向于对伴侣表达感情，也因此不太可能使用强制策略或退缩策略，很少会做出言语攻击、身体攻击（La Valley & Guerrero，2012；Wood, Werner-Wilson, Parker, & Perry，2012）。

考察照顾的研究发现，一个人如果能对伴侣的依恋行为和需求信号保持高度敏感和共情回应，就能让自己和对方的关系满意度都得到提升（Collins & Feeney，2000；Feeney & Collins，2001，2003）。一些研究表明，对伴侣暴露痛苦或分享积极体验的行为做出共情回应与更高水平的信任、承诺（Finkenauer & Righetti，2011；Simpson，2007）以及更强烈的亲密感（Gable, Gonzaga, & Strachman，2006；Gable, Reis, Impett & Asher，2004）之间存在相关性。根据Reis（2014）的观点，共情回应对促进"共同循环成长"（Wieselquist, Rusbult, Foster, & Agnew，1999）——通过这个过程，伴侣在亲密关系中能够支持彼此的目标和愿望，进而促进个人和关系的成长——有着关键作用。具体而言，个体越来越信任其伴侣，主要是因为他了解到伴侣在面对他的自我暴露和需求信号时是敏感且有回应的。随着信任感不断得到强化，伴侣们又会在这段关系中释放更多的自我暴露和需求信号并能更友善、更敏感、更积极地做出回应，进而促进共同循环成长和关系质量提升的连锁反应。只要有一位伴侣的照顾系统存在功能障碍，这种共同循环成长就会受阻，随之而来的是信任、承诺和亲密感受损，乃至关系逐渐破裂。

与我们的预测一致，双方都能满足性需求的性互动有助于提升关系的满意度和稳定性（Birnbaum，2015）。现象学（非定量）研究表明，人们倾向于相信，性行为可以让关系更紧密，并且能提升亲密感和爱意（Birnbaum，2003；Birnbaum & Gillath，2006；Meston & Buss，2007）。定量研究表明，在爱情关系中，积极的性体验、对性兴趣及性欲的公开表达都助长了亲密感和亲关系行为（Birnbaum et al.，2006；Rubin & Campbell，2012）。这些体验和表达也有助于对抗伴侣的伤害性行为或关系冲突带来的不利后果（Birnbaum et al.，2006；Litzinger & Gordon，2005；Russell & McNulty，2011）。Birnbaum等人（2017）在一项研究中通过实验手段提升了被试的性欲，并发现这种方法提升了自我暴露的意愿和与新认识的人进行互动的兴趣。另一项针对刚开始约会的情侣的研究（Szepsenwol，Mizrahi，& Birnbaum，2015）发现，性系统的失活与对关系的不满有关，它预示着在接下来的半个月时间里关系满意度的进一步下降。

总 结

三十多年前，Shaver等人（1988）提出，根据Bowlby（1982）确定的三种系统，爱情可以被有效地概念化为依恋、照顾和性。这种研究爱情的方法在当时是独一无二的，它将爱情置于一个进化的、发展的框架中并将其视作普遍存在的现象，而不是文化建构的"人造品"。根据Ainsworth及其同事（1978）在婴儿-照顾者依恋关系的研究中注意到的个体差异，我们对爱情的这三个维度进行了测量。这种考察爱情的方法经过多年发展，已经积累了大量的实证证据，并与不断壮大的进化心理学产生了联系。在个人和伴侣的咨询治疗方面，这种方法也发挥着影响（Brassard & Johnson，2016；Daniel，2015；Holmes，2014；Johnson，2012；Obegi & Berant，2009）。

我们还有许多工作要做。我们需要更多地了解这三种行为系统是如何发展的，以及怎样能更好地发展。我们需要探究临床或教育干预的方法，以纠正发展中的问题——不仅在依恋领域，也在照顾和性的领域。我们需要使用更多的方法对依恋、照顾和性行为系统之间的动态联系进行研究——包括对生理学和神经学基础的研究。

在本文中，我们说明了依恋、照顾和性这三种行为系统在爱情关系中的相互作用。我们希望，随着更深入地探索爱情的复杂性，我们将产生更多有用的想法，并让爱情关系心理学的研究更广泛、更人道、更实用。

参考文献

Ainsworth, M. D. S., Blehar, M. C., Waters, E., & Wall, S. (1978). *Patterns of attachment: Assessed in the strange situation and at home*. Hillsdale, NJ: Lawrence Erlbaum.

Arriaga, X. B., Capezza, N. M., Reed, J. T., Wesselmann, E. D., & Williams, K. D. (2014). With partners like you, who needs strangers? Ostracism involving a romantic partner. *Personal Relationships, 21*, 557–569.

Ashy, M., Mercurio, A. E., & Malley-Morrison, K. (2010). Apology, forgiveness and reconciliation: An ecological world-view framework. *Individual Differences Research, 8*, 17–26.

Batson, C. D. (2010). Empathy-induced altruistic motivation. In M. Mikulincer & P. R. Shaver (Eds.), *Prosocial motives, emotions, and behavior: The better angels of our nature* (pp. 15–34). Washington, DC: American Psychological Association.

Birnbaum, G. E. (2003). The meaning of heterosexual intercourse among women with female orgasmic disorder. *Archives of Sexual Behavior, 32*, 61–71.

(2015). On the convergence of sexual urges and emotional bonds: The interplay of the sexual and attachment systems during relationship development. In J. A. Simpson & W. S. Rholes (Eds.), *Attachment theory and research: New directions and emerging themes* (pp. 170–194). New York: Guilford Press.

Birnbaum, G. E., & Gillath, O. (2006). Measuring subgoals of the sexual behavioral system: What is sex good for? *Journal of Social and Personal Relationships, 23*, 675–701.

Birnbaum, G. E., Mikulincer, M., & Gillath, O. (2011). In and out of a daydream: Attachment orientations, daily relationship quality, and sexual fantasies. *Personality and Social Psychology Bulletin, 37*, 1398–1410.

Birnbaum, G. E., Mikulincer, M., Szepsenwol, O., Shaver, P. R., & Mizrahi, M. (2014). When sex goes wrong: A behavioral systems perspective on individual differences in sexual attitudes, motives, feelings, and behaviors. *Journal of Personality and Social Psychology, 106,* 822–842.

Birnbaum, G. E., Mizrahi, M., Kaplan, A., Kadosh, D., Kariv, D., Tabib, D., Ziv, D., Sadeh, L., & Burban, D. (2017). Sex unleashes your tongue: Sexual priming motivates self-disclosure to a new acquaintance and interest in future interactions. *Personality and Social Psychology Bulletin, 43,* 706–715.

Birnbaum, G. E., & Reis, H. T. (2006). Women's sexual working models: An evolutionary-attachment perspective. *The Journal of Sex Research, 43,* 328–342.

(2012). When does responsiveness pique sexual interest? Attachment and sexual desire in initial acquaintanceships. *Personality and Social Psychology Bulletin, 38,* 946–958.

Birnbaum, G. E., Reis, H. T., Mikulincer, M., Gillath, O., & Orpaz, A. (2006). When sex is more than just sex: Attachment orientations, sexual experience, and relationship quality. *Journal of Personality and Social Psychology, 91,* 929–943.

Birnbaum, G. E., Reis, H. T., Mizrahi, M., Kanat-Maymon, Y., Sass, O., & Granovski-Milner, C. (2017). Intimately connected: The importance of partner responsiveness for experiencing sexual desire. *Journal of Personality and Social Psychology, 111,* 530–546.

Bowlby, J. (1973). *Attachment and loss,* Vol. 2: *Separation: Anxiety and anger.* New York: Basic Books.

(1979). *The making and breaking of affectional bonds.* London: Tavistock.

(1980). *Attachment and loss,* Vol. 3: *Sadness and depression.* New York: Basic Books.

(1982). *Attachment and loss,* Vol. 1: *Attachment* (2nd ed.). New York: Basic Books. (Original ed. 1969).

(1988). *A secure base: Clinical applications of attachment theory.* London: Routledge.

Brassard, A., & Johnson, S. (2016). Couples and family therapy: An attachment perspective. In J. Cassidy & P. R. Shaver (Eds.), *Handbook of attachment: Theory, research, and clinical applications* (3rd ed., pp. 805–825). New York: Guilford Press.

Brassard, A., Shaver, P. R., & Lussier, Y. (2007). Attachment, sexual experience, and sexual pressure in romantic relationships: A dyadic approach. *Personal Relationships, 14,* 475–494.

Brauer, M., van Leeuwen, M., Janssen, E., Newhouse, S. K., Heiman, J. R., & Laan, E. (2012). Attentional and affective processing of sexual stimuli in women with hypoactive sexual desire disorder. *Archives of Sexual Behavior, 41,* 891–905.

Brennan, K. A., Clark, C. L., & Shaver, P. R. (1998). Self-report measurement of adult romantic attachment: An integrative overview. In J. A. Simpson & W. S. Rholes (Eds.), *Attachment theory and close relationships* (pp. 46–76). New York: Guilford Press.

Brock, R. L., & Lawrence, E. (2014). Intrapersonal interpersonal and contextual risk factors for overprovision of partner support in marriage. *Journal of Family Psychology, 28*, 54–64.

Butzer, B., & Campbell, L. (2008). Adult attachment, sexual satisfaction, and relationship satisfaction: A study of married couples. *Personal Relationships, 15*, 141–154.

Cann, A., Norman, M. A., Welbourne, J., & Calhoun, L. G. (2008). Attachment styles, conflict styles, and humor styles: Interrelationships and associations with relationship satisfaction. *European Journal of Personality, 22*, 131–146.

Cassidy, J., & Kobak, R. R. (1988). Avoidance and its relationship with other defensive processes. In J. Belsky & T. Nezworski (Eds.), *Clinical implications of attachment* (pp. 300–323). Hillsdale, NJ: Lawrence Erlbaum.

Collins, N. L., & Feeney, B. C. (2000). A safe haven: An attachment theory perspective on support seeking and caregiving in intimate relationships. *Journal of Personality and Social Psychology, 78*, 1053–1073.

Collins, N. L., Ford, M. B., Guichard, A. C., Kane, H. S., & Feeney, B. C. (2010). Responding to need in intimate relationships: Social support and caregiving processes in couples. In M. Mikulincer & P. R. Shaver (Eds.), *Prosocial motives, emotions, and behavior: The better angels of our nature* (pp. 367–389). Washington, DC: American Psychological Association.

Collins, N. L., Guichard, A. C., Ford, M. B., & Feeney, B. C. (2006). Responding to need in intimate relationships: Normative processes and individual differences. In M. Mikulincer & G. S. Goodman (Eds.), *Dynamics of romantic love: Attachment, caregiving, and sex* (pp. 149–189). New York: Guilford Press.

Daniel, S. I. F. (2015). *Adult attachment patterns in a treatment context: Relationship and narrative.* London: Routledge.

Davila, J., & Kashy, D. (2009). Secure base processes in couples: Daily associations between support experiences and attachment security. *Journal of Family Psychology, 23*, 76–88.

Davis, D., Shaver, P. R., & Vernon, M. L. (2004). Attachment style and subjective motivations for sex. *Personality and Social Psychology Bulletin, 30*, 1076–1090.

Dominique, R., & Mollen, D. (2009). Attachment and conflict communication in adult romantic relationships. *Journal of Social and Personal Relationships, 26*, 678–696.

Erikson, E. H. (1993). *Childhood and society.* New York: Norton. (Original work published 1950.)

Feeney, B. C., & Collins, N. L. (2001). Predictors of caregiving in adult intimate relationships: An attachment theoretical perspective. *Journal of Personality and Social Psychology, 80*, 972–994.

(2003). Motivations for caregiving in adult intimate relationships: Influence on caregiving behavior and relationship functioning. *Personality and Social Psychology Bulletin, 29*, 950–968.

Feeney, B. C., Collins, N. L., van Vleet, M., & Tomlinson, J. M. (2013). Motivations for providing a secure base: Links with attachment orientation and secure base support behavior. *Attachment & Human Development, 15,* 261–280.

Feeney, B. C., & Thrush, R. L. (2010). Relationship influences on exploration in adulthood: The characteristics and function of a secure base. *Journal of Personality and Social Psychology, 98,* 57–76.

Feeney, B. C., & Woodhouse, S. S. (2016). Caregiving. In J. Cassidy & P. R. Shaver (Eds.), *Handbook of attachment: Theory, research, and clinical applications* (3rd ed., pp. 827–851). New York: Guilford Press.

Feynman, R. P. (2005). *Perfectly reasonable deviations from the beaten track: The letters of Richard P. Feynman* (M. Feynman, Ed.). New York: Basic Books.

Finkenauer, C., & Righetti, F. (2011). Understanding in close relationships: An interpersonal approach. *European Review of Social Psychology, 22,* 316–363.

Fisher, H. E. (1998). Lust, attraction, and attachment in mammalian reproduction. *Human Nature, 9,* 23–52.

Fisher, H. E., Aron, A., Mashek, D., Li, H., & Brown, L. L. (2002). Defining the brain systems of lust, romantic attraction, and attachment. *Archives of Sexual Behavior, 31,* 413–419.

Fraley, R. C., & Shaver, P. R. (2000). Adult romantic attachment: Theoretical developments, emerging controversies, and unanswered questions. *Review of General Psychology, 4,* 132–154.

Gable, S. L., Gonzaga, G. C., & Strachman, A. (2006). Will you be there for me when things go right? Supportive responses to positive event disclosures. *Journal of Personality and Social Psychology, 91,* 904–917.

Gable, S. L., Reis, H. T., Impett, E. A., & Asher, E. R. (2004). What do you do when things go right? The intrapersonal and interpersonal benefits of sharing positive events. *Journal of Personality and Social Psychology, 87,* 228–245.

Gangestad, S. W., Simpson, J. A., Cousins, A. J., Garver-Apgar, C. E., & Christensen, P. N. (2004). Women's preferences for male behavioral displays. *Psychological Science, 15,* 203–206.

Gillath, O., Mikulincer, M., Birnbaum, G., & Shaver, P. R. (2008). When sex primes love: Subliminal sexual priming motivates relationship goal pursuit. *Personality and Social Psychology Bulletin, 34,* 1057–1069.

Gillath, O., Shaver, P. R., Mikulincer, M., Nitzberg, R. A., Erez, A., & van IJzendoorn, M. H. (2005). Attachment, caregiving, and volunteering: Placing volunteerism in an attachment-theoretical framework. *Personal Relationships, 12,* 425–446.

Hamilton, W. D. (1964). The genetic evolution of social behavior. *Journal of Theoretical Biology, 7,* 1–52.

Hazan, C., & Shaver, P. R. (1987). Romantic love conceptualized as an attachment process. *Journal of Personality and Social Psychology, 52,* 511–524.

Holmes, J. (2014). *The search for the secure base: Attachment theory and psychotherapy.* London: Routledge.

Impett, E. A., & Gordon, A. M. (2010). Why do people sacrifice to approach rewards versus to avoid costs? Insights from attachment theory. *Personal Relationships, 17,* 299–315.

Impett, E. A., Muise, A., & Peragine, D. (2014). Sexuality in the context of relationships. In D. L. Tolman, L. M. Diamond, J. A. Bauermeister, W. H. George, J. G. Pfaus, & L. M. Ward (Eds.), *APA handbook of sexuality and psychology,* Vol. 1: *Person-based approaches* (pp. 269–315). Washington, DC: American Psychological Association.

Johnson, S. M. (2012). *The practice of emotionally focused couple therapy: Creating connection*. London: Routledge.

Julal, F., & Carnelley, K. (2012). Attachment, perceptions of care and caregiving to romantic partners and friends. *European Journal of Social Psychology, 42*, 832–843.

Khoury, C. B., & Findlay, B. M. (2014). What makes for good sex? The associations among attachment style, inhibited communication and sexual satisfaction. *Journal of Relationships Research, 5*, Article ID e7.

Kunce, L. J., & Shaver, P. R. (1994). An attachment-theoretical approach to caregiving in romantic relationships. In K. Bartholomew & D. Perlman (Eds.), *Advances in personal relationships* (Vol. 5, pp. 205–237). London: Jessica Kingsley.

La Valley, A. G., & Guerrero, L. K. (2012). Perceptions of conflict behavior and relational satisfaction in adult parent–child relationships: A dyadic analysis from an attachment perspective. *Communication Research, 39*, 48–78.

Little, K. C., McNulty, J. K., & Russell, V. M. (2010). Sex buffers intimates against the negative implications of attachment insecurity. *Personality and Social Psychology Bulletin, 36*, 484–498.

Litzinger, S., & Gordon, K. C. (2005). Exploring relationships among communication, sexual satisfaction, and marital satisfaction. *Journal of Sex & Marital Therapy, 31*, 409–424.

Martin, L. A., Vosvick, M., & Riggs, S. A. (2012). Attachment, forgiveness, and physical health quality of life in HIV + adults. *AIDS Care, 24*, 1333–1340.

Meston, C. M., & Buss, D. M. (2007). Why humans have sex. *Archives of Sexual Behavior, 36*, 477–507.

Mikulincer, M., & Shaver, P. R. (2015). An attachment perspective on prosocial attitudes and behavior. In D. A. Schroeder & W. Graziano (Eds.), *The Oxford handbook of prosocial behavior* (pp. 209–230). New York: Oxford University Press.

(2016). *Attachment in adulthood: Structure, dynamics, and change* (2nd ed.). New York: Guilford Press.

Mikulincer, M., Shaver, P. R., Bar-On, N., & Sahdra, B. K. (2014). Security enhancement, self-esteem threat, and mental depletion affect provision of a safe haven and secure base to a romantic partner. *Journal of Social and Personal Relationships, 31*, 630–650.

Mikulincer, M., Shaver, P. R., & Gillath, O. (2009). A behavioral systems perspective on compassionate love. In B. Fehr, S. Sprecher, & L. G. Underwood (Eds.), *The science of compassionate love: Research, theory, and application* (pp. 225–256). Malden, MA: Wiley-Blackwell.

Mikulincer, M., Shaver, P. R., Sahdra, B. K., & Bar-On, N. (2013). Can security-enhancing interventions overcome psychological barriers to responsiveness in couple relationships? *Attachment & Human Development, 15*, 246–260.

Mizrahi, M., Hirschberger, G., Mikulincer, M., Szepsenwol, O., & Birnbaum, G. E. (2016). Reassuring sex: Can sexual desire and intimacy reduce relationship-specific attachment insecurities? *European Journal of Social Psychology*, *46*, 467–480.

Mohr, J. J., Selterman, D., & Fassinger, R. E. (2013). Romantic attachment and relationship functioning in same-sex couples. *Journal of Counseling Psychology*, *60*, 72–82.

Monin, J. K., Feeney, B. C., & Schulz, R. (2012). Attachment orientation and reactions to anxiety expression in close relationships. *Personal Relationships*, *19*, 535–550.

Obegi, J. H., & Berant, E. (Eds.). (2009). *Attachment theory and research in clinical work with adults*. New York: Guilford Press.

Overall, N. C., Girme, Y. U., Lemay, E. P., Jr., & Hammond, M. D. (2014). Attachment anxiety and reactions to relationship threat: The benefits and costs of inducing guilt in romantic partners. *Journal of Personality and Social Psychology*, *106*, 235–256.

Péloquin, K., Brassard, A., Lafontaine, M.-F., & Shaver, P. R. (2014). Sexuality examined through the lens of attachment theory: Attachment, caregiving, and sexual satisfaction. *Journal of Sex Research*, *51*, 561–576.

Randall, A. K., & Butler, E. A. (2013). Attachment and emotion transmission within romantic relationships: Merging intrapersonal and interpersonal perspectives. *Journal of Relationships Research*, *4*, Article ID e10.

Reis, H. T. (2014). Responsiveness: Affective interdependence in close relationships. In M. Mikulincer & P. R. Shaver (Eds.), *Mechanisms of social connection: From brain to group* (pp. 255–271). Washington, DC: American Psychological Association.

Reis, H. T., & Shaver, P. R. (1988). Intimacy as an interpersonal process. In S. Duck (Ed.), *Handbook of research in personal relationships* (pp. 367–389). London: Wiley.

Roisman, G. I., Holland, A., Fortuna, K., Fraley, R. C., Clausell, E., & Clarke, A. (2007). The Adult Attachment Interview and self-reports of attachment style: An empirical rapprochement. *Journal of Personality and Social Psychology*, *92*, 678–697.

Rubin, H., & Campbell, L. (2012). Day-to-day changes in intimacy predict heightened relationship passion, sexual occurrence, and sexual satisfaction: A dyadic diary analysis. *Social Psychological and Personality Science*, *3*, 224–231.

Russell, V. M., & McNulty, J. K. (2011). Frequent sex protects intimates from the negative implications of their neuroticism. *Social Psychological and Personality Science*, *2*, 220–227.

Schachner, D. A., & Shaver, P. R. (2004). Attachment dimensions and sexual motives. *Personal Relationships*, *11*, 179–195.

Shaver, P. R., & Hazan, C. (1988). A biased overview of the study of love. *Journal of Social and Personal Relationships*, *5*, 473–501.

Shaver, P. R., Hazan, C., & Bradshaw, D. (1988). Love as attachment: The integra-tion of three behavioral systems. In R. J. Sternberg & M. Barnes (Eds.), *The psychology of love* (pp. 68–99). New Haven, CT: Yale University Press.

Shaver, P. R., Mikulincer, M., & Shemesh-Iron, M. (2010). A behavioral-systems perspective on prosocial behavior. In M. Mikulincer & P. R. Shaver (Eds.), *Prosocial motives, emotions, and behavior: The better angels of our nature* (pp. 73–91). Washington, DC: American Psychological Association.

Simpson, J. A. (2007). Foundations of interpersonal trust. In A. W. Kruglanski & E. T. Higgins (Eds.), *Social psychology: Handbook of basic principles* (2nd ed., pp. 587–607). New York: Guilford Press.

Sroufe, L. A., & Waters, E. (1977). Attachment as an organizational construct. *Child Development, 48*, 1184–1199.

Sternberg, R. J. (1986). A triangular theory of love. *Psychological Review, 93*, 119–135.

Szepsenwol, O., Mizrahi, M., & Birnbaum, G. E. (2015). Fatal suppression: The detrimental effects of sexual and attachment deactivation within emerging romantic relationships. *Social Psychological and Personality Science, 6*, 504–512.

Tracy, J. L., Shaver, P. R., Albino, A. W., & Cooper, M. L. (2003). Attachment styles and adolescent sexuality. In P. Florsheim (Ed.), *Adolescent romance and sexual behavior: Theory, research, and practical implications* (pp. 137–159). Mahwah, NJ: Lawrence Erlbaum.

Vicary, A. M., & Fraley, R. C. (2007). Choose your own adventure: Attachment dynamics in a simulated relationship. *Personality and Social Psychology Bulletin, 33*, 1279–1291.

Wieselquist, J., Rusbult, C. E., Foster, C. A., & Agnew, C. R. (1999). Commitment, pro-relationship behavior, and trust in close relationships. *Journal of Personality and Social Psychology, 77*, 942–966.

Wood, N. D., Werner-Wilson, R. J., Parker, T. S., & Perry, M. S. (2012). Exploring the impact of attachment anxiety and avoidance on the perception of couple conflict. *Contemporary Family Therapy, 34*, 416–428.

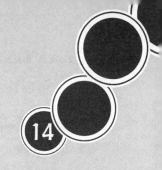

当爱情出错了（上）：
爱情二重理论及其在关系恶化中的应用

罗伯特·J. 斯腾伯格（Robert J. Sternberg）

爱情是什么？它是如何发展的，又为何会出错？爱情二重理论抓住了爱情本质的两个基本组成部分——首先是爱情的结构（爱情三角模型）；其次是它的历程（爱情故事模型）。把爱情当作故事旨在说明（根据三角模型构成的）各种爱情是如何发展的。爱情二重理论的这两个部分——爱情三角理论和爱情故事理论——可以帮助我们更好地理解关系恶化的原因。

爱情三角理论

爱情三角理论（Sternberg, 1986, 1988a, 1988b, 1997, 1998a, 2007；Weis & Sternberg, 2008）认为，人们可以通过三个元素来理解爱情概念，这三个元素可以被视为三角形的三个顶点——"三角形"只是一个比喻，而不是一个绝对意义上的几何模型。这三个因素分别是"亲密"（intimacy）、"激情"（passion）和"决定 / 承诺"（decision/commitment）。这三个因素也经常出现在其他爱情理论中（见下文Aron和Tomlinson的研究），而且似乎与爱情内隐理论（implicit theories of love）或民间爱情理论是高度一致的（Aron & Westbay，1996）。

爱情的三因素

爱情三角理论中的三个因素分别是亲密、激情和决定／承诺，它们从三个方面描述了爱情。

1. 亲密

亲密是指在爱情关系中关于亲近、联结、融合等体验的感觉。它包含那些在爱情中产生的温暖、关怀的感受。亲密包括以下几方面：（1）渴望促进所爱之人的福祉，（2）与所爱之人共享喜悦，（3）对所爱之人高度关注，（4）在需要得到帮助时能指望所爱之人，（5）与所爱之人互相理解，（6）与所爱之人分享自己的一切，（7）从所爱之人那里得到情感支持，（8）为所爱之人提供情感支持，（9）与所爱之人亲密交流，（10）肯定所爱之人的价值（Sternberg & Grajek，1984）。

2. 激情

激情是指引发浪漫爱情、身体吸引、性行为以及爱情关系中相关现象的驱动力（Hatfield & Walster，1981）。激情包括那些在爱情关系中能引起激情体验的动机以及其他形式的唤醒源。在恋爱关系中，性需求在激情体验中占据支配地位。然而，其他需求——比如自尊（self-esteem）、关怀（nurturance）、支持（succorance）、支配（dominance）、顺从（submission）、联结（affiliation）和自我实现（self-actualization）——可能也有助于激情的获得。

3. 决定／承诺

从短期来讲，决定／承诺指的是一个人决定爱另一个人；从长期来讲，它是指一个人维持爱情的承诺。决定／承诺的这两个方面不一定同时存在，一个人可以在不承诺长久之爱的前提下决定爱另一个人，也可以处于一段爱情关系中却不承认爱对方。

爱情的三个因素相互影响。例如，更高水平的亲密会导致更高水平的激情或承诺，就像更认真的承诺会导致更高水平的亲密或者激情（可能性相对较小）。尽管这三个因素都是恋爱关系中的重要成分，但是在不同的关系或者一段关系的不同时间内，它们的相对重要程度是不一样的。同类型的爱情可以通过因素间有限的组合来实现。

爱情的类型

爱情的三个因素可以组合成八种不同类型的爱情（Sternberg，1988a，1988b）。需要注意的是，在现实生活中，没有一种关系完全符合其中的类型。表14-1列出了爱情的类型。

表14-1 爱情三角形的分类

爱情的类型	亲密	激情	决定 / 承诺
无爱	−	−	−
喜爱	+	−	−
迷恋	−	+	−
空洞之爱	−	−	+
浪漫之爱	+	+	−
相伴之爱	+	−	+
愚蠢之爱	−	+	+
完美之爱	+	+	+

1. 无爱（non-love）
爱情的三个因素都缺失。
2. 喜爱（liking）
只有亲密的体验，而缺乏激情和决定 / 承诺的因素。
3. 迷恋（infatuated love）

只有激情的体验，而缺失另外两个爱情要素。

4. 空洞之爱（empty love）

只有爱情的决定／承诺，却缺乏爱情的亲密和激情因素。

5. 浪漫之爱（romantic love）

亲密与激情因素的组合，缺少决定／承诺因素。

6. 相伴之爱（companionate love）

亲密与决定／承诺因素的组合，缺少激情因素。

7. 愚蠢之爱（fatuous love）

激情与决定／承诺的组合，缺少亲密因素。

8. 完美之爱（consummate love）

也叫作"完整的爱"，由三个爱情因素共同构成。

爱情三角形的几何学

爱情的"量"和"平衡性"对"爱情三角形"的几何学有决定性作用。爱情的量由爱情三角形的面积表示：爱情三角形的面积越大，爱情的量就越大。爱情三种因素的平衡性则由三角形的形状来表示。例如，平衡的爱情（爱情三个因素的比重大致相同）表现为等边三角形。

爱情三角形的多样性

爱情三角形不止一种，其形式很多。可以用来代表一个人对其伴侣的爱的三角形往往不止一个，但只有一个三角形能够代表理想的爱情关系（Sternberg & Barnes，1985）。理想爱情的三角形在某种程度上基于同一类型的关系经验（Thibaut & Kelley，1959），以及对此段亲密关系的预期。人们可以区分自我感知的三角形和他人感知的三角形。也就是说，在一段特定的关系中，个体关于爱的感受并不总是与其伴侣所感知到的保持一致。我们还可以区分出情感三角形和行为三角形。当然，个体的行为也不总是与伴侣的感受相符。

三个爱情因素中的每一个都有一套与其相关的行为。例如，亲密在行为上表现为分享自己所拥有的东西和时间，表达对所爱之人的共情和关怀，与所爱之人诚恳地沟通等。激情在行为上表现为凝视、亲密接触等。决定／承诺在行为上表现为口头表达承诺、性的忠诚、订婚、结婚等。当然，爱情因素的行为表现会因人而异，因关系而异，或因情境变化而有所不同。

数据

下面将呈现Sternberg（1997，1998a，1998b）的一些研究数据。在这些研究中，被试都是异性恋，年龄不低于18岁，要么正处于一段亲密关系中，要么曾经至少经历过一段亲密关系。

所有被试都接受爱情三角量表（Triangular Love Scale；Sternberg，1997，1998a）的测量。在该量表中，亲密、激情和决定／承诺这三个特征各由12个李克特量表项目（从1～9进行评分）进行测量。举例来说，测量亲密的项目可能有"我跟_____有令人温暖和舒服的关系"；测量激情的项目可能有"我想象不到另一个人也能像_____那样使我开心"；测量决定／承诺的项目可能有"我觉得跟_____的关系是永久的"。被用来进行测量的其他量表还包括鲁宾喜欢量表和鲁宾爱情量表。

被试被要求根据每个项目的陈述对自己与六种不同的人（母亲、父亲、年龄最接近的兄弟姐妹、恋人或配偶、同性密友、理想的恋人或配偶）之间爱的关系进行重要性及特征的等级评定。重要性评定本质上是对价值的判断，而特征评定本质上是对一段关系的真实状况的判断。

如果爱情三角理论及其测量方法是可行的，那么关系与因素之间应该存在显著的交互作用，也就是说，对不同关系（如与父亲的关系、与母亲的关系等）来说，亲密、激情和决定／承诺三种成分的组合会明显不同。我们得到了显著的交互作用——单因素、二因素、三因素、四因素交互分析都是如此——

最大F值（58.25）能够解释最大的变异。

根据爱情三角理论，各种关系特征的平均等级是有意义的。例如，我们可以预测，同其他几种不强调激情因素的关系相比，在强调激情的爱情关系中，激情平均等级的变异性比亲密和决定／承诺更显著。在激情平均等级评定方面，得分最高的是"恋人或配偶"（6.91），接下来是"母亲"（4.98），二者相差1.93。在亲密平均等级评定方面，"恋人或配偶"得分最高（7.55），接下来是朋友（6.78），二者只相差0.77。在承诺平均等级评定方面，处于首位的"恋人或配偶"与处于第二位的"母亲"相差1.07。对重要性所做的等级评定更明显地表现出了这种模式。

爱情三角量表的内部一致性分析显示，量表中的32个测试项目都发挥了适当的作用，只有4个项目例外。而且，子量表的信度都在0.80～0.90，整个量表的信度高达0.90，这些都是令人满意的。

相关分析显示，尽管行为平均得分低于感觉平均得分，但这两种类型的得分存在很高的相关性（相关系数通常能达到0.90）。因此，在随后的分析中，我们忽略了行为等级评定。相关分析还显示，纵观所有特征的等级评定，亲密与决定／承诺的相关性比亲密与激情、激情与决定／承诺的相关性更高。在重要性评定上，亲密与激情的相关性比亲密与决定／承诺、激情与决定／承诺的相关性都低。

主成分分析得出了特征评定的三个主成分（亲密、激情和决定／承诺）和重要性评定的四个主成分（亲密、激情、决定、承诺）。总之，主成分分析的结果支持了爱情三角理论。

尽管爱情三角量表没有发现明显的关于喜欢和爱的聚合-判别模式，但是其外部效度与鲁宾喜欢量表、鲁宾爱情量表的得分有中高水平的相关性。爱情三角量表的三个子量表（亲密、激情和决定／承诺）在满意度评定上的相关性比鲁宾喜欢量表和鲁宾爱情量表更高。

在后续研究中，量表中的亲密项目和其他量表（例如，激情子量表和决定／承诺子量表）中的亲密项目得分的相关性降低了很多，各子量表之间的相关性也降低了很多，尤其是在特征评定方面。正如早期研究发现的那样，特征评定和重要性评定都显示出了三因素结构，与爱情三角理论的三个因素相对应。外部效度与整体满意度的相关性仍然很高（三个子量表的中数为0.76）。

尽管Sternberg的爱情三角量表关于亲密、激情和决定／承诺的构建并不完美，但是从整体上看，数据结果是支持爱情三角理论的。

爱情哪里出了错——基于爱情三角理论

在爱情三角理论中，爱情走向歧途的方式至少有以下八种。

1. 空洞之爱

伴侣发现，他（她）曾经拥有的任何亲密、激情都已烟消云散，只剩下对婚姻或关系的承诺，而这也摇摇欲坠。通常，当一个人意识到关系中只剩下承诺时，承诺也将消失。包办婚姻却不会出现这种情况——它可能开始于空洞之爱，却不会结束于此。

2. 不充分的爱

爱情的三角形太小了，所以不足以维持一段关系。

3. 彼此的实际三角形不匹配

两个人都爱着彼此，但是他们的爱情三角形是不同的。例如，一方感受到高水平的承诺，另一方却没有；或者一方非常强调亲密，而另一方对激情最感兴趣。

4. 实际三角形和理想三角形不匹配

一个人在关系中实际拥有的爱情三角形与其理想中的三角形不匹配。例如，一个人可能有一段相当好的爱情关系，但这段关系并不能满足这个人所追求的理想。

5. 实际三角形和行为三角形不匹配

一方的行为与其声称的感受在另一方看来是不一致的。例如，一方声称能感受到亲密，却拒绝向另一方倾诉。

6. 实际三角形与体验到的三角形不匹配

一方确实能感受到亲密、激情和承诺，但是另一方却体验不到。造成这种情况的原因要么是前者无法表达出自己的感受，要么是后者无法接收到对方的信息。

7. 变化的三角形

两个人曾在一段时间内有过令人满意的爱情三角形，但是后来感到这个三角形向着不适合自己的方向改变。即便这种变化可能暂时还没有到临界点，但是变化（通常是三角形面积的减少）的体验会让当事人感到不舒服并对即将到来的失败保持警惕。还有一种情况是一方努力想让三角形有所改变，另一方却拒绝这种改变。

8. 有竞争力的三角形

一方原本与另一方拥有爱情三角形，但是他（她）后来又与第三者建立了新的爱情三角形。在这种情况下，与第三者间的爱情三角形更符合他（她）的需求。

根据爱情三角理论，至少有八种方式可能会让爱情关系走向歧途。这些方式在某种程度上都来源于一些有缺陷的比较——用你理想的爱情三角形与你拥有的爱情三角形或你认为你拥有的爱情三角形或伴侣的爱情三角形进行比较。

爱情故事理论

爱情三角理论源于爱情故事。我们所有人基本都会接触到种类繁多的爱情故事，这些故事诠释了对爱情的不同理解。其中一些故事有着鲜明的爱情主题，而另一些故事可能将爱情元素隐藏在更大的背景中。不管哪一类故事，都给我们提供了机会——通过我们自身的经历、文学作品、媒体或其他任何方式——来了解爱情是什么。由于不断接触这样的故事，久而久之，我们就形成了自己特有的关于爱情是什么或者应该是什么样子的故事。

我们个人品质与环境的互动导致了爱情故事的发展——我们在某种程度上参与了爱情故事的创造。然后我们会尽可能地在生命中演绎这些故事（Sternberg，1994，1995，1996，1998b；Sternberg，Hojjat，& Barnes，2001）。每一个潜在伴侣都或多或少地符合这些故事。我们更可能与那些与我们有着相似爱情故事的潜在伴侣成功地建立亲密关系。尽管我们创造的故事是基于我们自身的，但它们蕴含着我们在世界中的生活经验——小时候听到的神话故事，从我们身边的父母和亲属那里所看到的爱情关系模式，爱情电视剧（电影）的情节，通过交谈获得的他人的亲密关系信息等。

故事的类型

尽管爱情故事的数量可能确实非常多，但是某种类型的故事会一次又一次地出现。因为我们分析的故事均来自美国的被试，所以我们的结论可能会有一定程度的文化偏差。

故事在某种程度上有重叠。表14-2中涵盖了一些特别常见的故事类型。这个不太详细的爱情故事列表主要有三个来源：（1）对文学作品中爱情故事的分析，（2）以往的心理学研究，（3）对非正式渠道收集的案例资料的分析。

表14-2 爱情故事的类别

1. 成瘾（Addiction）：对伴侣有强烈的焦虑型依恋；对可能失去伴侣感到焦虑。
2. 艺术（Art）：因为外表的吸引力而爱上伴侣；重要的是，伴侣看起来应该总是完美无瑕的。
3. 商业（Business）：爱情关系是商业提案；金钱是动力；伴侣是合作伙伴。
4. 收藏（Collection）：伴侣是符合收藏"图式"的；伴侣只是收藏品。
5. 食谱（Cookbook）：遵循"食谱"（特定的行动方式）更容易让关系获得成功；偏离"食谱"就会增大关系失败的可能性。

6. 幻想（Fantasy）：期待被一个穿着闪亮盔甲的骑士所救，或娶了一位公主，从此过着幸福的生活。

7. 游戏（Game）：爱情是一种游戏或运动。

8. 园艺（Gardening）：爱情关系需要持续不断的浇灌与抚育。

9. 政府（Government）

    （1）专制（Autocratic）政府：一方支配或者控制另一方；

    （2）民主（Democratic）政府：双方平等拥有权力。

10. 历史（History）：随着时间的推移，爱情关系中的事件会累积形成不可磨灭的记录；双方存留了大量记录——无论是精神方面的还是物质方面的。

11. 恐惧（Horror）：当恐吓伴侣或被伴侣恐吓时，爱情关系会变得更有趣。

12. 房子和家（House and Home）：爱情关系以家庭为核心并通过家庭得以维持和发展。

13. 幽默（Humor）：爱情是奇怪而又有趣的。

14. 神秘（Mystery）：爱情是神秘的；不应该让伴侣过多地了解自己，否则就失去了神秘感。

15. 警察（Police）：需要密切关注伴侣以确保其行为得当；或者需要伴侣的监督以确保自己行为得当。

16. 色情（Pornography）：爱情是肮脏的；爱会让自己或对方堕落。

17. 复原（Recovery）：持有幸存者心态；经历了过去的创伤后，一个人几乎可以渡过任何难关。

18. 宗教（Religion）：爱情是宗教信仰，或是一整套由宗教信仰驱使的感觉和行为。

19. 牺牲（Sacrifice）：爱情是将自己奉献给伴侣，或是伴侣把自己奉献给你。

20. 科学（Science）：爱情能被理解、分析和解剖，就像其他自然现象一样。

21. 科幻（Science Fiction）：伴侣就像外星人一样，令人感到不可思议，而且很奇怪。

22. 缝纫（Sewing）：爱情就是你创造出来的东西。

23. 戏剧（Theater）：爱情就像戏剧，有着可以预测的表演、布景和台词。

24. 旅行（Travel）：爱情是一场旅行。

25. 战争（War）：爱情是一场具有破坏性的持久战。

26. 学生-老师（Student-Teacher）：爱情是一种师生关系。

故事的各个方面

关于上述故事类型，以下几个问题是我们需要知道的。

1. 表14-2中列出的26种故事类型呈现出爱情对不同的人、不同的关系的广泛概念。其中一些爱情故事（如"园艺"）比另一些爱情故事（如"色情"）更常见。

2. 每一类故事都有典型的思维和行为模式。例如，赞同游戏类爱情故事的人（Hendrick & Hendrick，1986；Lee，1977）与赞同宗教类爱情故事的人，对伴侣的想法和行为是很不一样的（Hazan & Shaver，1987；Shaver，Hazan，& Bradshaw，1988）。

3. 爱情故事理论与其他爱情理论存在着重叠。因此，游戏类爱情故事看起来与Lee（1977）的游戏类爱情风格不谋而合；宗教类爱情故事似乎与焦虑型依恋风格相通；幻想类爱情故事听起来与浪漫之爱的典型概念很相似（Walster & Walser，1981；Sternberg，1986）；等等。爱情故事理论与其他理论的不同之处在于它试图抓住故事的丰富性，这种丰富性可能会产生结构各异的爱情关系，正如爱情三角理论中所说的那样。

4. 一个特殊的爱情故事能够引导我们对一种爱情关系做出描述，这与Beck及其同事在认知疗法中提出的"自动化思维"（automatic thoughts）道理相通（Beck，1976；Beck & Beck，2011；Ellis，1973；Ellis & Doyle，2016）。我们甚至可能没有意识到自己持有这样的观点，或没有意识到这些观点与我们自己的特殊爱情故事如出一辙。我们通常会把这些故事当作对"爱情是什么"或者"爱情应该是什么样子"的准确描述。因此，我们会把那些未能满足特定爱情故事要求的伴侣视为不符合标准。同样，如果我们自身不能满足爱情故事的要求，那么我们可能会认为自己不符合标准。如果一个人认同商业类爱情故事，但在屡次努力尝试后仍不能形成商业型爱情关系，那么他（她）可能会认为自己在爱情上是一个"失败者"。

5. 爱情故事中包含一些互补的角色，这些角色可能对称，也可能不对称。

我们寻求的是一个与我们分享故事或故事轮廓的伴侣，或者至少是一个与我们有着相匹配的一个故事或一组故事的伴侣。但是我们寻求的不一定是一个与我们自己一模一样的人。相反，我们所寻求的那个能够与我们分享相同故事或相似故事的人，可能在爱情故事中扮演着与我们互补的角色。因此，我们所寻找的伴侣，往往从一个层面看是与自己相似的，从另一层面看又是与自己有差异的。由此看来，关于爱情的相似学说（Byrne，1971）和互补学说（Kerckhoff & Davis，1962）都不完全正确。我们常常寻求故事的相似性——在很多情况下，我们也寻求角色的互补性。

6. 任何故事都可能有适应性的优势和劣势。故事的适应性可能取决于特定文化环境的需求。

7. 某类故事似乎比其他故事更具备成功的可能性。有些故事，如艺术类爱情故事，可能只有很短的"保质期"，因此缺乏持续性；而另一些故事，如旅行类故事，则更有可能持续一生。

8. 故事既是因也是果，它们与我们的生活是相互促进的。故事可能导致我们以特定的方式做出行为，也可能会激发他人的某种行为。同时，我们的生活经历可能会改变我们的故事。我们的故事与生活紧密地交织在一起，因此，想要明确地区分出"谁是因，谁是果"几乎是不可能的。

我们都会有自己偏爱的故事类型。我们可能会发现伴侣们的满意度往往取决于这些故事与他们更喜欢的故事（而不是不太喜欢的故事）的匹配度。

原型概念在某种程度上或许能让故事更容易被理解（Rosch，1973，1978）。原型概念已被应用到很多爱情研究中。在此基础上，研究者提出了一些已被证明能够有效帮助人们理解爱情的模型（Barnes & Sternberg，1997；Fehr，1988；Fehr & Russell，1991）。"亲密"是爱情的原型特征之一。从原型观点来看，爱情的概念不具有定义性特征（defining features），但是具有代表性特征（characteristic features）——它尽管不是必要而又充分的，但或多或少地指示出一种建构。例如，如果说一个人拥有的爱情故事类型是"神秘"，那么我们可能找不到能够作为这类故事明确标识的定义性特征，但我们能够找到一些原型特征，即代表性特征，例如一个要被揭开的神秘之谜、一个试图揭开神秘之谜的侦探、一个让侦探捉摸不透的神秘人物等。

一直以来，爱情故事理论都在努力试图理解叙事在人们生活中的作用（Bruner，1990；Cohler，1982；Josselson & Lieblich，1993；McAdams，1993；Murray & Holmes，1994；Sarbin，1986；Taylor，1989）。故事与其他心理结构有一定的关系，例如脚本（Schank & Abelson，1977）和图式，它们之间存在适应性（Piaget，1972），也存在不适应性（Young & Klosko，1993）。

数据

我和同事们进行了两个效度研究，对爱情故事理论的某些方面进行考察（Sternberg，Hojjat，& Barnes，2001）。我们设计了一份基于李克特量表的调查问卷，用来对人们的爱情故事进行评估。我们之所以使用这样一份描述性问卷，是因为初步的定性数据表明人们不了解自己的故事，而通过量表，我们更容易对理论进行定量检验。

参与研究的被试都是17岁及以上的异性恋大学生，他们要么正处于一段亲密关系中，要么在近期经历过一段亲密关系。

所有被试都完成了爱情故事量表的测量，量表的项目包括：

1. 成瘾——如果我的伴侣离我而去，那么我的生活将是一片空白。

2. 艺术——坦白地说，身体魅力是我寻找伴侣时最在意的特征。

3. 商业——我相信亲密关系是合作关系，就像大多数商业关系一样。

4. 幻想——我认为人们应该等待梦中情人的到来。

5. 游戏——我认为我的关系是一场游戏，输赢的不确定性才是这场游戏的好玩之处。

6. 园艺——我认为经营一段关系，就像打理花园一样，需要你花费时间和精力。

除此之外，被试还进行了其他量表的测量，比如爱情三角量表。

在研究1中，我们评估了爱情故事量表的信度，并通过两种不同的方法（层级聚类分析和主成分分析）对爱情故事潜在结构的表征进行了验证。在研究2中，我们对爱情故事量表的得分与其他理论模型的测量得分进行了相关分析。

我们也验证了理论假设，即伴侣双方的爱情故事匹配度越高，他们在亲密关系中就会越满意，也越容易成功。当然，我们也意识到，故事之外的许多因素也影响了关系满意度（Gottman，1994；Gottman & Silver，2015；Sternberg & Hojjat，1997）。

不同类型的故事在受欢迎的程度上有很大的不同。最受欢迎的爱情故事类型依次是旅行、园艺、民主政府和历史，最不受欢迎的故事依次是恐惧、收藏、专制政府和游戏。在喜欢的故事类型方面存在显著的性别差异——男性更喜欢艺术、色情、牺牲和科幻类型的故事，而女性更喜欢旅行类型的故事。

尽管爱情三角理论的三个组成部分——亲密、激情和决定／承诺——都与满意度呈正相关，但是那些与满意度显著相关的故事类型都与满意度呈负相关，例如商业、收藏、游戏、政府、恐惧、幽默（如喜剧演员）、神秘（如神秘人物）、警察、复原（如帮助者）、科幻、戏剧（包括演员和观众）。因此，适应不良的故事本身似乎预示着对关系的不满，而适应良好的故事并不一定会提升满意度——关键在于与伴侣的匹配度，而非与特定的适应性故事的匹配度。

相似性理论认为，伴侣之间的相似性越高，他们就越容易被彼此所吸引，也越容易在亲密关系中得到满足。但是，相似性主要体现在哪些方面呢？在研究2中，我们对爱情故事的相似性进行了检验，也对爱情的其他属性进行了检验。总的来说，检验结果与我们的观点一致，即伴侣双方的故事（以及爱情三角形的形状）越相似，他们的幸福感和满意度就越高。在亲密关系中，男性的故事轮廓与女性的故事轮廓呈高度正相关（0.65）。此外，正如理论所预测的那样，伴侣间故事轮廓的不一致程度与爱情的满意度呈负相关（-0.45）。

爱情哪里出了错——基于爱情故事理论

根据爱情故事理论，在恋爱关系中有很多事情会出错。

1. 适应不良的故事

尽管没有特别的故事与成功的关系相关，但是某些故事往往会导致失败的关系。它们分别是商业、收藏、游戏、政府、恐惧、幽默、神秘、警察、复原、科幻和戏剧。

2. 不匹配的故事轮廓

如果情侣双方的故事轮廓不匹配，那么他们在一段关系中对爱情的诉求内容就是完全不同的。

3. 不匹配的头条故事

有时候伴侣双方虽然拥有相似的故事轮廓，但是他们各自故事层级结构顶端的头条故事是不同的。因此，双方在尝试实现自己头条故事的时候会出现摩擦。

4. 与故事不匹配的行为

伴侣中的一方或双方的行为与他们背后的故事不匹配。例如，一对伴侣本拥有一个童话故事，但是一方变成了冷漠的王子（公主），甚至更糟——变成了一个邪恶的王子（公主）。

5. 不能适应伴侣的故事

两个伴侣之间几乎不可能拥有完全一样的故事轮廓。因此，每个人最终都必须适应对方的故事。如果一方无法适应，那么这段关系中的爱情就会动摇。

6. 一个适应了伴侣故事的人不喜欢自己的变化

伴侣中的一方可能适应了另一方的故事，但是（通常是经过一段时间）之后发现，自己不再喜欢现在的自己了，甚至可能认不出自己了。他（她）不想再为了适应伴侣的故事而继续保持现在的样子。

7. 改变故事不再有效

随着时间的推移，故事会发生变化。例如，在一对原本持有童话故事的伴侣中，一方认为幻想类故事适合求爱初期，但是商业类故事更适合如今实际的婚姻生活，而另一方不喜欢新的故事，依旧坚持原本的故事。

8.第三者故事轮廓的匹配度比现任伴侣的更高

当第三者出现在一对伴侣的关系中时，无论现任伴侣故事轮廓的匹配度有多高，都有可能被第三者所超越。

误入歧途的爱情：当爱情演变成仇恨

有趣的是，我们可以用描述爱情的方法——三角理论和故事理论——来描述仇恨（Sternberg，2003；Sternberg & Sternberg，2008）。

仇恨的三角理论

仇恨的三角理论由三个部分组成。

1.仇恨中对亲密的否定——排斥和厌恶

仇恨的第一个部分是对亲密的否定。亲密导致亲近感和联结；对亲密的否定则导致距离感和疏远。我们之所以与目标个体保持距离是因为对方能够唤起自己的反感、厌恶和排斥。有时，一个人可能原本处于一段充满爱的关系中，之后发现了自己最初不知道的关于伴侣的事情——通常是因为对方出于某种原因故意隐瞒了这些信息。例如一个人发现伴侣曾经背叛过自己或者有一段不光彩的过去，但是对方从来没有透露过。这种情况很可能让亲密变成排斥和厌恶。

2.仇恨中的激情——愤怒或恐惧

仇恨的第二个部分是激情。激情表现为强烈的恐惧或愤怒，通常是对威胁的反应。例如，当我们被伴侣（其他家庭成员或亲近的邻居）冤枉时，对对方的爱可能会变成仇恨。激情犯罪往往是因为一个人感到被（通常是某个家庭成员）冤枉而突然产生了仇恨。大多数情况下，这样的错误都是针对所爱的人犯下的（奇怪的是，之前的爱可能仍然存在）。有时，当事人能够体验到爱与恨同时存在的冲突情感。

3. 仇恨里的决定/承诺——因蔑视而贬低、弱化

仇恨的第三个部分是决定/承诺。其特点是对目标个体或群体的贬低、蔑视——几乎不把目标个体或群体当人来看。

仇恨的故事理论

爱情可以通过故事叙事来定义，仇恨也是如此。关于仇恨的故事类型有很多（Sternberg & Sternberg，2008），下面只介绍其中一部分：

1. 陌生人的故事

仇恨和陌生人是一对搭档。你原本以为自己很了解伴侣，结果却发现那个自认为熟悉的伴侣不存在了，或压根就没存在过。你爱着的那个人现在看起来就像个陌生人。

2. 不纯洁者的故事

伴侣现在被认为是不纯洁的。在有些国家，当伴侣中的一方（通常是女性）被强奸后，另一方不但不会同情，反而会觉得伴侣现在不纯洁了、没价值了，甚至可能会认为是伴侣发出了强奸的邀请，或者以某种方式与强奸犯串通一气，也就是说，实际情况也许根本不是强奸。此外，如果一个人发现伴侣有了外遇，那么这个伴侣看起来就不纯洁了。

3. 控制者的故事

一方意识到伴侣并不是真的爱自己，只是为了控制自己才会留在关系中。此时，他（她）会感到被困住了，并开始仇视这个控制者。

4. 品行不端的故事

一方发现自己的伴侣品行不端，例如参与犯罪活动，做出叛国行为等。

5. 与神为敌的故事

一方开始相信，甚至被他人说服，伴侣与神为敌。例如伴侣加入或曾经加入邪教组织，或者与他（她）的宗教信仰对立。

关于仇恨的故事还有许多其他类型。但每类故事的关键都在于，如果爱变成了仇恨，爱情很快就会出差错。不幸的是，这种情况并不少见，任何一个看过令人讨厌的离婚大战的人都可以作证。

对领导者的有毒之爱

不论是过去还是现在，世界都向我们展示了有毒的领导者如何受到追随者的爱戴（Lipman-Blumen，2006；Sternberg，in press）。通常情况下，这些有毒的领导者极具魅力——至少对他们的追随者而言是这样。而且对这些领导者狂热的爱可能会让追随者偏离道德的正轨（Bandura，2016；Sternberg，2012）。

目前，世界各大洲几乎都存在有毒的领导者。这些人往往受到众多追随者的拥护和爱戴；相对地，那些非追随者通常会对他们表示蔑视。有毒的领导者大多是反社会的，并且犯下了荒唐的道德越轨行为，不过这些行为会得到追随者的宽恕——他们在扭曲的故事背景下被追随者视为现代"救世主"。有缺陷的、有毒的领导者被视作英雄，但实际上他们只关心自己。许多人认为，这种有毒的爱如今已经结束了，它只是针对20世纪的希特勒、墨索里尼等人的。但是近来我们似乎发现世界上又出现了有毒的领导者，而且对过去那些有严重缺陷的、有毒的领导者的崇拜运动又复苏了。对有毒的领导者的热爱，在当下或许是爱走上歧途的最有害的例子之一。

在我所能找到的每一个案例中，有毒的领导者都依赖于不满情绪，诉诸人类本能中最坏的部分，让追随者相信他们的不满是有道理的，甚至是由一群可识别的人引起的。有毒的领导者诉诸民众不满的故事由来已久，令人惊讶的是，它在今天仍然有效，而且其效力显然并不比以往差。今天的民众已经准备好上当受骗，就像他们在20世纪和更早之前一样。

结论

爱情由三角形和故事构成。三角形描绘了爱情的结构特征——由三个截然不同但又相互关联的部分构成：亲密、激情和决定／承诺。这三种因素通过不同的组合方式创造了爱情的不同类型。每种因素都与关系中的幸福感、满意度密切相关。当伴侣双方的爱情三角形面积（爱的量）和形状（爱的类型）大致吻合时，他们通常会感到更幸福。

不同类型的故事生成了不同的三角形。目前我们提出了26种故事类型，不过很可能还有更多的类型，尤其是考虑到跨文化因素时。故事中包含两个角色，这两个角色可能对称，也可能不对称。故事随着个性和经验的融合而发展。虽然一些故事可以预测伴侣对关系不满意的程度，但是没有一个故事可以预测关系中的幸福感与满意度。当双方的爱情故事轮廓大致吻合时（如在比较喜欢和不太喜欢的故事上具有一致性），他们在关系中往往会感到更幸福。

爱情可能会因为有瑕疵的三角形或故事而走向歧途。爱情一旦出了差错，想再次使它回到正轨就会是一项艰巨的任务。大多数情况下，爱情的失败是因为伴侣之间的三角形或故事不匹配。无论过去、现在还是将来，有毒的领导者都会给世界带来困扰，他们既会让追随者疯狂，又会让非追随者蔑视。

总之，我们通过亲密、激情和决定／承诺来体验爱情，而我们的体验取决于爱情故事。

参考文献

Aron, A., & Tomlinson, J. M. (this volume). Love as expansion of the self. In R. J. Sternberg & K. Sternberg (Eds.), *The new psychology of love* (2nd ed., pp. 1–24). New York: Cambridge University Press.

Aron, A., & Westbay, L. (1996). Dimensions of the prototype of love. *Journal of Personality and Social Psychology, 70*(3), 535–551.

Bandura, A. (2016). *Moral disengagement.* New York: Worth.

Barnes, M. L., & Sternberg, R. J. (1997). A hierarchical model of love. In R. J. Sternberg & M. Hojjat (Eds.), *Satisfaction in close relationships* (pp. 79–101). New York: Guilford Press.

Beck, A. T. (1976). *Cognitive therapy and the emotional disorders.* New York: International Universities Press.

Beck, J. S., & Beck, A. T. (2011). *Cognitive behavior therapy: Basics and beyond.* New York: Guilford Press.

Bruner, J. (1990). *Acts of meaning.* New York: Cambridge University Press.

Byrne, D. (1971). *The attraction paradigm.* New York: Academic Press.

Cohler, B. J. (1982). Personal narrative and the life course. In P. Baltes & O. G. Brim, Jr. (Eds.), *Life span development and behavior* (Vol. 4, pp. 205–241). New York: Academic Press.

Ellis, A. (1973). Rational-emotive therapy. In R. J. Corsini (Ed.), *Current psycho-therapies.* Itasca, IL: Peacock.

Ellis, A., & Doyle, K. (2016). *How to control your anxiety before it controls you.* New York: Citadel.

Fehr, B. (1988). Prototype analysis of the concepts of love and commitment. *Journal of Personality and Social Psychology, 55,* 557–579.

(this volume). Everyday conceptions of love. In R. J. Sternberg & K. Sternberg (Eds.), *The new psychology of love* (2nd ed., pp. 154–182). New York: Cambridge University Press.

Fehr, B., & Russell, J. A. (1991). Concept of love viewed from a prototype perspective. *Journal of Personality and Social Psychology, 60,* 425–438.

Feybesse, C., & Hatfield, E. (this volume). Passionate love. In R. J. Sternberg & K. Sternberg (Eds.), *The new psychology of love* (2nd ed., pp. 183–207). New York: Cambridge University Press.

Gottman, J. (1994). *Why marriages succeed or fail.* New York: Simon & Schuster.

Gottman, J., & Silver, N. (2015). *The seven principles for making marriage work: A practical guide from the nation's foremost relationship expert.* New York: Harmony.

Hatfield, E., & Walster, G. W. (1981). *A new look at love.* Reading, MA: Addison-Wesley.

Hazan, C., & Shaver, P. (1987). Romantic love conceptualized as an attachment process. *Journal of Personality and Social Psychology, 52,* 511–524.

Hendrick, C., & Hendrick, S. S. (1986). A theory and method of love. *Journal of Personality and Social Psychology, 50,* 392–402.

(this volume). Styles of romantic love. In R. J. Sternberg & K. Sternberg (Eds.), *The new psychology of love* (2nd ed., pp. 223–239). New York: Cambridge University Press.

Josselson, R., & Lieblich, A. (Eds.) (1993). *The narrative study of lives*. Newbury Park, CA: Sage.

Kerckhoff, A. C., & Davis, K. E. (1962). Value consensus and need complementarity in mate selection. *American Sociological Review*, 27, 295–303.

Lee, J. A. (1977). A topology of styles of loving. *Personality and Social Psychology Bulletin*, 3, 173–182.

Lipman-Blumen, J. (2006). *The allure of toxic leaders*. New York: Oxford University Press.

McAdams, D. P. (1993). *Stories we live by*. New York: Morrow.

(2013). *The redemptive self: Stories Americans live by*. New York: Oxford University Press.

Mikulincer, M., & Shaver, P. R. (this volume). A behavioral systems approach to romantic love relationships: Attachment, caregiving, and sex. In R. J. Sternberg & K. Sternberg (Eds.), *The new psychology of love* (2nd ed., pp. 259–279). New York: Cambridge University Press.

Murray, S. L., & Holmes, J. G. (1994). Storytelling in close relationships: The construction of confidence. *Personality and Social Psychology Bulletin*, 20, 650–663.

Piaget, J. (1972). *The psychology of intelligence*. Totowa, NJ: Littlefield Adams.

Rosch, E. (1973). On the internal structure of perceptual and semantic categories. In T. E. Moore (Ed.), *Cognitive development and the acquisition of language* (pp. 111–144). New York: Academic Press.

(1978). Principles of categorization. In E. Rosch & B. B. Lloyd (Eds.), *Cognition and categorization* (pp. 27–48). Hillsdale, NJ: Lawrence Erlbaum.

Rubin, Z. (1970). Measurement of romantic love. *Journal of Personality and Social Psychology*, 16, 265–273.

Sarbin, T. (Ed.) (1986). *Narrative psychology: The storied nature of human conduct*. New York: Praeger.

Schank, R. C., & Abelson, R. A. (1977). *Scripts, plans, goals, and understanding*. Hillsdale, NJ: Lawrence Erlbaum.

Shaver, P. Hazan, C., & Bradshaw, D. (1988). Love as attachment: The integration of three behavioral systems. In R. J. Sternberg & M. L. Barnes (Eds.), *The psychology of love* (pp. 68–99). New Haven, CT: Yale University Press.

Sternberg, R. J. (1986). A triangular theory of love. *Psychological Review*, 93, 119–135.

(1988a). *The triangle of love*. New York: Basic Books.

(1988b). Triangulating love. In R. J. Sternberg & M. L. Barnes (Eds.), *The psychology of love* (pp. 119–138). New Haven, CT: Yale University Press.

(1994). Love is a story. *The General Psychologist*, 30, 1–11.

(1995). Love as a story. *Journal of Social and Personal Relationships*, 12, 541–546.

(1996). Love stories. *Personal Relationships*, 3, 59–79.

(1997). A construct-validation of a Triangular Love Scale. *European Journal of Social Psychology*, 27, 313–335.

(1998a). *Cupid's arrow*. New York: Cambridge University Press.

(1998b). *Love is a story*. New York: Oxford University Press.

(2003). A duplex theory of hate: Development and application to terrorism, massacres, and genocide. *Review of General Psychology, 7*(3), 299–328.

(2006). A duplex theory of love. In R. J. Sternberg & K. Weis (Eds.), *The new psychology of love* (pp. 184–199). New Haven, CT: Yale University Press.

(2007). Triangular theory of love. In R. Baumeister & K. Vohs (Eds.), *Encyclopedia of social psychology* (Vol. 2, pp. 997–998). Los Angeles, CA: Sage.

(2012). A model for ethical reasoning. *Review of General Psychology, 16*, 319–326.

(2013). Measuring love. *The Psychologist, 26*(2), 101.

(in press). Wisdom, foolishness, and toxicity: How does one know which is which? In M. Mumford (Ed.), *Leader skills*. New York: Taylor & Francis.

Sternberg, R. J., & Barnes, M. L. (1985). Real and ideal others in romantic relationships. *Journal of Personality and Social Psychology, 49*, 1586–1608.

Sternberg, R. J., & Grajek, S. (1984). The nature of love. *Journal of Personality and Social Psychology, 55*, 345–356.

Sternberg, R. J., & Hojjat, M. (Eds.) (1997). *Satisfaction in close relationships*. New York: Guilford Press.

Sternberg, R. J., Hojjat, M., & Barnes, M. L. (2001). Empirical aspects of a theory of love as a story. *European Journal of Personality, 15*, 1–20.

Sternberg, K., & Sternberg, R. J. (2013). Love. In H. Pashler (Ed.), *Encyclopedia of the mind*. Thousand Oaks, CA: Sage.

Sternberg, R. J., & Sternberg, K. (2008). *The nature of hate*. New Haven, CT: Yale University Press.

Taylor, C. (1989). *Sources of the self*. Cambridge, MA: Harvard University Press.

Thibaut, J. W., & Kelley, H. H. (1959). *The social psychology of groups*. New York: Wiley.

Weis, K., & Sternberg, R. J. (2008). The nature of love. In S. F. Davis & W. Buskist (Eds.), *21st century psychology: A reference handbook* (Vol. 2, pp. 134–142). Thousand Oaks, CA: Sage.

Young, J. E., & Klosko, J. S. (1993). *Reinventing your life*. New York: Dutton.

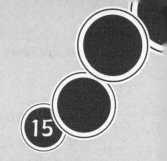

当爱情出错了（下）：扩展的爱情二重理论在妒忌、嫉羡的个人和情境因素中的应用

罗伯特·J. 斯腾伯格（Robert J. Sternberg）

纳夫约·考尔（Navjot Kaur）

伊丽莎白·J. 米斯图尔（Elisabeth J. Mistur）

　　本文的作者之一Robert，在他16岁那年疯狂地爱上了（至少他是这么认为的）生物课上坐在他前面的那个女生。事实证明，这种爱情是"迷恋之爱"（Sternberg，1986），但是他当时并不知道这一点。而对他来说，她是他的"真爱"。然而，有一个问题：这位叫Jane的女生当时已经有男朋友了，而且她的男朋友一点儿都不平凡——他是高中足球队的队长。Robert发现自己非常嫉羡她的男朋友John，因为Robert对她有强烈的感情，但是他知道Jane永远不可能成为自己的女朋友，因为他认为自己配不上她，而John配得上。Robert不仅不是足球队队长，而且他早就退出了足球队——这一事实缓和了他的嫉羡之情。还有另一个缓和因素：Jane似乎一点儿也不关心他。他的爱是纯粹的单相思。关于Robert嫉羡之情的这个故事——是什么创造了嫉羡，又是什么缓和了它——正是本文主要研究内容的一个缩影。

　　我们认为，在浪漫爱情的情境下，妒忌（jealous）往往涉及三个对象——个人（二元关系中的妒忌者）、伴侣（二元关系中的另一方）和被个人认为威胁到自己和伴侣之间关系的竞争者；而嫉羡（envy）所涉及的三个对象是，个人（嫉羡者）、潜在伴侣，以及与潜在伴侣处于爱情关系中的竞争者。这样的区分基于Parrott（1991）、Parrott和Smith（1993），以及Smith（2008）的观点。妒忌涉及保留一个人认为自己拥有的受到威胁的东西，而嫉羡涉及潜在地获得一个人认为自己因为一个现存威胁（通常是指潜在伴侣的伴侣）而没有的东西。浪漫爱情中的妒忌和嫉羡的关系都是由三角形构成的——正如Robert、Jane和John的情况。但是妒忌的三角形和嫉羡的三角形是不同的（Miller，2014）。（我们的讨论范围仅限于异性恋的恋爱关系——这和我们的研究是一致的。但是本文中提出的大部分原理可能也适用于其他类型的关系。）虽然我们在这里区分了妒忌和嫉羡，但是我们也意识到，在日常用语中，这两个词有时是可以交换使用的。

研究介绍

妒忌的研究背景

妒忌通常包括受伤、愤怒和恐惧的感觉（Guerrero, Trost, & Yoshimura，2005）。嫉羡也包含相似的感觉，但是侧重于一个人对于还没有得到的东西的一种渴望。在嫉羡的情况下，一个人感到受伤和愤怒是因为他（她）未能拥有自己理想中的伴侣，感到恐惧则是因为他（她）可能永远都得不到那个人。然而，妒忌和嫉羡的感觉从本质上而言是不一样的，因为在前一种情况下，人们希望保留自己拥有的东西，而在后一种情况下，人们希望获得自己没有的东西。

在现有研究中，关于浪漫妒忌的研究远多于关于浪漫嫉羡的研究。因此，我们在研究介绍中重点关注妒忌。妒忌有时被分为两种类型，一种是反应型，即当一个人对实际的威胁做出反应时的妒忌，另一种是怀疑型，即当一个人（尽管并没有找到实质性证据）怀疑其伴侣"误入歧途"时的妒忌（Bringle &

Buunk，1991）。实践中，这两类妒忌之间的区别并不总是那么明确，因为通常一个人所获得的信息只是概率性的——关于其伴侣对别人感兴趣的概率。而一个概率性的信息往往可以有很多种解释。例如，如果一个人的伴侣花了很多时间和另一个异性待在一起，那么他们可能是为了完成工作，可能是在追求一段无害的友谊，可能单纯是为了聊一些事情，可能是为了发展一段浪漫关系，也可能是为了实现多个目的。

在本文报告的四项研究中，我们调查了妒忌和嫉羡的两种相关因素——个人（内部的）和情境（外部的）——的相对重要性。我们进一步进行了因素分析并考察了性别差异，不过我们的研究目的并不是探究那些最有可能引起性别差异的变量（见下文）。在描述我们的研究之前，有必要回顾一些研究文献。我们在文献综述中优先考虑的是浪漫妒忌的各种理论。它们分为几个不同的类别：进化理论（如Buss，2016）、依恋类型理论、归因理论等。

1. 进化理论

浪漫妒忌的进化理论认为，长时间的选择压力加上某些形式的环境输入（如偷猎配偶者），会使个体对引发妒忌的环境做出预先设定好的反应。这些反应反过来又受到环境中选择性压力的影响。这个理论提出了一个假设：对于不同形式的不忠——尤其是性不忠和情感不忠，男性和女性在妒忌的倾向和程度上存在差异。具体来说，女性更有可能因伴侣的情感不忠而妒忌，男性则更有可能因伴侣的性不忠而妒忌（Buss，2016；Buss，Larsen，Westin，& Semmelroth，1992；Edlund & Sagarin，2017；Harris，2004；Harris & Darby，2010）。在这个理论中，性别差异被看作进化过程中男性和女性面临不同适应性挑战的结果，这些挑战与生育繁衍可存活的后代有关。尤为重要的是，从进化的角度来看，男性更有理由担心配偶是否只属于自己，因为在没有DNA检测技术的年代，他们没有办法确定孩子是不是自己的；相比之下，从进化的角度来看，女性更有理由关心伴侣是否能提供足够的资源，以抚养与他生的孩子。

总体而言，尽管有一些研究支持"情感上的不忠能够普遍引起妒忌之情，并且不存在性别或性取向的差异"（Harris，2003），但是大多数研究支持进化理论的假说，即女性实际上更倾向于对情感不忠产生妒忌，即便在开放式的婚姻中也是如此（Buunk，1981）。目前的大部分研究证据似乎与进化理论的解释基本一致（Edlund & Sagarin，2017）。

然而，近来一项关于妒忌性别差异的研究发现，男性和女性在一些情况下对不忠有着相似的反应。这项研究并没有显示出对性不忠或情感不忠的妒忌倾向存在性别差异（Berman & Frazier，2005）。反应的形式似乎发挥着重要作用——使用连续量表测量的迫选反应实验似乎减少了性别差异。另一项研究的发现与进化假说相反：相比于情感不忠，男性和女性的表现都更倾向于对性不忠产生妒忌（DeSteno，Bartlett，Braverman，& Salovey，2002）。然而，其他研究者对这一发现的有效性提出了质疑，认为该研究中用来测试进化理论假说的方法论存在一定的缺陷。

2. 依恋类型理论

这一观点源于Hazan和Shaver（1987）的依恋类型研究。他们提出，浪漫关系是通过依恋过程形成的。情侣之间的依恋关系与婴儿–照顾者之间的依恋关系相似。常见的依恋类型有安全型和不安全型，后者包括回避型和焦虑型。当不安全的依恋关系受到竞争者或第三者的威胁时，就会导致浪漫妒忌。不同的依恋类型会让个体对潜在的威胁做出不同的反应（Sharpsteen & Kirkpatrick，1997）。焦虑型依恋的人特别容易妒忌，因为这种人或多或少会持续地感到关系受到威胁，不管威胁是否真的存在。

尽管一些研究表明，不安全型依恋者会表现出更多的妒忌迹象（Buunk，1997），但是其他研究表明，安全型依恋者更有可能因妒忌而表现出愤怒（Sharpsteen & Kirkpatrick，1997）。为了理解这些不一致的发现，Harris和Darby（2010）提出了依恋与威胁的两阶段模型。该模型表明，威胁阶段可以调节依恋类型对个体妒忌反应的影响程度。该模型的第一阶段是对恋爱关系中的威胁进行评估。人们在评估可能出现的威胁时有不同的倾向——威胁评估阈值低的个体更有可能将闯入者或潜在竞争者视为对关系的威胁；威胁评估阈值高的个体则不太可能将闯入者或潜在竞争者视为对关系的威胁。

两阶段模型的第一阶段侧重于对威胁的评估，第二阶段侧重于对威胁的反应。一旦一个潜在竞争者超过了威胁评估阈值，评估者就会把他（她）视为实际的威胁，并会启动应对机制以确定自己将如何解决威胁并处理自己的妒忌情绪。安全型依恋者往往对自己、人际关系和他人都持有积极的心理模型，这使他们对威胁的评估阈值较高。关于安全型依恋个体的妒忌体验，存在两个互相矛盾的假设——安全／低反应假设和安全／高反应假设。

前一种假设认为，安全感较高的人比其他人的妒忌强度更低，因为他们拥有成功的关系，即伴侣双方在这段关系中都很投入且感到开心（Harris & Darby，2010；Kirkpatrick & Hazan，1994）。因此，有安全感的人很少担心关系中潜在的威胁。相反，安全／高反应假说认为，由于安全感较高的个体更重视依恋关系，他们更容易做出妒忌的反应，而且可能比其他人更容易因妒忌而产生愤怒情绪（Harris & Darby，2010；Sharpsteen & Kirkpatrick，1997）。根据这个假设，安全感高的人更有可能将妒忌作为一种情感工具来保护他们有价值的关系。安全／高反应假说与功能进化理论保持一致，后者认为妒忌是一种为了保持社会化和浪漫依恋关系而形成的进化适应。

这两种假设都有实证支持。为了整合这些研究结果，Harris和Darby（2010）提出，依恋类型可能会影响妒忌，而这取决于有安全感的个体是否正在评估浪漫关系中的潜在威胁或是否认为浪漫关系中已存在明确的威胁。在第一阶段（对威胁的评估），有安全感的个体不太可能表现出妒忌。在第二阶段（对威胁的反应），如果确定了威胁的存在，有安全感的个体更可能做出妒忌和愤怒的反应。

3. 归因理论

这个理论认为，我们可以对他人的行为做出三种主要的归因，它们分别是因果关系、可控性和意图（Weiner，1995）。Bauerle等人（2002）认为，当一个人发现伴侣做出某些可能会引起妒忌的行为时，这个人对伴侣的行为所做的归因在很大程度上决定了其是否会感到妒忌。他们的研究表明，人们在伴侣引起或故意做出导致妒忌的行为时，更容易感到妒忌；而当伴侣没有引起或故意做出导致妒忌的行为时，人们很少感到妒忌。因此，决定一个人的妒忌水平，或其是否会感到妒忌的因素，是这个人对伴侣的行为做出的评价、归因，而不是伴侣的行为本身（Harris & Darby，2010）。

其他研究者研究了妒忌和其他关系变量对爱情关系满意度的影响。Barelds和Barelds-Dijkstra（2007）发现，伴侣的反应性妒忌（对一个或多个特定事件的妒忌）水平与关系质量呈正相关，而伴侣的焦虑妒忌（与特定事件无关的妒忌）水平与关系质量呈负相关。Afifi和Reichert（1996）研究了关系不确定感对妒忌的影响。他们发现，与其他被试相比，那些关系不确定感较高的被试更有可能感到妒忌，但不太可能表达妒忌的感受。他们得出的结论是，对浪漫妒忌的体验模式与表达模式截然不同。他们认为，具有高水平关系不确定感和妒忌感受的伴侣不太可能表达自己的这种妒忌感，因为他们担心这样做会收到"最后通牒"，即结束关系的回应。

尽管我们通常会把妒忌视为不好的东西，但是它也有积极的一面。Mathes（1986，1991）发现，那些在1978年的测试中表现出高水平妒忌的被试在数年后（1985年）更可能与同一个伴侣在一起；相比之下，那些妒忌水平测试得分较低的被试基本都没能把1978年的那段浪漫关系维持下来。研究者认为，妒忌可以作为一种防范关系威胁（潜在竞争者）的安全机制。妒忌促使人们去保护他们认为属于自己的东西。此外，他们妒忌的表现是一种有力证据——证明他们对伴侣真的很感兴趣（Buss，2011）。

关系的不确定感与浪漫妒忌之间也有显著的相关性。伴侣间更高的关系不确定感与对潜在威胁及竞争者的怀疑和焦虑有关（Knobloch，Solomon，& Cruz，2001）。关系的不确定感似乎导致了对威胁的主观评估阈限的降低，而评估阈限的降低又会让那些对当前或未来浪漫关系状态抱有不确定感的伴侣产生高水平的妒忌。

对许多人而言，浪漫关系对自尊和自我价值感有重要意义。因此，宝贵的浪漫关系一旦遇到危机，个体就会感到自身受到了威胁（Salovey & Rodin，1991；Salovey & Rothman，1991）。根据"领域相关性假说"，如果一个人认为在其自我定义中的关键领域内潜在竞争者优于自己，那么这个人就会将潜在竞争者视为对浪漫关系的威胁。DeSteno和Salovey（1996）发现，如果竞争者拥有你所看重的品质（例如声望、人气、智力、魅力等），特别是如果你的伴侣也看重这些品质，那么竞争者对浪漫关系的威胁就更大了；如果竞争者在这些方面的表现优于你，那么他就是一个重大威胁。

备选伴侣的可用性也会影响妒忌的水平。Rydell及其同事（2004）的研究探讨了备选伴侣的吸引力如何影响与承诺相关的妒忌水平。他们发现，当处于承诺关系中的被试被诱导去思考自己拥有一个缺乏魅力的备选伴侣时，他们会体验到更高水平的妒忌；而当被试受到诱导去思考自己拥有一个有吸引力的备选伴侣时，承诺和妒忌水平之间不存在相关性。

嫉羡的研究背景

尽管关于浪漫嫉羡的理论和研究远少于关于浪漫妒忌的，但是关于浪漫嫉羡的文学作品相当丰富。我们在此对关于嫉羡的文献做出简短回顾。

嫉羡有时被认为是一种消极情感（Schoeck，1969；Schimmel，1997；Smith & Kim，2007）。根据性质不同，嫉羡通常可被分为两种类型：善意的嫉羡和恶意的嫉羡。目前的实证研究结果证实了这两种截然不同的嫉羡在体验和行为方面的差异（Van de Ven, Zeelenberg, & Pieters, 2009）。善意嫉羡的体验与个体提高地位的动机紧密相关，而且能够激励个体提高自己的地位；但是恶意嫉羡的体验与个体贬低被嫉羡者进而损害其地位的动机紧密相关（Van de Ven et al., 2009）。

嫉羡常常伴有指向被嫉羡者的敌意。Smith等人（1994）的一项研究证实了这个敌意假设。研究者猜测，嫉羡者体验到的敌意与一种认为不公平的主观信念高度相关——这种信念造成了嫉羡者与被嫉羡者之间的环境差异。而这种不公平感是由被嫉羡者的优势引发的，这种优势让嫉羡者体验到了不公平的感受。为了进行验证，研究者让被试写出自己感到嫉羡的经历并对被嫉羡者的优势有多么不公平进行评估。研究数据表明，恶意嫉羡确实是由嫉羡者不公正或不公平的感受造成的。

在理解嫉羡方面，进化理论框架提出了嫉羡中的性别差异特征，这些特征与进化繁衍的成功紧密相关，也与男性和女性所面临的不同性质适应性问题的领域紧密相关。研究者认为，男性和女性的嫉羡体验在性竞争领域可能有所不同，这种差异尤其体现在配偶竞争质量上。他们发现，在同性别的被嫉羡者比自己更有吸引力的情况下，女性会体验到更强烈的嫉羡；而对于男性来说，他们会在竞争者比自己拥有更多的经济资源时体验到更强烈的嫉羡（Hill & Buss，2006）。

Hill和Buss（2006）指出，嫉羡的功能之一在于提醒人们注意竞争者所具有的与健康相关的优势，进而激励个体去获取同样的优势。许多人通过与竞争者的社会比较来判断自己在资源竞争方面是否成功（Hill & Buss，2006）。因此，如果一个人在个人相关性高的领域中相比于竞争者处于劣势，他（她）就有可能产生嫉羡体验（Hill & Buss，2008；Parrott & Smith，1993；Salovey & Rodin，1991；Smith & Kim，2007；D'Arms & Kerr，2008）。社会竞争对生存和繁育的成功至关重要，所以，嫉羡作为一种因被竞争者或对手超越而产生的痛苦适应，是有助于进化选择的（Buss，1988；Hill & Buss，2008）。

实验介绍

我们自己的研究重点与以往的大多数研究有所不同。我们更感兴趣的是构建妒忌和嫉羡的结构模型，然后对比这两种模型。此外，我们还进一步考察了那些与妒忌和嫉羡有关的结构变量如何能够预测妒忌和嫉羡的实际感知水平。我们的研究方法包括：（1）假设情境——用来研究被试对关系中第三者的看法；（2）现实生活关系事件的自我评定——用来研究被试对自己过去和现在的体验。在假设情境条件中，被试被要求阅读关于特定情境的陈述并根据一系列妒忌或嫉羡的相关变量对情境中的伴侣进行等级评定，例如所描绘的个体看起来需要、渴望另一个浪漫伴侣（理想伴侣）的程度。在现实生活关系事件条件下，被试需要对自己的关系进行评定。

理论框架

我们研究的理论框架是对以往爱情二重理论的扩展（Sternberg，1986，1988，1995，1998a，1998b，2006）。这个理论中包含了爱情三角和爱情故事的元素。

1. 爱情三角理论

根据爱情三角理论，爱情包括个人内在的三个组成部分——亲密、激情和决定／承诺。亲密是指关怀、信任、平等和公平、沟通等；激情是指需求和强烈的渴望，这使人很容易受到妒忌和嫉羡的影响；决定／承诺是指关系的持久性。我们认为，这三个组成部分都与妒忌、嫉羡紧密相关。就妒忌而言，如果一个人觉得自己做到了关怀、信任和公平，但是关系仍然受到威胁，那么这个人更有可能感到妒忌。就激情而言，如果一个人强烈需求的满足受到了威胁，那么这个人更有可能感到妒忌。就决定／承诺而言，如果一个人所珍视的关系的持久生存能力受到了威胁，那么这个人更有可能感到妒忌。同样，如果一个人对另一个人感到亲密、有激情、忠诚，但是这些感觉没有得到回应，那么这个人更有可能对竞争者感到妒忌。这些内部状态本身并不足以解释妒忌。因此，我们需要对三角理论进行扩展，考虑更多的外部变量，特别是另一方对现实的关系或渴望的关系所构成的威胁。

2. 爱情故事理论

Sternberg在爱情二重理论中已提出，爱情可以通过故事来解读（Sternberg，1998b，2006）。爱情三角理论源自故事。几乎所有人都接触过大量不同的故事，这些故事传达了关于如何理解爱情的不同观点。有些故事可能是明显的爱情故事，有些故事则把爱情故事嵌入了更大的故事背景中。无论如何，我们总是有各种各样的机会（通过经验、文学作品、媒体等）来观察关于爱情的多种观点。因为我们总是能接触到这些关于爱情的故事，久而久之，我们便形成了自己的关于爱情是什么故事或应该是什么故事的看法。

我们的个性特征和环境（在一定程度上是由我们自己创造的）间的互动推动着爱情故事的发展，然后，我们尽力尝试着在生活中把这些故事变成现实。每一个潜在伴侣都或多或少地与某些故事相符。相比于那些与我们的故事不太匹配的人，那些与我们的故事比较匹配的人更有可能与我们建立亲密关系。

尽管爱情故事的数量可能是无限的，但是我们通过对文学作品、影视作品和人们对关系的口述记录进行初步分析后发现，有一些类型的故事似乎总是在重复出现。（由于我们的故事分析样本均来自美国，所以我们的发现可能会在某种程度上带有文化偏见。）

这些故事在一定程度上有所重叠。当一个人将某类故事置于较高的层级时，他会被期待具有其他较高层级的故事。基于对文学作品中爱情故事和以往心理学研究的分析，以及对非正式收集的案例材料的解析，我们概括出了简单的故事清单。

某些类型的故事会让人更容易感受到妒忌和嫉羡。具体情况如下：

（1）成瘾——对伴侣有强烈的焦虑型依恋；对可能失去伴侣感到焦虑。

（2）艺术——被伴侣的外表所吸引；认为伴侣应该看起来完美无瑕。

（3）商业——爱情关系是商业提案；金钱是动力；伴侣是合作伙伴。妒忌和嫉羡是对"商业背叛"的反应。

（4）食谱——遵循特定的行动方式（食谱）能使关系更容易成功；偏离"食谱"会增大关系失败的可能性。妒忌和嫉羡来自别人的行为，而这些行为不在"食谱"中。

（5）幻想——期待被一个穿着闪亮盔甲的骑士所救，或娶了一位公主，从此过着幸福的生活。骑士和公主绝对不应背叛关系。

（6）游戏——爱情是一种游戏或运动。妒忌或嫉羡可能正是游戏或运动的一部分。

（7）园艺——爱情关系需要持续不断的浇灌与抚育。对关系的威胁可能会摧毁被精心照顾的花园。

（8）政府——（a）专制政府，即一方支配或者控制另一方；（b）民主政府，即双方平等拥有权力。当自己的权力和所希望的权力不匹配时，个体就会嫉羡（另一方）。

（9）历史——随着时间的推移，爱情关系中的事件会累积形成不可磨灭的记录；双方存留了大量记录（精神方面和物质方面的）。当第三者开始改变历史，使其变得不再令个体渴望或引以为豪时，个体就会妒忌。而新的未来史可能是个体希望避免的。

（10）恐惧——当恐吓伴侣或被伴侣恐吓时，爱情关系会变得更有趣。恐吓伴侣的一种方式是同时与另一个人建立一段激情关系。

（11）房子和家——爱情关系以家庭为核心并通过家庭得以维持和发展。妒忌是因为自己的"地盘"被侵犯了。

（12）幽默——爱情是奇怪而有趣的。外部关系对受到威胁的伴侣而言可能并不有趣。

（13）神秘——爱情是神秘的；不应让伴侣过多地了解自己。双方喜欢在关系中保持神秘，直到出现一个神秘的第三者。

（14）警察——需要密切关注伴侣以确保其行为得当；或者需要伴侣的监视，来确保自己行为得当。恋爱关系中的"警察"总是提防着伴侣的"违法"行为，比如和另一个人建立激情关系。

（15）色情——爱情是肮脏的；爱会让自己或对方堕落。通奸故事有助于创造色情情境。

（16）宗教——爱情是宗教信仰，或是一整套由宗教信仰驱使的感觉和行为。与第三者的关系可被视作对所信仰规则的挑战。

（17）牺牲——爱情是将自己奉献给伴侣，或是伴侣把自己奉献给你。当个体为伴侣做出牺牲却看到另一个人出现在关系中时，没有什么威胁比这种背叛更严重了。

（18）科幻——伴侣就像外星人一样，令人感到不可思议，而且很奇怪。伴侣通常不希望奇怪的外部威胁成为故事的一部分。

（19）缝纫——爱情就是你创造出来的东西。不过你可能不喜欢第三者参与创造。

（20）戏剧——爱情就像戏剧，有着可以预测的表演、布景和台词。戏剧的剧本里没有威胁到这段关系的第三者。

（21）旅行——爱情是一场旅行。通奸这个"区域"可能是伴侣们不想涉足的。

（22）战争——爱情是一场具有破坏性的持久战。外部威胁会引发一场非常严重的战争。

所以，爱情三角理论（通过激情）和爱情故事理论（通过上面提到的故事类型）都涉及妒忌和嫉羡的相关因素。那么哪些变量能够影响妒忌和嫉羡呢？

我们认为，有两种变量调节着妒忌和嫉羡的水平。第一种变量（基于爱情三角理论）是内在的或个人的，涉及个体在关系中的主观感受；第二种变量是外在的或情境性的——不是妒忌或嫉羡者能够直接控制的事情，例如第三者或其希望建立的新关系对现有关系构成的威胁。

实证研究

我们进行了四项实验研究，基于扩展的爱情二重理论来考察妒忌和嫉羡。我们试图确定两种变量——内部变量和外部变量——与妒忌（研究1和研究2）或嫉羡（研究3和研究4）的相关性。我们对这些研究结果进行汇总后，没有发现显著的性别差异，因此我们在这里将不再进一步讨论性别变量的影响。

研究1：妒忌的假设情境评定

在本研究中，我们以康奈尔大学的219名本科生为被试——其中有63位男性、156位女性。他们被要求根据假设情境的描述对一系列问题进行评分。在假设情境中，情侣中的一方认为某个第三者对这段关系构成威胁并因此感到妒忌。

我们编制了两套关于妒忌的调查问卷——问卷A和问卷B，每个问卷中都包含16个常见的会引起一定程度浪漫妒忌的情境。问卷A和问卷B的区别仅在于情境中人物的名字进行了互换，这样做是为了平衡性别差异，消除"性别"这个混淆变量。每个情境中都包含一个妒忌的恋人（jealous romantic partner，简称JRP）、另一个恋人（the other romantic partner，简称ORP）和第三者／威胁（threat，简称T）。

在本研究中，所有情境中都包括一个与ORP处于一段浪漫关系中的JRP和一个对JRP和ORP的浪漫关系构成威胁的人——T。每个妒忌情境之后都有12个问题，需要被试从1（最低）～10（最高）中选择一个数字进行程度评定，从而测量被试对情境中每个自变量和因变量水平的判断。我们采用Qualtrics调查软件创建了这些调查问卷，被试可通过康奈尔大学心理系的SONA系统软件在线参与调研。

以下呈现问卷A和问卷B中的妒忌情境示例。

妒忌问卷示例（A）

维多利亚和查德在高中时是一对情侣，他们从同一所高中毕业并在一年后结了婚。他们在康涅狄格州的同一个郊区小镇长大，之前从未去过别的地方。高中时，维多利亚和查德被认为是"最好的一对"，他们甚至共享一个朋友圈。他们结婚后搬至芝加哥市中心的一间小公寓，维多利亚成了一名见习化妆师，而查德开始为数据科学的研究生课程做准备。维多利亚想让查德陪她一起参加时尚活动和派对，但他总是拒绝，因为他说这些活动会让他无法专心学习。他们都开始在各自的领域结交新朋友，查德开始觉得，当他们在一起时，他不再喜欢维多利亚的陪伴了。查德发现自己对目前的婚姻感到厌倦，他宁愿把注意力放在事业上，而不是维多利亚身上。一天晚上，维多利亚参加完一个派对后略带醉意地回到家中，开始谈论她的朋友安东尼——在查德拒绝参加派对后，是安东尼陪她参加的派对。第二天早上，维多利亚问查德是否可以接受开放式婚姻的观念。查德不知道如何回答，他确信维多利亚对安东尼是有浪漫感觉的。

阅读下面的问题，然后从1～10中选择一个数字进行打分：

查德有多想和维多利亚保持亲密关系？

查德有多配得上维多利亚？

维多利亚对待查德的方式公平吗？

维多利亚有多在意查德？

查德有多在意维多利亚？

在安东尼出现之前，查德和维多利亚的关系有多合理？

查德在现实中或情感上有多需要维多利亚？

查德有多信任维多利亚？

安东尼对查德和维多利亚的关系有多大的威胁？

查德有多妒忌安东尼？

如果你是查德，你会有多妒忌安东尼呢？（你的反应可能和查德一样，也可能不一样。）

考虑到所有情况，查德和维多利亚之间的关系问题有多大可能得到解决？

妒忌问卷示例（B）

查德和维多利亚在高中时是一对情侣，他们从同一所高中毕业并在一年后结了婚。他们在康涅狄格州的同一个郊区小镇长大，之前从未去过别的地方。高中时，查德和维多利亚被认为是"最好的一对"，他们甚至共享一个朋友圈。他们结婚后搬至芝加哥市中心的一间小公寓，查德成了一名见习化妆师，而维多利亚开始为数据科学的研究生课程做准备。查德想让维多利亚陪他一起参加时尚活动和派对，但她总是拒绝，因为她说这些活动会让她无法专心学习。他们都开始在各自的领域结交新朋友，维多利亚开始觉得，当他们在一起时，她不再喜欢查德的陪伴了。维多利亚发现自己对目前的婚姻感到厌倦，她宁愿把注意力放在事业上，而不是查德身上。一天晚上，查德参加完一个派对后略带醉意地回到家中，开始谈论他的朋友瑞秋——在维多利亚拒绝参加派对后，是瑞秋陪他参加的派对。第二天早上，查德问维多利亚是否可以接受开放式婚姻的观念。维多利亚不知道如何回答，她确信查德对瑞秋是有浪漫感觉的。

阅读下面的问题，然后从1～10中选择一个数字进行打分：

维多利亚有多想和查德保持亲密关系？

维多利亚有多配得上查德？

查德对待维多利亚的方式公平吗？

查德有多在意维多利亚？

维多利亚有多在意查德？

在瑞秋出现之前，维多利亚和查德的关系有多合理？

维多利亚在现实中或情感上有多需要查德？

维多利亚有多信任查德？

瑞秋对维多利亚和查德的关系有多大的威胁？

维多利亚有多妒忌瑞秋？

如果你是维多利亚，你会有多妒忌瑞秋呢？（你的反应可能和维多利亚一样，也可能不一样。）

考虑到所有情况，维多利亚和查德之间的关系问题有多大可能得到解决？

所有被试都能通过问卷A或问卷B看到全部假设情境——两套问卷是随机发放的。本研究中的十个自变量分别是，想要、匹配度、对待／公平（ORP对JRP）、在意（ORP对JRP）、在意（JRP对ORP）、需求、信任、威胁、威胁前的合理性、威胁后的合理性。本研究的两个因变量分别是情境中的JRP所感受到的妒忌和假设被试是情境中JRP时所体验到的妒忌。下面将进一步对这些变量做出说明。

1. 妒忌的相关自变量

（1）想要

被试在假设情境中对JRP渴望与ORP保持关系程度的评估（例如"JRP有多想与ORP保持亲密关系？"）。

（2）匹配度

被试在假设情境中对JRP配得上与ORP保持关系程度的评估（例如"JRP有多配得上ORP？"）。

（3）对待/公平（ORP对JRP）

被试在假设情境中对ORP对JRP公平程度的评估（例如"ORP对待JRP的方式公平吗？"）。

（4）在意（ORP对JRP）

被试在假设情境中对ORP在意JRP程度的评估（例如"ORP有多关心JRP？"）。

（5）在意（JRP对ORP）

被试在假设情境中对JRP在意ORP程度的评估（例如"JRP有多关心ORP？"）。

（6）需求

被试在假设情境中对JRP在现实中或情感上需要ORP程度的评估（例如"JRP在现实中或情感上有多需要ORP？"）。

（7）信任

被试在假设情境中对JRP信任ORP程度的评估（例如"JRP有多信任ORP？"）。

（8）威胁

被试在假设情境中对T对JRP和ORP间浪漫关系构成威胁程度的评估（例

如"T对JRP和ORP的关系有多大的威胁？"）。

（9）关系的合理性（威胁前）

被试在假设情境中对T出现之前JRP和ORP之间关系合理性的评估（例如"在T出现之前，JRP和ORP的关系有多合理？"）。

（10）关系的合理性（威胁后）

被试在假设情境中对T出现之后JRP和ORP之间关系可持续性的评估（例如"在T出现之后，JRP和ORP之间的关系问题有多大可能得到解决？"）。

2. 妒忌的因变量

（1）妒忌（情境的）——主要因变量

被试在假设情境中对JRP对T的妒忌感受的评估（例如"JRP有多妒忌T？"）。

（2）妒忌（假设的）——次要因变量

被试在假设情境中将自己想象成JRP时对自身妒忌感受的评估（例如"假如你是情境中的JRP，你会有多妒忌T呢？"）。

在每个情境中，想要、匹配度、需求、合理性这几个自变量都被控制在"高"或"低"的水平上（例如，高"想要"、低"需求"、高"匹配度"、低"合理性"），通过排列组合产生了16组条件，每组条件对应一个情境。

我们感兴趣的是模型中的自变量与JRP的妒忌水平具有何种程度的相关性。我们对次要因变量进行了建模，但是我们没有呈现其结果，因为该结果与主要因变量的结果非常接近，这可能是因为这两个变量高度相关（0.75）。

我们采用了多元逐步回归分析。输入多元逐步回归模型中的变量依次是：威胁、需求、ORP对JRP的在意、想要。也就是说有一个外部变量——威胁，以及三个内部变量——需求、在意和想要，它们代表了激情和亲密。这四个变量的R值依次是0.63、0.72、0.74和0.75；它们的最终模型β权重值分别是0.42、0.24、0.15和0.15；前三项的显著性水平都是0.001，最后一项的显著性水平是0.026。因此，我们解释了56%（校正后为55%）的数据变异，$F_{(4, 214)}=68.72$，$p < 0.001$。

研究2：妒忌的自我评定

在本研究中，我们以康奈尔大学132位选修人类发展与心理学课程的本科生作为被试，其中包括24位男性、107位女性，还有一位其他性别人士。

我们编制了两套妒忌心理调查问卷（问卷A和问卷B），用来评定被试的妒忌心理。在问卷A中，被试被要求回想自己在当前恋爱关系中的妒忌感，在问卷B中，被试被要求回想在曾经的恋爱关系中的妒忌感。我们采用Qualtrics调查软件创建了这些调查问卷，被试可通过康奈尔大学心理系的SONA系统软件在线参与调研。此外，被试还需要完成Sternberg（1998a）的爱情三角量表。

以下呈现问卷A（当前）和问卷B（过去）中两种形式的示例。

妒忌问卷示例（A）

回想一下你目前的恋爱关系，你应该至少体验过某种程度的妒忌。回想一下这段关系中让你感到妒忌的情境。换句话说，想一想你在害怕会失去恋人时的感受——那时他（她）对另一个人产生了爱的兴趣。

阅读下面的问题，然后从1～10中选择一个数字进行打分：

你有多想与恋人保持亲密关系？

你有多配得上你的恋人？

你的恋人有多在意你？

你有多在意你的恋人？

在第三者出现之前，你和恋人的关系有多合理？

你在现实中或情感上有多需要你的恋人？

你有多信任你的恋人？

第三者对你的恋爱关系有多大的威胁？

你对第三者有多妒忌？

考虑到所有情况，你和恋人之间的关系问题有多大可能得到解决？

妒忌问卷示例（B）

回想一下你以往的恋爱关系，你曾经至少体验过某种程度的妒忌。回想一下当时的那段关系中让你感到妒忌的情境。换句话说，想一想你曾经在害怕失去恋人时的感受——那时他（她）对另一个人产生了爱的兴趣。

阅读下面的问题，然后从1~10中选择一个数字进行打分：

你有多想与恋人保持亲密关系？

你有多配得上你的恋人？

你的恋人有多在意你？

你有多在意你的恋人？

在第三者出现之前，你和恋人的关系有多合理？

你在现实中或情感上有多需要你的恋人？

你有多信任你的恋人？

第三者对你的恋爱关系有多大的威胁？

你对第三者有多妒忌？

考虑到所有情况，你和恋人之间的关系问题有多大可能得到解决？

实验采用了被试间设计，每位被试随机抽取两套问卷中的一套作答（问卷A考察现在的恋爱关系中的妒忌感，问卷B考察过去的恋爱关系中的妒忌感）。每位被试都被要求回想他们的一段恋爱关系（现在的或过去的），以及自己在其中体验过的某种程度的妒忌。他们被要求想一下他们害怕失去恋人的体验——恋人对另一个人（第三者或威胁）产生了爱的兴趣。本研究的主要的因变量是妒忌水平——根据被试的评分得出，自变量包括需求、想要、信任、匹配度，以及恋爱关系的合理性等。被试根据问卷中的问题，从1（最低）~10（最高）中选择数字来对相应的变量进行评定。

本研究中的自变量与研究1中的相同，不过它们不是与一段假设情境中的亲密关系有关，而是与被试过去或现在的亲密关系有关；因变量仍然是妒忌，但不是假设亲密关系中的妒忌，而是被试自己的亲密关系中的妒忌。

输入多元逐步回归模型中的变量依次是威胁、需求、被试对恋人的信任，对应的R值分别是0.71、0.72和0.74；三个变量的最终模型β权重值分别是0.66、0.19和–0.18，也就是说，最后一个变量是抑制变量；三个变量的统计显著性水平分别是0.001、0.01和0.012。因此，我们可以解释55%（校正后为54%）的数据变异，$F(3, 128)=51.27$，$p < 0.001$。需要注意的是，在将外部变量"威胁"输入多元逐步回归模型中后，内部变量"需求"和"信任"的变化相对较少——R值从0.71提升至0.74。内部变量的贡献为什么这么小呢？

与研究1相比，本研究有一个特别有趣而令人吃惊的结果。在研究1中，内部变量与妒忌水平呈高度零阶相关。例如，研究1中的三个内部变量（需求、想要和JRP对ORP的在意）与妒忌水平的零阶相关系数分别是0.58、0.60和0.45——统计显著性水平均为0.001。外部变量"威胁"与妒忌水平的零阶相关系数也很高，为0.63。但是在本研究中，当评定自己而不是假设的他人时，可对比的内部变量的零阶相关系数分别是0.00、0.12和–0.02。Sternberg爱情三角量表（所有内部因素——亲密、激情和决定／承诺）与妒忌得分的相关性也很低，与外部变量"威胁"的相关系数为0.71。这意味着，当问题涉及其他人时，内部变量（如需求、想要和在意）和外部变量（威胁）都是重要的，但是当问题涉及自己时，只有外部变量（威胁）是重要的。我们可以根据行动者–观察者效应（Jones & Nisbett，1971）来解释这一结果——在评价自己时，外部变量尤为重要，而在评价他人时，内部变量尤为重要。

研究3：嫉羡的假设情境评定

在本研究中，我们试图用类似研究1中研究妒忌的方式来研究嫉羡。在假设情境中，嫉羡者（envious individual，简称EI）所嫉羡的对象／第三者（T）与嫉羡者的潜在浪漫伴侣（potential romantic partner，简称PRP）建立了浪漫关系，而嫉羡者也想要与潜在浪漫伴侣建立浪漫关系。

本研究的被试是来自康奈尔大学的167位选修人类发展与心理学课程的本科生，其中有37位男性、130位女性。我们编制了两套嫉羡调查问卷——问卷A和问卷B，用来评定被试的嫉羡心理。两套问卷中都包含16个通常会引发一定程度浪漫嫉羡的情境，每个情境中都包含一个EI、一个PRP和一个T。问卷A和问卷B的区别在于情境中人物名字的对调，这样能够平衡性别差异，消除"性别"这一混淆变量。这些问卷是通过Qualtrics调查软件创建的，被试可通过康奈尔大学心理系的SONA系统软件在线参与调研。

每个嫉羡情境之后都有12个问题，我们要求被试从1（最低）～10（最高）中选择一个数字进行程度评定，从而测量被试对情境中每个自变量和因变量水平的判断。

以下呈现问卷A和问卷B中的嫉羡情境示例。

嫉羡问卷示例（A）

维多利亚、查德和安东尼是高中同学。在高年级时，维多利亚开始与查德约会，他们是同龄人中"最受欢迎的一对"。毕业后，查德去了离家乡4小时车程的一所大学，而安东尼和维多利亚去了家乡的一所大学并一直是好朋友。虽然维多利亚和查德还在约会，但是两人随着见面次数越来越少而逐渐疏远了。维多利亚很难过，因为查德不像之前那样常来看她了。安东尼也意识到了这一点，他知道查德因为课业而忙得不可开交。安东尼对维多利亚没有查德的陪伴感到难过，所以他几乎每天都跟维多利亚在一起。几周后，查德的学期接近尾声了，他来看望维多利亚的次数增多了。每当安东尼问维多利亚想不想去玩时，维多利亚都说她忙于作业或和查德有约了。安东尼不再经常和维多利亚在一起了，因为维多利亚把所有的空闲时间都用来和查德约会了。

阅读下面的问题，然后从1～10中选择一个数字进行打分：

安东尼有多想和维多利亚建立亲密关系？

安东尼有多配得上维多利亚？

维多利亚对待安东尼的方式公平吗？

维多利亚有多在意安东尼？

安东尼有多在意维多利亚？

如果查德不在，安东尼和维多利亚的亲密关系有多合理？

安东尼在现实中或情感上有多需要维多利亚？

安东尼有多信任维多利亚？

查德对安东尼和维多利亚的潜在关系有多大威胁？

安东尼有多嫉羡查德？

如果你是安东尼，你会有多嫉羡查德呢？（你的反应可能和安东尼一样，也可能不一样。）

考虑到所有情况，安东尼和维多利亚之间的关系问题有多大可能得到解决？

嫉羡问卷示例（B）

查德、维多利亚和瑞秋是高中同学。在高年级时，查德开始与维多利亚约会，他们是同龄人中"最受欢迎的一对"。毕业后，维多利亚去了离家乡4小时车程的一所大学，而瑞秋和查德去了家乡的一所大学并一直是好朋友。虽然查德和维多利亚还在约会，但是两人随着见面次数越来越少而逐渐疏远了。查德很难过，因为维多利亚不像之前那样常来看他了。瑞秋也意识到了这一点，她知道维多利亚因为课业而忙得不可开交。瑞秋对查德没有维多利亚的陪伴感到难过，所以她几乎每天都跟查德在一起。几周后，维多利亚的学期接近尾声了，她来看望查德的次数增多了。每当瑞秋问查德想不想出去玩时，查德都说他忙于作业或和维多利亚有约了。瑞秋不再经常和查德在一起了，因为查德把所有的空闲时间都用来和维多利亚约会了。

阅读下面的问题，然后从1~10中选择一个数字进行打分：

瑞秋有多想和查德建立亲密关系？

瑞秋有多配得上查德？

查德对待瑞秋的方式公平吗？

查德有多在意瑞秋？

瑞秋有多在意查德？

如果维多利亚不在，瑞秋和查德的亲密关系有多合理？

瑞秋在现实中或情感上有多需要查德？

瑞秋有多信任查德？

维多利亚对瑞秋和查德的潜在关系有多大威胁？

瑞秋有多嫉羡维多利亚？

如果你是瑞秋，你会有多嫉羡维多利亚呢？（你的反应可能和瑞秋一样，也可能不一样。）

考虑到所有情况，瑞秋和查德之间的关系问题有多大可能得到解决？

所有被试都会通过问卷A或问卷B阅读到全部假设情境。本研究中的十个自变量分别是，想要、匹配度、对待／公平（PRP对EI）、在意（PRP对EI）、在意（EI对PRP）、需求、威胁、信任、威胁前的合理性、威胁后的合理性。本研究的两个因变量分别是情境中的EI对T所感受到的嫉羡（主要因变量）和假设被试是情境中的EI时所体验到的嫉羡（次要因变量）。本研究的所有情境中都包含一个PRP、一个想要与PRP谈恋爱的EI和一个对EI与PRP间潜在浪漫关系构成威胁的T。在每个情境中，想要、匹配度、需求、合理性这几个自变量都被控制在"高"或"低"的水平上（例如，高"想要"、低"需求"、高"匹配度"、低"合理性"），通过排列组合产生了16组条件，每组条件对应一个情境。

我们感兴趣的是模型中的自变量与EI的嫉羡水平具有何种程度的相关性。我们对次要因变量进行了建模，但是因为其结果与主要因变量的结果非常接近，所以我们没有呈现其结果。这可能是因为这两个变量高度相关（0.75）。

我们采用了多元逐步回归分析。输入多元逐步回归模型中的变量依次是：威胁、需求、PRP对EI的在意、威胁后的合理性、PRP对EI的对待／公平。它们的R值分别是0.76、0.82、0.83、0.84和0.84，最终模型β权重值分别是0.30、0.40、0.29、0.12和−0.13；前三个变量的统计显著性水平是0.001，第四个变量的统计显著性水平是0.01，最后一个变量的统计显著性水平是0.05。需要注意的是，"对待／公平"在回归分析中充当抑制变量（它抑制了预测标准中其他自变量的无关变异）。我们可以解释71%（校正后为70%）的数据变异，$F(5, 161) = 77.67$，$p < 0.001$。

研究4：嫉羡的自我评定

在本研究中，被试是来自康奈尔大学的101位选修人类发展与心理学课程的本科生，其中有23位男性、78位女性。被试年龄在18～23岁（平均年龄为20.26岁），其中有44.6%的美国白人、31.7%的亚裔或太平洋岛民、10.9%的西班牙裔或拉美裔、7.9%的非洲裔、4.9%的其他（没有印第安人或阿拉斯加土著人）。

我们编制了两套嫉羡调查问卷——问卷A和问卷B，用来测量被试的嫉羡感。问卷A让被试回想自己在当前潜在恋爱关系中的嫉羡感，问卷B则让被试回想自己在过去的潜在恋爱关系中的嫉羡感。我们采用Qualtrics调查软件创建了这些调查问卷，被试可通过康奈尔大学心理系的SONA系统软件在线参与调研。此外，被试还需要完成Sternberg（1998a）的爱情三角量表。

以下呈现问卷A（当前）和问卷B（过去）中两种形式的示例。

嫉羡问卷示例（A）

你现在正想和一个"对别人有爱的兴趣或已经与别人谈恋爱"的人建立一段恋爱关系。回想一下这段潜在关系中让你对另一个人感到嫉羡的情境。换句话说，你心仪的潜在伴侣对别人有爱的兴趣——想想你这时的感受。

阅读下面的问题，然后从1～10中选择一个数字进行打分：

你有多想与潜在伴侣建立亲密关系？

你有多配得上你的潜在伴侣？

你的潜在伴侣对待你公平吗？

你的潜在伴侣有多在意你？

你有多在意你的潜在伴侣？

如果没有第三者，你和潜在伴侣的亲密关系有多大可能成为现实？

你在现实中或情感上有多需要你的潜在伴侣？

你有多信任你的潜在伴侣？

第三者对你的潜在恋爱关系有多大的威胁？

你对第三者有多嫉羡？

考虑到所有情况，你和潜在伴侣之间有多大可能成功建立关系？

嫉羡问卷示例（B）

过去你曾想和一个"对别人有爱的兴趣或已经与别人谈恋爱"的人建立一段恋爱关系。回想一下过去那段潜在关系中让你对另一个人感到嫉羡的情境。换句话说，你心仪的潜在伴侣对别人有爱的兴趣——想想你当时的感受。

阅读下面的问题，然后从1~10中选择一个数字进行打分：

你有多想与潜在伴侣建立亲密关系？

你有多配得上你的潜在伴侣？

你的潜在伴侣对待你公平吗？

你的潜在伴侣有多在意你？

你有多在意你的潜在伴侣？

如果没有第三者，你和潜在伴侣的亲密关系有多大可能成为现实？

你在现实中或情感上有多需要你的潜在伴侣？

你有多信任你的潜在伴侣？

第三者对你的潜在恋爱关系有多大的威胁？

你对第三者有多嫉羡？

考虑到所有情况，你和潜在伴侣之间有多大可能成功建立关系？

实验采用了被试间设计，每位被试随机抽取两套问卷中的一套进行作答（问卷A考察被试在当前潜在恋爱关系中的嫉羡感，问卷B考察被试在过去的潜在恋爱关系中的嫉羡感）。被试被要求回想一段他们现在或过去的潜在恋爱关系和他们在其中体验过的某种程度的嫉羡。换句话说，他们需要想一想自己在心仪的潜在伴侣对别人有爱的兴趣时的内心感受。

本研究的主要因变量是被试的嫉羡水平，它测量的是被试对潜在恋爱关系中的第三者感到嫉羡的程度（例如，你有多嫉羡第三者？）。自变量包括需求、想要、信任、匹配度，以及潜在恋爱关系的合理性等。每个问卷都由11个问题组成，需要被试从1（最低）~10（最高）中选择一个数字进行程度评定，从而测量被试对每个自变量和因变量水平的判断。

输入多元逐步回归模型中的变量依次是：威胁、需求、在意。它们的R值分别是0.52、0.55和0.60，最终模型β权重值分别是0.47、0.29和-0.27，即最后一个变量是抑制变量。三个变量的统计显著性水平分别是0.001、0.002和0.004。我们可以解释36%（校正后为34%）的数据变异，F（3，97）=18.53，p <0.001。

研究1和研究2中出现的自我与他人对妒忌评定的巨大差异，在研究3和研究4中的嫉羡评定上也得到了验证。

在研究3中，想要、需求、在意（EI对PRP）这三个自变量对应的假想他人对嫉羡的评定与嫉羡水平之间的零阶相关系数分别是：0.54、0.58和0.48。在研究4中，相应的相关系数分别是0.15、0.05和0.12。Sternberg爱情三角量表与嫉羡问卷得分的相关性很低。只有当外部变量"威胁"被输入多元逐步回归模型中后，内部变量才在模型中发挥了一些影响。研究4发现，威胁与嫉羡的相关系数为0.52。涉及他人时，内部变量和外部变量都是重要的，但涉及自己时，只有外部变量是重要的，这再次印证了行动者-观察者效应。

结论

我们回到文章开篇Robert、John和Jane的爱情故事。基于扩展的爱情二重理论（Sternberg，1986，1988，1998a），本文提出了妒忌和嫉羡的两因素模型。Robert对Jane的男友John非常嫉羡，因为他深深地被Jane吸引了——他想要得到她，并且非常在意她。而Jane的男友John的出现威胁到了Robert对Jane的爱。所有这些因素都会增强Robert对John的嫉羡。但是有两个因素缓和了他的嫉羡：一是John作为足球队队长，"地位"比自己高——这让Robert想要的浪漫关系变得不太可能实现；二是Jane似乎一点儿也不在意自己。因此，Robert的经历非常符合我们提出的嫉羡模型。

我们在本文中提出，妒忌和嫉羡可以用扩展的爱情二重理论来解释。我们发现，涉及他人时，源自原始爱情三角理论的两个内部变量（在意、需求）以及外部变量（威胁）都与妒忌和嫉羡水平高度相关；但涉及自己时，个体认为只有外部变量"威胁"是重要的。

关于妒忌的定义有很多，其中许多也适用于嫉羡。有些研究者提出假设——妒忌是由几种不同的情绪（如愤怒、恐惧和悲伤）构成的；也有研究者认为，妒忌本身就是一种有别于其他情绪的特定情绪。根据第一种观点，当一个人感到妒忌时，他可能会同时体验到多种不同情绪，也可能依次逐步体验到几种不同的情绪（Hupka，1984；Sharpsteen，1991）。根据第二种观点，妒忌是一种涉及动机的、独特的、特殊的情感，可以保护一段珍贵的关系，使其免受威胁（Daly，Wilson，& Weghorst，1982；Harris，2003；Symons，1979）。

我们的研究也考虑了上述两个观点，但我们选择了不同的视角。我们认为，妒忌和嫉羡都是多因素混合体，这些因素可以提升或降低体验到的情绪水平。更强烈的情感和更严重的威胁会增强妒忌感受；而情境因素（如匹配度、对待和在意）能够调节妒忌和嫉羡的感觉。例如，当一个人对一个著名影星或音乐家有强烈的爱的感觉时，一些事实会弱化这个人的感情——这段关系根本不现实，而且心仪的对象基本上不可能做出情感回应。在某些情况下，那些无法抑制自己嫉羡情绪的人有可能会化身"跟踪狂"——他们的目标往往是曾经的浪漫伴侣（Duntley & Buss，2012）。还有一种比较常见的情境是高中时的情侣因考上不同大学而面临关系危机：情侣中的一方在新的环境里遇到了其他更有吸引力的男性或女性，另一方如果开始相信自己没有竞争优势，那么他（她）很可能会退出这段关系并逐渐减少自己的妒忌，也可能会试图以其他理由竞争，留住伴侣并说服其"他们才是最合适的一对"。

我们有一个令人颇感吃惊的研究结果：人们评定自己和他人的妒忌和嫉羡时迥然不同。对他人而言，内部和外部变量都很重要。但是对自己而言，只有一个外部变量"威胁"是重要的。人们把自己的妒忌看作对外部环境的反应，仅此而已。对很多人而言，妒忌和嫉羡的关键是他们自己的感受，而不是他们对对方的感受。但是当他们评定他人时，可能会想：如果有人不那么在乎对方，那么他们怎么会感到妒忌或嫉羡呢？这些研究发现可能与行动者-观察者效应有关，即一个人认为内部原因与他人的行为更相关，而外部原因与自身的行为更相关（Jones & Nisbett，1971）。

我们的研究是基于扩展的爱情二重理论进行的初步尝试。尽管我们验证了该理论对妒忌和嫉羡的适用性，但我们的研究仍存在诸多局限性。首先，参加我们研究的被试（大学生）都来自康奈尔大学，这所大学位于美国东北部，因此我们的样本很难具有普遍代表性。其次，我们对自我的研究是基于个体现实生活的，而我们对他人的研究是完全基于假设情境的——现实生活中，几乎没有人具备判断真实他人在生活中经历妒忌和嫉羡的知识。最后，我们的情境只代表有限的关系变化。未来的研究可能会突破这些局限性。

人们即使拼尽全力，也很难保证自己一辈子不经历浪漫妒忌或嫉羡。我们的四项研究提出了一些可能引发妒忌和嫉羡的因素，这些因素来自个体所处的特定环境和个体的内心感受。

参考文献

Afifi, W. A., & Reichert, T. (1996). Understanding the role of uncertainty in jealousy experience and expression. *Communication Reports, 9*(2), 93–10.

Barelds, D. P. H., & Barelds-Dijkstra, P. (2007). Relations between different types of jealousy and self and partner perceptions of relationship quality. *Child Psychology and Psychotherapy, 14*, 176–188.

Barrett, H. C., Frederick, D. A., Haselton, M. G., & Kurzban, R. (2006). Can manipulations of cognitive load be used to test evolutionary hypotheses? *Journal of Personality and Social Psychology, 95*, 513–518.

Bauerle, S. Y., Amirkhan, J. H., & Hupka, R. B. (2002). An attribution theory analysis of romantic jealousy. *Motivation and Emotion, 26*, 297–319.

Berman, M. I., & Frazier, P. A. (2005). Relationship power and betrayal experience as predictors of reactions to infidelity. *Personality and Social Psychology Bulletin, 31*, 1617–1627.

Bringle, R. G., & Buunk, B. P. (1991). Extradyadic relationships and sexual jealousy. In K. McKinney & S. Sprecher (Eds.), *Sexuality in close relationships* (pp. 135–153). Hillsdale, NJ: Lawrence Erlbaum.

Buunk, B. (1981). Jealousy in sexually open marriages. *Journal of Family and Economic Issues, 4*, 357–372.

Buunk, B. P. (1997). Personality, birth order and attachment styles as related to various types of jealousy. *Personality and Individual Differences, 23*(6), 997–1006.

Buss, D. M. (1988). The evolution of human intrasexual competition: Tactics of mate attraction. *Journal of Personality and Social Psychology, 54*(4), 616–628.

(2011). *The dangerous passion: Why jealousy is as necessary as love and sex.* New York: Basic Books.

(2016). *The evolution of desire: Strategies of human mating* (rev. ed.). New York: Basic Books.

(2018). Sexual and emotional infidelity: Gender differences in jealousy revisited. *Perspectives on Psychological Science, 13*, 155–160.

Buss, D. M., Larsen, R. J., Westen, D., & Semmelroth, J. (1992). Sex differences in jealousy: Evolution, physiology, and psychology. *Psychological Science, 3*, 251–255.

Buss, D. M., Shackelford, T. K., Choe, J., Buunk, B. P., & Dijkstra, P. (2000). Distress about mating rivals. *Personal Relationships, 7*, 235–243.

D'Arms, J., & Kerr, A. (2008). Envy in the philosophical tradition. In R. H. Smith (Ed.), *Envy: Theory and research* (pp. 39–59). New York: Oxford University Press.

Daly, M., Wilson, M. I., & Weghorst, S. J. (1982). Male sexual jealousy. *Ethology and Sociobiology, 3*, 11–27.

DeSteno, D., Bartlett, M., Braverman, J., & Salovey, P. (2002). Sex differences in jealousy: Evolutionary mechanism or artifact of measurement? *Journal of Personality and Social Psychology, 83*, 1103–1116.

DeSteno, D. A., & Salovey, P. (1996). Jealousy and the characteristics of one's rival: A self-evaluation maintenance perspective. *Personality and Social Psychology Bulletin, 22*, 920–932.

Duntley, J. D., & Buss, D. M. (2012). The evolution of stalking. *Sex Roles, 66*(5–6), 311–327.

Edlund, J. E., & Sagarin, B. J. (2017). Sex differences in jealousy: A 25-year retrospective. In J. M. Olson & M. P. Zanna (Eds.), *Advances in experimental social psychology* (pp. 259–302). New York: Elsevier.

Guerrero, L. K., Trost, M. R., & Yoshimura, S. M. (2005). Romantic jealousy: Emotions and communicative responses. *Personal Relationships, 12*, 233–252.

Harris, C. R. (2003). A review of sex differences in sexual jealousy, including self-report data, psychophysiological responses, interpersonal violence and morbid jealousy. *Personality and Social Psychology Review, 7*, 102–128.

(2004). The evolution of jealousy did men and women, facing different selective pressures, evolve different" brands" of jealousy? Recent evidence suggests not. *American Scientist, 92*(1), 62–71.

Harris, C. R., & Darby, R. S. (2010). Jealousy in adulthood. In S. L. Hart & M. Legerstee (Eds.), *Handbook of jealousy: Theory, research, and multidisciplinary approaches* (pp. 547–571). New York: Wiley-Blackwell.

Hazan, C., & Shaver, P. (1987). Romantic love conceptualized as an attachment process. *Journal of Personality and Social Psychology, 52*(3), 511–524.

Hill, S. E., & Buss, D. M. (2006). Envy and positional bias in the evolutionary psychology of management. *Managerial and Decision Economics, 27*(2–3), 131–143.

(2008). The evolutionary psychology of envy. In R. H. Hill (Ed.), *Envy: Theory and research* (pp. 60–70). New York: Oxford University Press.

Hupka, R. B. (1984). Jealousy: Compound emotion or label for a particular situation? *Motivation and Emotion, 8,* 141–155.

Jones, E. E., & Nisbett, R. E. (1971). *The actor and the observer: Divergent perceptions of the causes of behavior.* New York: General Learning Press.

Kirkpatrick, L. A., & Hazan, C. (1994). Attachment styles and close relationships: A four year prospective study. *Personal Relationships, 1*(2), 123–142.

Knobloch, L. K., Solomon, D. H., & Cruz, M. G. (2001). The role of relationship development and attachment in the experience of romantic jealousy. *Personal Relationships, 8,* 205–224.

Mathes, E. W. (1986). Jealousy and romantic love: A longitudinal study. *Psychological Reports, 58,* 885–886.

(1991). A cognitive theory of jealousy. In P. Salovey (Ed.), *The psychology of jealousy and envy* (pp. 52–78). New York: Guilford Press.

Miller, R. S. (2014). *Intimate relationships* (7th ed.). New York: McGraw-Hill.

Parrott, W. G. (1991). The emotional experiences of jealousy and envy. In P. Salovey (Ed.), *The psychology of jealousy and envy* (pp. 3–30). New York: Guilford Press.

Parrott, W. G., & Smith, R. H. (1993).Distinguishing the experiences of jealousy and envy. *Journal of Personality and Social Psychology, 64,* 906–920.

Rydell, R. J., McConnell, A. R., & Bringle, R. G. (2004). Jealousy and commitment: Perceived threat and the effect of relationship alternatives. *Personal Relationships, 11,* 451–468.

Salovey, P. (Ed.) (1991). *The psychology of jealousy and envy.* New York: Guilford Press.

Salovey, P., & Rodin, J. (1991). Provoking jealousy and envy: Domain relevance and self-esteem threat. *Journal of Social and Clinical Psychology, 10*(4), 395.

Salovey, P., & Rothman, A. (1991). Envy and jealousy: Self and society. In P. Salovey (Ed.), *The psychology of jealousy and envy* (pp. 271–286). New York: Guilford Press.

Schimmel, S. (1997). *The seven deadly sins: Jewish, Christian, and classical reflections on human psychology.* New York: Oxford University Press.

Schoeck, H. (1969). *Envy: A theory of social behavior.* New York: Harcourt, Brace & World.

Sharpsteen, D. J. (1991). The organization of jealousy knowledge: Romantic jealousy as a blended emotion. In P. Salovey (Ed.), *The psychology of jealousy and envy* (pp. 31–51). New York: Guilford Press.

Sharpsteen, D. J., & Kirkpatrick, L. A. (1997). Romantic jealousy and adult romantic attachment. *Personality Processes and Individual Differences, 72,* 627–640.

Smith, R. H. (Ed.) (2008). *Envy: Theory and research*. New York: Oxford University Press.

Smith, R. H., & Kim, S. H. (2007). Comprehending envy. *Psychological Bulletin*, *133*(1), 46–64.

Smith, R. H., Parrott, W. G., Ozer, D., & Moniz, A. (1994). Subjective injustice and inferiority as predictors of hostile and depressive feelings in envy. *Personality and Social Psychology Bulletin*, *20*(6), 705–711.

Sternberg , R. J. (1986). A triangular theory of love. *Psychological Review, 93*, 119–135.

(1987). Liking versus loving: A comparative evaluation of theories. *Psychological Bulletin, 102*, 331–345.

(1988). Triangulating love. In R. J. Sternberg & M. Barnes (Eds.), *The psychology of love* (pp. 119–138). New Haven, CT: Yale University Press.

(1995). Love as a story. *Journal of Social and Personal Relationships, 12*(4), 541–546.

(1998a). *Cupid's arrow: The course of love through time*. New York: Cambridge University Press.

(1998b). *Love is a story*. New York: Oxford University Press.

(2006). A duplex theory of love. In R. J. Sternberg & K. Weis (Eds.), *The new psychology of love* (pp. 184–199). New Haven, CT: Yale University Press.

Symons, D. (1979) *The evolution of human sexuality*. New York: Oxford University Press.

Van de Ven, N., Zeelenberg, M., & Pieters, R. (2009). Leveling up and down: The experiences of benign and malicious envy. *Emotion, 9*(3), 419–429.

Weiner, B. (1995). *Judgments of responsibility: A foundation for theory of social conduct*. New York: Guilford Press.